차별 여의사, 여필종부, 관능미, 출처(出妻), 늑대 **인종 차별** 오랑캐, 쪽발이, 검둥이, 쟁이, 똥남아 **장애 차별** 벙어리, 난쟁이, 소경, 미친놈, 병신 **지역 차별** 멍청도, 깽깽 경상디언, 뺀질이, 짠물 **직업 차별** 도배공, 옹기장, 신호수, 잡역부, 무희 **종교 차별** 독교, 땡중, 무당질, 점쟁이, 개이슬람 **시각 장애** 봉사, 소경, 장님, 판수, 애꾸눈이 청 및 언어 장애 귀머거리, 벙어리, 말더듬이, 언청이 **지체 및 기타 장애** 곱사등 난쟁이, 앉은뱅이, 절름발이, 곰배팔이, 육손이, 언청이, 곰보, 고자, 문둥이 **정신 장애** 치광이, 미친놈, 미친년, 천치, 바보, 지랄쟁이 **장애 전반 총칭** 병신, 불구자, 폐질자

대구대학교 인문과학연구 총서 34

한국 사회의 차별 언어

이정복 지음

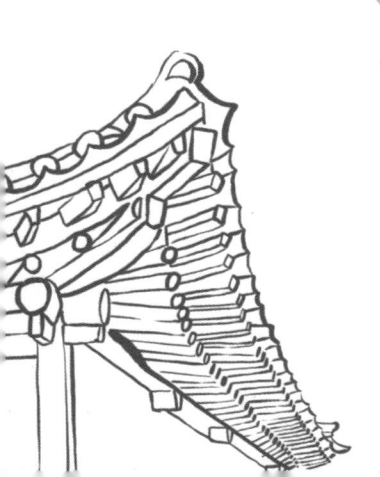

소통

대구대학교 인문과학연구총서 34
한국 사회의 차별 언어

초판 발행 2014년 2월 17일
2쇄 발행 2022년 6월 21일

지은이 이정복
펴낸이 최도욱
펴낸곳 소통
주소 서울 금천구 시흥대로 93, 1110 호
전화 070-8843-1172
팩스 0505-828-1177
이메일 sotongpub@gmail.com

값 22,000 원

잘못된 책은 바꾸어 드립니다.
이 책의 내용은 저작권법에 따라 보호받고 있습니다.

ISBN 979-11-91957-12-9 93700

대구대학교 인문과학연구총서 34

한국 사회의 차별 언어

이정복 지음

소통

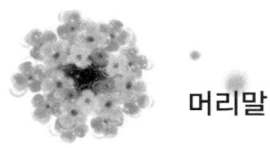 **머리말**

    군대 시절 아직 20대임에도 머리카락이 심하게 빠져 이마가 많이 드러난 후배가 있었다. 그를 볼 때마다 선배들은 "훤하네! 눈부시다", "장가가고 싶으면 가발 써야지?", "대머리가 정력이 세다던데 확실해?" 등의 말을 한 마디씩 던졌다. 탈모, 그것도 전면적인 탈모를 겪고 있는 사람의 심각한 고민과 불편한 마음은 안중에도 없었던 것이 분명해 보인다. 이러한 탈모 현상도 따지고 보면 신체장애의 한 가지다. 한국어 화자들은 겉모습이 '다수'와 다르다는 이유에서 '대머리'라는 이름을 따로 만들어 붙이고, 특별한 시각으로 달리 대했다. 지금도 이른바 '키 작은 루저' 못지않은 결혼 기피 대상으로 취급하고 있다.

    사정이 이렇다 보니 한국 사회에서 심한 장애를 겪는 사람들에 대해서는 놀림과 차별의 정도가 더욱 심했다. '벙어리', '소경', '앉은뱅이', '절름발이', '꼽추' 등의 견고한 말의 감옥을 만들어 비장애인과 구별하고 격리해 왔다. 그러나 사람들은 누구나 완전하지 않고, 모두 조금씩 다르다. 몸이든 마음이든, 겉으로든 속으로든 어딘가에 기능상의 장애를 겪고 있음이 사실이다. 모든 사람은 나이가 들면서 심신의 기능이 쇠퇴함으로써 장애를 향해 달려가는 존재인 것이다. 그럼에도 오십보백보의 처지를 생각하지 못한 채 나와 다르다는 이유로 무시하고 조롱하며 비하하는 일이란 얼마나 어리석은 짓이란 말인가?

한국어에는 소수자들을 차별하는 표현들이 부끄러울 정도로 많고, 우리 사회에는 의식적, 무의식적 차별 행위와 차별 언어 사용이 넘쳐 난다. 지난 시절, 장애인에 대한 차별이 제일 심했고 지금도 그런 편이지만 키, 몸무게, 피부색깔 등 외모만 보고 능력이나 심성, 태도와 무관하게 그 사람 전체를 쉽게 평가해 버리는 일이 많다. '짱께'니 '쪽발이', '오랑캐'라고 하여 이웃 민족을 비하는 것은 물론이고 외국인, 특히 흑인이나 동남아 출신들에 대해서 '껌둥이', '똥남아', '파키 방글 찌끄래기들'이라는 말로 멸시하는 차별적 시각도 강하다. '공순이', '노가다', '잡상인' 등의 표현을 씀으로써 사회적으로 선호하지 않는 직업 종사자에 대한 깔보기, '개독교', '먹사', '개불', '땡중' 등의 말로 다른 종교 신자에 대한 적대적 태도 드러내기 또한 쉽게 관찰되는 언어 차별 행위이다. 아직도 '김여사', '된장녀', '여자가 뭘 안다고'라는 말을 쓰면서 세상의 반을 차지하는 여성들을 무시하고 억압하려는 겁 없는 남성들이 많다.

이 책은 한국 사회에서 관찰되는 다양한 차별 언어의 쓰임을 종합적으로 살펴보고, 그것이 가진 문제점과 그 해소 방안을 찾아보는 데 목적이 있다. 모두 3부로 구성되며, 제1부에서는 차별 언어의 개념이 무엇인지와 관련하여 기존 연구를 검토하고 새롭게 개념 정의를 내린다. 이어서 차별 언어의 유형을 성차별, 인종 차별, 장애 차별, 지역 차별, 직업 차별, 종교 차별, 기타 차별로 나누어 관련 연구 현황을 살펴볼 것이다. 제2부의 8개 각 장에서는 한국어의 차별 언어 쓰임 실태를 차별 영역별로 나누어 상세히 분석한다. 제3부에서는 차별 언어 또는 그 사용의 문제점과 해결 방안을 생각해 보기로 하겠다. '개인 및 가정, 사회 및 국가, 인류 공동체' 차원에서 차별 언어가 가진 문제점들이 무엇인지를 정리하고, '정부 차원, 언론 및 사회 차원, 개인 차원'으로 나누어 문제 해결 방안을 제시한다.

　이 연구는 차별 언어에 대한 종합적 기술을 통하여 한국어 및 차별 관련 연구자들에게 차별 언어에 대한 체계적 정보를 제공하는 데 일차적 의의를 둔다. 이를 바탕으로 차별 언어 연구에 대한 학계의 적극적 관심과 연구 필요성을 환기하고, 나아가 관련 분야의 다양한 후속 연구들을 이끌어 내는 효과가 나왔으면 하는 마음이다. 이 연구 결과를 통하여 각종 차별 행위에서 차별 언어가 차지하는 높은 비중을 파악하고, 차별 행위를 줄이기 위한 정책 구상 및 시행에서 언어 분야에 더 많은 관심을 기울일 수 있기를 바란다.

　장애, 성별, 인종, 국가, 지역 등의 다양한 차이를 넘어 모든 사람들이 '사랑', '자유', '행복', '평등'과 같은 인류의 보편적 가치를 누릴 수 있도록 하기 위해서는 다른 사람에 대한 적극적 관심과 따뜻한 마음을 바탕으로 차별 행위를 중지하는 것이 무엇보다 중요하다. 이 책을 읽는 학생 및 일반 시민들이, 공동체의 유지와 발전을 위해서는 개인들의 다양성과 차이가 존중되어야 하며 차별 행위와 차별 언어가 공동체의 통합을 가로막는 부정적 요소라는 사실을 분명히 인식하게 되었으면 한다. 또한 그동안 별 의식 없이 써 왔던 여러 가지 표현들이 사실은 당사자들에게 심각한 정신적 피해를 주는 차별 언어임을 깨닫고, 한국인들이 안고 있는 문제적 언어 상황을 분명하게 이해하는 것도 중요한 문제이다. 차별 언어에 대한 정확한 이해를 통하여, 다른 사람에 대한 적대적 공격 행위인 차별 언어 사용을 멈출 수 있는 자기 반성적 태도를 한 사람이라도 더 갖게 된다면 사회 및 사람들과 밀착된 언어학, 사회언어학을 전공하는 지은이에게는 더 없이 큰 보람이 될 것이다.

  2000년부터 15년 가까이 근무하고 있는 대구대학교는 우리나라 최초의 전문 복지 교육의 요람으로 설립되었다. 대구대학교는 장애인과 사회적 약자, 소외층을 포함한 이 땅의 모든 사람들이 다 같이 인간다운 삶을 누릴 수 있도록 선진 복지 사회의 실현을 위해 노력하고 있다. 이러한 기관의 소속 교수로서 반차별과 평등의 언어문화를 이끄는 데 궁극적 목적을 둔 책을 펴내게 되어 매우 기쁘다. 발간비를 지원해 준 대구대학교 인문과학연구소에 고마운 뜻을 전하며, 정성을 다해 책을 만들어 주신 소통 출판사의 최도욱 사장님과 이현섭 편집실장님의 노고에도 감사드린다.

2013년 12월 26일

이 정 복

차 례··

머리말/5

1부_ 차별 언어의 개념과 유형

1장_ 차별 언어의 개념 ···15

1. 한국 사회와 차별 언어 ···15
2. 차별 언어의 개념에 대한 기존 정의 ···19
3. 차별 언어의 개념에 대한 새로운 정의 ···28

2장_ 차별 언어의 유형과 연구 현황 ···38

1. 차별 언어의 유형 분류 ···39
2. 차별 언어 연구 현황 ···60

2부_ 차별 언어의 쓰임 실태 분석

3장_ 국어사전 속의 성차별 ···73

1. 사전과 성차별 ···76
2. 사전에 나타난 성차별의 유형과 정도 ···80
   2.1 성차별 표현의 유형별 사례 분석 ···80
   2.2 성차별 표현의 유형별 비중 ···90
3. 성차별 표현의 내용과 발생 원인 ···92

    3.1 성차별 표현의 내용 ·· 92
    3.2 성차별 표현의 발생 원인 ·· 106

4장_ 북한 국어사전 속의 성차별 ·· 121

  1. 사전 거시구조와 관련된 여성 차별 표현의 유형 ··················· 123
    1.1 올림말에서 나타나는 여성 차별 ·· 124
    1.2 뜻풀이에서 나타나는 여성 차별 ·· 126
    1.3 용례에서 나타나는 여성 차별 ·· 129
  2. 여성 차별 표현의 내용 갈래 ·· 131
    2.1 여성을 배제하기 ··· 132
    2.2 아내를 남편에 종속시키기 ·· 135
    2.3 여성을 주부나 아내 등의 성 역할에 묶어두기 ················· 138
    2.4 여성의 품위를 떨어뜨리기 ·· 141
    2.5 여성을 남성의 하위자로 다루기 ··· 143
  3. 남북한 국어사전의 차이와 그 원인 ·· 145

5장_ 인터넷 공간의 여성 비하 표현 ·· 152

  1. 여성 비하 표현의 유형과 쓰임 ·· 155
    1.1 유형 분류 ·· 155
    1.2 쓰임과 의미 ·· 160
  2. 여성 비하 표현에 대한 누리꾼들의 태도 ································· 187

6장_ 인종과 민족 차별 표현 ·· 198

  1. 인종과 민족 차별 표현의 유형별 사례 분석 ··························· 202
    1.1 차별 대상에 따른 분류 ·· 202
    1.2 언어 형식에 따른 분류 ·· 220
  2. 인종과 민족 차별 표현의 쓰임 ·· 225

2.1 언론 언어 영역 ···225

　　　2.2 인터넷 댓글 언어 영역 ······································229

7장_ 속담 속의 장애 차별 ···239

　　1. 장애인 관련 속담의 유형 ··241

　　2. 장애 차별 속담의 어휘와 의미 ···································248

　　3. 언론 기사문에 쓰인 장애 차별 속담 비판 ·························260

8장_ SNS 공간의 지역 차별 표현 ·······································271

　　1. 지역 차별 표현의 유형 ··274

　　2. 트위터 공간 지역 차별 표현의 쓰임과 분포 ······················285

　　　2.1 쓰임 사례 ··285

　　　2.2 사회적 요인에 따른 분포 ····································294

9장_ 직업의 위계와 차별 ···303

　　1. 직업 이름의 언어 요소와 유형 ··································306

　　2. 직업의 서열과 언어 요소의 관련성 ······························315

　　3. 직업 이름과 관련된 대립과 차별: 의사와 간호사 ·················333

10장_ 토론 게시판의 종교 차별 표현 ···································346

　　1. 종교별 차별 표현의 쓰임 ·······································347

　　　1.1 기독교 차별 ··348

　　　1.2 불교 차별 ··353

　　　1.3 무속 종교 차별 ···357

　　　1.4 기타 종교 차별 ···359

　　2. 종교 차별 표현의 쓰임 맥락 ····································360

3부_ 차별 언어 사용의 문제점과 해결 방안

11장_ 차별 언어 사용의 문제점 ···369

1. 개인 및 가정의 문제 ···370
2. 사회 및 국가의 문제 ···376
3. 인류 공동체의 문제 ···381

12장_ 차별 언어 사용 문제의 해결 방안 ·································387

1. 정부 차원의 노력 ···388
2. 언론 및 사회 차원의 노력 ···399
3. 개인 차원의 노력 ···403

참고문헌 ···408
찾아보기 ···428

1부 · 차별 언어의 개념과 유형

1장 **차별 언어의 개념**
2장 **차별 언어의 유형과 연구 현황**

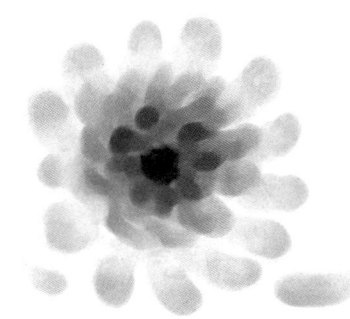

1장_ 차별 언어의 개념

1. 한국 사회와 차별 언어

　사람들은 성, 인종, 종교, 지역, 학력, 재산, 외모, 능력 등 다양한 면에서 차이(差異)를 보이는데, 그러한 차이를 이해하거나 있는 그대로 받아들이지 않고 자신과 다르다는 점에서 불편함, 거부감, 비하 의식을 표출하는 일이 많다. 처음 태어나면서부터 다른 부모들로부터 물려받은 유전자가 같지 않고, 자라 온 환경이 다르며, 살아가는 삶의 방식이 다른 다양한 구성원들이 하나의 공동체 또는 국가를 이루고 있음을 인정하면서 모두가 함께 살아가는 대등한 인격을 가진 존재임을 고려한다면 차별(差別) 행위나 차별 언어의 사용은 없을 것이다. 그러나 모든 사람들이 그런 인식에 이를 수 있는 것은 아니며, 그럴 만큼 모두가 충분히 도덕적이지도 않다. 제한된 기회와 재화 앞에서 심한 경쟁 관계에 놓이기 때문에 차별 행위가 더 쉽게 일어나고 불평등 현상이 심화된다. 자신의 차별 행위에 대한 문제의식이 없는 경우가 많고, 심지어 일부 사람들은 재미삼아 무비판적으로 다른 사람들의 그런 행위를 따라 하기도 한다. 그러한 차별 행위에 핵심적으로 동원되는 수단의 하나가 바로 차별 언어, 차별 표현이다.

한국 사회는 전통적으로 엄격한 계급 질서 속에서 힘 있는 사람이 아랫사람을 부리는 것이 도덕적으로 정당화 되었고, 따라서 모든 사람이 대등한 인격을 가진 소중한 존재라는 의식이 약했다. 이러한 사회구조에서 남성은 여성 위에 있는 우월한 존재라는 남존여비(男尊女卑) 관념이 생활 속에 자리 잡았고, 결과적으로 긴 세월 동안 남성과 여성이 대등한 관계를 유지하지 못했다. 유교에 대한 강한 집착으로 '소중화'(小中華) 의식을 내면화함으로써 주변에 있는 여진족, 왜 등 이민족을 '오랑캐'라고 하여 차별해 왔다. '짱께, 쪽발이, 껌둥이, 양놈, 잡종, 튀기, 동남아 불체자, 파키 방글 찌끄래기들' 등 주위의 다른 민족이나 국내 거주 외국인들을 대상으로 수많은 인종 차별 표현을 쓰면서 이들을 멀리하고 미워하는 사람들이 적지 않다.

한국의 속담 사전을 보면 장애인을 멸시하고 차별하는 수많은 속담이 들어있는데, 언중의 오랜 생활에서 자연스럽게 만들어진 속담에 장애인을 차별하는 표현이 많다는 것은 한국 사회에서 역사적으로 장애인에 대한 차별 의식이 특히 강했음을 잘 보여 준다.[1] 국가에서 만든 규범 사전인 국립국어원 엮음(1999) ≪표준

---

1) 이러한 판단은 장애인 관련 속담이 이웃 나라인 중국이나 일본에 비해 아주 많은 점에 주목한 것이다. 김성희·변용찬·박성민(2004:30)은 "전통적으로 한국 사회는 장애인에 대한 접촉이나 사회적 노출이 결여된 상태에서 장애인의 능력 및 일상생활 전반에 대해 잘못 인식하고 있으며 장애원인에 대한 비과학적인 선입견을 가지고 있다"고 비판했다. 한편, 장애인에 대한 전통적 인식은

국어대사전≫에 "병신 고운 데 없다", "귀먹은 중 마 캐듯", "소경 맷돌이 시켜 놓은 것 같다" 등 257개의 장애 차별 속담이 '민족의 지혜', '민중의 역사'인 양 버젓이 실려 있다. 한편, <지혜로운 이의 삶>이라는 글을 액자에 옮겨 벽에 걸어 놓는 사람들이 많은데, [그림 1]을 보면 "벙어리처럼 침묵하고"라는 표현이 나온다.2) 이것은 말을 하고 싶어도 하지 못하는 언어 장애인의 아픔을 '비장애인'들의 삶을 위해 이용하는 므비판적이고 몰염치한 모습이라고 하겠다. 이를 통해서 한국어 화자들이 차별 표현에 얼마나 무감각한지를 알 수 있다.

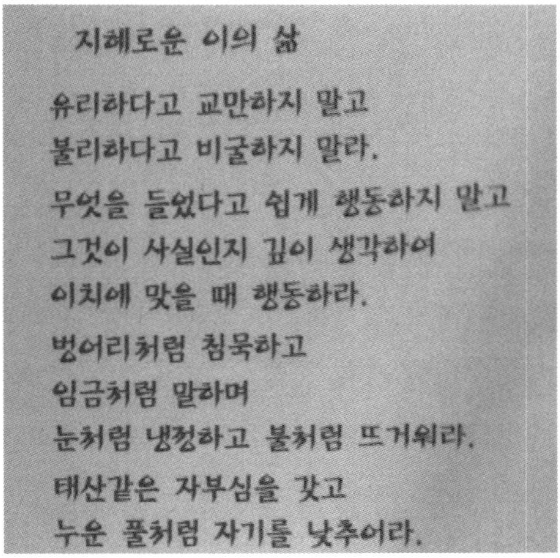

[그림 1] 장애 차별 표현의 무의식적 사용

학교에서는 직업에 귀천이 없다고 가르치면서도 막상 직업 이름에 '장(長), 사(士, 事, 師), 원(員), 공(工), 부(夫, 婦)' 등을 차례

긍정적 측면과 부정적 측면, 동정과 혐오의 양 극단이 공존했다는 인식도 있다(최래옥 1997:4-5, 정근식 2002:41).

2) [그림 1]의 내용은 불교 경전 ≪잡보장경≫ 3권 29품의 내용을 바탕으로 한 편의 시처럼 새롭게 구성한 것이며, "벙어리처럼 침묵하고"는 '或時默然如瘂子'(혹시묵연여아자)를 번역한 말이다. 오래 전 시기의 불경에서 쓴 말일지라도 차별 표현 사용의 최종 책임은 그것을 직역해서 널리 퍼트리는 사람들에게 있다고 하겠다.

대로 붙여 엄격한 위계 서열을 매기고, '공'이 붙은 직업인들을 '공돌이', '공순이'로, 육체노동자들을 '잡부', '인부'라고 부르는 등 아래쪽으로 갈수록 무시하고 차별하는 이중적 행태를 보여 주고 있기도 하다.

조선 시대의 경우 유교가 일종의 국교가 됨으로써 불교나 도교, 무교 등 다른 종교에 대한 멸시와 탄압이 아주 강했다. 이뿐만 아니라 나라 안에서도 서울을 중심으로 하여 멀어질수록 무시하는 경향이 이어졌고, 특히 서북 지역 사람들에 대해서는 관직에 진입하지 못하도록 의도적으로 배제하는 실질적 지역 차별 현상이 나타났다. 현대에 들어서는 영호남 사람들 사이의 차별과 갈등이 아주 심한 편이다. '개쌍도, 문둥이, 흉노족, 매국노, 쪽발이 앞잡이, 과메기, 고담대구', '전라디언, 전라좌빨, 깽깽이, 홍어족, 슨상님, 뒤통수, 라쿤광주' 등 같은 민족에게 증오심과 적개심까지 분출하는 지역 차별 표현의 쓰임이 갈수록 늘어나는 추세이다.

이와 같이 한국 사회에서는 다양한 면에서 차별 의식과 차별 행위가 있어 왔고, 지금도 크게 달라지지 않은 상황에서 한국어 안에는 그러한 차별 행위를 표출하고 강화하는 언어 표현들이 오랫동안 축적되어 큰 부분을 이루고 있는 것이 사실이다. 이러한 차별 언어들이야말로 "인종적 다양성에 기초한 다문화 사회"일 뿐만 아니라 "다양하고 개성적인 삶의 방식을 추구하는 집단이 모여 사는 사회로서의 다문화 사회"(전영평 외 8인 2011:22)인 한국어 언어공동체 구성원들의 화합과 소통을 가로막고, 구성원들을 분열시키는 핵심 원인으로 작용한다.3) "사회적 약자에 대한 뿌리 깊은 편견과 무의식적 멸시의 문화적 원천에 대한 탐구 또는 한국 문화에 관한 근본적 비판"(정근식 2002:26)이 절실함을 느끼게 된다.

이 연구는 한국어 차별 언어의 개념과 유형을 체계화하고, 나아가 한국 사회에서 나타나는 다양한 차별 표현의 쓰임을 종합적으로 분석함으로써 한국인들이 안고 있는 문제적 언어 상황을 분명하게 드러내어 자기반성의 계기로 삼고, 그 개선을 위한 노력과 문제 해결 방안을 제시하는 것이 목적이다. 차별 언어 문제는, 이미 세계화·지구촌 시대의 중심부에 진입한 한국 사회가 성별, 계층, 민족, 인종, 지역, 문화의 벽을 넘어 모두가 하나로 어울려 조화롭게 살아가기 위하여 시급하게 풀어야 할 언어문화적, 정치사회적 중요 과제인 점에서 이 연구 필요성이 높다.

2. 차별 언어의 개념에 대한 기존 정의

차별 언어에 대한 이해를 위해서는 '차별'(差別, discrimination)이 무엇인지에 대해 먼저 생각해 볼 필요가 있다. 추병완(2012:267)은 "다른 사람이나 집단에 대한 부정적 태도인 편견이 행동으로 구체화된 것"을 차별이라고 정의했다. 심리학에서 보는 '차별'은 집단 적대감(集團敵對感)의 행동적 요소로, 어떤 개인 또는 집단의 사람을 그 사람이 소속된 집단에 근거하여 공정하게

---

3) 조용환(2008:231)은 "모든 사회는 성·연령·계급·지역·직업·종교·취향 등이 다른 하위 집단들이 있게 마련이고, 그러한 차이가 살아가는 방식, 즉 문화의 차이를 낳게 마련"이라고 하면서 엄밀히 말해 단일 문화 사회는 없고, 모든 사회는 곧 '다문화 사회'로 볼 수 있음을 지적했다.

대하지 않거나 불이익을 주는 행위를 말한다(Levin & Levin 1982; 김진국 1988:224에서 재인용). 그러한 차별의 정도는 집단의 구성원에 대한 험담을 하는 것이나 개인적인 수준에서 접촉을 꺼리는 것으로부터 전 사회가 확립된 제도로써 특정 집단을 박해하는 것까지 매우 다양하다(Allport 1954; 김진국 1988:224-225에서 재인용). 쉽게 정리하면, 차별이란 편 가르기에 따라 일어나는 다른 집단에 대한 적대감 표출 행위이며, 그 정도는 단순한 개인적 차원의 행위에서부터 확립된 사회적 제도 차원까지 다양하다고 하겠다.4)

법 또는 관련 영역에서 보는 차별의 개념과 내용은 좀 더 구체적으로 기술된다. 1948년 12월에 채택된 <세계 인권 선언>의 제2조에서는 차별 행위의 내용 유형을 다음과 같이 기술했다.

(1) 〈세계 인권 선언〉에서 기술한 차별 행위의 내용 유형
    가. 모든 사람에게는 인종, 피부색, 성별, 언어, 종교, 정치적 입장이나 여타의 견해, 국적이나 사회적 출신, 재산, 출생이나 여타의 신분과 같은 모든 유형의 차별로부터 벗어나서, 이 선언에 규정된 모든 권리와 자유를 누릴 자격이 있다.
    나. 더구나 특정한 개인이 속한 국가나 영토의 정치적 지위나 관할권상의 지위나 국제적 지위가 독립국이든 신탁 통치 지역이든

---

4) '집단 적대감'의 인지적 요소를 '고정관념', 감정적 요소를 '편견'이라고 부른다. 적대감 표출의 행동적 요소인 '차별'이 나오기 위해서는 다른 집단 또는 그 구성원에 대한 고정관념이 발생하고, 그것이 부정적 감정인 편견으로 축적되면 마침내 차별 행위가 나타나는 것으로 이해할 수 있다. '고정관념', '편견', '차별'에 대한 자세한 설명은 추병완(2012)를 참조할 수 있다.

비자치 지역이든 주권에 대한 여타의 제약을 받고 있든 상관없이, 그러한 지위에 근거하여 차별을 받아서는 안 된다.

<세계 인권 선언>에서는 차별 행위의 내용 유형을 '인종, 피부색, 성별, 언어, 종교, 정치적 입장이나 여타의 견해, 국적이나 사회적 출신, 재산, 출생이나 여타의 신분, 소속 국가의 지위'를 들었다. 앞쪽에 언급된 '인종, 피부색, 성별, 종교' 등이 중요하게 언급되었다고 하겠다.

한편, 2001년 한국의 통합적 차별 시정 기구로 국가인권위원회가 설치되면서 제정되고(2001년 5월 공포), 2013년 3월 개정된 한국의 <국가인권위원회법> 제2조에서는 '평등권을 침해하는 차별 행위'에 대해 다음과 같이 상세하게 정의하고 있다.5)

(2) 〈국가인권위원회법〉에서 정의한 차별 행위의 개념
    가. 합리적인 이유 없이 성별, 종교, 장애, 나이, 사회적 신분, 출신 지역(출생지, 등록 기준지, 성년이 되기 전의 주된 거주지 등을 말한다), 출신 국가, 출신 민족, 용모 등 신체 조건, 기혼·미혼·별거·이혼·사별·재혼·사실혼 등 혼인 여부, 임신 또는 출산, 가족 형태 또는 가족 상황, 인종, 피부색, 사상 또는 정치적 의견, 형의 효력이 실효된 전과(前科), 성적(性的) 지향, 학력, 병력(病歷) 등을 이유로 한 다음 각 목의 어느 하나에 해당하는 행위를 말한다.

---

5) 이후 인용하는 각종 법률의 내용은 법제처에서 운영하는 국가법령정보센터(www.law.go.kr)에서 가져온 것이다.

나. 고용(모집, 채용, 교육, 배치, 승진, 임금 및 임금 외의 금품 지급, 자금의 융자, 정년, 퇴직, 해고 등을 포함한다)과 관련하여 특정한 사람을 우대·배제·구별하거나 불리하게 대우하는 행위
나-1. 재화·용역·교통수단·상업시설·토지·주거시설의 공급이나 이용과 관련하여 특정한 사람을 우대·배제·구별하거나 불리하게 대우하는 행위
나-2. 교육시설이나 직업훈련기관에서의 교육·훈련이나 그 이용과 관련하여 특정한 사람을 우대·배제·구별하거나 불리하게 대우하는 행위
나-3. 성희롱 행위

　(2가)에서는 차별 행위가 일어날 수 있는 내용 유형을 기술했고, (2나~나-3)에서는 차별 행위의 발생 영역을 나누어 기술했다. 차별 행위의 내용 유형이 '성별, 종교, 장애, 나이, 사회적 신분, 출신 지역, 출신 국가, 출신 민족, 용모 등 신체 조건, 혼인 여부, 임신 또는 출산, 가족 형태 또는 가족 상황, 인종, 피부색, 사상 또는 정치적 의견, 형의 효력이 실효된 전과(前科), 성적(性的) 지향, 학력, 병력(病歷)' 등 19개로 아주 다양하게 나열되었다.6) <세계 인권 선언>에서 제시한 것과 공통적인 것이 많지만 '언어, 재산'은 <국가인권위원회법>에 나오지 않고, '장애, 나이, 용모 등 신체 조건, 기혼·미혼·별거·이혼·사별·재혼·사실혼 등 혼

---

6) 차별 행위의 내용 유형을 언급한 다른 법률들이 많이 있는데 대표적으로 <대한민국헌법>에서는 "모든 국민은 법 앞에 평등하다. 누구든지 성별·종교 또는 사회적 신분에 의하여 정치적·경제적·사회적·문화적 생활의 모든 영역에 있어서 차별을 받지 아니한다"(11조 1항)고 하였다. 또 <교육기본법>에서는 "모든 국민은 성별, 종교, 신념, 인종, 사회적 신분, 경제적 지위 또는 신체적 조건 등을 이유로 교육에서 차별을 받지 아니한다"(4조)로 규정했다.

인 여부, 임신 또는 출산, 가족 형태 또는 가족 상황, 형의 효력이 실효된 전과(前科), 성적(性的) 지향, 학력, 병력(病歷)'은 <세계 인권 선언>에 나오지 않는 추가된 유형이다. 시대 변화에 따라 차별 행위의 종류가 많아지고, 차별 행위에 대한 인식이 강화되었음을 보여 준다. 또 다른 차이점으로는 <세계 인권 선언>에서 '인종, 피부색' 등이 앞쪽에서 중요하게 다루어진 것과 달리 한국의 <국가인권위원회법>에서는 '장애, 나이, 사회적 신분, 출신 지역'이 앞쪽에 나오고 '인종, 피부색'은 배열 순위가 한참 뒤쪽이라는 사실이다. 인종이나 피부색에 따른 차별은 한국 사회에서 아직 심각성이 낮다고 판단한 결과일 것으로 해석된다.

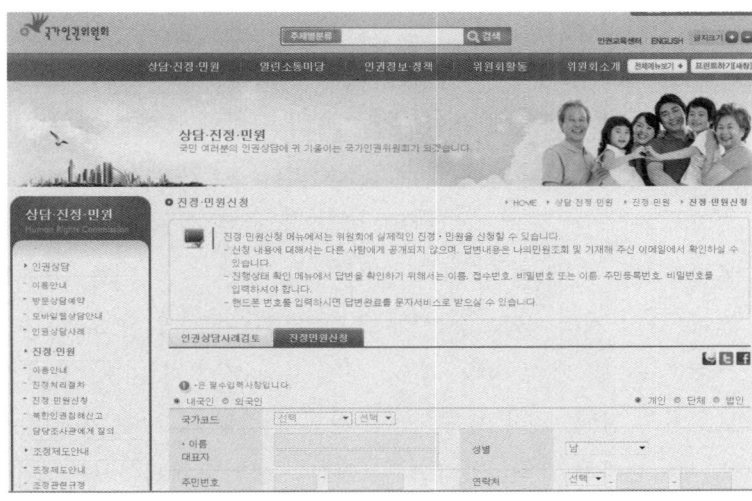

[그림 2] 국가인권위원회 인터넷 누리집

차별 행위의 발생 영역을 '고용, 재화 등의 공급과 이용, 교육·훈련' 등으로 나누고, 각각의 경우에서 '특정한 사람을 우대·

배제·구별하거나 불리하게 대우하는 행위' 및 '성희롱 행위'가 차별 행위인 것으로 정의했다. 특정한 사람을 우대하거나 배제하거나 구별하거나 불리하게 대우함으로써 이루어지는 차별 행위는 "하지 말아야 할 것을 행함(작위함)으로써 발생하는"(최승철 2006:60) '작위(作爲) 차별'에 해당한다. 차별에는 해야 할 것을 하지 않음으로써 생기는 '부작위(不作爲) 차별'도 있는데, 그 전형은 '편의 제공 의무' 개념에서 찾을 수 있다. <미국 장애인법> 102조에서는 "지원자 또는 피고용인이 장애를 가진 유자격 개인일 경우, 그의 신체적 또는 정신적 한계를 배려하지 않고 적절한 편의 제공을 하지 않는 행위"를 차별로 규정한다(최승철 2006:64). 한국 사회에서는 아직은 부작위에 의한 차별 개념이 제대로 도입되지 못하고 있다.

한편, 2007년부터 <차별 금지법> 제정을 시도하였고 2012년 및 2013년에는 국회에 발의까지 했으나 아직도 국회 통과가 이루어지지 못했거나 반발에 밀려 철회되었다. 2007년 법무부에서 공고한 '차별금지법 제정(안) 입법예고'에 따르면, 차별 금지의 사유를 '성별, 장애, 병력, 나이, 출신 국가, 출신 민족, 인종, 피부색, 언어, 출신 지역, 용모 등 신체 조건, 혼인 여부, 임신 또는 출산, 가족 형태 및 가족 상황, 종교, 사상 또는 정치적 의견, 범죄 및 보호처분 전력, 성적 지향, 학력, 사회적 신분'의 20개 차별 유형을 제시했다.[7] 그러나 '의회선교연합' 등의 단체에서 성적 지향

---

[7] 이 밖에도 제정을 시도한 <차별 금지법>의 주요 내용은 '차별시정기본계획의 수립, 국가 및 지방자치단체의 책임, 고용상의 차별 금지, 재화·용역 등의 공급이나 시용상의 차별 금지, 교육기관의 교육·직업훈련상의 차별 금지, 차별 예방을 위한 조치, 국가인권위원회에 대한 진정, 법원의 구제조치, 손해배상 및 입증책임' 등의 내용을 닫고 있었다.

을 차별 유형으로 넣는 것을 강력 반대하는 등 여러 기관, 단체에서 여러 가지 차별 유형을 제외할 것을 요구하여 결국 법무부는 '성적 지향, 학력, 병력, 출신 국가, 언어, 가족 형태 및 가족 상황, 범죄 및 보호처분 전력' 등 7개 유형을 제외한 채 법률안을 국회에 제출하게 되었다. 이에 대해 시민 단체에서 '차별 금지법'에 아니라 '차별 조장법'이 된다면서 법안을 반대하여 결국 2008년 5월에 회기 만료로 폐기되었다. 2013년 민주당에서 제출한 <차별 금지에 관한 기본법>과 <차별 금지법>이 발의되었으나 '성적 지향'과 관련해서 기독교 단체의 거센 반발로 법안 자체가 철회되었다(최수연 2009, 정강자 2010, '법무부공고 제2007-106호', 위키백과 '대한민국 차별금지법' 등 참조).

이처럼 <세계 인권 선언>, <국가인권위원회법>, <차별 금지법> 등의 법률 또는 유사 문건에서는 차별의 내용 유형을 정하는 것이 구성원들의 신념이나 철학, 이해관계, 국가의 정치경제적 상황 등에 따라서 일정하지 않게 됨을 알 수 있다. 어떤 유형을 차별의 내용으로 넣어 열거하는지에 따라서 개인들이 느끼는 역차별이나 자유에 대한 억압 정도가 클 수 있기 때문이다. 그만큼 구성원들의 행위에 직접적으로 작용하는 법률 등에서 차별 행위를 정의하는 것이 어려운 문제라고 하겠다.

법적으로 문제가 되는 차별 행위에 대한 정의가 쉽지 않은 것과 달리 '차별 언어'에 대한 정의는 상대적으로 복잡함과 어려움이 덜하다. '차별 언어'란 우선 간단하게 말하면, 바로 위에서 살펴본 바와 같은 다양한 차별 행위의 과정에서 쓰게 되는 언어 표현이라고 하겠다. 한국어 차별 언어를 전반적으로 다룬 선행 연구 또는 국내에서 이루어진 외국어 대상 차별 언어 연구들이 부족한 상황이지만 일부의 관련 연구에서 차별 언어의 개념을 다루었다. 선행 연구에서 그것을 어떻게 정의하였는지를 살펴보고, 다음 절에서 차별 언어의 개념을 새롭게 매겨 보기로 하겠다.

(3) 차별 언어의 개념에 대한 기존 연구의 정의

가. 차별적 언어 표현이란 한 사회의 개인 또는 특정 집단과 그에 관련한 사물 및 현상에 대한 차별적 인식을 드러내는 말, 즉 편견과 고정관념을 드러내는 특정 단어・구・문장으로 이루어진 표현을 말한다. (박혜경 2009:25)

나. '언어 차별'이란 의사 전달 과정에서 비객관적인 사실로 누군가에게 불평등을 초래할 수 있는 표현을 의미한다고 볼 수 있다. [...][8] 언어 차별은 일반적으로 한 사회의 소수자 및 약자들에 대한 발신자의 차별 의식에 의해 실현된다. (박동근 2010:62)

(3가)의 박혜경(2009) 정의는 차별 언어에 대한 거의 최초의 명시적 정의인 점에서 의미가 있다.[9] 다만 '차별적 인식'이라는 표현을 이용한 정의에서 동어반복의 문제가 보이고,[10] 언어 형식적인 면에서 '단어・구・문장'을 굳이 명시할 필요가 없다는 점을 문제로 지적할 수 있다. 차별 언어가 단어 형식으로 존재하는 것

---

[8] 인용 과정에서 줄인 부분은 본래 쓰인 말줄임표와 달리 [...]로 표시한다.
[9] 이 연구에서는 조태린(2006) 등의 선행 연구가 차별 언어의 개념 정의를 한 것으로 인용하고 있으나 해당 연구에는 그런 분명한 정의가 나오지 않는다. 필자가 전체 내용을 참조하여 임의로 재정의한 것으로 보이는데 인용의 정확성, 책임 소재 면에서 심각한 문제가 있다.
[10] '차별적 인식'의 내용을 구체적으로 '편견과 고정관념'이라고 설명한 부분은 정의의 구체성 면에서 도움이 된다.

이 많기는 하지만 구, 문장, 담화 차원에서도 나타날 수 있는 것이기 때문에 굳이 하나하나 열거하지 않아도 되는 것이다. 또한 차별 대상으로 '소수자 및 약자들'로 한정하고 있는데, 차별 표현이 꼭 이런 사람들에 대해서만 나타나는 것은 아니다. '짱깨', '쪽발이', '양키'라고 할 때 이들이 한국 사람들보다 약자이거나 소수자[11])이기 때문에 이런 인종 차별, 민족 차별 표현을 쓰는 것이라고 하기는 어렵다. 이처럼 차별 표현들 가운데는 오히려 강자에 대한 적대감과 부정적 태도를 드러내는 경우도 있다. 또한 차별의 범위를 '개인 또는 특정 집단과 그에 관련한 사물 및 현상'으로 복잡하게 나열하였는데 차별이란 기본적으로 '다른 사람'에 대한 것임을 고려하면 정의가 지나치게 번잡하게 되었다.

(3나)로 제시한 차별 언어에 대한 박동근(2010)의 정의는 두 부분으로 나누어 기술되었다. 앞부분에서 차별 표현을 "의사 전달 과정에서 비객관적인 사실로 누군가에게 불평등을 초래할 수 있는 표현을 의미한다고 볼 수 있다"라고 정의한 것은 선행 연구의 그것과 달리 새롭게 정의를 시도한 것이다. 그런데 차별 언어의 핵심적 내용인 것으로 나오는 '비객관적인 사실', '불평등을 초래'의 의미가 정확하지 않고 막연하다. 객관적 사실에 대한 표현이라고 해도 그것이 어떻게 쓰이는지에 따라 차별 언어로 인식될 수 있다. 예를 들어 '여교사'라고 할 때 이 말 자체는 '여자인 교사'를 가리키는 것이기 때문에 비객관적인 사실을 언급한다고 하

---

11) 전영평 외 8인(2011:33-46)은 소수자를 단순히 수가 적다는 뜻을 넘어 "그가 속한 사회에서 권력적으로 약한 지위에 있는 사람"으로 정의했다. 한편, 소수자의 유형을 '신체적 소수자'(장애인, AIDS 감염인), '권력적 소수자'(북한 이탈 주민, 양심적 병역 거부자), '경제적 소수자'(비정규직, 외국인 노동자), '문화적 소수자'(성소수자, 미혼모)로 나누었다.

기 어렵다. '남교사'라는 말도 사전에 올라 있지만 실제 쓰지 않으면서 여자 교사들을 유표적으로 지시하기 위해 '여교사'를 쓰는 점 때문에 여성 차별이 된다. 차별 언어 사용으로 어떤 불평등이 초래된다는 것인지도 추가적 진술이 필요한 부분이다. 차별 언어를 씀으로써 불평등이 초래되는 것이 아니라 차별 언어의 사용을 통해 불평등한 상태를 재확인하는 경우가 많다고 하겠다. 앞의 다른 정의와 마찬가지로 차별의 대상을 '소수자 및 약자들'로 한정한 것도 문제이다.

3. 차별 언어의 개념에 대한 새로운 정의

'차별'은 다른 사람에게 행해지는 부정적이고 적대적인 태도의 표출이면서 동시에 편 가르기와 배제의 행위이다. 이런 과정에서 동원되는 중요한 수단의 하나가 차별 언어이다. 차별 행위와 차별 언어는 인류의 역사 시작 때부터 있어 왔고, 그 구체적 내용이 무엇인지는 시대와 사회에 따라 달라진다. 16세기 영국의 토머스 모어(Sir Thomas More)가 쓴 ≪유토피아≫에는 차별 행위와 관련된 재미있는 내용이 실려 있다.

(4) ≪유토피아≫에 기술된 차별 행위 관련 내용
   가. 그러면 그들의 사회조직으로 되돌아가기로 합시다. 이미 말한 바와 같이, 각 가정은 가장 나이 많은 남자의 다스림을 받고 있습니다. 아내는 남편에게 복종해야 하며, 자식은 어버이에게, 그리고 나이 어린 사람은 나이 많은 사람에게 복종해야 합

니다. (토머스 모어 지음/원창엽 옮김 2005:89)
나. 그러나 여러분이 추하거나 불구인 자를 보고 비웃으면 모든 사람들이 여러분을 비웃기 시작할 것입니다. 자기 힘으로서는 도저히 피할 수 없었던 결점을 비난하고 있다는 것을 암시함으로써, 여러분은 스스로 아주 어리석은 짓을 한 것이기 때문입니다. (토머스 모어 지음/원창엽 옮김 2005:129)

위 두 인용문을 보면 작가가 이상적 사회로 그렸던 '유토피아' 사람들의 모습이 보인다. 아내는 남편에게 복종해야 하고, 나이 어린 사람은 나이 많은 사람에게 복종해야 한다고 적었다.12) 이와 달리 "추하거나 불구인 자를 보고 비웃으면 모든 사람들이 여러분을 비웃기 시작할 것"이라고 하여 장애인을 비웃거나 비난해서는 안 된다고 하였다. 장애 차별에 대해서는 비판적 태도를 취한 반면 성차별이나 나이 차별에 대해서는 전혀 인식이 없었음을 알 수 있다.13) 당시 토머스 모어 등의 영국인들의 의식 속에서 여성은 남성의 종속적 존재로, 연하자는 연장자의 하위자 또는 피지배자로 살아가는 것이 당연한 윤리였다고 하겠다.

세계 각국에서는 차별 행위를 금지하는 여러 가지 법률을 만

---

12) 동양은 물론이고 서양 문화에서도 여성에 대한 차별적 태도는 역사가 아주 오래된 것이다. 성경에는 "너는 남편을 원하고 남편은 너를 다스릴 것이니라"(창세기 3:16), "아내들이여 자기 남편에게 복종하기를 주께 하듯 하라"(에베소서 5:22), "여자가 가르치는 것과 남자를 주관하는 것을 허락하지 아니하노니 오직 조용할지니라"(디모데전서 2:12)와 같이 여성을 남성의 하위자, 종속자로 보는 내용이 수없이 많이 나온다.
13) 이 책 내용의 다수는 당시의 현실과 다른 내용을 적은 것이라는 점에서 영국인들은 장애인에 대해서 비웃거나 비난하는 등의 차별 행위를 하고 있었고, 그것에 대한 문제 인식이 없었을 것으로 해석하는 것도 가능하다.

들어 시행함으로써 차별을 예방을 위해 애쓰고 있다. 각 나라에서 '차별 금지법'에서 나열하고 있는 차별 현상, 곧 차별 행위의 내용 유형들은 일정하지 않다. 대체로 '인종, 성별, 장애, 연령, 종교, 양심이나 신념, 혼인 여부, 출신 국가나 민족, 성적 지향' 등은 대부분의 나라에서 금지된다(이준일 2007:78). 각 나라마다 역사적 배경이나 사회적 환경에 따라 특별히 규정하는 차별 유형도 있는데, 한국의 경우는 '출신지, 외모, 학력' 등이 중요하게 다루어진다. 또 호주는 '병력(病歷), 노조 활동', 뉴질랜드는 '고용 관계', 남아프리카공화국은 '문화, 언어', 아일랜드는 '유랑족'을 차별과 관련지어 이해한다. 여러 나라에서 차별 금지법을 통해 무엇을 차별 현상으로 인식하는지를 제시하면 <표 1>과 같다.

물론 같은 시대, 같은 사회에서 함께 사는 사람이라고 해도 개인의 철학, 경험, 지위 등에 따라 차별 현상을 인식하는 정도에서 차이가 있다. 21세기 한국 사회를 보면 성차별이나 장애 차별에 대한 사회적 인식은 비교적 높다. 그러나 인종 차별, 종교 차별, 지역 차별, 직업 차별에 대한 인식은 개인에 따른 차이가 적지 않고, 나이 차별이나 성소수자 차별에 대해서는 인식 차이가 큰 것으로 판단된다. 혼인 여부, 임신 및 출산, 가족 상황에 관련된 차별에 대해서는 인식이 아주 약한 편이다. 또한 같은 시대와 사회에 살고 있는 사람이라도 세대에 따라 차별 인식이 달라지기도 한다. 현재 한국인 가운데서 60대 이상의 노인층들은 사회경제적 지위에 따른 차별을 강하게 느끼고, 40대 직장 여성들은 성차별을 아주 강하게 느끼며, 10대 청소년들은 외모 차별, 학업성적 차별을 가장 심각한 것으로 느낄 것이다.14)

〈표 1〉 세계 각국에서 금지하는 차별 현상의 유형 (이준일 2007:77-78)

구분	미국	캐나다	호주	뉴질랜드	인도	남아공	그리스	아일랜드	한국
인종	○	○	○	○		○		○	○
피부색	○	○		○		○			○
성별 임신, 출산	○	○	○	○		○		○	○
장애		○	○	○		○		○	○
연령		○	○	○		○		○	○
출신 국가/민족	○	○				○			○
국적			○						
종교, 신앙	○	○	○	○		○		○	○
윤리적 신념, 양심				○		○			
신념				○		○			
정치적 견해			○	○					○
성적 지향/선호		○		○		○		○	○
혼인 여부		○	○	○		○		○	○
가족 관계		○		○				○	○
전과		○	○						○
병력(病歷)			○						○
노조 활동			○						
문화						○			
언어						○			
고용 관계				○					
사회적 신분									○
출신지									○
신체 조건									○
학력									○
유랑족								○	

* 인도 및 그리스의 차별 금지법에는 차별 사유가 열거되어 있지 않다.

사회 전반적으로 차별 행위 및 차별 언어 사용의 문제점을 느끼는 사람들이 늘어나는 것은 분명하지만 차별 행위의 심각성과

14) 황옥경(2011:321)의 조사에 따르면, 남자 청소년들의 경우 '학업성적, 외모, 연령' 순으로, 여자 청소년들은 '외모, 연령, 학업성적' 순으로 차별을 강하게 지각하는 것으로 나타났다. 공통적으로 청소년 세대에서는 일반 성인들이 강한 차별로 느끼는 성차별이나 사회경제적 지위 차별에 더해서는 인식도가 낮았다.

차별 표현의 문제점에 대한 판단은 다양하게 나타난다. 그렇기 때문에 차별 행위와 차별 표현 사용을 자제해야 한다는 생각을 갖고 있더라도 실제 행동 및 언어 사용이 생각과 다르게 표출되는 일이 많다. 예를 들어, 한국 사회에서 성차별이나 장애 차별에 대한 인식이 전반적으로 높은 편이지만 개인적 차원에서는 차별적 발언을 무의식중에 쉽게 내뱉는 일이 흔하다.

(5) 저서에서 보이는 무의식적 차별 표현의 사용
　가. 앞으로 한국어의 어휘부에는 외국어 혼태형인 **절름발이** 외국어가 물밀듯이 밀려들어 올 것이다. 바로 이러한 현상이야말로 모국어의 생태 환경이 변화되고 또 국어의 어휘 기반이 무너져 가는 뚜렷한 증거라 할 수 있다. (이상규 2008:224)
　나. 장애우는 말을 곱씹어 보면 **절름발이** 말이라는 걸 알 수 있습니다. 우선 장애우라는 표현은 비장애인만 사용할 수 있습니다. 비장애인의 입장에서 장애인을 친구처럼 친근하게 대하자는 뜻에서 사용하는 것이죠. [...] 그러니 그 말은 **절름발이**일 수밖에 없습니다. (오승현 2011:16)

(5가)는 한국어 전공 교수가 쓴 책에서 가져온 것이다. 글쓴이는 장애인을 차별하려는 의도가 전혀 없었을 것이지만 한국어의 미래에 끼칠 외국어의 부정적 영향을 언급하면서 무의식적으로 '절름발이'라는 차별 표현을 썼다. 더욱이 (5나)는 각종 차별을 없애자는 목적에서 쓴 책의 일부 내용으로, '절름발이'라는 장애 차별 표현이 따옴표 하나 없이 두 번이나 쓰였다. 이런 보기를 통하여 장애 차별 표현이 얼마나 한국어 화자들에게 익숙해져 있는지, 고도의 의식적 노력이 없으면 얼마나 쉽게 쓰게 되는 것인지

잘 드러난다.15)

 어쩌면 많은 한국어 화자들이 '절름발이'는 객관적 사실을 표현한 말인데 왜 그것이 차별 언어인지 모르겠다는 생각을 아직도 갖고 있을 수 있다는 생각을 하게 된다. '절름발이', '앉은뱅이', '귀머거리' 같은 장애인 차별 언어는 장애인이 스스로 붙인 이름이 아니며, 그런 말을 결코 듣고 싶어 하지도 않는다는 점에서 사용하지 않아야 할 말임을 비장애인 화자들은 아직 모르고 있거나 무시하고 있는 경우가 많다.16)

 대학의 한 특별 강연에서 나온 다음 보기는 차별 표현의 무의식적 사용이 얼마나 많고, 쉽게 일어나는지를 잘 보여 준다.

(6) 대학 강연에서 나온 무의식적 성차별 발언
  가. 여자는 사랑하는 남자를 위해 모든 것을 다 바칩니다. 그러나 남자는 자신을 알아주는 사람을 위해 모든 것을 바칩니다.
  나. 자신만을 위해 사는 사람은 사내도 아닙니다. 그런 사람을 졸장부라고 합니다.

---

15) 국가인권위원회가 출범한 2001년 11월 이후 7년 간 접수된 차별 진정 사건 5,380건 가운데 장애 차별이 1,222건으로 19.4%를 차지하여 차별 유형 가운데서 1위를 차지했다(정강자 2010:54). 또 박수미·정기선·김혜숙·박건(2004)의 설문 조사 결과에서도 장애인에 대한 차별이 가장 심각한 차별인 것으로 나타났다. 여전히 우리 사회에 장애인에 대한 편견과 차별이 널리 퍼져 있음을 보여 주는 결과로 해석된다.
16) 장애인 지시 표현인 '곱사등이', '앉은뱅이', '벙어리' 등에는 '-이', '-뱅이', '-어리' 등 부정적 뜻을 갖는 접미사가 들어 있다. 이런 요소들은 주로 사물을 가리키는 말에 잘 붙는데, 이런 접미사를 사람에게 쓴 것은 장애인을 물건처럼 쉽게, 하찮게 여기는 차별 의식이 반영된 것으로 볼 수 있다. 이에 대해서는 7장에서 다시 설명하기로 하겠다.

위 발언은 청중의 3분의 2 이상이 여학생인 말하기 공간에서 나온 것인데 (6가)에서 '여자는 사랑, 남자는 일'이라는 여성에게 불리한 이분법적 생각을 드러냈고, (6나)에서는 '사람은 곧 남자'라는 남성 중심, 여성 배제의 사고를 드러냈다. 대학 교수인 이 화자는 일상에서 여성 차별 행위를 하거나 여성 차별 발언을 의도적, 의식적으로 하는 일은 거의 없었다. 양성평등에 대한 가치 의식을 갖고 있으며, 성차별 행위의 문제점에 대한 인식도 분명했던 것으로 보인다. 이 발언을 하는 순간 여성을 차별하려는 의도나 목적을 가진 것도 전혀 아니었을 것이다. 그럼에도 무의식적으로 성 역할을 분리하고, 여성을 배제하는 남성 중심적 사고를 드러낸 것은 다수 한국어 화자들의 성차별에 대한 인식과 구체적 행동 사이에서 상당한 간극이 존재할 수 있음을 말하는 것으로 해석된다.

특히 (6)의 보기는 특정 단어나 구 등의 언어 형식에서 성차별이 나타나는 것이 아니라 문장과 문장의 관계, 담화 상황을 고려해야 성차별적 발화로 해석될 수 있는 것이기 때문에 화자는 자신의 말이 성차별적이라는 사실을 느끼지도 못하게 된다. 화자는 성차별의 문제점을 느끼지 못한 채 발화했다 하더라도 그것을 받아들이는 여성들로서는 불쾌감, 분노, 소외감을 크게 느낄 수 있을 것이다. 차별 행위 및 차별 언어 사용이 화자의 의식성 여부와 관계없이 경우에 따라 청자, 곧 수용자 관점에서 문제로 받아들여지게 됨을 알 수 있다. 차별 표현의 화자와 청자 사이에서 생기는 이러한 간극 때문에 청자는 화자에 대한 심리적 대립을 느끼게 되고, 결과적으로 의사소통이 성공적으로 이루어지지 못하는 문제가 발생한다. 특히 사람들이 경험하거나 느끼는 차별 행위

가운데서 '인간적 모욕과 무시', '놀림과 조롱'이 '임금이나 승진 상의 불이익', '채용이나 해고 상의 불이익', '결혼 및 친구 관계 회피' 등보다 더 심각한 것으로 받아들이는 경우가 많은 점(박수미·정기선·김혜숙·박건 2004:77-80)을 고려하면, 소수자에 대한 인간적 모욕과 무시, 놀림과 조롱의 구체적 수단으로 쓰이는 차별 언어에 대한 이해 및 그 사용과 관련한 자기 점검이 크게 중요하다고 하겠다.

차별 행위에 대한 이해를 바탕으로, 차별 언어의 개념을 구체적으로 정의하기에 앞서 고려해야 할 몇 가지 요소를 지적해 보기로 한다. 첫째, 위에서 기술한 바와 같이 한 사회 안에서도 차별 유형에 따라 인식 정도가 크게 차이가 있고, 구성원 개개인의 철학, 경험, 지위 등에 따라서도 차별 현상의 심각성을 인식하는 정도가 다르게 나타난다. 따라서 차별 언어 정의에서 여러 가지 유형의 차별 행위와 관련된 내용을 모두 나열하기는 현실적으로 어렵고, 그럴 필요도 없다고 하겠다. 차별 언어에 대한 앞선 정의에서도 차별 행위의 유형을 구체적으로 나열하지는 않았다.

둘째, 차별 행위의 의도 또는 목적이 무엇인지에 대한 정확한 이해가 필요하다. '차별'의 어휘 의미가 "둘 이상의 대상을 각각 등급이나 수준 따위의 차이를 두어서 구별함"[17]이기 때문에 원리적으로 '우월과 열등, 강자와 약자, 다수자와 소수자, 정상과 비정상'이 모두 포함되고 '우대와 천대, 존경과 멸시, 포용과 배제'가 모두 관련된다. 열등하거나 비정상적인 약자나 소수자에 대한 천대, 멸시, 배제 행위가 차별의 핵심이지만 강자에 대한 지

---

17) 사전에서 가져 온 구체적 뜻풀이는 특별한 표시가 없는 한 모두 ≪표준국어대사전≫을 참조한 것이다.

나친 우대나 존경, 또는 무작정의 배제 행위도 차별 행위인 것이다. 그렇다면 차별 언어를 정의할 때 차별 대상을 굳이 소수자나 약자에 한정할 필요는 없다. 대상을 한정하기보다는 차별의 목적이 '차이를 바탕으로 하는 편 가르기에 의한 부정적 태도 표출과 불평등한 대우'에 있음을 강조하는 것이 낫다고 본다.

셋째, 차별 언어는 크게 두 가지 맥락에서 쓰이는 것으로 정리할 수 있다. 한 가지는 부정적이고 적대적인 태도 표출로서의 차별 언어 사용이고, 다른 하나는 불평등한 대우 과정에서 쓰이는 차별 언어이다. 두 가지가 완전히 뚜렷하게 구별되는 것은 아니지만 나누어 보자면, 태도 표출로서의 차별 언어는 다른 사람을 무시하거나 모욕하는 등 적대감을 표출하는 그 자체로서 사용 목적이 이루어지는 것인 반면 불평등 대우 과정으로서의 차별 언어는 행정 용어, 집단이나 직업 명칭 등의 형식으로 구조적인 불평등 대우에 동원되어 효과를 거둠으로써 사용 목적이 이루어지는 것이다. 또 태도 표출로서의 차별 언어는 '인정의 거부나 결핍'과 관련되는 것이고, 불평등 대우 과정으로서의 차별 언어는 '불평등한 분배'와 관련된다.18)

지금까지 기술한 내용을 바탕으로 차별 언어의 개념을 새롭게 정의하면 다음과 같다.

(7) 차별 언어의 개념에 대한 새로운 정의
차별 언어란 사람들의 다양한 차이를 바탕으로 명시적 또는 암묵

---

18) '인정의 거부나 결핍'과 '불평등한 분배'는 평등과 관련하여 각각 '인정 패러다임'과 '분배 패러다임'이라고 부르는데, 이에 대해서는 민무숙·이수연·박영도·이준일(2004:26-34)를 참조할 수 있다.

적으로 편을 나누고, 다른 편에게 부정적이고 공격적인 태도를 드러내거나 다른 편을 불평등하게 대우하는 과정에서 쓰는 언어 표현을 가리킨다.

차별 언어에 대한 새로운 정의에서는 차별 언어가 '사람들의 다양한 차이' 및 '편 가르기' 행위에 관련되며, 나와 '다른 편'에게 '부정적이고 공격적인 태도'를 드러내고, 다른 편을 '불평등하게 대우'하는 과정에서 쓰는 말임을 지적하였다. 여기서 '불평등한 대우'란 '합리적 근거가 없는 차별 행위'를 가리킨다. 넓은 의미에서 차별은 비교 대상을 동일하게 대우하지 않는 모든 행위로 이해될 수 있지만 좁은 의미, 법적인 의미에서의 차별은 합리적 근거가 없는 차별 행위에 한정된다(이준일 2007:46-47). 차별 언어에 대한 이러한 개념 정의를 바탕으로 차별 언어에는 어떤 유형이 있으며, 그것에 대한 연구가 얼마나 이루어졌는지에 대해 다음 2장에서 구체적으로 살펴보기로 하겠다.

2장_ 차별 언어의 유형과 연구 현황

　차별 언어는 여러 언어에서 나타나는 보편적 현상이기는 하지만 한국어에 특히 많은 편이다. 어휘 수 자체가 많을 뿐만 아니라 유형도 성차별, 장애 차별, 인종 차별, 지역 차별, 종교 차별 등 다양하게 나타난다. 어휘 차원에서만 나타나는 것이 아니라 '벙어리 영어', '난쟁이 똥자루'와 같은 구, '귀머거리 눈치 빠르다', '암탉이 울면 집안이 망한다'와 같은 문장, '여자가 담배를 왜 펴?', '빨리 너희 나라 돌아가!'와 같은 담화 형식으로 차별이 나타나는 경우도 많다. 그만큼 한국 사회에서 전통적으로 차별 의식과 차별 행위가 많았다는 뜻이다.

　이 장에서는 한국어에서 보이는 차별 언어들을 몇 가지 유형으로 나누어 제시하고, 각 유형의 차별 언어에 대한 연구가 어디까지 진행되었는지를 살펴보기로 한다. 차별 언어의 각 유형별로 어떤 전형적 쓰임이 있는지를 간단히 제시함으로써 그것에 대한 전반적 이해가 가능하도록 할 것이다. 지금까지 한국어 연구에서 차별 언어의 종합적인 유형 분류나 체계화가 없었기 때문에 이 연구를 통하여 차별 언어에 대한 종합적인 이해를 도모하는 의미가 있다. 이러한 차별 언어의 유형 분류 및 연구사 검토는 2부에서 진행할 차별 언어의 쓰임에 대한 구체적 분석의 예비 작업으로서 의미를 갖는다.

1. 차별 언어의 유형 분류

한국 사회에서 쓰이는 한국어 차별 언어의 유형을 다음과 같이 크게 7가지로 나눌 수 있다. 기타 유형에 포함된 몇 가지를 합치면 차별 언어의 유형은 10개가 넘겠지만 표현 형식의 수와 쓰임 정도를 균형 있게 고려할 때 7개 정도로 나누어 이해하는 것이 효과적이라고 판단된다.[1]

(1) 차별 언어의 유형
　가. 성차별: 여의사, 여필종부, 관능미, 출처(出妻), 늑대
　나. 인종 차별: 오랑캐, 쪽발이, 검둥이, 코쟁이, 똥남아
　다. 장애 차별: 벙어리, 난쟁이, 소경, 미친놈, 병신
　라. 지역 차별: 멍청도, 깽깽이, 경상디언, 뺀질이, 짠물
　마. 직업 차별: 도배공, 옹기장, 신호수, 잡역부, 무희
　바. 종교 차별: 개독교, 땡중, 무당질, 점쟁이, 개이슬람

---

[1] 조태린(2006:28)에서는 차별 표현의 범주를 크게 '성, 신체, 인종·국적·지역, 직업·사회'의 네 가지로 나누고, 이를 다시 15개의 하위 유형으로 나눈 바 있다.

사. 기타 차별: 상것, 하층민, 늙은 것들, 풍보, 동성연애자

6가지 주요 유형 밖에 있는 기타 유형의 차별 언어에 넣을 수 있는 것으로는 계층 차별, 나이 차별, 외모 차별, 성소수자 차별 등이 있다. 신분 계층 차별이 특히 심했던 조선 시대에는 신분 관련 다양한 차별 표현들이 쓰였고, 법적인 신분 차별이 없어진 현재에는 그 잔재를 찾을 수 있다. 사회적으로 연장자에 대한 우대와 연하자에 대한 무시 현상이 반영된 나이 차별 표현, 외모에 대한 높은 관심에서 나온 외모 차별 표현도 한국 사회에서 비교적 많이 쓰이고 있다. 최근에는 동성애자나 성전환자 등 성적 소수자에 대한 차별 표현도 생겨나 쓰인다.

각 유형의 차별 언어에는 대표적으로 어떤 표현들이 쓰이고 있는지를 하위 유형 분류를 통하여 좀 더 자세히 기술하기로 하겠다. 먼저 (2)는 언어 형식적인 면에서 나눈 성차별 표현의 유형과 구체적 보기들이다.

(2) 성차별 언어의 하위 유형과 보기 ①: 언어 형식적 분류
    가. 여성을 유표형으로 지시: 여교사(女教師), 여비서(女秘書), 여의사(女醫師), 여류 시인(女流詩人), 여류 작가(女流作家)
    나. 남성을 먼저 지시: 남녀(男女), 부모(父母), 아들딸, 갑남을녀(甲男乙女), 신랑신부(新郎新婦)
    다. 남성형으로 여성까지 포괄: 형제(兄弟), 학부형(學父兄), 부전자전(父傳子傳)

(2가)의 '여성을 유표형으로 지시'하는 유형은 남성을 가리키

는 표현을 무표형으로 하고 그것에 유표적 형식을 첨가함으로써 여성을 부차적으로 가리키는 표현을 만들어 쓰는 것을 말한다. 남성들은 그냥 '교사', '의사', '시인'이라고 하는 것과 달리 여성은 '여교사', '여의사', '여류 시인'이라고 한다. 남성이 기본이고 여성은 파생된 아류라는 느낌을 주는 점에서 여성 차별을 드러낸 말들이다. 영어에서 남성은 무표형 'master', 'poet'인 반면 여성은 유표형 'mistress', 'poetess'로 나타나는 것과 같다.

(2나) '남성을 먼저 지시'하는 유형은 남성과 여성을 함께 언급하는 경우 남성형이 앞서 나타남으로써 결과적으로 남성을 여성보다 우월한 위치에 두는 것을 말한다. '남녀, 부모, 갑남을녀' 등 모두 남성형이 앞에 나온다. 반면 '계집사내', '처녀총각', '연놈'의 경우와2) 최근에 인터넷 통신 공간에서 만들어진 새말 '엄빠'(엄마아빠)는 여성형이 앞에 있어 눈에 띈다. 이런 것을 제외하면 대부분 남성형이 앞에 나옴으로써 남성의 우월한 지위를 강조하고 여성의 약하고 종속적인 지위를 세뇌시키게 된다.

(2다)의 경우는 남성을 가리키는 말이 여성까지 포괄하는 뜻으로 쓰이는 것이다. 영어의 'man'이 남자를 가리키면서 동시에 남녀 모두의 사람을 가리키는 것처럼 '형제'는 남자 형제를 가리키면서 동시에 여자들에게도 쓰인다. '학부형'은 '학부모'로 대체되었지만 무의식적으로 쓰이기도 한다. '부전자전'은 "아버지가 자신의 태도나 성향을 아들에게 대대로 전함"의 뜻인데, 여기에는 어머니가 딸에게 전하는 것도 포함되었다고 할 수 있다.3)

---

2) '계집사내', '연놈' 등 여성형이 앞서 나오는 말은 '연놈이 빚도 갚지 않고 야반도주를 했다'와 같이 부정적 맥락에서 주로 쓰인다.
3) 어머니가 딸에게 전하는 것을 '모전여전'(母傳女傳)이라고 표현하기도 하는데

이와 같이 언어 형식적인 면에서 성차별 표현의 유형을 나누어 사례를 제시한 결과 전반적으로 여성 차별 표현이 대부분인 것으로 확인된다. 언어 형식 면에서 남성은 여성보다 '기본, 우선, 대표'의 지위를 갖고 있는 것이다.

다음 (3)은 성차별 표현의 유형을 차별 내용 면에서 나눈 것이다. 내용적인 면에서도 성차별 언어의 절대 다수는 여성을 대상으로 하는 것이기 때문에 여성을 중심으로 하위 유형을 나누되 남성 관련 내용을 추가하는 것이 현실적으로 적절해 보인다.

(3) 성차별 언어의 하위 유형과 보기 ②: 차별 내용 분류
　가. 여성을 남성에 종속된 존재로 표현: 여필종부(女必從夫), 처자(妻子), 노가(奴家), 미망인(未亡人)
　나. 여성을 성적 대상으로 표현: 여태, 뒤태, 자태, 관능미, 섹시녀, 각선미, 에스라인, 글래머, 꿀벅지, 쭉쭉빵빵
　다. 여성의 성품과 능력을 낮잡아 표현: 암탉, 암캐, 불여우, 보슬아치, 꼴통페미(년), 된장녀, 김여사
　라. 남성을 부정적으로 표현: 늑대, 머슴, 마초

(3가)의 '여성을 남성에 종속된 존재로 표현'하는 유형은 '여필종부'와 같이 여성을 남성의 종속물로 직접 묘사하거나 '처자, 노가, 미망인'과 같이 간접적으로 표현한 것을 가리킨다. '처자'는 남성 관점에서 여성과 아이들을 소유물처럼 표현한 것이고, '노가'는 "결혼한 여자가 남편을 상대하여 자기를 낮추어 이르는 일인칭 대명사"로서 여성의 종속적 지위를 드러낸다. '미망인' 또한

이것은 '부전자전'에 맞추어 만들어낸 임시어(臨時語) 지위에 머물러 있다.

남편을 따라 죽지 못한 사람이라는 뜻으로 남성 중심적 사고를 표현한 말이다. 이런 다양한 표현을 통하여 세상의 주인은 남성이고 여성은 남성에 딸린 비주체적이고 하위의 존재라는 차별 의식을 강화하게 된다.

(3나)의 유형 '여성을 성적 대상으로 표현'은 여성을 남성의 성적 욕망 충족을 위한 대상으로 표현하는 말들을 가리킨다. '뒤태, 관능미, 글래머, 꿀벅지' 등은 여성의 외모를 남성의 성적 시각에서 평가하는 말로서 여성들을 성적 대상화시키는 문제가 있다. 이런 표현이 사회에서 널리 쓰임으로써 여성은 능력보다는 외모를 가꾸는 것이 더 중요하다는 남성 중심적인 왜곡된 시각을 내면화할 위험성이 높다.

(3다)의 '여성의 성품과 능력을 낮잡아 표현' 유형은 '암탉, 불여우, 꼴통페미(년), 된장녀, 김여사'와 같은 말을 통하여 여성의 성품을 부정적으로 묘사하거나 능력을 무시하는 것이다. '암탉', '불여우'에서는 여성을 동물에 비유했고, 특히 '불여우'의 "변덕스럽고 간사하며 꾀가 많은 여자를 비유적으로 이르는 말"로 쓰인다. '꼴통페미(년)'과 '된장녀'는 최근 인터넷 공간에서 만들어진 표현인데, '꼴통페미(년)'은 머리가 나쁘고 고집이 센 여성주의자의 뜻이다. '된장녀'는 외모에 치장을 많이 하고 돈을 지나치게 좋아하며 과소비를 일삼는 남성 의존적 여성을 가리키는 말이다. '김여사'는 운전 능력이 미숙하거나 교통질서 의식이 약한 여성들을 뜻하며, 전체 여성들을 무능력한 존재로 몰아 부치는 과정에서 많이 쓰인다.

(3라)의 '남성을 부정적으로 표현'하는 유형은 수가 많지는 않지만 남성들을 부정적 관점에서 지시하는 것이다. '늑대, 머슴'에

서 '늑대'는 "여자를 탐하는 남자를 비유적으로 이르는 말"이며, '머슴'은 모든 남자들을 머슴처럼 힘쓰는 사람, 부릴 수 있는 사람으로, 따라서 힘 약한 남자는 남자가 아니라는 뜻을 드러낸 것이다.

앞서 언급했고, 다른 유형의 차별 언어도 마찬가지겠지만 성차별 표현을 언어 단위 면에서 유형 분류를 할 수 있다. '남녀', '자태', '처자'와 같이 단어로 존재하는 표현, '여류 시인', '딸 둔 죄인'과 같이 구로 존재하는 표현, '암탉이 울면 집안이 망한다', '여자는 사흘만 안 때리면 여우가 된다'와 같이 문장으로 존재하는 표현이 있다. 문장 형식으로 존재하는 성차별 표현의 대부분은 '속담'이다.

인종 차별 언어의 유형은 기본적으로 차별 대상이 누구인지에 따라 크게 세 가지로 나눌 수 있다. 그것은 '특정 민족이나 국민을 차별하기', '특정 인종을 차별하기', '혼혈인을 차별하기'이다. 각 유형의 구체적 표현의 보기를 들면 (4)와 같다.

(4) 인종 차별 언어의 하위 유형과 보기
    가. 특정 민족이나 국민을 차별하기: 오랑캐, 야만족, 쪽발이, 짱깨, 똥남아, 베트콩, 파키애들
    나. 특종 인종을 차별하기: 양놈, 코쟁이, 흰둥이, 껌둥이, 니그로, 아프리카 미개인, 흑형
    다. '혼혈인'을 차별하기: 튀기, 검둥이 튀기, 라이따이한, 아메라시안, 코시안, 코피노

(4가)의 '특정 민족이나 국민을 차별하기' 유형은 다른 민족이

나 국민들에 대한 차별을 인종 차별의 범위에 넣은 것으로, 한반도 인근 민족에 대한 차별 표현이 특히 많다. 역사적으로 오래 전부터 일본 민족, 여진족, 몽골족 등에 대해 '오랑캐' 또는 '야만족'으로 이름 붙여 차별해 왔다. 일본 민족에 대해서는 '쪽발이', '원숭이', 중국 민족은 '짱께' 등의 개별 표현으로 비하한다. 최근 동남아 출신의 노동자 및 결혼 이주 여성들이 늘어나면서 '똥남아', '파키애들' 등의 표현이 새롭게 많이 쓰인다.

(4나)의 '특종 인종을 차별하기'는 황인종의 관점에서 백인, 흑인 등을 차별하는 표현을 쓰는 것이다. 백인들을 '양놈, 코쟁이, 흰둥이'로, 흑인들을 '껌둥이, 니그로, 아프리카 미개인' 등으로 표현한다. 백인과 달리 흑인에게만 '미개인'이라고 하는 말을 씀으로써 흑인에 대한 차별 의식이 더 강함을 보여준다. 최근에는 흑인 남자들을 '흑형'(黑兄)이라고 함으로써 다소 친근하고 재미있게 표현하는데, 이 또한 '힘만 세고 무식한 흑인'이라는 부정적인 뜻을 갖고 있는 점에서 인종 차별 표현으로 볼 수 있다.

한국 문화에서 이른바 '단일민족' 또는 '순수 혈통'을 강조해 왔기 때문에 둘 이상의 민족이 만나 다문화 가정을 이루고 2세를 출산한 경우 큰 차별을 받아 왔다. (4다)의 '혼혈인을 차별하기'[4])

---

4) 한국 사회에서 많이 쓰이고 있는 '혼혈' 또는 '혼혈인'이라는 말 자체가 인종 차별 표현이다. 이러한 말에는 '순순하지 않은 불순한 혈통', '순수한 단일민족과 어울릴 수 없는 문제 있는 사람들'이라는 차별과 비하 의식이 들어 있다. 최근 '유엔 인종 차별 철폐 위원회'에서 한국의 '혼혈' 관련 문제가 비판을 받았다. 순수 단일민족을 내세우며 '혼혈', '혼혈인'을 말하는 것은 '불순한 혈통'이 존재한다는 뜻을 내포하게 되며, 이는 <인종 차별 철폐 국제 조약>이 없애고자 하는 인종의 우월성이라는 관념에 가깝다는 것이다(유엔 인종차별철폐위서 한국 '혼혈문제' 도마, 연합뉴스, 2007-08-12). 이런 점을 고려하여 기본적으로 '혼혈인'을 '국제결혼 2세' 또는 '다문화 가정 자녀'로 바꾸어 쓰되, 필요한

표현들이 그 구체적 증거들이다. '국제결혼 2세' 또는 '다문화 가정 자녀'를 "종(種)이 다른 두 동물 사이에서 난 새끼"를 가리키는 '튀기'라는 말로 가리켰고, 특히 흑인과의 '혼혈인'에 대해서는 '검둥이 튀기'라는 모욕적 표현을 따로 만들어 붙임으로써 비하와 차별 태도를 더 강조했다. '라이따이한, 코시안, 코피노'와 같이 한민족과 동남아시아 다른 민족 사이의 다문화 가정 자녀를 가리키는 차별 표현이 최근 늘어났다.

    장애 차별 표현의 유형을 나누기 위해서는 장애 유형에 무엇이 있는지를 먼저 확인하는 것이 필요하다. 장애 관련 법률이나 연구에서 제시하고 있는 장애 유형은 '시각 장애, 청각 장애, 정신지체 장애, 지체 장애, 정서 및 행동 장애, 자폐성 장애, 의사소통 장애, 학습 장애, 건강 장애, 발달지체 장애' 등 아주 다양하다. 그러나 언어적인 면에서는 한국어 화자들이 다양한 장애를 이렇게 세분해서 표현하고 있지 않으며, 특히 장애인에 대한 차별 표현들은 몇 가지 큰 범주 아래에서 만들어지고 쓰이는 것으로 보인다. 이런 점을 고려하여 '시각 장애, 청각 및 언어 장애, 지체(肢體) 및 기타 장애, 정신 장애'의 네 가지에, 장애인을 두루 가리키는 '총칭 표현'을 추가하여 다섯 가지 유형으로 나누어 보기를 제시하기로 한다.

(5) **장애 차별 언어의 하위 유형과 보기**
    가. 시각 장애: 봉사, 소경, 장님, 판수, 애꾸눈이
    나. 청각 및 언어 장애: 귀머거리, 벙어리, 말더듬이, 언청이
    다. 지체(肢體) 및 기타 장애: 곱사등이, 난쟁이, 앉은뱅이, 절름발

경우 '혼혈인'으로 따옴표를 붙여 적음으로써 문제 표현임을 드러내기로 한다.

이, 곰배팔이, 육손이, 언청이, 곰보, 고자, 문둥이
　라. 정신 장애: 미치광이, 미친놈, 미친년, 천치, 바보, 지랄쟁이
　마. 장애 전반 총칭: 병신, 불구자, 폐질자

　(5가)의 '시각 장애' 차별 표현은 겉으로 가장 쉽게 드러나는 대표적 장애 유형과 관련된 것으로 해당 표현들이 많은 편이다. '봉사, 소경, 장님'은 역사적으로 시각 장애인을 가리키던 대표적 표현들인데 현재는 전반적으로 비하 의미를 갖는다. '판수'는 "점치는 일을 직업으로 삼는 맹인"을 가리키던 말인데, 시각 장애인을 낮잡아 이르는 말로 쓰이고 있다. '애꾸눈이'는 달리 '애꾸' 또는 '외눈박이'라고 하는데, 한 쪽 눈이 먼 사람을 비하하는 표현이다.

　(5나)의 '청각 및 언어 장애' 차별 표현은 크게 '귀머거리', '벙어리', '언청이'와 관련되는 것이다. 청각 장애인을 비하하는 '귀머거리'는 '농아'(聾兒), '농인'(聾人)으로도 표현하며, '절벽'(絶壁)이라는 말로 낮잡아 가리키기도 한다. '벙어리'는 언어 장애인을 비하하는 대표 표현이며, '말모로기, 버부렝이, 버부리, 버꾸' 등의 다양한 방언 형식이 쓰인다.

　(5다)의 '지체 및 기타 장애'의 경우도 '시각 장애'와 마찬가지로 겉으로 쉽게 드러나는 대표적 장애 유형이며, 화자들이 해당 장애인들과 일상생활에서 자주 접촉할 수 있었던 점에서 관련 표현이 많다. '곱사등이, 난쟁이, 앉은뱅이, 절름발이' 등 지체 장애와 관련된 차별 표현들이 많다. 다른 유형의 신체장애나 심한 질병과 관련된 차별 표현으로는 '언청이, 곰보, 고자, 문둥이'가 쓰인다. '언청이'는 "입술갈림증이 있어서 윗입술이 세로로 찢어진

사람을 낮잡아 이르는 말"이며, 더 심하게는 직설적으로 '째보'라는 말로 놀리기도 한다.

(5라)의 '정신 장애'와 관련된 차별 표현으로는 '미치광이, 미친놈, 미친년, 팔푼이, 지랄쟁이' 등이 있다. '미치광이, 미친놈, 미친년'은 정신 질환자에 대한 비하 표현이며, '천치, 바보'는 정신 지체(遲滯) 장애인에 대한 차별 표현이다. '지랄, 지랄쟁이'와 같이 신경 장애인 관련 차별 표현도 쓰인다.

(5마)의 장애인에 대한 총칭 표현으로서의 차별 언어도 몇 가지가 있다. '병신'이 예전부터 지금까지 가장 높은 빈도로 쓰이고 있으며, '불구자'(不具者)와 '폐질자'(廢疾者)도 종종 쓰인다. 젊은 화자들의 경우 '장애자'를 줄여서 '애자'라는 은어를 만들어 내기도 했다.

지역 차별 표현은 어떤 지역을 대상으로 한 표현인지에 따라서 유형을 나눌 수 있다. 지역의 크기를 위로는 도 단위부터 아래로는 시군까지 다양하게 정할 수 있겠지만 예로부터 전국 팔도 단위로 지역 차별 표현들이 많이 만들어져 유포되고 널리 쓰였음을 고려하면 도 단위 구분이 효과적이라고 판단된다. 다만 현실적인 지역 차별 표현의 분포와 쓰임을 고려하면 8개 도를 같은 차원으로 배열하기보다는 다른 지역에 비해 차별 표현의 수가 월등하게 많은 경상도와 전라도를 따로 나누고 기타 지역을 추가하는 식으로 유형을 설정하는 것이 좋겠다.5)

---

5) 김혜숙(1988:160)에 따르면 우리나라의 지역 간 갈등은 주로 호남인에 대한 다른 지역민의 배척이라는 양상을 띤다. 또한 부모가 영남 또는 호남 출신인 서울 출신 대학생들은 부모의 출신 지역민에 대한 선호적 태도와 고정관념을 보이는 한편 상대 지역민에 대한 배척을 나타낸 것으로 확인된다. 영남과 호남 또는 경상도와 전라도 지역 사이의 차별과 대립이 한국 사회에서 일어나는 지

(6) 지역 차별 언어의 하위 유형과 보기
　가. 경상도: 개쌍도, 개쌍디언, 문둥이, 흉노(족), 매국노, 왜놈후손, 과메기, 갱스(오브)부산, 고담대구
　나. 전라도: 전라디언, 전라좌빨, 깽깽이, 홍어(족), 슨상님, 빨갱이, 뒤통수, 더블백, 하와이, 갯땅(쇠), 광쥐스트, 오오미
　다. 기타 지역: (강원도) 감자바위, 밥통, (충청도) 핫바지, 멍청도, 서울깍쟁이, 심시티서울, 인천짠물, 마계인천, 뉴올리언스수원, 판타스틱부천, 탐라국, 뻘개, 상간나, 탈북자, 연변 총각/연변 처녀, 조선족, 재일 동포, 카레이스키

경상도 지역 또는 경상도 주민들을 대상으로 한 차별 표현인 (6가)를 보면 '개쌍도'는 '경상도'를 변형한 표현으로 부정적 의미를 드러낸 것이다. '개쌍도'에 '○○ 출신의' 뜻을 갖는 영어 접미사 '-ian'을 붙여 '개쌍디언'이라고 함으로써 '한 국가를 이루어 살기 싫은 외국인'이라는 차별 의미를 드러낸다. '문둥이'는 가장 오래 된 "경상도 출신의 사람을 낮잡아 이르는 말"이다. '흉노(족), 매국노, 왜놈후손'은 경상도 사람들을 이민족과 연결시키는 표현으로 '흉노', '왜'에 대한 부정적 인식을 경상도 사람에게 전이시키는 것이다. '과메기'는 경북 포항 지역에서 나는 특산물로서 같은 지역 출신의 이명박 전 대통령 때부터 경상도 지역 사람들을 부정적으로 가리키는 말로 쓰인다. '갱스(오브)부산'과 '고담대구'는 경상도 하위 지역을 부정적으로 가리키는 말이다. '갱스(오브)부산'은 영화 <갱스 오브 뉴욕>에 빗대어 부산에 폭력배들이 많다고 해서 만들어 낸 표현이다. '고담대구'는 미국 영화

　　역 갈등의 중심을 차지한다고 하겠다.

<배트맨>에 나오는 '고담시티'와 '대구'를 섞어 만든 것인데, '고담시티'는 비리와 각종 사건사고가 많이 일어나는 지역으로 대구 또한 마찬가지라는 부정적인 뜻을 갖는다.

네개반사	이혼시키고 댁이 데리고 살 거면 떠들든가.. 누나도 여자라서, 아마 이혼하거나 불화 생기면, 댁한테 네가 나한테 말 안했으면 아무 일도 없었을 텐데..몰랐으면 좋았을 텐데.. 하면서 동생탓 할 거이야.. 18:08
이초딩	혹시나해서 그런데...매형이 홍어삼합좋아하고 라도사투리 쓰시나요? 혹시나해서요? 18:00
↳ 개독이조아	과메기 좋아하고 개쌍디언 사투리 쓰던데요 21:24
↳ 푸른솔	개구멍에서 나온놈 아니냐? 혹시나 해서~아니면 말고~! 21:21
↳ 바이준	제발 이런 댓글좀 쓰지맙시다....참 한심하네요 20:49
↳ 푸른별	혹시나해서 그런데 엄마가 술집출신인가요? 혹시나 해서요? 엄마가 술집냄새나는 거 같은데.. 19:43
↳ 푸른달	일베 버러지니? 19:39
↳ 또다른시작	국정원 아직도 알밥하니? 아님 애미애비가 쪽바리 개노릇하는 숭일강아지 세퀴니? 18:27

[그림 1] 지역 차별 표현이 쓰인 토론 게시판의 댓글: '홍어, 라도, 과메기, 개쌍디언'이 쓰였다

(6나)의 전라도 지역을 비하하고 차별하는 표현 가운데 '전라디언'은 '개쌍디언'과 같은 구성이다. '전라좌빨'은 '전라'와 부정적 의미가 강한 '좌빨'을 합쳐 만든 말이다. '좌빨'은 '좌익 빨갱이'의 줄임말로 진보 세력을 가리킨다. '깽깽이'는 '문둥이'만큼이나 오래 된 전형적인 전라도 차별 표현이다. '홍어(족)'은 목포 등 호남 해안에서 많이 잡히는 물고기 홍어를 전라도 사람들과 연결시켜 가리키는 것이다. '슨상님'은 김대중 전 대통령을 전라도 사람들이 부르는 말로서 이것이 다시 전체 전라도 사람들을 부정

적으로 가리키는 말로 확대되어 쓰이게 되었다. '빨갱이'는 호남 인들을 좌익으로 몰아 부치는 말이며, '뒤통수'는 그들이 배신을 잘 한다는 편견에서 쓰는 표현이다. '더블백'은 "거친 방모 직물로 짠 가방"의 뜻인 '더플백'(duffle bag)을 잘못 쓰는 말이다. 군대에서 신병들이 자대 배치를 받을 때 전라도 출신 신병들의 가방이 제일 가득 차 있었다고 하여 쓴 것인데, 자기 물건을 잘 챙긴다는 뜻도 있으나 남의 것까지 자기 가방에 넣는다는 부정적인 뜻이 더 강하다. '하와이'는 정부 수립 및 초대 대통령 선거 과정에서 전라도 사람들이 김구 후보를 열렬히 지지하자 이승만 후보가 '하와이놈들 같다'고 한 데서 나왔다고 한다.[6] '갯땅(쇠)'는 전라도 서해안에서 갯벌을 막아 농사를 짓는다고 하여 붙인 말이며, 여기서 '-쇠'는 '마당쇠', '개똥쇠'와 같이 하인 이름에 붙여 대상을 낮잡아 이르는 접미사이다. '광쥐스트'는 '광주'와 '-ist'가 합쳐진 구성인데, '광주스트'가 아니라 '광쥐스트'가 된 것은 '주' 자를 부정적 느낌의 동물 '쥐'로 바꾸어 해당 지역민들을 비하하려고 한 결과이다. '오오미'는 전라도 사람들이 잘 쓰는 '오메', '오미'라는 강조 감탄사를 변형·과장한 표현이다.

 (6다)는 기타 지역과 관련한 차별 표현이다. '강원도감자바위'는 강원도에 감자가 많이 나고 바위가 많다는 점에서 이 지역 사람들을 감자나 먹고 사는, 어수룩하고 뭔가 부족한 산골 사람이라고 무시할 때 쓴다. '밥통'은 강원도 사람들이 정치의식이 약하고 밥만 축낸다는 부정적인 뜻으로 쓰인다. '충청도핫바지'의 '핫바지'는 솜을 넣어 지은 전통 바지로서 현대에 잘 어울리지

---

6) http://blog.naver.com/tournote1?Redirect=Log&logNo=80020149216

않는 옷이며, 사람을 핫바지에 비유할 때는 "시골 사람 또는 무식하고 어리석은 사람"을 가리킨다. '멍청도'는 '충청도'와 '멍청하다'를 뒤섞어 만든 말인데, '감자바위'와 마찬가지로 멍청한 시골 사람이라는 뜻을 갖는다.

(6다)의 '서울깍쟁이'는 서울 사람들이 까다롭고 인색하다고 생각하여 붙인 표현이다. '심시티서울'은 서울에 건설 공사가 많아서 보기 좋지 않거나 생활에 불편함이 많다는 점을 도시 건설 게임인 <심시티>에 비유한 것이다. '인천짠물'은 인천 사람들이 바닷물처럼 짜다(인색하다)는 뜻을 갖는 비하 표현이다. '마계인천'은 엽기적 범죄가 많이 일어난다는 뜻에서 붙인 것이고, '뉴올리언스수원'과 '판타스틱부천'은 범죄자가 많거나 비이성적이고 괴상한 사람들이 많은 도시라는 뜻이다. 제주 지역을 '탐라국'이라고 할 때는 다른 나라처럼 취급함으로써 해당 지역 사람들을 소외시키려는 부정적 뜻이 들어 있다.

(6다)의 '뻘개, 상간나, 탈북자, 연변 총각, 조선족, 재일 동포, 카레이스키'는 북한 사람이나 재외 동포[7]들을 비하하는 표현들이다. '뻘개'는 함경도 사람을 '이전투구'(泥田鬪狗), 곧 '갯벌 밭에서 싸우는 개'라고 비하하는 말이다. 평안도 사람들을 비하하는 '상간나'는 '버릇없고 천한 계집애/계집종' 정도의 뜻을 갖는다. '탈북자, 연변 총각/연변 처녀, 조선족, 재일 동포, 카레이스키'는 북한 이탈 주민이나 중국, 일본, 러시아 등의 재외 동포들을 가리키는 말로서 역시 비하와 차별의 뜻을 갖는다.

---

7) '재외 동포'를 가리키는 말로는 '해외 동포', '해외 교포', '재외 교포' 등이 쓰였으나 현재 법률 용어로 '재외 동포'를 쓰고 있다. 관련 법률로 <재외동포의 출입국과 법적 지위에 관한 법률>이 있다.

직업 이름에는 직업의 성격, 종사자의 신분이나 자격, 종사자의 성별 등을 알려 주는 '장'(長), '관'(官), '감'(監), '사'(事, 士, 師), '가'(家), '인'(人), '원'(員), '공'(工), '부'(夫, 婦) 등의 접미사 또는 유사 요소가 포함되어 있는데, 이 가운데 어떤 것이 붙는지에 따라 직업에 대한 시각과 사회적 평가가 달라진다. 대체적으로 '장, 관, 감, 사, 가, 인'이 붙은 직업에는 긍정적 평가와 높은 위세가 주어지는 반면 '공, 부' 등은 부정적 평가가 따르고 위세 또한 찾기 어렵다. '원'의 경우 중간적 위치에 있다.

공식적인 신분 차별은 없어졌지만 직업 이름의 위계를 통해 직업과 그 종사자들의 등급이 나눠져 있는 것이 현실이다. 여기서는 직업 이름 가운데 '공, 장(匠), 수(手), 부(夫, 婦), 희(姬)'가 붙은 직업에 대한 사회적 차별이 특히 심한 것으로 보고, 각각의 보기를 들기로 한다.

(7) 직업 차별 언어의 하위 유형과 보기
    가. '공'(工)이 붙은 직업 이름: 도배공, 도장공, 발파공, 인쇄공
    나. '장'(匠)이 붙은 직업 이름: 간판장, 옹기장
    다. '수'(手)가 붙은 직업 이름: 목수, 무용수, 선수, 신호수
    라. '부'(夫), '부'(婦)가 붙은 직업 이름: 광부, 인부; 접대부, 파출부
    마. '희'(姬)가 붙은 직업 이름: 가희, 무희

(7가)의 '공'(工)이 붙은 직업에는 '도배공, 발파공, 인쇄공' 등이 있다. '공'(工)은 "손으로 물건을 만드는 일을 업으로 하는 사람"의 뜻이며, 사람의 신체를 직접 써서 일하는 사람을 천시했던 유교적 배경에서 이 말이 들어간 직업 종사들은 차별과 멸시를

받아 왔고, '공돌이', '공순이'라고 하여 지금도 크게 다르지 않다.8) (7나)의 '장'(匠)은 '장인' 또는 '기술자'의 뜻이며, '공'과 같은 맥락에서 '장'이 들어간 직업 종사자들은 사회적으로 차별 대우를 받고 있다. '간판장', '옹기장'은 '간판장이', '옹기장이'와 함께 쓰이며, '옹기장'은 '도공'(陶工)과 같은 뜻이다.

(7다)의 '수'(手)는 '솜씨'나 '재주' 특히 그 가운데서도 '손재주'가 있는 사람을 가리킨다. '무용수, 선수'의 경우 예술과 스포츠에 대한 높은 관심 때문에 의미 값의 떨어짐 없이 잘 쓰이는 직업 이름이지만 '목수, 신호수'의 경우 부정적 인식이 강해서 '목수'는 '목공'으로, '신호수'는 '신호원'으로 이름을 바꾸어 쓰고 있는 실정이다. 그러나 공식적인 직업 이름에서 '목공' 또는 '목공원'을 쓰더라도 일상에서 화자들은 여전히 '목수'라고 가리키며 한 차원 낮은 직업이라는 차별과 비하 의식을 드러낸다.

(7라)의 '광부, 인부', '접대부, 파출부'는 각각 '부'(夫), '부'(婦)가 결합된 것이다. 성별을 나타내는 요소가 직업 이름에 접미사로 쓰였는데, '부'(夫)는 남성 일꾼을, '부'(婦)는 여성 일꾼을 가리킨다. 이러한 직업 이름에 대한 부정적 인식 때문에 '광부'는 '광원'으로, '식모'에서 바뀐 '파출부'는 다시 '가사도우미'로 바꿔 쓰고 있다. 같은 구성인 '청소부'의 경우 '(환경)미화원'으로 바뀌어 정착된 단계이며, '간호부'는 업무의 전문성을 사회적으로 인정받음으로써 '간호원'을 거쳐 '간호사'로 '승격'되었다. '부'가 접미사로 붙은 직업들은 대체로 힘든 육체노동이나 꺼려

---

8) '도배공, 도장공' 등은 '장(匠)+-이'가 들어간 '도배장이, 칠장이'라고 하는 것보다 품위를 높여 전문적으로 표현하는 것이지만 '원', '사', '관' 등에 비해서는 비하적 의미를 갖는 것으로 해석된다.

하는 서비스 업무와 관련이 있기 때문에 직업 자체를 기피하고, 결과적으로 직업 이름의 값어치가 떨어져 표현 자체를 계속 바꾸는 과정을 겪는 상황이다.9) (7마)의 '희'(姬)도 직업 종사자의 성별을 표시하는 것인데, '가희'는 거의 쓰지 않는 말이고 '무희'는 '무용수'(舞踊手)나 '무용가'(舞踊家)로 바뀌어 쓰인다. 사회 전반적으로 직업 이름에서 차별을 없애고, 나아가 특정 직업인들에 대한 부정적 인식을 없애기 위한 노력이 꾸준히 이어지고 있다.

한국 사회는 "불교 등 전통종교 외에 기독교는 물론 이슬람교까지 자리잡아가면서 종교전시장이라 할 만큼 다종교·다문화 사회"(박광서 2009:178)가 되면서 종교 차별 언어가 최근 인터넷 공간에서 많이 쓰이는 상황이다. 불교나 무속 종교에 대한 차별 표현의 쓰임이 오래 전부터 있었고, 기독교에 대한 차별 표현들이 새롭게 형성되는 모습도 관찰된다. 종교별 차별 언어의 쓰임은 (8)과 같다.

(8) 종교 차별 언어의 하위 유형과 보기
    가. 기독교 차별: 개독, 개독교, 개독녀, 교배당, 먹사/개먹, 먹사질, 신부놈, 예수쟁이
    나. 불교 차별: 개불, 땡중, 중놈, 중대가리, 중질
    다. 무속 종교 차별: 무당년, 무당질/무당짓, 무속인년, 점쟁이
    라. 기타 종교 차별: 개이슬람, 이슬람놈들, 힌두쟁이

---

9) 표현이 가진 편견과 의미 오염을 피하기 위해 만든 대안어가 시간의 흐름에 따라 다시 오염되는 현상을 '오염의 트레드밀'(euphemism treadmill)이라고 부른다(박금자 2012:135). 직업 이름뿐만 아니라 '변소→뒷간→화장실', '감옥→형무소→교도소'와 같은 일반 용어도 마찬가지 현상을 겪는다.

(8가)는 기독교를 대상으로 하는 차별 언어들의 보기이다. 대표적 표현이 '개독' 또는 '개독교'인데, 한국어 ≪위키백과≫에서는 '개독'을 "'기독교'에 행실이 형편없는 사람을 비속하게 이르는 말인 '개'가 앞에 붙은 것이다. 용법상 기독교의 한 갈래인 개신교만을 가리키며 천주교를 일컫는 경우는 없다"고 설명했다.[10] 기독교 신자들을 비난할 대 '개독'을 쓰고, 종교 자체를 부정적으로 가리킬 때에는 '개독교'라고 쓴다. '교배당'은 '교회당'을 변형한 말로 교회에서 성추행 사건이나 성행위가 많이 일어난다고 비난하는 것이다. '먹사'는 목사를 비하한 표현이며, 남성 목사들이 돈과 여성을 밝힌다는 뜻에서 '목사'의 '목'을 동사 '먹다'의 어간으로 바꾸어 적었다. '예수쟁이'는 "예수를 믿는 사람을 얕잡아 이르는 말"로 쓰임이 오래된 차별 표현이다.

불교를 대상으로 한 차별 표현도 많은 편이다. 조선 시대에 국가적으로 강한 탄압을 받았고, 현대에는 기독교와의 갈등으로 비하 표현이 꾸준히 늘어나고 있다. '개독'과 비슷하게 '개불'이라고 하여 불교계 전체를 비하하고, 특히 불교 성직자들을 '땡중', '중놈'이라고 낮잡아 일컫는다. '중대가리'는 "중처럼 빡빡 깎은 머리"를 가리키며, 때로는 승려 자체를 가리키는 말로도 쓰인다. '중질'의 경우 "중으로 처신하며 행동하는 일"로 풀이되어 일반적인 낱말처럼 인식될 수도 있으나 '서방질, 선생질, 오입질' 등에서 '-질'의 의미가 부정적임을 고려하면 '-질'이 결합된 '중질' 또한 승려들에 대한 비하 태도를 드러낸 말로 볼 수 있다.

---

10) http://ko.wikipedia.org/wiki/개독

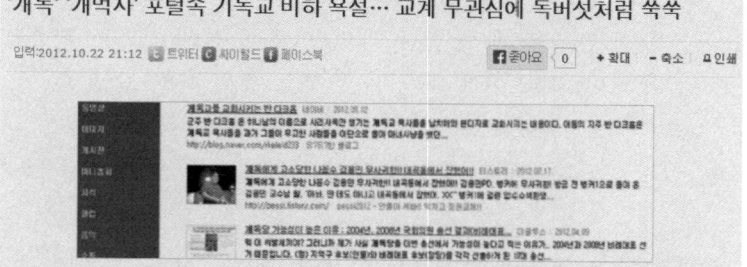

[그림 2] 종교 차별 언어 사용의 심각성을 보도한 기사

(8다)는 무속 종교 차별 언어의 보기이다. '무당'을 비하하는 '무당년'과 '무당질', 점술가를 낮잡아 표현하는 '점쟁이' 등이 있다. '무당질'과 같은 뜻으로 '무당짓'을 쓰기도 한다. (8라)의 기타 종교 차별 언어로는 '개이슬람, 이슬람놈들, 힌두쟁'와 같이 이슬람교, 힌두교 신자들을 비하하는 표현들이 보인다.

이러한 6가지 주요 차별 언어 외에 많이 쓰이는 다른 유형의 차별 언어로는 계층 차별, 나이 차별, 외모 차별, 성소수자 차별 표현들이 있다.[11]

---

11) 이와 함께 학력 차별, 한부모 가정 차별, 결혼 및 출산 관련 차별 표현 등도 있으나 여기서는 다루지 않기로 한다.

(9) 기타 유형의 차별 언어 보기
　가. 계층 차별: 상것, 상놈, 서민, 아랫것, 천민, 하류층, 하층민
　나. 나이 차별: 어린 애들, 늙은 것들, 젊은 것들, 노인(네)
　다. 외모 차별: 오크남, 오크녀, 왕폭탄, 땅콩, 뚱보, 뚱녀
　라. 성소수자 차별: 동성애, 동성연애자, 변태, 호모, 변태성욕자

　계층 차별 언어의 보기로는 (9가)의 '상것, 상놈, 하층민' 등이 있다. '상것, 상놈'은 조선 시대부터 쓰이던 표현이며, '하류층, 하층민' 등은 공식적으로 쓰이지는 않더라도 일반 화자들 사이에서는 종종 쓰인다. '서민'은 벼슬 없는 일반 평민을 가리키며 오래 전부터 쓰이던 말이지만 현대에 들어서도 "사회적 특권이나 경제적인 부를 많이 누리지 못하는 일반 사람"의 뜻으로 정부 및 언론 분야에서 여전히 쓴다. '서민'은 그냥 보통 사람이 아니라 모자라고 보잘 것 없는 사람이라는 부정적 의미를 띠는 점에서 차별적 표현으로 이해할 수 있다. '서민' 또는 '일반 서민'에 대응되는 표현으로 '부유층' 또는 '사회 지도층'이라는 표현을 언론에서 많이 쓰는데 이런 말 또한 국민들 사이에서 위화감을 조성하는 차별적인 표현으로 볼 수 있다.
　(9나)의 나이 차별 언어는 '어린 애들, 젊은 것들'처럼 연소자를 무시하거나 부정적으로 보는 표현이 있는 반면 '늙은 것들, 노인(네)'처럼 연장자를 무시하거나 부정적으로 보는 표현도 있다. 나이 차별은 "개인 간의 차이를 무시하고, 개인의 능력이나 노력과 상관없이 사람을 연령을 기준으로 획일적으로 평가하여 생활 및 고용상의 제한을 두는 것"(이상돈·손유미·김미란 2004:2)으로 정의된다. 나이와 관련한 이런 표현들은 모두 다른 사람의 개성,

능력, 노력 등을 무시하고 오로지 나이가 적거나 많다는 점에 초점을 맞추어 다른 사람을 차별하는 데 쓰인다. 나이 차별은 성별, 인종, 장애 등과 같이 선천적 요인으로 개인의 의지대로 통제할 수 없는 요소와 관련되며, 모든 사람들이 결국은 고령화가 될 것이기 때문에 차별에 대한 감정적 반응이 상대적으로 약한 것이 특징이다(이상돈・손유미・김미란 2004:11). 그럼에도 나이 때문에 차별받는 당사자들의 심리적 고통은 다른 차별 유형과 견주어 결코 약하지 않다.

한국 사회에서 외모 차별도 특히 심하다. (9다)의 '오크남, 오크녀, 왕폭탄, 땅콩, 뚱보' 등 못생긴 사람, 키가 작은 사람, 뚱뚱한 사람에 대한 비하와 멸시의 시선을 담은 차별 표현이 많이 쓰인다. 이런 분위기에서 '얼짱', '몸짱', '꽃미남', '꿀벅지' 등 외모가 뛰어나거나 매력적인 사람을 높이고 추종하는 '외모 지상주의' 말들이 함께 쓰이면서 그렇지 못한 사람들에게는 마음의 상처를 주게 된다. '오크남'보다는 '오크녀'가 훨씬 높은 빈도로 쓰이고, 뚱보의 남성형 '뚱남'보다 여성형 '뚱녀'가 훨씬 자주 쓰이는 것을 보면12) 남성보다는 여성들의 외모에 더 집중하는 성차별적 사회 분위기도 파악된다.

(9라)의 성소수자 차별 표현의 쓰임도 새롭게 사회 문제가 되었다. 성소수자에 대한 우호적 시각이 늘어나는 것과 동시에 그들을 극단적으로 비하하거나 혐오하는 사람들도 늘어난 것으로 판단된다. 관련 언어 표현에 대한 인식 차이 또한 크다. 성소수자들의 경우 '변태'와 '호모'는 물론 '동성애', '동성연애자'라는 말

---

12) ≪네이버≫ (www.naver.com) 카페 게시글을 검색한 결과 '오크남'보다 '오크녀'의 쓰임이 3배, '뚱남'보다 '뚱녀'의 쓰임이 6배 더 많은 것으로 나타났다.

이 낙인 효과를 갖는 차별 표현으로 인식하는 데 비해 '이성애'만 인정하는 사람들은 이런 말들의 사용에 문제가 없다는 입장이다. 국립국어원은 2012년에 성소수자에 대한 차별을 없애는 차원에서 ≪표준국어대사전≫의 '사랑'에 대한 뜻풀이를 "이성의 상대에게 끌려 열렬히 좋아하는 마음. 또는 그 마음의 상태"에서 "어떤 상대의 매력에 끌려 열렬히 그리워하거나 좋아하는 마음"으로 바꾸는 등 '연애, 연인, 애인, 애정' 등 5개 낱말의 뜻풀이를 이성애 중심에서 벗어나 성소수자들을 존중하는 방향에서 바꾸었다.13) 그러나 이에 대해서도 교회 단체 등에서 동성애를 조장할 수 있다고 반발하면서 국립국어원에 재개정을 요구하고 있는 등 집단 간 대립 상황이 이어지고 있다.14)

2. 차별 언어 연구 현황

사회학, 정치학, 심리학, 인류학, 여성학, 교육학 등 사회과학 분야에서는 한국 사회의 차별 행위에 대한 연구가 많이 이루어졌다. 최근 이루어진 각종 차별 현상에 대한 연구로는 김성희·변용찬·박성민(2004), 민무숙·이수연·박영도·이준일(2004), 박경태(2007, 2008), 정기선·박수미(2007) 등이 있다. 미국 등 서양에서는 성차별, 인종 차별, 종교 차별 등 차별 언어에 대하여 1970년대부터 큰 관심을 갖고 연구를 진행하여 사회적으로 차별 언어 사용을 자제하도록 하는 성과를 내었고, 일본의 경우에도

---

13) <연인 뜻풀이, 사랑하는 '남녀'서 '두사람'으로>, 동아일보, 2012-12-06.
14) <동성애 옹호성 단어 뜻풀이 국립국어원 "재논의 검토">, 국민일보, 2013-11-03.

1980년대에 차별 언어에 대한 연구가 활발하게 나왔다.15)

그러나 한국어 연구에서는 차별 언어에 대한 관심이 아직 넓게 퍼져 나가지 못했고, 결과적으로 연구 성과도 많지 않다. 차별 언어 가운데서 성차별에 대한 관심은 비교적 높은 편이지만 주로 석사학위 논문에서 단편적으로 다루어진 경우가 다수를 차지한다. 차별 내용 면에서 성차별에 대한 언어학적 연구는 상당히 늘어나고 있지만 인종, 지역, 종교, 장애, 직업, 계층, 성소수자 차별 등에 대해서는 연구가 이제 막 출발 상태의 초보적 단계에 머물러 있는 편이다. 더욱이 한국어 차별 표현을 전체적으로 한눈에 파악할 수 있는, 종합적으로 분석하여 기술한 본격적 연구 결과물은 전혀 없다. 이런 면에서 한국어 차별 언어를 유형화하여 구체적 표현들의 쓰임을 정리하여 기술하고, 실제 언어 사용 맥락에서의 다양한 쓰임을 전체적으로 다루는 이 연구의 필요성이 특히 높다고 하겠다. 이 절에서는 지금까지 한국어를 대상으로 이루어진 차별 언어 연구의 현황을 간단히 살펴보기로 한다.

차별 언어를 종합적으로 다룬 본격적 연구라고 하기는 어렵지만 전반적인 면에 관심을 둔 연구가 몇 편 나왔다. 그 가운데 국립국어원에서 펴낸 연구 보고서인 조태린(2006)은 '양성 불평등, 신체적 특성, 인종・국적・지역, 직업・사회적 지위' 면에서 나타나는 차별 표현 자료를 조사한 것이다. 언론 기사 및 인터넷에서 자료를 수집하여 유형별로 나누고 사례를 제시했을 뿐 차별

---

15) 미국, 독일 등 서양에서 이루어진 차별 언어 연구에 대해서는 Lakoff(1975), Yaguello(1978), Hellinger(1990), 박금자(2012)를, 일본에서의 차별 언어 연구에 대해서는 박정일(2004), 엔도 오리에 엮음/이경수・이미숙・정상철・한선희(2006)을 참조할 수 있다.

언어 실태에 대한 구체적 분석은 이루어지지 않았다.16) '비판적 국어인식 교육' 관점에서 차별 언어에 접근한 박혜경(2009)는 차별 언어의 개념과 유형을 정리하고, 차별 언어에 대한 비판적 인식 양상과 국어교육의 실제를 다루었다. 차별 언어의 유형을 조태린(2006)의 분류와 비슷하게 '성차별적 표현, 신체적 특성 차별적 표현, 지역·국적 및 인종 차별적 표현, 직업 및 지위 차별적 표현'의 네 가지로 나누었다. 차별 언어에 대한 전반적 관심을 드러내었지만 선행 연구에 대한 균형 있는 검토가 이루어지지 못했고, 차별 언어의 사용 영역이 학교 현장에 한정된 점에서 아쉽다. 박동근(2010)은 대학생 170명을 대상으로 진행한 설문 조사를 통하여, 일간지 기사에서 보이는 차별 표현에 대한 한국어 화자들의 인지도 조사를 수행한 것이다.

'성차별'에 대한 연구들이 상당히 많아지고 있는데 사회학, 여성학 분야의 연구들이 대부분을 차지한다. 언어학계에서는 외국어를 대상으로 한 것이 다수 있고,17) 한국어와 관련된 '여성 차별어' 연구는 양적으로나 주제의 다양성 면에서 아직 초보적 단계이다. 사회적으로 성차별 문제에 대한 관심과 인식이 강해서 연구자들의 관심이 높은 편이지만 성과 면에서는 그렇지 못하다.

---

16) 이 보고서는 여러 사람들이 참여한 공동 조사 결과물인데, 방송 언어에서 보이는 차별 표현의 쓰임에 대해서는 김형배(2007)의 학술 논문으로 발표되었다. 한편, 국립국어원에서는 소수자 및 사회적 약자들에 대한 인식과 태도를 바꾸기 위해 조태린(2006) 등 차별 언어 관련 조사 결과를 바탕으로 한국어 화자들이 실생활에서 참조할 수 있도록 쉽게 풀어 쓴 국립국어원·한국어문교열기자협회(2009)를 추가로 펴낸 바 있다.
17) 서양 언어를 대상으로 한 여성어 및 성차별 언어에 대한 연구의 출발, 과정, 성과와 관련하여 김종수(2000, 2001가, 2001나), 최용선(2001), 우윤식(2002) 등을 참조할 수 있다.

성차별 언어에 대한 선행 연구 가운데 몇 가지를 보면, 먼저 김창섭(1999)는 1930년대와 1980년대에 나온 국어사전을 비교하여 성별 항목의 어휘장(語彙場)에서 일반항, 남성항, 여성항의 조어론 및 의미론적 성격을 살핀 것이다. 이정복(2007가, 다)에서는 ≪표준국어대사전≫, ≪연세 한국어 사전≫, ≪조선말대사전≫에 실린 표제어, 뜻풀이, 용례에서 보이는 여성 차별 표현의 쓰임을 '① 여성을 배제하기, ② 아내를 남편에 종속시키기, ③ 여성을 주부나 아내 등의 성 역할에 묶어두기, ④ 여성의 품위를 떨어뜨리기, ⑤ 여성을 남성의 하위자로 다루기'의 다섯 가지 성차별 유형으로 나누어 분석했다. 박은하(2008)은 텔레비전 광고 자료를 대상으로 '성차이어' 및 '성차별어'의 실태와 그것에 대한 화자들의 인식을 조사·분석했고, 박은하(2009나)는 성 역할과 성차별 개념을 형성하는 나이대인 4-7세 유아들 대상의 한국 전래 동화를 선정하여 동화 속에 성차별 언어가 있는지, 있다면 성차별 언어가 어떻게 표현되는지를 살펴보았다.

성차별과 관련한 정책적 연구가 몇 편 있는데, 이춘아·김이선(1996), 조태린(2006), 안상수 외 4인(2007) 등이다. 이춘아·김이선(1996)은 비교적 이른 시기에 나온 성차별 언어에 대한 종합적 조사 보고서인 점에서 의의가 있다. 글말과 입말에서의 성차별 실태 조사 결과를 기술하고, 성차별적 언어의 개선을 위한 지침을 예시하여 이후 성차별 언어 관련 연구에 많은 참조가 되었다. 조태린(2006)은 차별 언어에 대한 종합적 자료 조사 작업을 하면서 성차별 언어를 '여성에게만 주어지는 명칭(미혼모, 미망인), 여성임을 특별히 드러냄(여대생, 여배우), 여성의 성적·신체적 측면을 이용(처녀림, 처녀작), 남녀에 대한 고정관념을 반영(시집가다, 형부), 여성을 비하(여편네, 불여시)'와 같이 하위분류하여 사례를 제시했다. 안상수 외 4인(2007)은 국립국어원과 한국여성정책연구원의 공동 작업 결과물로서 성차별 언어의 유형 분류, 대중매체에서 나타나는 성차별 언어 사용의 실태 분석, 성 평등한 대안 마련을 위한 제언 등의 내용을 담고 있다.

대학원 석사학위논문으로 성차별에 관심을 둔 연구도 다수 있다. 김명희(1990), 한미희(1999), 장혜숙(2003), 박성진(2008)은 속담을 대상으로 성차별 현상을 분석하였다. 이덕주(1999), 이미향(2000), 김애희(2004), 노미영(2005), 윤혜정(2005), 조영선(2006), 이수미(2007), 정경식(2007)은 교과서와 교사 등과 관련된 학교 교육 현장에서 보이는 성차별 현상을 다루었고, 송하일(2007)은 국어교육 관점에서 성차이어와 성차별어를 정리하였다. 이처럼 차별 언어 가운데서 성차별에 대한 연구가 먼저 시작되었고, 연구 결과도 상대적으로 많지만 단편적인 면에 초점을 맞춘 석사학위논문이 많을 뿐이다. 한국어 성차별 언어에 어떤 표현 요소들이 있으며 그 구체적 쓰임과 문제점이 무엇인지에 대한 종합적이고 체계적인 연구는 아직 나오지 않았다.

'인종 차별'과 관련된 선행 연구로는 사회학, 인류학, 심리학 등의 사회과학 분야에서 주로 나왔다. 외국 출신 '이주 노동자'[18] 들의 어려운 생활과 차별 실태에 대한 종합적 보고로는 이혜경 외 4인(1998)을 들 수 있다. 박은경(1981)은 국내에 정착한 이방

---

18) '이주 노동자' 또는 '외국 출신 이주 노동자' 대신 '외국인 노동자'로 많이 써 왔다. 그러나 이는 한국 국적을 얻은 사람들까지 여전히 외국인으로 대하는 차별 표현이 될 수 있는 점에서 요즘은 '이주 노동자'라는 말로 바꾸어 쓰는 추세이다.

인인 '화교'(華僑)들의 생활을 다루었고, 김미혜(1983)은 '혼혈 청소년'의 심리적 특성을 분석하였다. 박경태(2007, 2008)은 '이주 노동자, 화교, 혼혈인'에 대한 정치적, 사회적 차별을 전반적으로 살펴보았다. 한국 문학 연구에서도 이러한 주제가 최근 다루어지기 시작했는데, 이혜령(2003)은 1920~30년대 염상섭의 소설을 대상으로 조선인과 일본인 사이의 '혼혈인' 문제를 다루었다. 최강민(2006)은 한국의 현대사에서 '혼혈인'들은 대표적으로 단일민족주의 신화로 인하여 희생될 수밖에 없는 소수자였다고 보면서 한국전쟁 이후 1970년대까지의 문학 작품 가운데 서구인과의 '혼혈인'이 등장하는 텍스트를 통시적으로 분석했다. 서양 어문학 연구자들의 경우 외국에서 이루어진 각종 차별 언어를 소개하는 연구를 다수 진행한 상태이다.

한국어 연구나 언어학 분야에서 인종 차별에 대한 연구는 아직 활발하게 이루어지지 않고 있다. 어휘 관련 연구서나 사전에서 '쪽발이, 짱께, 튀기' 등의 몇몇 낱말에 대해 간단하게 쓰임을 제시한 정도가 있을 뿐이다. 예를 들어 강신항(1991:178)에서는 '중국사람'을 가리키는 속어로 '짱께'를 제시하면서 '짜장면'도 비슷하게 쓰이는 것으로 표시하였다. 조태린(2006)에서는 성, 신체적 특성, 직업 및 사회적 지위 등의 면에서 나타나는 차별 언어 표현을 종합적으로 조사하면서 인종 및 국적에 따른 차별 표현 사례를 일부 보고했다. 이정복(2009가, 이 책의 6장)에서는 한국 사회에서 현재 전개되고 있는 인종 차별적 언어문화의 실태를 비판적 관점에서 분석하였다. 구체적으로 한극어에서 쓰이는 인종 차별 표현의 유형을 '차별 대상'과 '언어 형식' 두 가지로 나누어 개별 표현들을 분류했다. 인종 차별 표현의 쓰임 실태를 '언론 언어 영역'과 '인터넷 댓글 언어 영역'으로 나누어 쓰임 사례를 제시하고 질적 사례 연구 방법을 적용하여 사회문화적 의미와 영향을 해석했으며, 인종 차별 언어문화 개선을 위해 필요한 정책의 방향을 제안하였다. 박재현·이승희(2009)는 지역 차별 표현도 함께 다루었지만 주로 인종, 민족, 혈통, 이주자에 대한 차별 언어 사용 실태를 신문, 방송, 인터넷 자료를 대상으로 분석했다. 차별 표현의 문제점을 드러내고 바람직한 표현을 위한 대안을 제시하였는데 인종, 민족 등에 대한 '차별적 인식과 태도'를 바꾸는 것이 무엇보다 중요한 과제라고 지적했다. 박호관·이정복(2012)는 이주 노동자, 다문화 가족 구성원 등에 대한 언어 차별을 '어휘 선택, 구와 문장 구성, 담화나 텍스트 맥락'의 세 가지 유형으로 나누어 다루었다. 인종 차별 표현의 쓰임을 어휘 차원에 한정하지 않고 문장이나 담화 차원으로 확대하여 살펴본 점에서 의미가 있다.

한국어에 인종 차별과 관련된 어휘들이 상당히 많고, 일반 화자들의 언어 사용에서 인종 차별적 발언이 쉽게 관찰되는 상황이지만 이에 대한 본격적인 언어학적 연구가 적은 것은 단일민족이라는 강한 의식이 지배적인 상황에서 다른 민족이나 인종에 대한 차별 대우나 차별적 언어 사용이 별로 주목을 받지 못했기 때문이다. 한국어 연구의 역사가 짧기 때문에 사회문화적 맥락을 고려하여 여러 가지 세부적인 주제를 심층적으로 분석할 여유도 없었다. 다양한 민족과 인종이 함께 살아가는 현재의 한국 사회에서 한국어 인종 차별 표현의 실태를 정확히 파악하여 비판적으로 분석하는 연구가 많이 나와야 한다. 이를 통해 다문화 사회로 진입한 한국 사회를 구성하는, 무시해서는 안 될 '그들'을 '우리'로 적극 끌어안는 언어문화적 대전환의 계기를 마련할 필요가 있다.

'장애 차별'과 관련한 연구 동향을 보면, 그동안 이루어진 장애인 관련 용어나 차별 언어에 대한 연구는 수가 많지는 않은데 사회복지학 및 특수교육학 분야, 장애인 관련 단체 등에서 주로 진행해 왔다.19) 그 가운데 속담을 통하여 한국 사회에서 장애인을 어떻게 바라보고 있는지를 분석한 연구가 몇 편 있다. 심흥식(2002)는 장애 관련 속담을 거의 처음으로 다룬 의의가 있으나 속담에 대한 일반적 특징을 길게 다룬 반면 장애 관련 속담은 개략적으로 다루어 아쉽다. 김창수(2007)은 시각 장애 관련 속담을 대상으로 구체적 분석을 진행하였는데, 특정 장애 영역의 속담만을 다루었기 때문에 장애 차별 속담의 전모를 파악하지는 못했다. 최애경·강영심(2008)은 장애 유형 전반에 걸쳐 속담에 나타난 장애인관, 장애 내용을 다루었다. 그러나 논의가 소략하여 의미 분석이 충분히 이루어지지 못했다.

언어학계에서 체계적 방법을 적용하여 이런 주제를 본격적으로 다룬 경우는 거의 없는 편이다. 다만 최근 국립국어원에서 차별적, 비객관적 언어 표현을 개선하기 위한 '사회적 의사소통 연구'를 몇 편 진행해 왔는데, 임영철·이길용(2008)이 눈에 띈다.20) 이 연구에서는 장애인 차별어 및 대중매체에 나타난 장애 차별 표현의 구체적 사례에 대한 차별 의식을 분석하고, 그러한

---

19) 정창권(2011)은 연구 분석서는 아니지만 과거 한국 사회에서 장애인들이 어떻게 살았는지를 보여 주는 다양한 자료를 집대성한 것으로 장애인 관련 연구에 도움이 된다. 다만 장애인들의 역사를 감상적, 낭만적 이야깃거리 정도로 보는 시각에는 문제가 있다.

20) 이 연구 보고서의 주요 내용은 임영철·윤사연(2009), 임영철·이길용(2010), 이길용(2011)로도 발표되었다.

표현을 개선하기 위한 정책 대안을 제시했다. 장애 차별 표현에 대한 본격적인 연구가 없는 상황에서 나온 의미 있는 작업이지만 언어 표현의 실태를 정밀하게 다루지 못한 한계가 보인다. 이정복(2009다, 이 책의 7장)에서는 《표준국어대사전》에 실린 장애인 관련 한국 속담 텍스트를 대상으로 장애 차별 표현을 '시각 장애, 청각 및 언어 장애, 지체(肢體) 및 기타 장애, 정신 장애, 총칭 표현'의 네 가지로 유형화하고, 그것이 공적 언어 사용 영역의 하나인 언론 기사문에서 어떻게 쓰이고 있는지를 비판적으로 분석하였다. 이러한 연구들이 일부 나왔지만 한국어 연구에서 장애 차별 관련 언어 표현에 대한 전반적인 분석이 아직까지 이루어지 못한 상황이다.

'지역 차별' 언어에 대한 연구는 조태린(2006), 박혜경(2009), 박금자(2012) 등에서 일부 표현 사례를 제시했다. 조태린(2006)에서는 성차별, 인종 차별, 직업 차별, 장애 차별 등을 종합적으로 다루는 가운데 '서울로 올라가다', '서울에서 내려오다', '여의도 면적의 ○배'와 같은 표현을 특정 지역을 차별하거나 비하하는 말로 해석했다. 이런 표현들은 서울 중심적 사고와 다른 지역을 차별하는 태도가 반영된 것으로 언론에서도 문제의식 없이 쉽게 발견된다고 보고하였다.[21] 박혜경(2009) 또한 차별 표현에 대한 종합적 논의 과정에서 '인천짠물', '전라도깽깽이', '심시티서울', '개상도', '고담대구' 등의 지역 차별 표현들을 들고 간략히 설명했다. 박금자(2012)의 경우 국립국어원의 연구 보고서에 나

---

21) 학술 연구는 아니지만 오승현(2011)에서도 '상경, 상행, 시골내기, 시골뜨기, 촌것, 인 서울, 지방지, 지방대' 등의 어휘를 대상으로 서울 중심의 억압적이고 차별적인 언어문화를 비판적으로 검토했다.

오는 여러 가지 유형의 차별 표현을 소개하면서 '멍청도', '보리문둥이', '핫바지', '상경하다'와 같은 10여 거의 지역 차별 표현을 제시했다. 이정복(2013나, 이 책의 8장)은 사회적 소통망(SNS), 구체적으로 ≪트위터≫ (www.twitter.com) 언어 자료를 중심으로 지역 차별 표현의 유형과 쓰임, 분포를 살펴보았다. 지역 차별 표현들을 대상 지역 및 발생 시기 면에서 유형을 분류하여 제시했고, 지역 차별 표현의 쓰임과 사용 맥락을 살핀 후 사회적 요인 면에서 분포를 파악해 보았다. 다른 차별 언어 유형과 마찬가지로 지역 차별에 대한 본격적인 연구도 이제 시작 단계에 있다고 하겠다.

'직업 차별' 언어와 관련한 연구로는 이정복(2010나, 이 책의 9장)이 유일하다.22) 이 연구는 한국의 직업 이름을 대상으로 언어적인 면에서 위계질서가 어떻게 나타나고 있으며, 직업 이름과 관련된 차별 현상에는 무엇이 있는지를 비판적 관점에서 분석한 것이다. '장'(長), '관'(官), '감'(監), '사'(事, 二, 師), '가'(家), '인'(人), '원'(員), '공'(工), '부'(夫, 婦) 등의 접미사 또는 유사 요소가 포함된 직업 이름에서 보이는 위계질서와 차별, 구체적으로 '의사'와 '간호사' 집단 간 대립 현상을 살펴봄으로써 언어와 사회의 긴밀한 관련성을 드러내고, 한국어 정책 활동을 위한 기초 자료를 제공하고자 했다.

종교 차별, 계층 차별, 나이 차별, 외모 차별, 성소수자 차별 등에 대해서는 아직 언어학적 관점의 연구가 시작되지 못했다. 한

---

22) 신차식(1981)에서는 독일어의 '직업어'를 다루면서 한국어 직업 이름들을 비교 관점에서 간략하게 분류하였는데, 분류의 체계성과 기술의 정밀성이 낮아 본격적인 한국어 직업 이름 연구로 보기는 어렵다.

국어 연구에서 전반적으로 차별 언어에 대한 연구자들의 관심이 낮고, 따라서 본격적인 연구가 활발하게 전개되지 못하고 있다. 앞서 기술한 것처럼 차별 현상 자체에 대한 인식 정도가 비교적 높은 성차별이나 인종 차별, 장애 차별 관련 언어에 대한 연구가 서서히 나오고 있는 초기 단계인 상황이다.

차별 언어에 대한 전반적이고 체계적인 기술이 본격적으로 이루어지지 못한 상황에서 이 연구는 여러 가지 면에서 필요성과 파급 및 활용 효과가 높다. 한국어 차별 언어에 대한 종합적 기술을 통하여 한국어 및 차별 관련 연구자들에게 차별 언어에 대한 체계적 정보를 제공함으로써 차별 언어 연구에 대한 관심을 환기하고 연구 참여를 촉구할 수 있을 것이다. 정부 정책 담당자에게는 각종 차별 행위에서 큰 부분을 차지하는 차별 표현 사용에 대한 정보를 제공하고, 차별 행위를 줄이기 위한 정책 구상과 시행에서 언어 분야에 더 높은 비중을 두도록 하는 효과가 기대된다. 사회학, 법학, 정치학, 인류학, 교육학 등 사회과학 연구자들에게는 한국어 차별 언어에 대한 체계적 이해를 위한 언어학적 정보를 제공하고, 언어 연구자들과의 공동 연구 활동을 할 수 있는 방향을 제시하는 의미가 있다.

2부 · 차별 언어의 쓰임 실태 분석

3장 국어사전 속의 성차별
4장 북한 국어사전 속의 성차별
5장 인터넷 공간의 여성 비하 표현
6장 인종과 민족 차별 표현
7장 속담 속의 장애 차별
8장 SNS 공간의 지역 차별 표현
9장 직업의 위계와 차별
10장 토론 게시판의 종교 차별 표현

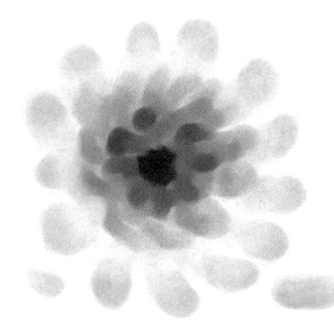

3장_ 국어사전 속의 성차별

 이 장에서는 한국어 화자들의 언어생활에 큰 영향을 주는 한국어 사전(국어사전)을 분석 대상으로 삼아 성차별 언어의 실태를 자세하게 분석하고, 성차별의 발생 원인과 배경을 사회언어학적 관점에서 해석하고자 한다. 사전이란 단순한 언어 사실을 담은 것이 아니라 당대의 사회구조와 사람들의 생각 및 태도가 총체적으로 녹아 있는 것이며, 편찬자나 집필자의 이념이 의식적, 무의식적으로 반영된 사회문화적 산물이다.[1] 따라서 음운, 문법, 의미 등 기술언어학적 면에서 사전의 언어를 분석하는 데서 나아가 사회언어학적 관점을 적극 취하여 다루는 것이 필수적이다. 이러한 연구를 통하여 국어사전에서 보이는 성차별 행위와 성차별 표현의 실태를 파악하고, 성차별 언어 사용의 사회문화적 배

---

* 이 장의 내용은 이정복(2007가)를 부분적으로 고친 것이다.
1) 야겔로(Yaguello) 지음/강주헌 옮김(1994:205)는 사전을 이데올로기의 창조물이라고 기술했다. 또 사전은 지배 이념과 사회상을 반영하며, 권위체로서 그리고 문화적 도구로서의 사전은 언어만이 아니라 정신 구조와 이념을 고착시키고 보존하는 역할을 맡는다고 하였다.

경을 이해하며, 이후의 사전 기술에서 성차별이 나타나지 않도록 하기 위한 기준을 제시하는 효과를 거둘 수 있다.

이 장에서 분석 대상으로 삼은 자료는 첫째, 약 50만 낱말을 수록한 ≪표준국어대사전≫ (국립국어원, 1999)이다. 이 사전은 어문 사용 실태를 조사하고 한국어 정책을 수립하는 국가 기관에서 처음으로 발간한 국어사전이다. 그만큼 사전을 이용하는 한국어 화자들에게 규범적 성격이 강하게 인식된다. 말뭉치를 이용하여 용례(用例)를 뽑되, 만든 예문도 함께 제시했다.2)

[그림 1] 표준국어대사전과 연세 한국어 사전 표지

---

2) 용례가 제시된 112,279개의 '주표제어/부표제어' 가운데 '만든 용례'를 활용한 것이 50,103개, '인용 용례'를 활용한 것이 62,176개로서 비율 차이가 거의 없다(이운영 2002:82). 한편 정호성(2000:67)에 따르면 용례 수는 모두 229,196개이고, 이 가운데서 인용 용례는 28%이다. 만든 용례가 훨씬 더 많음을 알 수 있다.

둘째, 약 5만 낱말을 수록한 중사전 규모의 ≪연세 한국어 사전≫(연세대 언어정보개발연구원, 1998)을 분석한다. 이 사전은 대학 기관에서 오랜 연구 과정을 거쳐 편찬했으며, 제시한 모든 용례를 말뭉치에서 뽑은 것이 특징이다.

두 가지 분석 자료를 대상으로 하여 다음과 같은 몇 가지 단계를 걸쳐 성차별 현상을 분석하고자 한다.

첫째, 성차별 표현의 유형을 사전의 '거시구조' 관점에서 '올림말'(표제어), '뜻풀이', '용례'에서 나타나는 성차별의 세 가지로 나누어 각 하위 유형에는 어떠한 사례가 있는지를 살펴본다. 나아가 통계적 방법으로 성차별의 유형별 비중을 파악하겠다.

둘째, 독일어 분석을 통하여 구엔테로트(Guentherodt) 외(1980)에서 제시한 '성차별의 내용 갈래' 네 가지, 곧 '여성을 배제시키는 언어', '아내를 언제나 남편에 종속시켜 기술하는 언어', '여성을 주부나 아내 등의 전통적 성 역할로 묘사하는 언어', '여성을 무례하게 취급하거나 여성의 품위를 손상시키는 언어'(김종수 2000:94-95에서 재인용)에 '여성을 남성의 하위자로 기술하는 언어'를 추가하여 각각의 구체적 사례들을 분석 및 해석한다.

셋째, 두 국어사전에 나타나는 성차별 표현의 발생 원인 또는 배경을 '집필자(편찬자)의 의식성, 역사적 배경, 사회구조적 관련성'의 세 기준에서 해석하고, 국어사전 편찬에서 성차별적 언어 사용을 방지하기 위한 사전 편찬의 기준을 찾아보도록 한다.

이러한 분석은 한국어학 또는 한국 사회언어학 분야의 새로운 연구 주제를 제시하는 것인 점에서 일차적으로 중요한 의의가 있다. 국어사전에 나타나는 다양한 유형의 성차별 현상과 성차별 표현을 이해하고, 성차별 해소 방안을 도출함으로써 앞으로의 국어사전 편찬 과정에 직접적인 도움을 줄 것이다. 나아가 한국 사회에서 성차별을 해소하여 남성과 여성이 평등한 관계를 유지해 나가는 데도 기여할 수 있다.

1. 사전과 성차별

국어사전에 대한 학문적 관심이 1980년대부터 크게 일어난 이후 1990년대 초반에 새로운 국어사전 편찬 작업들이 본격적으로 시작되었다.3) 그 결과 1998년에 ≪연세 한국어 사전≫이 간행되었고, 다음 해에는 ≪표준국어대사전≫이 간행되었다.4) 모두 21세기를 대비하여 만든 것으로, 비교적 긴 시간과 많은 비용을 투자하여 새로운 관점과 편찬 방법을 적용한 점이 특징이다. 또한 2005년 7월부터 남북한 학자들이 '겨레말 큰 사전' 편찬 작업을 하고 있으며, 기존의 사전들도 정기적으로 내용을 고치고 더해 나가고 있다. 2009년에는 17년간의 연구와 편찬 작업을 통해 1억 어절 규모의 한국어 데이터베이스를 기반으로 한 ≪고려대 한국어대사전≫이 간행되었다. 이런 점에서 국어사전에 대한 학문적, 실제적 관심과 연구는 계속 이어질 수밖에 없다.5)

---

3) 국어사전의 편찬 역사와 사전학 연구의 전반적 흐름에 대해서는 이병근(2000), 박형익(2004), 최경봉(2005) 등을 참조할 수 있다.
4) 두 사전을 줄여 가리킬 때에는 각각 ≪연세≫와 ≪표준≫으로 나타낸다.
5) 한국사전학회를 중심으로 사전 편찬과 관련된 연구 활동이 이루어지고 있으며, 기존 사전의 개정 작업도 진행되고 있다. ≪표준국어대사전≫의 경우 2008년부터 인터넷을 통한 '웹사전'으로 내용을 수정·보완하고 있다(표준국어대사전 2008년부터 웹사전으로만 발간, 세계일보, 2006-10-11).

사전 편찬자의 입장에서는 기본적으로 어떻게 하면 올림말에 대한 음운, 형태, 통사, 의미, 화용 정보를 풍부히, 체계적으로 담을 수 있을지 고민하고 연구한다. 앞의 두 사전은 최근까지 이루어진 그러한 사전학 연구의 성과가 잘 반영된 결과물이다. 기존 국어사전들과는 질적인 면에서 상당한 차이가 있으며, 거시구조와 미시구조 전반에서 발전된 모습을 보여 준다. 음운 변이에 대한 정보를 구체적으로 담았고, 형태·통사적 쓰임 정보를 확장했을 뿐만 아니라 의미·화용 정보도 늘였다. 특히 말뭉치에서 가져온 풍부한 용례를 제시한 것이 획기적으로 달라진 점이다.

그러나 풍부한 언어 정보를 담고 있음에 비하여 사회언어학적 관점에서는 여전히 문제점이 많고 만족스럽지 않다. 사회 계층과 직업에 대한 편견, 장애인에 대한 부정적 태도, 성차별적 표현과 관행이 그대로 나타난다.6) 우리 사회는 전통적으로 남성 중심의 가부장(家父長) 문화를 지속시켜 왔기 때문에 서양에 비하여 여성 차별이 일상생활, 사고방식, 언어 사용에서 더 강하게 나타나는 것이 사실인데, 국어사전에서도 성차별 행위와 성차별 표현이 뚜렷하게 보인다.

예를 들면, ≪표준국어대사전≫은 '가장'(家長)이라는 말을 "한 가정을 이끌어 나가는 사람"이라 풀이하면서 동시에 '남편'을 달

---

6) 사회 계층 또는 직업과 관련된 차별의 한 예로는 '노무자'와 관련하여 "일용 노무자들 대부분이 **하루 벌어 하루 먹는다**"라는 부정적 용례를 든 것, '하류'의 예로서 "종혁네가 세를 들어 사는 다섯 세대의 비교적 **하류 뜨내기들도 입들이 높아** 보리밥들은 먹지 않았다≪이정환, 샛강≫"는 모욕적, 계층 차별적 용례를 든 것이 보인다. '장애인'을 "신체의 일부에 장애가 있거나 정신적으로 **결함**이 있어서 일상생활이나 **사회생활에 제약을 받는** 사람"으로 풀이한 데에서는 장애인에 대한 부정적 태도가 나타난다. 국어 순화에서 이러한 차별 문제가 어떻게 나타나는지에 대해서는 이정복(2003다)를 참조할 수 있다.

리 이르는 말이라고 하였다. 한글학회의 ≪우리말 큰사전≫에서도 "집안의 어른", "'남편'의 높임말"로 풀이하였고, ≪연세 한국어 사전≫에서는 아예 "집안을 대표하는 남자"로 풀이하고 있다. 가정을 이끌어 나가는 사람은 곧 '남성'이라는 등식을 화자들에게 의식화하고 있는 것이다.7)

국어사전에서 음운, 문법, 의미 정보 등을 정확히 기술하는 것도 중요하지만 좋은 사전이 되기 위해서는 이러한 사회언어학적 관점에서의 부정적 현상들이 나타나지 않아야 할 것이다. 잘못된 사전은 화자들의 건전한 사고방식을 왜곡하며, 조화롭고 바람직한 대인 관계 형성에 해를 끼칠 수 있다. 따라서 앞으로의 국어사전 연구 및 편찬 과정은 실용 언어 정보에서 나아가 사회언어학적 관점에서의 내용과 태도까지 깊이 있게 고려하는 방향으로 진행되어야 하겠다.

서양에서는 사전에 나타나는 성차별 문제를 다룬 연구들이 1980년대에 이미 나왔다. 독일어 두덴(Duden) 사전을 대상으로 성차별 문제를 연구한 푸시(Pusch, 1984)는 사전 편찬자들이 여성과 남성의 단절된 역할 분담을 전승시키는 예문들을 수록함으로써 여성을 경시하고 언어적 성차별 강화에 참여하였음을 비판했다. 남성은 중요하고 교육적인 일들을 수행하는 반면 여성은 시장을 보러 간다는 예문들이 그대로 실려 있다는 것이다(김종수 2001가:91). 일본에서도 일본어 사전에 나타나는 여성 차별 문제를 다룬 책이 1985년에 나왔고, 그 영향으로 사전의 기술 내용이

---

7) '가장'은 호주제(戶主制)와 관련이 있는 개념이다. 2005년에 호주제가 법적으로 폐지되었기 때문에 앞으로 이 말의 생명력도 크게 약해질 것이며, 역사적인 말로서 사전에 실리는 때가 곧 올 것이다.

성차별을 줄이는 방향으로 바뀌었다는 보고도 있다(엔도 오리에 엮음/이경수·이미숙·정상철·한선희 옮김 2006).

우리나라의 경우 최근에 성차별에 대한 연구들이 늘어나고 있는데 사회학, 여성학 분야의 연구들이 대부분이다. 언어학계에서는 외국어를 대상으로 한 것이 일부 있고,[8] 한국어와 관련된 '여성 차별어' 연구는 아직 초보적 단계이다. 사전 편찬과 관련된 연구를 위한 전문 학회가 2002년에 창립되어 활동하고 있지만 사전의 구조나 기술언어학적 정보 기술에 대한 연구들이 주로 진행되고 있을 뿐 언어 내용에 대한 사회언어학적 관점에서의 비판적 접근은 나오지 않았다.

그런 가운데서 김창섭(1999)는 1930년대와 1980년대에 나온 국어사전을 비교하여 성별 항목의 어휘장에서 일반항, 남성항, 여성항의 조어론 및 의미론적 성격을 비교하여 살핀 바 있다. 분석 결과와 관련하여, '남-' 또는 '여-'를 갖는 85개 어휘장에서 '여걸, 여사, 여대생, 여경' 등 여성항이 출현한 낱말이 47%에 이른다고 하면서 이를 여성의 사회적 비중이 커졌다는 사실과 관련지어 해석했다. 이러한 해석은 그 자체로는 옳지만 여성을 가리키는 말이 유표적 형식으로 구성된 차별어임을 인식하지 못한 점이 아쉽다.

관련 연구 현황을 고려할 때 국어사전에 나타난 성차별 현상의 본격적인 연구 필요성이 높다고 하겠다. 여기서는 최근 간행된 대표적 두 국어사전에서 어떠한 유형의 성차별 현상이 나타나

---

[8] 서양 언어를 대상으로 한 여성어 및 성차별 언어에 대한 연구의 출발, 과정, 성과와 관련하여 김종수(2000, 2001가, 2001나), 최용선(2001), 우윤식(2002) 등을 참조할 수 있다.

고 있는지를 살피고, 그것의 사회문화적 배경을 한국의 사회구조 및 전통적 삶의 틀과 관련지어 해석하고자 한다. 남성 차별 현상도 일부 있지만 여성 차별이 대부분을 차지하는 면에서 여성 차별 표현에 논의를 한정할 것이다.

2. 사전에 나타난 성차별의 유형과 정도

이 절에서는 사전의 '거시구조'와 관련하여 분석 대상 국어사전에서 보이는 성차별 표현의 세 가지 유형, 곧 '올림말에서 나타나는 성차별', '뜻풀이에서 나타나는 성차별', '용례에서 나타나는 성차별'에는 어떠한 전형적 보기들이 있으며, 그것이 왜 성차별로 해석되는지 살펴볼 것이다. 두 사전에 대한 전반적 분석을 통하여 찾아낸 성차별 표현의 유형별 사례 가운데서 대표적이라 생각되는 보기를 들어 기술한다. 이어서 성차별 언어의 유형별 비중이 어느 정도인지를 계량적으로 파악하기로 하겠다. 여기서 적용하는 성차별의 판단 기준은 다음 3절의 성차별 내용 분석에서 적용하는 다섯 가지 '성차별 내용 갈래'이다.

2.1 성차별 표현의 유형별 사례 분석

먼저, 사전의 올림말에서 보이는 성차별 표현의 보기를 들면 아래 (1)과 같다. 사전의 내용을 인용하면서 필요에 따라 행을 조정하고, 강조할 필요가 있는 주요 부분을 진하게 표시했다.

(1) 올림말에서 나타나는 성차별

  가. **헌-계집** ≪표준≫

    [헌ː계/헌ː게][헌계집만[헌ː계짐/헌ː게짐-]] 몡①이미 시집갔다가 혼자가 된 여자를 낮잡아 이르는 말. ②행실이 부정한 여자를 낮잡아 이르는 말.

  가-1. **헌-사내/헌-남자** ⇒ 올림말에 없음.

  나. **여-비서**(女祕書) ≪표준≫

    몡여자 비서. ¶여비서를 두다/여비서가 매일 사장실과 응접실의 꽃꽂이를 새로 하고 차도 끓인다.≪박완서, 도시의 흉년≫§

  나-1. **여-장군**(女將軍) ≪표준≫

    몡①여자 장군. ≒여장01(女將) [1] . ¶굳게 닫혔던 산성 문이 활짝 열리면서 여장군 한 사람이 백마에 높이 앉아 청룡도를 휘두르고 수천 기병을 몰아 나온다.≪박종화, 임진왜란≫§ ②몸집이 크고 힘이 센 여자를 놀림조로 이르는 말. ≒여장01(女將) [2].

  나-2. **남-비서/남-장군** ⇒ 올림말에 없음.

  다. **여류 시인**(女流詩人) ≪연세≫

    시 창작 활동을 하는 여자 시인. ¶ 그 여류 시인의 시는 그녀처럼 청아하고 풋풋한 맛이 있다.

  다-1. **여류 작가**(女流作家) ≪연세≫

    문학이나 예술의 창작 활동을 전문적으로 하는 여자. ¶ 나혜석은 시인이며 여류 작가로서 개화기의 문단과 화단에 화제를 뿌리고 다녔다.

  (1가)의 '헌계집'은 ≪표준국어대사전≫에서 기본 뜻이 "이미 시집갔다가 혼자가 된 여자를 낮잡아 이르는 말"로 되어 있다. 둘째 뜻풀이에서는 "행실이 부정한 여자를 낮잡아 이르는 말"이라고 했다. 두 뜻에 짝이 되는 '이미 장가갔다가 혼자가 된 남자'나 '행실이 부정한 남자'를 가리키는 '헌사내'나 '헌남자'는 올림말

에 없다. 혼자가 된 '여자'만 왜 낮잡아 이르고, 행실이 부정한 '여자'만 문제가 되어 홀로 사전에 올라야 하는지 의문이다.9) '헌계집'이 있다면 대응되는 남성이 실체로서 존재하는 것이 마땅한데 이 사전에 그런 표현은 나오지 않는다. '헌사내'가 현실에서 전혀 쓰이지 않아서 여성형만 실었다면 우리 사회의 여성 차별 구조가 그만큼 확고하다는 뜻으로 해석된다. 또 여성형만 쓰이는 것이 사실이라 하더라도 여성을 비하하고 차별하는 말을 굳이 사전에 올려야 하는지도 문제이다. 한국어에서 현실적으로 쓰이고 있는 모든 어휘를 국어사전에 모두 싣지는 않기 때문이다.

　(1나, 나-1)의 '여비서'와 '여장군'은 '비서'와 '장군'에 여성을 나타내는 '여'(女)가 붙어 만들어진 말인데, 남성 대응형이 없다. 기본형 '비서'와 '장군'이 남성형으로 쓰이거나 '남자 비서'와 같은 구가 대신 쓰인다. 이러한 부류에는 '여교사, 여교수, 여대생, 여사(女士), 여의사, 여장부' 등 보기가 많다. 남성 중심 사회에서 여성의 존재를 배제한 채 남자만을 가리키던 말을 바탕으로 하여 여성형을 유표적으로 파생시켜 쓴 결과이다. 사전 편찬자들이 이런 표현들을 언어 현실 그대로 국어사전에 올린 것이다. (1다, 다-1)의 '여류 시인', '여류 작가'도 같은 맥락에서 이해할 수 있다. 이러한 말들은 남성 중심의 한국 사회에서 언어적으로도 여성이 불리한 상황에 놓여 있음을 보여 주는 것이며, 성차별 표현이 된 근본 원인이 사회구조적 현실에 있는 경우이다.10)

---

9) '헌계집'이라는 말에서 여성은 남성이 취하는 기호품 또는 소유물로 인식되며, 한번 결혼을 했거나 남성과 성관계를 가진 여성은 언제나 '헌계집'으로서 가치가 크게 떨어져 버린다. 이러한 올림말 선정을 통해 여성에 대한 강한 비하와 차별적 태도를 보여 주는 사전이 만족스러운 '표준' 국어대사전이 될 수 있을지 심각한 반성이 필요하다.

올림말에서 보이는 성차별 현상은 대체적으로 사전 집필자 및 편찬자의 의지나 책임과는 거리가 있다. 그러나 그 의지에 따라 올림말이 달라질 수도 있음을 고려할 때 책임이 전혀 없는 것은 아니다. 다음 장에서 다시 보겠지만, 우리 사회의 남성 중심적 질서를 잘 드러내는 말 가운데서 남한 사전에는 실려 있으나 북한 사전에는 없는 것이 흔하다. '노가'(奴家), '당구'(堂構)가 그 보기인데,11) 한자말[漢字語] 수를 줄이기 위한 목적에서 나온 것이든 남녀 차별에 대한 인식이 개입된 것이든 북한 사전의 편찬자가 올림말을 '골라 뽑은' 결과이다. 국어사전에서 심한 비속어나 다수의 방언형을 넣지 않았듯이 성차별을 강화할 수 있는 말들도 제외하거나 제시 방식을 바꿀 수 있는 것이다. 비속어나 방언형이 표준어가 아니기 때문에 제외했다면 성차별어가 모두 표준어라는 절대적 근거도 전혀 없다.

(2) 뜻풀이에서 나타나는 성차별

  가. 노-총각(老總角) ≪연세≫

  [노 : 총각] 명 (한 사회에서 일반적으로 여겨지는 기준으로서의) **나이가 지나도록 장가를 가지 않은 총각.** ¶마흔 살의 노총각과 서른여섯의 노처녀가 처음으로 만남(난) 것은 두 달 전의 일이었다.

---

10) 국어사전에서 보이는 성차별 표현의 여러 가지 발생 원인에 대해서는 3.2에서 자세히 살펴볼 것이다.
11) ≪표준국어대사전≫에서는 '노가'를 "결혼한 여자가 남편을 상대하여 자기를 낮추어 이르는 일인칭 대명사"로, '당구'를 "아버지가 하던 사업을 아들이 이어받음"으로 풀이했다. 아내가 남편에 대한 종속적 지위자로 다루어지거나 여성의 존재가 배제되는 점에서 성차별 표현이다. 두 낱말이 1992년에 펴낸 북한의 ≪조선말대사전≫에는 실려 있지 않다.

가-1. 노-처녀(老處女) ≪연세≫

[노ː처녀] 몡 (한 사회에서 일반적으로 여겨지는 기준으로서의) **결혼할 나이가 지난 처녀.** ¶서른다섯 살 된 노처녀 음악 선생은 하필 이 때가 되면 책상을 정리하려 든다.

나. 주인01(主人) ≪표준≫

몡①대상이나 물건 따위를 소유한 사람. '임자'로 순화. [...] ③ **'남편'을 간접적으로 이르는 말.** ¶주인 양반은 뭘 하시는 분이시오?

나-1. 선생01(先生) ≪표준≫

몡①학생을 가르치는 사람. [...] ⑤**자기보다 나이가 적은 남자 어른을 높여 이르는 말.** ¶선생, 길 좀 물어봅시다.

나-2. 어른01 ≪표준≫

[어ː-] 몡①다 자란 사람. 또는 다 자라서 자기 일에 책임을 질 수 있는 사람. [...] ⑤**남의 아버지를 높여 이르는 말.** ¶자네 어른께는 상의드려 보았는가?

다. 바깥-양반(--兩班) ≪표준≫

[-깐냥] 몡①집안의 남자 주인을 높이거나 스스럼없이 이르는 말. [...] ②**아내가 남편을 이르는 말.** ≒바깥주인②·밖주인②·밭주인②. ¶바깥양반이 출타 중이라 집 안엔 저와 딸애밖에 없어요./제자라고요? 바깥양반은 한 번도 누굴 가르친 적이 없는데…≪이문열, 영웅 시대≫ 涅①안양반. 높바깥어른.

다-1. 바깥-어른 ≪표준≫

[-까더-] 몡①'바깥양반①'의 높임말. ¶최 참판 댁 문전에서 두 사람이 엉거주춤한 자세로 바깥어른을 뵈려고 서울서 왔다는…≪박경리, 토지≫ ②**'바깥양반②'의 높임말.**

라. 안-양반(-兩班) ≪표준≫

[-냥] 몡집안의 여자 주인을 높이거나 스스럼없이 이르는 말. 涅바깥양반①.

라-1. 안-어른 ≪표준≫

명 '안주인'의 높임말. ¶저희 안어른께서 평소에 다니시는 절에 외딴 암자가 하나 있다고 들었는데….≪최명희, 혼불≫

(2가, 가-1)의 '노총각', '노처녀'는 '총각'과 '처녀'에 '노'(老)가 결합된 말인데, 뜻풀이 방식에서 차이가 난다. '노총각'은 "장가를 가지 않은"이라 하여 주체의 능동성과 의지를 분명하게 드러낸 반면 '노처녀'는 "결혼할 나이가 지난"이라고 하여 주체의 의지보다는 피동적 결과로서의 여성을 그렸다. "마흔 살의 노총각과 서른여섯의 노처녀", "서른다섯 살 된 노처녀"라는 용례에서도 여성이 남성보다 몇 살 어리게 나와 있어 불리하다. 35세의 여성은 100% '노처녀'지만 남성은 '노총각'의 범위에 들지 않을 수 있다는 불평등한 인식을 반영하거나 강요하는 예문이다.

(2나~나-2)에서는 긍정적 의미, 상위자의 가치 개념을 갖는 '주인', '선생', '어른'이 남성에게만 해당하는 말로 풀이되었다. 이 말들을 여성에게는 쓸 수 없다는 뜻을 강하게 풍기며, 여성에 대한 남성의 우위(優位) 또는 상위(上位)를 공식화·내면화하는 데 이바지한다. 그런데 '주인'의 경우 '바깥즈인'과 '안주인'이 대등하게 쓰이고, "이 집 주인들은 다 어디 갔나?"에서는 '부부'를 함께 언급하였음을 고려할 때 (2나)의 ③과 같은 여성 차별적 뜻풀이는 언어 사실과 거리가 있다. (2나-1, 2)의 '선생'이나 '어른'도 여성에게 전혀 문제없이 쓸 수 있는 말이다. 세 낱말에 대한 뜻풀이는 모두 바람직한 남녀12) 관계 면에서 좋지 않다.

---

12) 어순 면에서 '남녀'가 성차별 언어이기 때문에 '양성'(兩性)이나 '성별'로 대신할 수 있다. 요즘은 '양성'도 성소수자 관점에서 문제가 있는 용어라고 하여 '양성평등'을 그냥 '성 평등'으로 쓰는 흐름이다. '남녀'에 문제가 있고, 일부 여성주의자들의 경우 '여남'이라 적기도 하지만(권혁범 2006:17) 이 책에서는

(2다~라-1)에서, 남성을 가리키는 '바깥양반'과 '바깥어른'의 경우 뜻풀이가 각각 두 가지다. "집안의 남자 주인을 높이거나 스스럼없이 이르는 말"이라는 '바깥양반'에 대한 기본 뜻풀이는 사용 주체가 없다. 그런데 둘째 풀이에서 "아내가 남편을 이르는 말"로 '아내'를 주체로 명시했다. '바깥어른'에 대해서도 마찬가지이다. 그러나 여성형 '안양반'과 '안어른'에 대해서는 뜻풀이가 하나씩밖에 없으며, 주체가 명시되지 않았다. '안양반'을 "집안의 여자 주인을 높이거나 스스럼없이 이르는 말"로 정의할 때 사용 주체에서 남편이 배제되는지는 분명하지 않다. 분명한 것은 형태, 의미 면에서 대응 관계에 있는 남성형과 여성형의 뜻풀이가 균형을 갖추지 못한 점이다.13) 이러한 뜻풀이 차이는 과거의 가부장 문화에서 실제로 남편과 아내 사이에 존재했던 힘의 불균형과 지위 차이를 그대로 반영한 것인데,14) 한국어 화자들은 (2다~라-1)을 보면서 부부간 또는 남녀 사이의 불평등 의식을 강

편의상 가나다순을 고려하여 그대로 쓴다.
13) '바깥양반', '안양반' 자체가 이미 성차별적 표현이다. 남성은 밖에서 활동하는 사람으로, 여성은 집안에 머물러 있어야 하는 사람으로 편을 가르고, '성 역할'을 고정하기 때문이다. 현대의 남성과 여성은 사회 진출의 정도나 직업 구성에서 질적 차이를 보이지 않는다. 가정에서도 과거 남녀의 역할이 크게 바뀌었다. 지금의 사회구조나 인식과 잘 맞지 않기 때문에 이런 말들의 쓰임이 갈수록 줄어들고 있다. 국어사전에서 사회 현실과 맞지 않는 '낡은 말'들을 어떻게 처리할지에 대해서 구체적 논의가 필요하다. 한편, 최재천(2003:164)에서는 '안팎, 내외, 음양'과 같은 표현들이 자연적 또는 생물학적 성(sex)에 기초한다고 보았다. 그러나 '바깥양반', '안양반'은 사회화된 성의 개념인 젠더(gender)의 구시대적 반영으로 보아야 한다.
14) 최근의 한 조사에 따르면 유교 문화권인 한국, 중국, 일본 가운데서 한국이 가부장적 문화가 제일 많이 남아 있으며, 한국인들의 가치관이 보수적인 권위 성향을 가장 강하게 띠고 있다고 한다(권용혁 2004:48-9).

하게 내면화할 위험이 있다.

(3) 용례에서 나타나는 성차별

가. 태도3(態度) ≪표준≫

[태ː-] 명①몸의 동작이나 몸을 거두는 모양새. ¶**거만한 태도/얌전한 태도/상사 앞에서 그의 태도는 꽤 당당했다.**/그는 군인다운 태도로 부동자세를 취하면서 전화를 받았다./그 형사는 예의를 갖춘 몸차림과 태도를 보여 주어 우리는 곧 서로 어울리게 되었다.≪이숭녕, 대학가의 파수병≫ ②어떤 사물이나 상황 따위를 대하는 자세. ¶**강압적인 태도/모호한 태도/학습 태도가 좋다/그는 미래에 대해 비관적인 태도를 가지고 있다.**/그는 빈정거리는 듯한 말투였으나 결코 얕보는 태도는 아니었다./그와는 친구 사이이지만 인생 태도는 판이하게 달랐다./좋다는 건지 싫다는 건지 태도를 분명히 하는 게 좋겠어./이 사건에 대해서 그가 어떤 태도를 취했는지는 모르겠다./새로 부임한 선생님의 열정적인 강의에 학생들은 진지한 태도를 보였다.

나. 변심하다(變心—) ≪연세≫

[변ː심하다] 동 (주로 남녀 관계에 있어서 한 사람이) 마음이 변하다. ¶무엇보다도 무서운 것은 아내가 변심하는 일이다./하하, 이 양반은 그 여자가 변심할까 봐 겁이 나는 모양이군./그는 군대에 들어가 고생을 하고 있는데, 애인은 그 동안을 못 참아서 **변심해서 떠났다.**

다. 홀리다 ≪표준≫

[홀리어[--어/--여](홀려), 홀리니] 동①(…에/에게) 무엇의 유혹에 빠져 정신을 차리지 못하다. ¶여우에게 홀리다/**여자에게 홀려 가진 돈을 홀딱 털렸다.** [...]

다-1. 홀리다 ≪연세≫

[홀리는, 홀리어(홀려), 홀립니다] 동 I 남을 유혹하여 정신을 차리지 못하고 얼떨떨하게 하다. ¶아이들이 홀태바지를 입고 덥

수룩한 머리를 한 채 처녀들을 홀릴 생각으로 골목을 어설렁거리고 있었다. […]

　(3가)의 올림말 '태도'의 용례 9개 가운데 7개에서 남성 3인칭 대명사 '그'가 나온다. 여성형 '그녀'가 쓰인 문장은 하나도 없다. '태도'가 남성과만 관련되는 것이 아님에도 남성 편향성을 뚜렷하게 드러내었다. 이와 달리 부정적 느낌을 강하게 풍기는 (3나)의 '변심하다'는 세 용례 모두 여성이 주체로 나타났다. '남녀 관계에 있어서 한 사람이 마음이 변하는' 것으로 풀이하였지만 예문들을 보아서는 '변심하다'의 뜻을 '남녀 관계에 있어서 **여자**가 마음이 변하는' 것으로 읽을 수밖에 없다.

　(3다, 다-1)의 동사 '홀리다'에 대한 용례를 보면, 두 사전 모두에서 여자들에게 불리한 내용이 나온다. ≪표준국어대사전≫에서 여자는 "남을 홀려서 돈을 홀딱 털어가는 사람"으로 표현되었고, ≪연세 한국어 사전≫에는 여자(처녀)를 일방적 유혹의 대상으로 보는 예문이 나온다. 이런 용례들은 말뭉치에서 가져온 실제 쓰임인 것도 있고 집필자가 만들어 낸 것도 있는데, 어느 쪽이든 사전 집필자나 편찬자에게 성차별 표현의 선택 또는 작성 책임이 있음은 분명하다.

　용례에서 보이는 성차별의 사례를 두 사전에서 좀 더 들면, '박사'(그 청년은 컴퓨터 박사이다, ≪표준≫), '벼슬자리'(그는 벼슬자리에서 물러난 뒤에도 사랑방에 글방을 차려 놓고 날마다 제자들을 가르쳤다, ≪연세≫), '청빈(淸貧)하다'(그는 지조 있고 청빈하며 학문에 능한 선비였다, ≪연세≫)의 경우 남성이 주어로 나타난다. 사회적으로 선호되거나 좋게 평가되는 가치, 행위, 상태와 관련된 말들은 모두 남자들 차지이다.

반면 여성은 남자의 '반려자'(그녀는 그와 열애 끝에 그의 반려자가 되었다, ≪표준≫)가 되어, '바느질'(엄마는 속상하는 일이 있을 때마다 반짇고리를 끌어당기며 바느질을 하셨다, ≪연세≫)을 하며, '바들바들'(연탄 한 장에 바들바들 떠는 어머니가 이 많은 연탄이 깨진 걸 알면 얼마나 놀라실까?, ≪연세≫) 떨며 살아간다.15) 또 여성은 남자로부터 '버림받고 범해지는' 대상(이 세상에는 남자 하나쯤에게서 버림받아도 툭툭 털고 일어나는 여자가 많이 있다, ≪연세≫/처녀를 범했을 때에는 머리를 얹혀 주지만 첩을 삼는다거나 살림을 베풀어 주는 일은 없었다, ≪연세≫)으로서, '베개'를 눈물로 적시지만(누운 선미의 얼굴 위로 말간 눈물이 흘러내려 베개를 적셨다, ≪연세≫), 여성에게 '정조'는 언제나 소중한 것이다(그녀는 첫사랑의 남자에게 소중한 정조를 주어 버렸다, ≪연세≫).16)

---

15) 프랑스어 어휘에 나타나는 성차별 현상을 다룬 박찬인(1997:235)에서는 남성 어휘에는 '더 성숙한, 더 큰, 더 견고한, 더 빠른, 생동적이고 창조적'인 개념이 부여되는 반면 여성 어휘에는 '더 느린, 더 작은, 더 유연한, 더 조용한, 고통을 받아들이는'의 개념이 뒤따른다고 정리했다. 김귀순(1999:71)은 '남녀 짝을 이루는' 영어 낱말들의 의미와 관련하여 "남성을 나타내는 단어는 힘·지위·자유·독립을 함의하는 데 비하여 여성을 상징하는 단어는 의존·열등·부정 등을 나타내고 있다"고 해석했다.

16) 말뭉치에 전적으로 의존한 사전과 말뭉치를 활용하되 만든 예문을 함께 쓴 사전을 비교함으로써 성차별 언어 사용과 말뭉치 의존도 사이의 상관성을 검증할 수 있겠다. 예문을 만드는 과정에서도 집필자의 철학이나 의식성에 따라 성차별적 표현이 많이 나타날 수 있겠지만 말뭉치를 활용할 때에는 사회 구조적인 성차별 현상을 무비판적으로 수용하게 될 가능성이 높다. 보기에서 알 수 있듯이 말뭉치 자료를 전적으로 활용한 ≪연세 한국어 사전≫에서 성차별적 용례가 많이 확인되었다. 한편, 말뭉치를 구성하는 자료 가운데서 문학 작품이 큰 비중을 차지하는데 소설 등에서는 비일상적이고 특수한 상황이

남성과 여성에 대한 인식이 이처럼 차별적이며, 여성에 대한 부정적 태도를 내면화하고 강화할 수 있는 사전의 내용은 그것을 이용하는 화자들에게 직접적이고도 강력한 영향을 끼칠 것으로 판단된다. 위에서 지적한 보기들은 몇몇 올림말에서만 발견되는 단편적 현상이 아니라 체계 전반적으로 나타나는 심각한 문제이다. 이런 점에서 분석 대상 국어사전에서 성차별 표현이 얼마나 많이 들어 있는지의 전모를 파악할 필요가 있다.

2.2 성차별 표현의 유형별 비중

지금까지 분석한 세 가지 유형의 성차별 언어가 두 국어사전에서 어느 정도의 비중을 보이는지 통계적 방법으로 살펴보기로 하겠다. 통계 분석을 위하여 2006년 1월부터 7월까지 7개월에 걸쳐 두 사전의 전체 내용을 하나하나 검토하여 올림말, 뜻풀이, 용례에서 보이는 성차별 현상을 찾아내어 파일로 저장하고, 각 유형별 빈도를 계산하였다. 자료 조사 기간 중 모두 23차례의 연구진 회의를 통하여 보조원들이 찾은 성차별 사례를 판별하여 확정했고, 2006년 7월 9일에는 전문가 자문회의를 열어 의견을 듣기도 했다. 이러한 과정을 거쳐 확인한 성차별 사례의 분포를 표로 요약하면 다음과 같다.17)

많이 나오기 때문에 말뭉치의 언어가 평균적인 일상 한국어와는 여러 가지 면에서 차이를 보인다. 따라서 사전 편찬에서 지나치게 말뭉치에 의존하여서는 문제가 있음을 지적한다.
17) 여성 차별 표현이 대다수를 차지하지만 남성 차별 표현도 일부 포함되었다.

〈성차별 표현의 유형별 비중〉

구 분	표준국어대사전	연세 한국어 사전
올림말 관련	2,574(19.7)	280(16.7)
뜻풀이 관련	1,626(12.4)	236(14.0)
용례 관련	8,874(67.9)	1,165(69.3)
합 계	13,074개(100%)	1,681개(100%)
중복된 것	865	87

세 가지 성차별 유형 가운데서 용례와 관련된 것이 전체의 3분의 2를 넘어 가장 높은 비중을 보였다. 그 다음으로는 올림말에 관련된 성차별이 많았다. 이러한 분포는 두 사전 모두 공통적인 현상이다. 전체 성차별 표현의 수는 일부 중복된 것을 포함하여 ≪표준국어대사전≫에서 13,074개, ≪연세 한국어 사전≫에서 1,681개였다. 각 사전의 올림말 수(약 50만, 약 5만)와 비교하면 ≪표준≫의 경우 2.6%, ≪연세≫의 경우 3.4%가 성차별 언어에 해당한다.[18] 비록 전체적 비중은 낮지만 성차별과 무관한 다수의 낱말을 제외하고 생각하면 결코 낮은 수치가 아니다. 또한 대부분의 성차별 언어는 사람에 관련된 쓰임 빈도가 높은 기초어휘가 많기 때문에 화자들에 대한 영향력이 클 것으로 판단된다. 사전을 이용하는 화자들이 성차별 언어에 일상적으로 노출될 수 있을 것이라는 점에서 성차별 언어의 부정적 영향력을 분명히 인식할 필요가 있다.

---

18) 두 사전의 성차별 정도에서 비율 차이가 조금 있었지만 올림말 수의 차이가 너무 크기 때문에 정확한 비교는 하기 어렵다. 한편, 각 사례가 어느 정도로 심하게 성차별적인지, 성차별의 내용과 발생 원인이 무엇인지, 성차별 문제를 어떻게 풀어나갈 수 있는지는 다양할 것으로 판단된다.

3. 성차별 표현의 내용과 발생 원인

3.1 성차별 표현의 내용

독일어 분석을 통하여 구엔테로트 외(1980)에서 제시한 분류 방식을 참조하여 성차별 표현의 내용 갈래를 ① 여성을 배제하기, ② 아내를 남편에 종속시키기, ③ 여성을 주부나 아내 등의 성 역할에 묶어두기, ④ 여성의 품위를 떨어뜨리기, ⑤ 여성을 남성의 하위자로 다루기 등 다섯 가지로 설정하여 자료를 분석 및 해석한다.[19] 남성을 차별하는 경우도 일부 나타나는 점에서 '남성을 부정적으로 묘사하기'에 대해서도 살펴볼 수 있으나 이 부분은 다른 기회에 논의하기로 하겠다.

3.1.1 여성을 배제하기

여성을 관심의 대상에서 아예 제외하거나 소외시키는 언어 표현들이 국어사전에 다양하게 나타난다. 특히 용례 선택에서 이러한 성차별이 많았다. 올림말의 경우 성차별 관행에 익숙한 사회 구조에서 벌어진 언어 실제가 그대로 사전에 반영된 결과인 반면 용례의 경우 남성 위주로 사전이 기술된 것과 관련이 있다.

---

[19] 한국여성개발원이 2006년 11월 9일 '성 평등한 미디어 언어 개발 토론회'에서 발표한 성차별 언어의 유형을 참고로 적는다. 그것은 '성을 지칭하는 단어로 남녀 모두를 포괄', '성별의 불필요한 강조', '고정관념적 속성 강조', '성차별적 이데올로기 내포', '선정적 표현', '특정성 비하'의 7가지인데, 성차별 관련 언어의 형식과 내용이 뒤섞여 있다('레이싱걸' 눈 씻고 봐도 소녀가 아닌데 왜 '걸'일까, 한겨레, 2006-11-09).

(4) 여성을 배제하는 성차별

가. **여-의사01**(女醫師) ≪표준≫

　　[-의-/-이-] 몡여자 의사. ≒여의01(女醫).

가-1. **의사12**(醫師) ≪표준≫

　　몡의술과 약으로 병을 치료·진찰하는 것을 직업으로 삼는 사람.
　　[…]

나. **여사03** (女士) ≪표준≫

　　몡학덕이 높고 어진 여자를 높여 이르는 말.

나-1. **사05** (士) ≪표준≫

　　[사:] 몡『역』①조선 시대에, 양반 계층인 선비를 이르던 말.
　　②중국 주나라 때에, 사민(四民)의 위이며 대부(大夫)의 아래에
　　있던 신분.

다. **당구05**(堂構) ≪표준≫

　　몡아버지가 하던 사업을 아들이 이어받음.

라. **독호01**(獨戶) ≪표준≫

　　[도코] 몡늙도록 아들이 없는 집안.

마. **애국심**(愛國心) ≪연세≫

　　[애:국씸] 몡 제 나라를 사랑하는 마음. ¶그에게 죄가 있다면 불
　　타는 애국심으로 대한 독립 만세를 큰 소리로 외친 것밖에 없습
　　니다.

바. **판사**(判事) ≪연세≫

　　몡 법원에서 재판을 주관하는 공무원. ¶큰아버지는 아들 둘이 모
　　두 고등 고시에 합격하였고, 딸도 판사에게 시집갔다.

사. **몸담다** ≪표준≫

　　[--따] [-담아, -담으니] 동【…에】어떤 직업이나 분야에 종사
　　하거나 그 일을 하다. ¶그가 몸담았던 언론계/교직에 몸담다/나
　　의 아버지는 일제 강점기에 독립 운동에 몸담아 모진 옥고를 치
　　르셨다./그는 평생을 문학에 몸담기로 결심했다.§

아. **유유하다**(悠悠一) ≪연세≫

형 [유유한, 유유하여(해), 유유합니다] ① 썩 멀다. 아득하게 멀다. ¶하늘은 유유하여 더욱 멀고, 달은 교교하여 빛을 더하더라./우람한 하늘과 땅 가운데서, 나의 길은 길고 유유하도다. ② 여유가 있고 태연하다. ¶그는 마치 남의 인생을 공짜로 얻어서 살아주는 것처럼 매사에 유유했다./그의 생활 태도는 모든 면에서 유유하고 너그러웠다. ③ (움직임이) 한가하고 느리다. ¶범은 사방을 경계하며 계속 유유하게 능선 쪽으로 다가왔다./그는 소년을 데리고 유유한 걸음걸이로 앞으로 나갔다.

(4가, 나)는 올림말에 나타난, 여성을 배제하는 성차별 언어의 보기이다. '여의사'와 '여사'(女士)는 여자를 유표적으로 나타내는 말로서 이에 대응되는 남성형이 없다. 남자들은 그냥 '의사'이거나 '사'(士)이다. 본래의 말이 남성 중심적으로 만들어졌기 때문에 여성형을 뒤늦게 파생시켜 만들어낸 것이다. 따라서 이러한 표현들은 여성을 배제하거나 소외시키는 남성들의 의식을 바탕으로 하여 만들어진 여성 성차별적인 말로 평가된다.

(4다, 라)는 뜻풀이에서 보이는 성차별 언어의 사용인데, 올림말의 어휘적 의미와 관계없이 여성이 배제된 채 남성이 주체로 기술되었다. 아버지가 하는 일을 딸이 물려받을 수도 있고, 어머니가 하는 일을 아들이 물려받을 수 있겠지만 '당구'에서 여성의 존재는 무시된다. 마찬가지로 '독호'도 남성만 주인공이다. 오래 전의 남성 중심적 사회구조를 반영한 뜻풀이로서 현재의 언어 실제 및 화자들의 보편적 의식과는 거리가 있다고 하겠다.

(4마~아)는 용례에 나타난 성차별 언어의 보기들이다. (4마)에서 긍정적 의미의 '애국심'을 가진 사람은 남성이며, (4바)에서 사회적 지위가 높은 '판사'의 성 역시 남성이다. 여성은 그런 판

사에게 시집감으로써 만족할 수 있을 뿐이다. (4사) '몸담다'의 세 용례에서 주체는 모두 남성이다. "어떤 직업이나 분야에 종사하"는 일하는 여성들이 많지만 무시되고 있다. (4아) '유유하다'의 둘째 뜻이 "여유가 있고 태연하다"로 기술되었는데, 긍정적 뜻풀이에 대한 두 용례의 주체는 모두 남성으로 나타난다.

이러한 보기를 통하여 사회적 지위가 높거나 전문직, 가업 계승, 긍정적인 의미의 낱말과 관련하여 여성이 배제되고 남성 위주로 사전의 언어가 기술되고 있음을 확인하였다. 일부 올림말의 경우는 사회구조나 역사적 사실을 반영한 것인 점에서 사전 편찬자의 책임과 어느 정도 거리가 있다. 그러나 '애국심', '유유하다'와 같은 말들은 성별 관련성이 아주 낮음에도 남성과만 배타적으로 관련짓고 있는데, 사전 기술자 또는 편찬자의 의식적·무의식적 성차별 관행과 성차별 행위에 대한 명확한 인식 부족이 이러한 문제의 근본 원인으로 작용하였음을 지적한다.

3.1.2 아내를 남편에 종속시키기

아내가 남편의 부속품이나 소유물처럼 여겨지고, 남편과 관련되어야만 비로소 의미가 있는 타율적 존재로 그려진 사전 언어의 보기가 다양하게 나타난다. 용례에서뿐만 아니라 올림말이나 뜻풀이에서도 사례가 많다. 이런 불평등한 언어는 남성 중심의 오랜 유교 문화의 영향으로 볼 수 있겠다. '혼인'(婚姻)이란 말 자체도 '아내를 맞아들이다'의 뜻(婚)과 '남자에게 시집가다'의 뜻(姻)이 결합된 것으로 전통적 의미의 결혼은 남자가 주체가 되어 여자를 받아들이는 행위인 점에서 가부장적 권위의 확립을 전제로 하는 것이었다(윤경우 2004:372).

(5) 아내를 남편에 종속시키는 성차별

가. **여필종부**(女必從夫) ≪연세≫

명 아내가 반드시 남편의 뜻을 따르는 것. ¶그녀는 남편의 의사라면 티끌만큼도 거역할 줄 모르는 여필종부의 전형이었어.

나. **처자1**(妻子) ≪연세≫

명 아내와 자식. ¶그 사람이 처자가 있는 유부남인 줄 정말 몰랐어./그는 처자를 미국에 두고 혼자 돌아왔었다.

다. **출처01**(出妻) ≪표준≫

명①인연을 끊고 헤어진 아내. ②아내를 내쫓음. ③『북』사망하여 아내를 잃음. ¶그는 일찍이 출처를 하였으나 다시 장가들지 않았다.≪선대≫§

라. **노가01**(奴家) ≪표준≫

대 결혼한 여자가 남편을 상대하여 자기를 낮추어 이르는 일인칭 대명사. 비천첩03(賤妾)『Ⅱ』.

마. **매휴**(賣休) ≪표준≫

[매:-] 명제 아내를 남에게 팔고 남편으로서의 권리를 포기함.

바. **미망01**(未亡) ≪표준≫

[미:-] 명남편은 죽었으나 따라 죽지 못하고 홀로 남아 있음. ¶지난달에 지병으로 숙부님이 돌아가셔서 숙모님은 미망의 처지에 놓이셨다.§

사. **매소02**(賣笑) ≪표준≫

[매:-] 명술자리에서 몸과 웃음을 팖. 비매음(賣淫).

사-1. **매소-하다02** ≪표준≫

[매:---] 동=>매소02. ¶비록 지금은 술집에서 매소하며 살고 있지만 그녀의 꿈 역시 한 남자의 아낙으로 집에 들어앉아 살림을

꾸리는 것이다.§ 閉매음하다.

 (5가~다)는 올림말 및 뜻풀이와 관련된 성차별 언어의 보기이다. (5가)의 '여필종부'는 아내의 종속적 지위를 직설적으로 표현한 말로서 대응되는 남성형이 없다. (5나)에서는 남편에게 '아내'와 '자식'이 딸린 사람이라는 뜻을 풍긴다. 남편과 아내가 '주종'(主從) 관계로 기술된 것이다. (5다)의 '출처'도 여성형만 실려 있는데, 두 번째 뜻풀이에서 "아내를 내쫓음"으로 적은 것을 보면 남편은 아내를 내쫓을 수 있는 상위자로 인식되고, 아내는 그 처분을 따를 수밖에 없는 수동적 하위자가 된다.

 (5라~바)는 뜻풀이에서 성차별이 표현된 것인데, 아내가 남편에게 자기를 낮추어 이르는 말로 쓴다고 한 것을 보면 '노가'에서 아내는 남편의 하위자로 풀이되었다. 또 아내는 다른 사람에게 팔 수 있는 남편의 소유물이며(매휴), 남편이 죽으면 마땅히 따라 죽어야 할 비자립적이고 종속적인 지위자(미망)로 그려졌다. '노가'나 '매휴'의 경우 지금은 전혀 쓰지 않는 말인데도 과거 어느 때에, 어떻게 쓰였는지 표시도 없고 용례도 없다.[20] 사전 기술에서 기본적으로 필요한 용례조차도 찾기가 쉽지 않은 이런 말들을 무엇 때문에, 누구를 위하여 국어사전에 실어야 했는지 지극히 의문스럽다.

---

20) '노가', '매휴' 및 앞서 제시한 '당구', '독호' 등은 모두 용례가 나와 있지 않다. '노가'(奴家)는 중사전 규모의 ≪중한사전≫ (고려민족문화연구원 중국어대사전편찬실, 2002)에 '나/저'에 대응되는 말로서 "옛날, 젊은 여자의 자칭"으로 풀이되었다. 이런 말들은 이전의 국어사전에도 실려 있기는 하지만 현재 우리말에서 쓰임이 거의 또는 전혀 없는 중국 한자말이다. 성차별어의 뿌리에 대하여 다음 기회에 구체적으로 살펴보고자 한다.

(5사-1)의 용례에서도 강한 성차별이 보인다. 모든 여성의 가장 큰 꿈은 "한 남자의 아낙으로 집에 들어앉아 살림을 꾸리는 것"이라는 강한 메시지를 전하고 있다. 이러한 용례를 통하여 좋은 우리말로 쓰고 있는 '아내' 또는 '아낙'이 성 역할을 고정하는 강력한 여성 차별어임을 다시 한 번 인식하게 된다.

3.1.3 여성을 주부나 아내 등의 성 역할에 묶어두기

여성을 주부나 아내 등의 역할에 묶어두거나, 남성을 유혹하고 즐겁게 하기 위해 예쁘게 꾸며야 하는 존재로 기술한 보기를 들면 (6)과 같다. 여성의 사회적 역할을 무시하고, 행동 및 성품을 남성에게 유리한 방향으로 몰아가는 성차별 현상이다.

(6) 여성을 주부나 아내 등의 성 역할에 묶어두는 성차별

　가. 녹두-죽(綠豆粥) ≪표준≫
　　[-쭉] [녹두죽만[-쭉만-]] 몡녹두를 삶아 으깨어 체에 걸러서 잠시 가라앉힌 다음, 윗물만 먼저 솥에 붓고 쌀을 넣어 한참 끓이다가 이미 가라앉은 것을 마저 붓고 쑨 죽. ¶**남편은 이튿날 아침 일찍 속 풀어지라고 그녀가 쑤어 준 녹두죽을 한 그릇 마시고 나서 하루 내내 이불을 뒤집어쓴 채 누워만 있었다.**≪한승원, 해일≫§ 참녹두응이.
　나. 멀그스름 ≪표준≫
　　'멀그스름하다'의 어근.
　나-1. 멀그스름-하다 ≪표준≫
　　혱=묽스그레하다. ¶**저녁밥이라고 아내가 들고 온 것은 멀그스름한 시래기국이었다.**§ 참말그스름하다.
　다. 누비-수(--繡) ≪표준≫

명『수3』 기계 자수에서, 천 사이에 솜을 두어 무늬가 두드러지게 놓는 수. ¶그녀는 베갯잇에 누비수를 놓았다.§
라. 며느리 ≪표준≫
　　명아들의 아내. ≒식부(息婦)01・자부01(子婦). ¶며느리와 시어머니는 원래 사이가 안 좋기 마련인데 그 집은 고부 사이가 모녀지간 이상이다./**떡두꺼비 같은 아들 둘을 나란히 낳았으니까 운암댁은 임씨 가문의 며느리로서 이제 구실을 다한 셈이라고 생각했다.**≪윤흥길, 완장≫§ [며느리<석상>]
마. 목욕-물(沐浴-) ≪표준≫
　　[모굥-] 명목욕할 때 사용하는 물. ¶목욕물을 받다/그녀는 데운 목욕물로 아이를 씻겼다.§
바. 다듬다 ≪표준≫
　　[--따] 다듬어, 다듬으니] 동【…을】①맵시를 내거나 고르게 손질하여 매만지다. ¶머리를 다듬다/손톱을 다듬다/**아버지가 정원의 나무를 보기 좋게 다듬고 계셨다.**§ ②필요 없는 부분을 떼고 깎아 쓸모 있게 만들다. ¶돌을 다듬어 조각을 만들었다./**어머니는 배추를 다듬고 언니는 파를 다듬었다.**/'나무가 날라 오는 족족 한쪽에서는 옹이를 다듬고 껍질을 벗기고 일이 한창 무르익었다.≪송기숙, 자랏골의 비가≫§ ③거친 바닥이나 거죽 따위를 고르고 곱게 하다. ¶할아버지는 이미 다 만들어진 방망이를 한동안 다시 다듬었다.§ [...] ⑥다듬이질을 하다. ¶옷을 다듬는 방망이 소리가 요란하다./시집을 가서도 물론 많은 옷감을 다듬었지만, 독수공방의 다듬이질은 한결 처량하기만 했다.≪하근찬, 야호≫§ [<다듬다<월석>]
사. 무릎 ≪표준≫
　　[-릅] [무릎이[-르피], 무릎만[-름]] 명『의』 넓적다리와 정강이의 사이에 있는 관절의 앞부분. ≒슬두(膝頭). ¶무릎 꿇고 기도하다/그녀는 정숙하게 양 무릎을 붙이고 앉았다./옷이 너무 커서 소매가 무릎까지 내려온다./할머니는 손자를 무릎에 놓고 얼렀

다.§ [<무릎<석상>]

아. 녀태(女態) ≪표준≫

명『북』 '여태02'의 북한어. ¶녀자란 좀 얌전한 맛이 있어야 하겠는데 그에게는 도무지 녀태란 찾아볼 수 없을 정도로 너무 괄괄하다.≪선대≫§

자. 노안-도02(蘆雁圖) ≪표준≫

명『미』 조선 중종 때에 신사임당(申師任堂)이 그린 그림. **여성 특유의 정감이 넘치는 것으로 필법이 정교하고 선이 섬세하며 유려하다.**

  용례에서 여성 차별이 나타난 (6가~바)를 보면, 여성은 주부나 아내로 집안에 머물면서 밥하고 빨래하며 아이를 낳아 기르고 남편에게 봉사하는 사람으로 등장한다. 특히, (6바)의 '다듬다'에서 남성과 여성의 역할이 철저히 차별적으로 묘사되었다. '할아버지', '아버지'는 물건이나 정원을 다듬고, '어머니', '언니' 등은 배추나 파, 옷감을 다듬는다. 용례 선택 또는 작성을 통하여 남녀의 역할을 절대적으로 분리하고 있으며, 여성을 집안일만 하는 사람으로 고정시켰다.

  (6사~자)에는 여성의 행동, 태도, 성품을 특정 방향으로 몰아가는 용례들이 나온다. 여성은 "정숙하게 양 무릎을 붙이고" 앉아야 하고, 남성이 다루기 쉽도록 "좀 얌전한 맛이 있어야" 하며, 그림에서도 "여성 특유의 정감"이 표현되어야 중요하게 평가된다. 여성의 행동과 태도를 편리한 방향으로 통제하고 조종하려는 남성들의 전근대적 무의식이 느껴진다. 특히 눈에 띄는 점은 '녀태'가 북한 사전에 실린 표현인데, 만인평등의 사회주의를 내건 북한에서 만든 규범 사전에서도 여성에 대한 시각이 차별적이며

남한과 크게 다를 바 없다는 사실이다.21)

3.1.4 여성의 품위를 떨어뜨리기

여성을 남성보다 한 차원 모자라거나 저급한 존재로 기술하고, 우리 사회에 퍼져 있는 여성에 대한 부정적 인식을 부각시킴으로써 여성의 품위를 크게 훼손할 수 있는 언어 사용도 많이 보인다.

(7) 여성의 품위를 떨어뜨리는 성차별

가. 되-깎이 ≪표준≫

[되--/뒈--] 명①『불』중이었던 이가 환속하였다가 다시 중이 되는 일. ≒재삭(再削)·중삭02(重削)①·환삭(還削). ②한 번 시집갔던 여자가 처녀로 행세하다가 다시 시집가는 일. 또는 그런 여자를 속되게 이르는 말.

나. 도락(道樂) ≪표준≫

[도 : -] [도락만[도 : 랑-]] 명①도를 깨달아 스스로 즐기는 일. ②재미나 취미로 하는 일. ¶화초 가꾸는 일을 도락으로 삼다/문

---

21) '녀태'에 대한 예문은 1992년 북한에서 펴낸 ≪조선말대사전≫에 실려 있다. 앞서 여성 차별어로 검토한 '매휴'는 '낡은 사회에서', '녀필종부'는 '봉건유교도덕에서'라는 뜻풀이 보조 표현을 붙였지만 '미망', '출처', '처자'는 그런 장치 없이 남한 사전과 같은 뜻으로 실었다. 북한 사전의 편찬은 '주체성의 원칙', '당성·로동계급성·인민성의 원칙', '현대성의 원칙', '과학성과 규범성의 원칙'에 따라 이루어진다. 이병근(2000:291)은 북한 사전이 남한 사전과 다른 가장 큰 특징으로 '정치사상성의 반영'을 들었다. '당성, 계급성' 등의 사상이 철저하게 반영되었으면서도 여성 차별 문제의 인식은 제대로 이루어지지 못했음을 알 수 있다. 한편, 선우현(2004:272-3)에 따르면 북한의 사회주의 체제 초기에는 '가정의 혁명화'를 통하여 전통적 가족 관계와 가부장제 전통이 붕괴되었으나 1960년대 말 이후 부자간 권력 세습의 정당화 과정에서 남성 중심적 가부장제 전통이 부활되었다고 한다. 남한 사전과 북한 사전에서 보이는 성차별 표현의 기술 차이는 다음 4장에서 구체적으로 다룬다.

학을 일종의 도락으로 생각하는 사람들도 있다.§ ③**술, 여자, 도박 따위의 못된 일에 흥미를 느껴 빠지는 일.** ¶도락에 빠지다/그는 밤낮으로 도락을 일삼아 마침내는 물려받은 재산을 탕진했다.§ ④색다른 것을 좋아하여 찾는 일.

다. 뒤-내다02 ≪표준≫

동『방』재가하여 온 부인이 남편 몰래 재물을 훔쳐 내다(제주).

라. 단견03(短見) ≪표준≫

[단ː-] 명①**짧은 생각이나 의견.** ≒국견. ¶아녀자의 단견으로 어찌 큰일을 도모할 수 있겠습니까?§ ②**자기의 생각이나 의견을 겸손하게 이르는 말.** ¶그럼 저의 단견을 말씀드리겠습니다.§ 비<2>관견.

마. 똥-차(-車) ≪표준≫

명①**똥을 실어 나르는 차.** ≒분뇨차. ②**헌 차나 고물차를 낮잡아 이르는 말.** ¶사고로 새 차가 똥차가 되었다.§ ③**결혼이나 졸업 따위의 일을 하거나 마쳐야 할 적절한 시기를 놓친 사람을 속되게 이르는 말.** ¶나이 서른이 되자 그녀는 사람들로부터 똥차 대접을 받았다.§

바. 지랄발광 (—發狂) ≪연세≫

명 [속된말로] **마구 난리를 부리며 미친 것처럼 날뛰는 것.** ¶여기 미친년이 지랄발광을 벌이고 있으니 모두 나와서 구경하세요!

사. 추악하다(醜惡—) ≪연세≫

형 (마음씨나 겉모습 따위가) **아주 보기 흉하다.** ¶고개를 돌려 보니 추악하게 늙은 노파가 웃고 있었다./이름부터 호방한 이 인물은 그 행동거지는 이름과 달리 추악하기 짝이 없다.

아. 말01 ≪표준≫

[말ː] 명 [...]
관용구/속담

[속담] **말 많은 것은 과붓집 종년**
말이 많은 사람을 낮잡아 이르는 말.

(7가~다)는 뜻풀이와 관련된 여성 차별 보기이다. (7가) '되깎이'는 '머리를 다시 깎은 사람'으로 불교와 관련된 말인데 "시집갔던 여자가 처녀로 행세하다가 다시 시집가는 일"의 뜻으로 확대되어 일반 여성에게 적용한 것이다. 재혼 여성을 비난하는 이 말의 남성 대응형은 없다. 시집갔던 여자가 처녀 행세하는 것이 문제라면 장가갔던 남자가 총각 행세하는 일은 없는지, 있더라도 문제가 되지 않는다는 말인지 의심스러운 뜻풀이다. 여성은 한번 결혼하면 '상품 가치'가 없다는 성차별 표현이자 여성의 품격을 떨어뜨리는 내용이다. (7나)의 '도락'에 대해서는 "술, 여자, 도박 따위의 못된 일에 흥미를 느껴 빠지는 일"이라고 하여 여성을 술, 도박같이 남성을 타락시키는 못된 물건으로 취급하고 있다.[22]

(7라~아)는 용례에서 여성 차별 표현들이 나타난다. 여성은 '단견'의 주인공이고, 나이 서른이 되면 '똥차' 대접을 받는다. '지랄발광'하는 사람은 여성이게 마련이며, '추악하게 늙은' 사람과 관련해서도 여성이 주인공으로 나온다. '말 많은 것은 과붓집 종년'이라는 속담을 통하여 여성들은 쓸데없는 말이 많은 존재로 그렸다.[23] 보기들에서 전반적으로 여성이 부정적으로 기술되었

---

[22] '도락'의 경험 주체가 남성으로 되어 있는 점에서 (7나)는 여성을 배제하는 성차별적 기술이기도 하다.
[23] 다른 언어의 속담에서도 여성은 수다스럽고, 남의 험담을 잘하며, 쓸데없는 말을 내뱉는 부정적 존재를 그려지는 일이 많다(긴종수 2001가:92-93). '침묵은 여자의 가장 아름다운 보석이지만, 그런 보석을 지닌 여자는 드물다'(영국), '남자는 한 마디, 여자는 사전'(독일), '여자의 입을 열게 하기 위해선 수천의 방법이 있지만, 여자의 입을 다물게 하는 방법은 전혀 없다'(프랑스),

다. 일시적이거나 개별적인 사태를 전체 여성과 연결시킴으로써 여성에 대한 고정관념을 강화할 우려가 있다. 결과적으로 이러한 사전의 내용들은 여성의 품위를 크게 떨어뜨리고 정상적인 양성 관계를 해치는 원인으로 작용하게 될 것이다.

3.1.5 여성을 남성의 하위자로 다루기

여성은 남성보다 지위가 낮다고 보는 시각이 두 국어사전에 흔히 나타난다. 동양 문화에서 남자는 하늘, 여자는 땅으로 보는 불평등 의식이 사전의 언어에도 그대로 반영된 것이다. 앞서 아내를 남편에게 종속시키는 언어를 보았는데, 여기서는 모든 여성을 남성들의 '아랫것' 또는 '하위자'로 보는 성차별 현상을 살펴본다.24)

(8) 여성을 남성의 하위자로 다루는 성차별

    가. 아녀자(兒女子) ≪표준≫

명①'여자02'를 낮잡아 이르는 말. ≒아녀01(兒女) [1]. ¶감히 아녀자가 나서긴 어딜 나서!/부엌은 부엌대로 아녀자들이 점심 준비와 이사 뒤치다꺼리를 하느라고 분주했다.≪김원일, 불의 제전≫/장부가 길 떠나는 데에 아녀자가 눈물을 보이는 법이 아니다.≪이문열, 영웅 시대≫§ ②어린이와 여자를 아울러 이르는

'남자는 말을 하지만 여자는 쫑알거린다'(스페인), '여자는 긴 머리카락과 그것보다 긴 혀를 가진 동물이다'(러시아), '여자의 입은 악담의 보금자리이다'(몽골), '여자의 혀는 칼 같아서 결코 녹슬도록 내버려 두지 않는다'(중국)

24) 이러한 남존여비의 관념에 익숙한 한국 남성들은 국제결혼 생활에서 어려움을 겪기도 한다. '남자는 하늘, 여자는 땅'이라는 차별 의식 때문에 남편과 문제가 많았다는 이주 여성들의 다양한 증언에 대해서는 김안나·이숙진·김양미·김민지(2011)을 참조할 수 있다.

말. 늑아녀01(兒女) [2]. ¶삽시에 열세 명이 돌무더기에 파묻혀 죽었다. 반수 가량이 노인과 아녀자들이었다.≪현기영, 변방에 우짖는 새≫§ ㉭부녀자.

나. 숙모(叔母) ≪연세≫
　　　[숭모] 몡 숙부의 아내. ¶**숙모는 성질이 불같은 작은아버지의 동정만 살피기에 급급했다.**

다. 아들 ≪연세≫
　　　몡 남자인 자식. ¶그 무렵 아내는 셋째 아들인 동철을 낳았다./**그녀는 이 모든 것이 아들 하나 못 낳은 자기 탓이라고 생각했다.**

라. 특례(特例) ≪연세≫
　　　[틍녜] 몡 특별하거나 특수한 예. ¶**첩은 아무리 많아도 처는 둘일 수 없다는 확고한 제도에서 두 명의 처를 취한 특례는 권력자의 혜택이었다.**

마. 거소(居所) ≪연세≫
　　　몡 (임시로) 머무르며 사는 곳. ¶**편집장이 여사원을 내 거소로 급히 보낸 것은 원고 마감 날짜를 보름 가까이나 넘긴 후였다.**

바. 난타하다(亂打—) ≪연세≫
　　　[난ː타하다] 동 마구 치거나 때리다. ¶그의 웃음소리의 메아리가 짜랑짜랑하게 깊은 계곡에 울려 퍼지듯 그의 고막을 난타하고 있었다./**그는 취중에 여급을 난타했다고 한다.**

　　(8가)의 '아녀자' 뜻풀이에서 여성은 어른과 대비되는 '아이'와 동급이 되어 하나로 묶이면서 낮잡아 불린다. (8나~바)의 경우 용례에서 성차별이 나타나고 있다. 남성이 '첩'으로 취할 수 있는 대상인 여성은 '성질이 불같은' 윗사람 남편의 눈치를 살펴야 하고, 아들은 언제나 딸보다 중요한 존재로 대접받는다. 상사인 '편집장'은 남성이고 여성은 하위자 '여사원'이며, 남성인 '그'는 술

에 취하면 마음대로 '여급'을 구타한다.

  이러한 용례들에서 여성은 결코 남성과 대등한 지위를 갖지 못한다. 이를 보는 사람들은 자신도 모르게 여성에 대한 차별 의식과 비하 태도가 강해질 것으로 생각된다.[25] 화자들의 바른 언어생활을 이끌어야 할 국어사전이 오히려 과거의 성차별 관행을 유지·심화하고 고착시키는 데 앞장서고 있는 셈이다.[26]

3.2 성차별 표현의 발생 원인

  분석 대상 국어사전에 나타난 성차별 표현의 발생 원인 또는 배경을 '집필자의 의식성', '역사적 배경', '사회구조적 관련성'의 세 면으로 나누어 해석해 보기로 한다. 앞서 3.1에서 제시한 성차별 표현의 일부와 추가 사례를 발생 원인 면에서 다시 정리하여 논의를 진행하겠다. 이런 과정을 통하여 앞으로의 국어사전 집필 및 편찬에서 성차별적 언어 사용을 방지하기 위한 사전 편찬의

---

[25] 여성을 남성보다 하위자로 보는 차별적 인식 때문에 서양 영화의 번역에서 남편과 아내의 말이 '하오체'와 '해요체' 또는 '해체'와 '해요체'의 비대칭적 경어법 사용으로 나타난다(남성은 '하오', 여성은 '해요' 성차별 외화더빙, 일다, 2006-11-16). 물론 이러한 번역은 우리말의 실제 쓰임을 상당 부분 반영한 것이지만 다른 언어의 사실을 왜곡한 것인 점도 분명하다. 문화 간 접촉에서 나타나는 성차별 관행의 전이 현상에 대한 연구를 구체적으로 진행할 필요가 있다.

[26] 국어사전이 화자들의 바른 언어생활을 이끌어야 할 규범적 책임이 있는지에 대한 의문이 나올 수 있다. 과거와 현재의 언어 현실을 정확하게 반영하는 것이 언어 사전의 목적이라고 말할 수도 있기 때문이다. 그러나 편찬자가 특별히 규범 사전을 지향하지 않았더라도 사전을 보는 화자들은 바른 용법을 찾는 것이 주요 목적이며, 의식적인 면에서도 무비판적으로 사전의 내용을 학습하고 있다. 따라서 속담사전, 비속어사전이 아닌 일반 국어사전은 현재와 미래의 언어 규범적 역할에서 벗어날 수 없다고 하겠다.

새로운 기준을 찾을 수 있을 것이다.

3.2.1 집필자의 의식성

세 가지 성차별 표현의 원인 가운데서 가장 중요한 것이 집필자의 의식성이다.[27] 사전을 집필하는 사람이 성차별 문제에 대한 인식이 어느 정도 있으며, 성차별을 없애기 위해 얼마나 노력하느냐에 따라 성차별의 정도가 큰 차이를 보일 수 있다. 다음 보기들은 집필자가 문제점을 제대로 인식하여 적절히 조치를 취했다면 쉽게 성차별 현상을 줄이거나 막을 수 있는 경우이다.

(9) 집필자의 의식성에 따른 성차별
　가. 당구05(堂構) ≪표준≫
　　명아버지가 하던 사업을 아들이 이어받음.
　나. 도락(道樂) ≪표준≫
　　[도 : -] [도락만[도 : 랑-]] 명①도를 깨달아 스스로 즐기는 일. ②재미나 취미로 하는 일. ¶화초 가꾸는 일을 도락으로 삼다/문학을 일종의 도락으로 생각하는 사람들도 있다.§ ③**술, 여자, 도박 따위의 못된 일에 흥미를 느껴 빠지는 일**. ¶도락에 빠지다/그는 밤낮으로 도락을 일삼아 마침내는 물려받은 재산을 탕진했다.§ ④색다른 것을 좋아하여 찾는 일.
　다. 목욕-물(沐浴-) ≪표준≫
　　[모공-] 명목욕할 때 사용하는 물. ¶목욕물을 받다/**그녀는 데운 목욕물로 아이를 씻겼다**.§
　라. 특례(特例) ≪연세≫

---

27) 집필자가 남성인지 여성인지의 문제, 곧 집필자의 성별이 성차별의 정도에 영향을 끼칠 수 있다. 다만 두 사전에서 각 올림말의 집필자가 누구인지 확인할 수 없기 때문에 여기서는 다루지 않는다.

[통녜] 명 특별하거나 특수한 예. ¶첩은 아무리 많아도 처는 둘 일 수 없다는 확고한 제도에서 두 명의 처를 취한 특례는 권력자의 혜택이었다.
 마. 무릎 ≪표준≫
  [-릅] [무릎이[-르피], 무릎만[-름]] 명 『의』넓적다리와 정강이의 사이에 있는 관절의 앞부분. ≒슬두(膝頭). ¶무릎 꿇고 기도하다/**그녀는 정숙하게 양 무릎을 붙이고 앉았다.**/옷이 너무 커서 소매가 무릎까지 내려온다./할머니는 손자를 무릎에 놓고 얼렀다.§ [<무륲<석상>]

(9가, 나)와 같은 뜻풀이와 관련하여 집필자가 성차별 문제를 의식하고 그것을 막으려는 의지를 가졌다면 문제를 쉽게 풀 수 있다. '당구'나 '도락'이라는 말이 본질적으로 성과 무관한 것이기 때문이다. 성차별을 줄이는 방향에서 '당구'의 뜻풀이를 한다면 "부모가 하던 사업을 자녀가 이어받음"으로 기술하는 것이 좋아 보인다.28) '도락'의 경우에도 성차별에 대한 집필자의 인식이 있었다면 '못된 일'의 보기에 '여자'가 들어갈 수 없었을 것이다.

(9다~마)는 용례와 관련된 성차별 보기이다. 뜻풀이의 경우도 사전 집필자의 의식성에 따라 문제를 쉽게 풀 수 있겠지만 용례 선택의 경우는 더욱 더 그러하다. 뜻풀이는 언어의 실제 쓰임을 고려하여 집필자가 기술하는 것이기 때문에 집필자의 의지 표현에 어느 정도 제약이 있지만 용례 선택에서는 훨씬 자유롭다. '목욕물'의 쓰임을 보여 주는 용례에서 '여자'가 아이를 씻기는 내용

---

28) '남녀'와 마찬가지로 '부모', '자녀'도 어순 면에서 여성 차별적이다. 그러나 이러한 성차별은 뜻풀이에서 보이는 근본적 성차별과는 다른 문제이다. 낱말의 어순에 따른 성차별은 언어의 '선조성'과 관련되는 것이기 때문이다.

이 꼭 나와야 하거나 '특례'의 뜻을 이해시키는 과정에서 여성 모욕적인 낱말 '첩'을 예로 들어야 할 필연성이나 타당성이 전혀 없다. 또 '무릎'과 '정숙한 여자'의 연결에도 본질적 관련성이 보이지 않는다. 해당 낱말에 대한 다른 용례가 없는 것이 아니며, 성차별에 대한 차별 감수성을 갖고 접근한다면 더 적절한 용례가 많을 것이다. 이처럼 용례에서 보이는 여성 차별은 성차별 문제에 대한 최소한의 인식만 있었어도 나타나기 어려운 일이다.

(9)의 보기와 같은 성차별 언어 사용이 분석 대상 두 사전에서 수없이 많이 나타났는데 그 주된 원인이 바로 사전 집필자에게 있음을 지적한다. 사전의 집필 또는 편찬 과정에서 성차별이 무엇인지, 성차별이 왜 문제가 되는지, 성차별을 막기 위해 사전을 어떻게 기술해야 할지에 대한 일체의 의식과 문제 해결 노력이 없었던 것이다.

물론 지금까지의 국어사전 편찬자나 집필자들이 성차별 문제를 인식하지 못한 것은 근본적으로 그들이 속해 있던 한국 사회의 전반적인 문화나 의식 구조가 뒷받침되지 못했기 때문이라고 봐야 한다. 그러한 사람들 또한 성차별이 일상화되고 당연시된 열악한 사회문화적 환경에 너무나 익숙했던 자연인이었을 뿐이다. 언어학자가 당대의 평균적 인식 수준을 뛰어넘는 새로운 삶의 철학과 이념적 지향을 찾아내어 사전 기술에 선도적으로 적극 반영하기란 쉽지 않은 일이었음이 틀림없다.

3.2.2 역사적 배경

언어 사회의 역사적 배경에 따른 성차별이란 사전 기술에서 역사적 사실이나 관습, 언어의 관용적 용법 등이 성차별 현상의 원인으로 강하게 작용한 것을 말한다. 역사적 사실과 관련되거나 과거에 주로 쓰였던 낱말의 기술에서 이러한 문제가 나타난다. 성차별이 당연시되던 시대를 반영하는 올림말의 뜻풀이나 용례 선택에서 나타나는 성차별 행위는 집필자의 의지와 관련이 약한 편이지만 이러한 경우도 해결 방법이 전혀 없는 것은 아니다.

(10) 역사적 배경과 관련된 성차별

가. 수세02 ≪표준≫
  명 『역』 남자가 여자에게 주던 이혼 증서. ≒이연장. 【<休書】

나. 심규02(深閨) ≪표준≫
  [심ː-] 명 여자가 거처하는, 깊이 들어앉은 집이나 방.

다. 출처01(出妻) ≪표준≫
  명 ①인연을 끊고 헤어진 아내. ②**아내를 내쫓음.** ③『북』 사망하여 아내를 잃음. ¶그는 일찍이 출처를 하였으나 다시 장가들지 않았다.≪선대≫§

라. 수청01(守廳) ≪표준≫
  명 『역』 ①높은 벼슬아치 밑에서 심부름을 하던 일. ②**아녀자나 기생이 높은 벼슬아치에게 몸을 바쳐 시중을 들던 일.** ¶수청을 강요하다/왕은 후궁의 수청도 물리친 채 뜬눈으로 밤을 새웠다.§ ③=청지기.

마. 승은(承恩) ≪표준≫
  명 ①신하가 임금에게서 특별한 은혜를 받음. ②**여자가 임금의 총애(寵愛)를 받아 임금을 밤에 모심.** ¶승은을 입다/젊을 때 승은이라도 입어 왕자나 옹주를 생산하면 숙의나 귀인 따위의 봉작도 받고….≪한무숙, 만남≫§

(10)은 현대 이전 과거 시절에 쓰이던 말들을 그대로 사전의 올림말로 실은 것이다. 요즘 화자들이 일상적으로 쓰는 말은 아니며, 여성에게 불리한 성차별 표현들이다. 남편은 아내를 '내쫓을' 수 있고, 그렇게 이혼을 하면 남성이 여성에게 '증서'를 주는 것으로 기술되었다. 여성은 '깊이 들어앉은 집이나 방'에서 주로 머물러야 하며, 남성인 '벼슬아치'나 '임금'에게 '몸을 바쳐' 시중을 들거나 모신다. 여성들에게는 너무나 불공평하고 억울한 일이지만 조선 시대에는 자연스러웠던 일이다.

　　그런데 이러한 역사적 사실을 배경으로 하는 내용이라도 집필자의 의식과 의지에 따라서는 성차별의 정도를 쉽게 약화시킬 수 있다. (10나)의 '심규'를 풀이할 때 "여자가 거처하는"을 빼고 나머지 뜻을 적을 수도 있으며, (10마)의 '승은'에 대해서는 "여자가 임금의 총애를 받아 임금을 밤에 모심"의 주어 '여자'를 '궁녀'로 바꾸거나 주어 자체를 삭제하면 성차별의 범위를 조금이라도 줄일 수 있겠다.

　　또한 이러한 말들은 현재 생활과는 관련이 없거나 약하기 때문에 지난 시기에 쓰이던 말임을 분명히 밝혀야 한다. 분석 대상 사전에서는 '전문어'로서 역사와 관련된 말에 따로 표시를 붙였지만 과거 일상어에 대해서는 표시를 하지 않았다. (10)에서 '수세'와 '수청'에는 『역』 표시가 되었지만 '출처'나 '승은'에는 아무런 표시가 없어서 현대에도 일상적으로 쓰는 말처럼 읽힌다. 북한 사전에서 상당히 철저하게 표시하고 있는 것처럼 전문어뿐만 아니라 역사적 일상어에 대하여도 "지난 때에 쓰이던 말로서", "봉건사회에서", "역사적 쓰임에서" 등의 뜻풀이 보조 표현을 일관되게 붙임으로써 성차별 문제를 줄일 수 있다.

3.2.3 사회구조적 관련성

사전 기술에서 보이는 성차별 현상 가운데는 수가 많지는 않지만 현재의 사회구조가 반영된 것도 있다. 현실 사회가 상당 부분 여전히 남성 중심적으로, 여성 차별적으로 조직되어 운영되기 때문에 그 안에 사는 사람들이 성차별을 제대로 인식하지 못하고 당연한 사실로 받아들이는 것이다. 앞의 역사적 배경에 따른 성차별도 따지고 보면 지난 시대의 사회구조가 반영된 결과인 점에서 이러한 세 번째 원인과 서로 통한다. 현재의 사회구조와 관련된 성차별 표현의 예를 들면 (11)과 같다.

(11) 사회구조와 관련된 성차별
    가. **여교사**(女敎師) ≪연세≫
        명 여자 교사. ¶그의 아내는 초등 학교 여교사로 있다.
    가-1. **감독하다**(監督—) ≪연세≫
        동 ① 여럿이 조직적으로 하는 일을 잘못이 없도록 살피고 단속하다. ¶**여교수**와 전임 강사가 함께 시험을 감독하고 있다. [...]
    가-2. **조교수**(助敎授) ≪연세≫
        [조:교수] 명 (대학에서) 부교수의 아래이며 전임 강사의 위인 교수, 또는 그 직위. ¶**오빠**는 작년까지는 서울의 어떤 사립 여자 대학에서 조교수로 봉직하고 있었다.
    나. **화대**(花代) ≪연세≫
        명 여자가 술집 따위의 유흥업소에서 시중을 든 값으로 손님에게서 받는 돈. ¶**여자**는 손님을 따라 나왔을 때 받은 화대를 세어 보았다.
    다. **관능-미**('官能美) ≪표준≫
        명성적인 쾌감을 자극하는 아름다움. ¶**청순미**와 관능미를 겸비

한 여배우/그녀는 관능미가 넘쳐 흐른다.§
다-1. 나긋나긋하다 ≪연세≫

[나근나그타다] 형 [나긋나긋한, 나긋나긋하여(해), 나긋나긋합니다] ① 감촉이 꽤 보드랍고 연하다. ¶그는 그녀의 개미허리처럼 좁다랗고 나긋나긋한 허리를 껴안았다./그 여인의 아름다운 자태와 나긋나긋한 피부의 감촉이 느껴졌다. [...]

라. 응접-탁자(應接卓子) ≪표준≫

[응ː--짜] 명손님을 맞아들여 접대할 때 쓰는 탁자. 늑응접탁. ¶응접탁자에는 잡지 몇 권이 놓여 있었다./여직원이 인스턴트 커피 두 잔을 응접탁자 위에 놓으며, 슬쩍 양순이를 훔쳐봤다.≪최일남, 거룩한 응달≫§ 비응접상.

마. 위지01(危地) ≪표준≫

명①위험한 곳. ¶위지에 놓이다/그는 전투 중 홀로 위지에 들어가서 큰 공을 세웠다.§ ②위험한 지위.

바. 쫀쫀 ≪표준≫

'쫀쫀하다'의 어근.

바-1. 쫀쫀하다 ≪표준≫

형①피륙의 발 따위가 잘고 곱다. '존존하다'보다 센 느낌을 준다. ¶쫀쫀하게 짜다/이 여학생은 뜨개질을 쫀쫀하게 잘한다./태임이는 정월 보름을 넘기자마자 쫀쫀한 무명을 필필이 들여다가…≪박완서, 미망≫§ [...]

(11가)의 '여교사'와 같이 접두사로 '여'(女)가 붙은 올림말에는 '여교수, 여대생, 여의사' 등이 있다. 남성형을 기본으로 하여 여성임을 유표적으로 나타낸 성차별적 표현이다. 사회적으로 여성의 활동이 없거나 적었던 때 만들어진 남성 중심 표현을 바탕으로 파생한 것인데, 여자 교사가 더 많은 새로운 사회구조가 되었지만 언어는 여전히 이전 시기에 머물러 있다. 특히 초등학교의

경우 여자 교사 비율이 100%에 가까운 절대적 수치임에도 용례에는 아직도 "초등 학교 여교사"로 나온다. 사회 변화 속도를 사전이 전혀 따라가지 못하고 있는 형편이다. 또 (11가-1, 2)를 보면, 남성은 '조교수'거나 '전임강사'인데 비해 여성은 그냥 뭉뚱그려 '여교수'이다. '여교수'가 마치 전임강사, 조교수, 부교수와 같은 교수 직급의 하나처럼 되어 있다.29) 교수가 여자라는 점에만 집필자의 온 시선이 집중된 결과이며, 그 시선은 아마도 남성의 것임이 분명해 보인다.

(11나~다-1)은 여성을 남성의 성적 대상으로만 보아 성 주체성을 인정하지 않던 사회적 시각이 반영된 성차별 표현이다. "성적인 쾌감을 자극하는 아름다움"에서 남성이 경험의 주체로, 여성은 객체 또는 도구로 그려졌다. "요릿집, 술집 따위에서 손님을 접대하는 일을 직업으로 하는 여자"의 뜻으로 쓰이는 '접대부'(接待婦)에 대응되는 남성형이 사전에 없는 점도 불평등한 남녀 관계가 반영된 것이다. 요즘 '호스트바', '아빠방'이 여기저기 퍼져 있고, '선수' 또는 '남성 접대부'라는 말이 새롭게 쓰이고 있는데 과연 언제쯤 사전에 오를 수 있을지 기대된다.30)

(11라, 마)에서 직업과 관련하여 여성은 커피를 타는 직원으로,31) 남성은 전투를 하여 공을 세우는 사람으로 차별화되고 있다. 이러한 성차별도 당시 사회 현실에서 나타나는 남녀의 전형

---

29) 2011년 이후 개정된 <고등교육법>에서 대학 교원은 교수, 부교수, 조교수로 나눠지며, '전임강사'는 폐지되었다. 2016년부터 '강사'가 교원에 추가된다.
30) '남성 접대부'(男性接待婦)라는 말은 어휘 구성에서 모순이다. 정확히 따진다면 '남성 접대원'(男性接待員)이나 그냥 '접대부'(接待夫)가 되어야 한다.
31) 용례에 '여직원'이 쓰였음에도 ≪표준≫에는 이 말이 올림말에 없다. 반면 전체 올림말 수가 앞 사전의 10%에 지나지 않는 ≪연세≫에는 올림말로 실렸다.

적인 모습을 반영한 것이다. (11바-1)의 '쫀쫀하다'에 대한 용례에서는 여성만 주어로 나온다. 이전에 집이나 학교에서 여자에게만 뜨개질, 바느질 등 옷과 관련된 일을 가르치거나 시켰기 때문이며, 당시의 사회구조적인 면에서는 자연스러운 용례가 된다.

　사회구조를 반영한 성차별 표현도 올림말과 관련된 것을 제외하면 집필자의 의지에 따라서 문제를 잘 해결할 수 있다. 특히 용례와 관련된 것은 "이 여학생은 뜨개질을 쫀쫀하게 잘한다"에서 '여학생'을 '학생'으로 바꾸는 간단한 조치로도 성차별 문제가 풀린다. '여교사', '여교수'와 같이 무표적 남성형을 바탕으로 만든 여성형 올림말이 문제인데, 이런 경우는 언어 정책적인 면에서 성차별을 없애기 위한 집중적 노력이 필요하다. '교사'나 '교수'를 성별 면에서 구별할 필요가 있을 때 '남자 교사, 여자 교사'와 같이 구 형식으로 사전에 올리거나 아니면 '여교사'에 대응되는 '남교사'를 함께 올려 적극적으로 쓰도록 권장하는 것이 한 방법이다. 사회구조를 반영한 성차별 표현이라 하더라도 고쳐나가려는 의식적 노력에 따라 언어 차별 행위를 충분히 막을 수 있고, 나아가 현실적 성차별 문제까지도 함께 풀어 나갈 수 있을 것으로 본다.

◆ **맺음말**

　이 장에서는 최근에 간행된 대표적인 국어사전에 나타난 성차별 언어의 실태를 분석하고, 그것의 발생 원인과 배경을 사회언어학적 관점에서 해석하였다. 구체적으로 ≪표준국어대사전≫과

≪연세 한국어 사전≫에서 성차별 표현을 찾아내고, 내용 갈래별로 분류하며, 그러한 표현이 나오게 된 원인과 사회문화적 배경을 설명했다. 이러한 논의를 바탕으로 이후의 사전 기술에서 성차별이 나타나지 않도록 하기 위한 기준을 찾아보았다. 먼저, 주요 분석 및 해석 결과를 요약하기로 한다.

2절에서는 사전 구조와 관련된 성차별 표현의 유형을 '올림말에 나타난 성차별', '뜻풀이에 나타난 성차별', '용례에 나타난 성차별'의 세 가지로 나누어 사례를 분석하였다. 통계적 분석도 함께 하였는데, 용례와 관련된 성차별이 가장 큰 비중을 보였다.

3절에서는 먼저, 성차별 표현의 내용 갈래를 '여성을 배제하기', '아내를 남편에 종속시키기', '여성을 주부나 아내 등의 성역할에 묶어두기', '여성의 품위를 떨어뜨리기', '여성을 남성의 하위자로 다루기'의 다섯 가지로 나누어 사례를 검토하고, 왜 성차별적인지를 해석했다. 그러한 사전 언어 표현들은 여성에 대한 화자들의 차별 의식을 내면화하고, 현실적으로 성차별 관행을 심화·고착시키는 부작용이 있다고 보았다.

한편, 국어사전에 나타난 성차별 표현의 원인 또는 배경을 '집필자의 의식성', '역사적 배경', '사회구조적 관련성'의 면으로 나누어 해석했다. 세 가지 가운데서 가장 중요한 부분을 차지하는 것이 집필자의 의식성인 것으로 판단되었다. 성차별이 무엇인지, 성차별이 왜 문제인지, 성차별을 막기 위해 사전을 어떻게 기술해야 할지에 대한 집필자들의 분명한 인식과 문제 해결 노력이 있었다면 사전 언어에서 보이는 성차별 문제가 상당 부분 쉽게 풀릴 수 있었지만 그런 움직임이 일체 없었던 것으로 나타났다.

이러한 자료 분석을 통하여 두 국어사전에서 성차별, 특히 여성 차별 현상이 심각한 수준으로 나타나고 있음을 확인하였다. 그에 대한 학계의 인식이나 반성이 아직까지 나오지 않은 상황이다. 이러한 연구 결과를 통하여 앞으로 국어사전의 편찬 또는 수정 과정에서 유의해야 할 점을 몇 가지 지적하겠다.

첫째, 무엇보다 급하게 필요한 것은 성차별 언어에 대한 사전 집필자 또는 편찬자의 문제 인식과 해결 의지이다. 성차별 문제에 대한 집필자의 의식이 분명하고, 사전 기술에서 성차별 문제가 나타나지 않아야 한다는 의지가 있으면 쉽게 해결할 수 있는 경우가 많다. 성별과 본질적 관련이 없는 올림말의 뜻풀이나 관련 용례 선택 과정에서 집필자의 의지와 노력만으로도 성차별 문제를 크게 줄이거나 막을 수 있다. 그러므로 새로운 사전을 편찬하거나 기존 사전을 수정하는 사람들은 지난 시기의 사전 편찬에서 성차별 문제와 관련된 인식이 전혀 없었던 점을 반성하고, 이러한 문제가 앞으로 반복되지 않도록 유의해야 한다.

둘째, 사전 편찬에서 말뭉치 자료, 특히 문학 작품에 지나치게 의존하지 않는 것이 필요하다. 말뭉치 자료를 이용하여 언어의 쓰임을 정확히 반영하겠다는 생각과 시도가 많지만 말뭉치가 실제 언어의 다양한 모습을 얼마나 정확히, 균형 있게 반영하는지가 분명하지 않은 상황에서는 오히려 사실을 왜곡할 수 있기 때문이다. 또 문학 작품의 언어가 일상생활에서 쓰는 평균적인 국어의 모습을 담기보다는 특수한 상황이나 참여자 관계에서 쓰인 경우가 많은 점도 문제로 생각된다. 더구나 현대 시기에 쓰인 소설이라도 시대적 배경이 상당히 먼 과거인 경우에는 당대의 언어 현실을 제대로 반영하기 어려우며, 미래의 사전 독자들에게 혼란을 주거나 부정적 영향을 끼칠 수 있다. 따라서 말뭉치를 활용하되, 전적으로 의존하는 자세는 버려야 한다.

셋째, 한국어 정책의 관점에서 성차별적 올림말에 대한 언어 계획적 노력이 있어야 하며, 사전 편찬 과정에서 그러한 노력이 구체적으로 반영될 필요가 있다. 한국어 정책 관련 기관에서 언어순화 활동을 펼치기도 하고, 국가 정책의 시행과 관련하여 기존 언어 표현을 새롭게 고치는 경우도 있다. '레지'를 '종업원' 또는 '다방 종업원'으로, '매춘'이나 '매음'을 '성매매'로, '남녀평등'을 '양성평등' 또는 '성 평등'으로 바꾸어 쓰고 있는 것이 한 보기이다. 지금까지 이루어진 국어 순화 정책이 주로 일본말이나 외래어를 쉬운 우리말로 바꾸는 데 집중해 왔다면 이제는 성차별 문제를 풀어 나가는 내용적, 문화적인 면에 힘을 모아야 한다. 더불어 계층, 세대, 지역, 인종, 민족, 종교의 차별과 관련한 표현, 신체적·정신적 장애와 관련한 차별 표현을 바로잡기 위한 본격적인 노력도 펼쳐 나가야 한다. 이러한 문제는 사전 편찬자나 집필자의 개인적 노력으로는 풀기 어려운 복잡한 문제이기 때문에 사회적이고 국가적인 차원의 언어 계획과 실천이 필수적이다.

국어사전에서 보이는 성차별 언어 사용 실태에 대한 이 장의 연구는 관련 주제에 처음으로 접근한 작업인 점에서 중요한 의의가 있다. 구체적인 연구 의의를 정리하면 다음과 같다.

첫째, 국어사전에 대한 사회언어학적 분석 주제들 가운데서 우선적으로 성차별 언어에 주목하여 실태와 원인을 분석하고, 개선 방향을 제시함으로써 국어사전에 대한 '사회 계층, 세대, 민족, 종교' 등 다양한 주제의 사회언어학적 연구를 활성화하는 데 도움이 될 수 있다. 사전은 사회의 지배적 이념과 사회구조를 반영하는 것이기 때문에 그에 대한 온전한 이해는 언어와 사회를 관련시키는 방법을 쓰지 않을 수 없다. 논의 과정에서 다수의 후속 연구 주제들을 제시한 바 있다. 또한, 이 연구는 성차별 언어에 주목하지 못했던 학자들에게 새로운 관심을 일깨움으로써 교과서, 학술 논문, 저서, 신문·잡지 등의 다른 자료에 대한 응용 분석을 통하여 한국어 전반의 성차별 관행을 깊이 있게 연구하고 풀어 나가는 데서 발판의 구실을 할 수 있다.

둘째, 학생들에 대한 교육 및 일반 한국어 화자들의 언어생활에 큰 영향을 끼치는, 국어사전에 나타나는 성차별 언어를 분석함으로써 그 결과를 성차별 해소를 위한 자료로 이용할 수 있다. 국어사전은 교과서 못지않게 학생들의 지식과 가치관 형성에서 큰 역할을 하며, 사회에 진출한 일반 성인들에게도 언어생활에서 없어서는 안 될 강력한 성문규범으로 작용하는 것이기 때문이다. 장기적으로는 새로운 국어사전 편찬에서 그러한 문제점이 반복되지 않도록 하여 한국어 화자들의 바람직한 언어생활에 도움을 줄 수 있다. 사회 전반적인 남녀 불평등 현상과 여성에 대한 성차별이 뿌리가 워낙 깊기 때문에 여러 방향에서 그러한 요소를 제거하기 위한 노력이 필요한데, 언어 사용에서 나타나는 성차별 행위와 표현을 줄이고 막음으로써 양성평등에 기여할 수 있는 면에서 의의가 있다.

셋째, 여기서 제시한 분석 결과는 사전의 수정·보완 작업에서 참조할 수 있는 실제적·실용적 지침으로 활용할 수 있다. 또 새롭게 사전을 편찬하려고 할 때 성차별에서 벗어나 상보적이고 조화로운 남녀 관계를 기술하는 데 도움이 될 것이다. 현재의 국어사전에서 보이는 남녀 불평등 또는 성차별 언어는 한국 사회 전반에 퍼져 있는 남녀 사이의 불평등 현상을 무의식적으로 반영한 면이 있다. 그러나 거꾸로 생각하면, 성차별 해소를 위한 의식적 노력으로 성차별을 줄여 나갈 수 있는 점 또한 분명하다. 앞으로 편찬되는 국어사전에서는 성차별 행위 및 차별 언어 사용이 반복되지 않도록 사전 편찬 또는 수정 과정에서 이 장의 연구 결과를 참조하면 직접적인 효과를 거둘 수 있겠다. 편찬 작업이 진행 중인 남북한 공동의 '겨레말 큰 사전'이나 수정 작업에 들어간 ≪표준국어대사전≫에서 이러한 연구 결과가 잘 반영되었으면 한다.

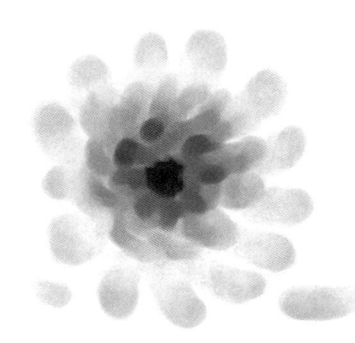

4장_ 북한 국어사전 속의 성차별

　이 장은 북한에서 펴낸 국어사전을 대상으로 여성 차별어의 실태를 분석하고, 남한 국어사전과의 차이를 비교하는 것이 목적이다. 연구 대상으로 삼은 북한의 국어사전은 1992년에 평양 사회과학원 언어학연구소에서 간행한 ≪조선말대사전≫이다. 33만여 낱말을 싣고 있으며, 가장 최근에 나온 대사전으로서 북한 정권의 정치적 이념과 평양 중심의 언어문화가 반영된 것이다. 이러한 북한 국어사전에서 여성을 차별하는 언어 표현이 어떻게 나타나고 있는지를 살펴보고, 나아가 남한의 국어사전에 대한 3장에서의 분석 결과와 비교해 보기로 하겠다.
　앞 장에서는 남한에서 최근에 펴낸 대표적 국어사전인 ≪표준국어대사전≫과 ≪연세 한국어 사전≫을 대상으로 성차별 언어의 실태를 사전의 거시구조와 성차별 표현의 내용 갈래별로 분석하고, 성차별 원인을 사회언어학적 관점에서 해석하였다. 사전의 거시구조와 관련하여서는 '올림말에서 나타나는 성차별', '뜻풀이에서 나타나는 성차별', '용례에서 나타나는 성차별'의 세 가지 유형을 다루었다. 성차별 표현의 내용 갈래 면에서는 독일어 분석을 통하여 구엔테로트 외(1980)에서 제시한 '성차별의 내용 갈래' 네 가지, 곧 '여성을 배제시키는 언어', '아내를 언제나 남편에 종속시켜 기술하는 언어', '여성을 주부나 아내 등의 전통적 성 역할로 묘사하는 언어', '여성을 무례하게 취급하거나 여성의 품위를 손상시키는 언어'에 '여성을 남성의 하위자로 기술하는 언어'를 추가하여 성차별 내용 유형을 다섯 가지로 정리하여 논의를 진행하였다.1) 새로 붙인 이름은 '① 여성을 배제하기, ② 아내를 남편에 종속시키기, ③ 여성을 주부나 아내 등의 성 역할에 묶어두기, ④ 여성의 품위를 떨어뜨리기, ⑤ 여성을 남성의 하위자로 다루기'이다.

[그림 1] 조선말대사전 표지

---

* 이 장의 내용은 이정복(2007다)를 부분적으로 고친 것이다.
1) '여성을 남성의 하위자로 기술하는 언어'는 '아내를 언제나 남편에 종속시켜 기술하는 언어'와 일부 겹치는 면이 있다. 그러나 일반 사회 활동 전반에서 부부가 아닌 사람들 관계를 기술하면서 남성을 상위자로, 여성을 하위자로 성 역할을 고정하는 사전 내용이 많았던 점에서 성차별 내용 갈래를 추가한 것이다.

이 장에서도 북한에서 간행한 국어사전 ≪조선말대사전≫의 여성 차별 실태를 사전 텍스트의 거시구조와 성차별 표현의 내용 갈래 두 가지 면에서 다루기로 하겠다. 이를 바탕으로 남북한 국어사전에서 보이는 여성 차별의 공통점과 차이점에 대하여 논의해 본다. 국어사전은 화자들의 언어생활과 의식의 형성에 중요한 영향을 끼치며, 그것은 언어사회의 이념과 가치 체계, 삶과 언어 문화의 모습이 총체적으로 녹아 있는 결과물인 점에서 기존의 국내 사전학 연구에서 다루지 못한, 이러한 사회언어학적 관점의 심층적 연구가 큰 의미를 갖는다. 사전을 통하여 무의식적으로 학습되어 온 성차별적 관행의 실체가 무엇인지를 뚜렷하게 인식하도록 하고, 이후의 사전 편찬에서는 가능한 한 그러한 차별이 나타나지 않도록 하는 실용적 효과가 있다고 하겠다. 또 남북한 국어사전의 분석을 통하여 오랫동안 단절된 채 살아온 한민족의 두 주체가 언어문화 면에서 어떠한 이질적 모습을 보이는지를 파악함으로써 민족 전체의 화합과 상호 이해, 그리고 통일을 위한 밑거름의 큰 역할을 할 수도 있다.

1. 사전 거시구조와 관련된 여성 차별 표현의 유형

　사전의 '거시구조'와 관련된 여성 차별 표현의 전형적 보기들에는 어떤 것이 있으며, 그것이 왜 성차별로 해석되는지 살펴본다.2) 여기서 적용하는 성차별의 판단 기준은 다음 장의 성차별

---

2) 성차별의 내용 갈래를 중심으로 한 논의와 별도로 사전 거시구조, 곧 올림말, 뜻풀이, 용례에서 나타나는 여성 차별 표현을 분석하는 것은 각 유형의 성차별

내용 분석에서 논의하는 다섯 가지 '성차별 표현의 내용 갈래'이다. 앞 장에서 다루었던 대표적인 성차별 표현들의 대응형을 중심으로 논의하고 부족한 경우 다른 새로운 자료를 보충하도록 하겠다.3)

1.1 올림말에서 나타나는 여성 차별

먼저, 사전의 올림말에서 보이는 성차별 표현의 보기를 들면 (1)과 같다. 남녀 모두에게 해당되는 일임에도 여성에게 초점을 모아서 부정적으로 보고 있는 말을 사전에 실었거나 여성을 유표적 형식으로 가리킴으로써 값어치를 떨어뜨리고 부차적 존재로 인식되도록 하는 말을 올림말로 선정한 것과 관련이 있다. 기본적으로 사전의 내용을 그대로 인용하면서 필요에 따라 행을 조정하고, 강조할 필요가 있는 주요 부분을 진하게 표시했다.

(1) 올림말에서 나타나는 여성 차별
    가. **헌계집** [명] ① ≪이미 시집갔다가 혼자된 녀자≫를 낮잡아 이르는 말. ② ≪행실이 깨끗하지 못한 녀자≫를 낮잡아 이르는 말.
    가-1. **헌사내/헌남자** ⇒ 올림말에 없음.
    가-2. **헌사람** [명] (주로 여자에 대하여) 이미 결혼한 일이 있는 사

표현이 나타나게 된 원인 또는 배경이 다르고, 따라서 앞으로 사전 기술에서 성차별 문제를 풀어나가려고 할 때 그 해결 방식도 다를 수 있는 점을 고려한 것이다.
3) ≪조선말대사전≫의 내용 전체를 검토하지 않고 남한 국어사전에 대한 선행 연구 결과를 이용하여 상호 비교하는 방식으로 접근하였기 때문에 여성 차별과 관련하여 추가적으로 논의해야 할 부분이 더 나올 수 있음을 밝힌다.

람을 이르던 말.
나. **녀장군** [명] ① 녀자인 장군. ② ≪녀성군인≫을 대견하게 여겨 이르는 말. ǀ 옥희도 군복차림을 하니 당당한 녀장군이다. ③ ≪씩씩하고 활동적이거나 힘이 세고 용감한 녀성≫을 비겨 이르는 말. (4)
나-1. **녀장²** [명] ≪여장군≫의 준말. [女將]
나-2. 남장군 ⇒ 올림말에 없음.
나-3. 녀교원, 녀기사, 녀덕, 녀로, 녀전사, 녀점원, 녀정객, 녀주인, 녀중장부, 녀직공, 녀차장, 녀투사, 녀화; 독신녀
다. **녀류** [명] (일부 명사와 함께 쓰이여) ≪녀자, 녀성≫의 뜻. ǁ ~시인. ~작가. ~화가. [女流] (5)
다-1. **녀류문사** [명] 문필활동에 종사하는 녀자. =녀류문인.
다-2. 녀류문인, 녀류작가
라. 남남북녀(북녀남남) ⇒ 올림말에 없음.

남한의 국어사전과 마찬가지로 북한 사전에서도 (1가)의 '헌계집'이 실려 있는 반면 형태적으로 대응되는 남성형 '헌사내, 헌남자'는 없어서 짝이 맞지 않는다. 또한 실려 있는 '헌계집'의 뜻풀이를 보면 두 가지 뜻 모두가 여성에게 불리하게 기술되어 있다. 현실적으로 대응되는 남성이 분명 존재하지만 사전에는 그런 남성을 지시하는 말이 실려 있지 않고 여성만 '낮잡아' 이르고 있는 것이다. 또 (1가-2)의 '헌사람'은 형태적으로 중립적인 말임에도 풀이에서는 주로 여성에 대하여 쓰인다는 조건이 괄호 안에 보충되어 있다. 북한에서도 여성은 한번 결혼하고 나면 '상품 가치'가 크게 떨어져 버리는, 남성의 기호품 정도의 존재로서 사전에 기술되고 있음을 보여 주는 전형적 보기이다.

(1나)의 '녀장군'은 '장군'에 여성을 나타내는 '여'(女)가 붙어 만들어진 말로서 남성형이 없다. 남성형은 중립형인 '장군'이 그대로 쓰인다. 줄임말 '녀장'도 대응형이 없는 것은 마찬가지이다. 이러한 부류의 올림말에는 (1나-3)과 같이 '녀전사, 녀점원, 녀정객, 녀주인, 녀중장부, 녀차장, 녀기사' 등이 보인다. 남성형으로 쓰이는 기본형에 여성임을 나타내는 형식을 붙여 만든 유표적 여성형의 올림말들은 북한 사회에서도 여성들이 사회 활동에서 상대적으로 배제되고 있으며, 부차적 존재로 인식되는 상황을 반영하는 것이다. (1다)의 '녀류'가 접두어로 붙은 낱말도 같은 맥락에서 이해된다. '녀류작가', '녀류화가'라 부를 때에는 남성 중심의 보통 '작가'나 '화가'에 비하여 뭔가 부족하거나 한 차원 낮은 '아류'(亞流)라는 의식을 심어줄 수 있는 여성 차별 표현이다.

남한 사전과 비교할 때 (1라)의 '남남북녀'(南男北女)가 올림말에 없는 것도 여성 차별에서 나온 결과이다. "남자는 남쪽 지방 사람이 잘나고 여자는 북쪽 지방 사람이 고움을 이르는 말"(표준국어대사전)이 북한 사전에서 찾을 수 없는 것은 결국 이 사전이 북한 남성의 시각에서 만들어졌기 때문일 것이다. 이런 말 자체도 성차별적 요소가 있기는 하지만, 북한 남성들이 자신들에게 불리한 요소를 의식적으로 빼어 버린 행위는 북한 여성들에게는 상대적 불이익이 되는 점에서 여성 차별 행위로 해석된다.4)

1.2 뜻풀이에서 나타나는 여성 차별

---

4) 거꾸로 남한 사전에서 남성들에게 유리한 이 말이 실린 것도 남한 여성들의 처지에서는 성차별 행위로 생각될 수 있겠다.

사전의 올림말에 대한 뜻풀이에서도 여성 차별이 많이 나타난다. 관련이 있는 남성형과 여성형 올림말을 풀이하면서 내용의 균형이 유지되지 않고, 일방적으로 여성에게 불리한 방향의 기술이 이루어지고 있다.

(2) 뜻풀이에서 나타나는 여성 차별

가. 녀자②③ [명] ① 녀성으로 태어난 사람. ② ≪좁고 옹졸하고 잘고 섬세한 사람≫을 형상적으로 이르는 말. ↔남자. [女子] (63)

가-1. 녀장부 [명] ≪남자 같이 굳세고 걸걸한 녀자≫를 이르는 말. [女丈夫]

가-2. 녀적 [명] ① 녀자인 도적. ② ≪남자의 마음을 흔들어 해치게 하는 녀자≫를 경계하여 이르는 말. [女賊]

나. 남자②③ [명] ① 남성으로 태어난 사람. ② ≪통이 크고 대범하고 씨원씨원한 사람≫을 형상적으로 이르는 말. ǀ 일처리하는 품이 남자야. =남^{4}① ↔녀자. [男子] (135)

다. 주인^{1}②① [명] ① 어떤 대상에 대한 소유권을 가지고있는 사람. [...] ③ ≪남편≫을 달리 이르는 말. ǀ 그는 이 일은 자식의 전망문제와 관련되는것만큼 주인과 토론해보아야하겠다고 말하는것이였다.

다-1. 바깥주인 [명] ① 가정에서 남자인 주인. ǁ ~의 말소리가 들리다. ② ≪남편≫을 달리 이르는 말.

다-2. 바깥량반[-깐-] [명] ≪바깥주인≫을 높이거나 스스럼없이 이르던 말. ǀ ≪아주머니, 어서 가세요. 저 량반은 본시 저렇게 엄하답니다.≫ ≪바깥량반들이야 다들 그렇지요. 무슨 내인들이라고 아기자기한 정을 쏟겠어요?≫ 녀인이 서글서글하게 금실이의 말을 받았다. (장편소설 ≪유격구의 기수≫)

다-3. 바깥어른[-깐-] [명] ≪바깥주인≫을 높이여 이르는 말. ‖ ~의 목소리.

다-4. 어른②:② [명] ① 성년이 된 나이의 사람. [...] ④ 전날에, ≪남의 아버지≫를 높여 이르는 말. [...]

다-5. 안량반, 안어른 ⇒ 올림말에 없음.

(2가, 나)의 '녀자'와 '남자'에 대한 뜻풀이에서 여성에 대한 강한 차별이 드러난다. 각각 둘째 풀이를 보면, 남성에 대해서는 긍정적 의미 요소들을 붙인 반면 여성에게는 부정적인 것을 붙였다. '남자'를 "통이 크고 대범하고 씨원씨원한 사람"이라고 하여 좋은 뜻으로 풀이하면서 '녀자'는 "좁고 옹졸하고 잘고 섬세한 사람"으로 나쁘게 풀이했다. (2가-1)의 '녀장부'에서도 남성의 기본 특성을 '굳세고 걸걸한' 것으로 보고, 일부 여성이 이런 성질을 닮을 수 있다고 했다. 좁고 옹졸한 사람보다는 통이 크고 대범한 사람이, 잘고 섬세한 사람보다는 시원시원한 사람이 일반적으로 더 좋게 평가받는 것은 남한이나 북한이나 마찬가지일 것이다. 각 성별 안에서도 개인차가 많을 것임에도 전체 남성과 여성을 대조시키면서 여성들에게 일방적으로 불리하게 기술했다. 또 (2가-2)의 '녀적'을 보면 둘째 풀이에서 여성은 남성을 해치는 존재로, 경계해야 할 대상으로 보고 있다. 명백히 남성의 시각에서 여성에 대한 언어적 차별을 드러낸 것이며, 여성에 대한 인격 모독 표현이다.

(2다, 다-1)에서 '주인', '바깥주인'의 2차적 뜻으로 '남편'을 가리키는 말임을 적었다. 또 '바깥주인' 곧 '남편'을 높여 이르는 말로 '바깥량반', '바깥어른'이 제시되어 있다. 이런 말들의 여성형

은 올림말에서 빠져 있거나 뜻풀이가 대응을 이루지 못한다. '바깥주인'의 대응형으로 '안주인', '녀주인'이 있지만 '안해를 달리 이르는 말'이라는 풀이는 없다. 곧 여성, 구체적으로 아내는 주인이 될 수 없다고 보는 것이다. (2다-4)에서는 '어른'에 대하여 역시 남성을 높이는 말로 풀이했다. 긍정적 의미와 상위자의 가치 개념을 갖는 '주인', '량반', '어른'이 남성에게만 해당하는 말로 풀이되고 있음이 드러난다. 이러한 사전 기술은 여성에 대한 남성의 우위(優位) 또는 상위(上位)를 공식화·내면화하는 데 이바지한다. 우리의 과거 생활에서 지켜져 왔던 엄격한 가부장(家父長) 문화가 북한의 국어사전에도 그대로 나타나 있다. 남편을 집의 주인(가장)으로 인정하면서 높여 대접해야 할 상위자로 파악하고 있는 셈이다.

1.3 용례에서 나타나는 여성 차별

올림말에 대한 구나 문장 등의 용례에서 여성들에게 불리한 내용이 많이 나온다. 남성들과 대등한 자립쯔 주체로서의 여성이 아니라 하위자 또는 종속자로서, 남성의 보호를 받아야 할 대상이자 소유물로 그려진다. 또 여성 외모의 아름다움을 중요시하는 남성 중심적 시각이 두드러지게 표현되고 있는 점에서도 여성 차별적이다.

(3) 용례에서 나타나는 여성 차별
　가. 첩² [명] 낡은 사회에서: ① 도덕적으로 부화한자들이 녀자의 인격을 짓밟고 본래의 안해밖에 따로 더 데리고 사는 녀자. |

본처가 아직 아들을 낳지 못한 그때에 첩의 몸에서 난 아들 창선이를 본처소생으로 호적에다 올렸다. (장편소설 ≪해빛만리≫ 1) =소가. ② (대명사로 쓰이여) 녀자가 남자에 대하여 자기를 낮추어 이르는 말. | **만일 첩으로 말미암아 상공의 청덕이 흠사되면 어찌되오리까.** (고전소설 ≪사씨남정기≫) [妾] (18)

나. 다듬다[-따] [동](타) ① 쓸모있거나 맵시있게 다스리거나 손질하다. ‖ 머리를 ~. 깃을 ~. | **상금이의 용모는 원래 해사하기때문에 이렇게 진화장으로 곱게 다듬어놓으니 인물이 훨씬 뛰여났다.** [...]

나-1. 함치르르 [부] 윤이 함씬 흐르고 고운 모양을 나타내는 말. | **백향천의 옥계수로 함치르르 기름이 도는 머리채를 감고 살결 고운 얼굴을 곱게 다듬은 처녀들은 아릿답기도 하였다.** [...]

다. 로약자 [명] 늙은이와 약한 사람. =로약②. | 들리는 소문에는 작년 가을부터 줄창 폭동을 계속해오는 고장도 있다는데 그런 데서는 아예 반동들이 쳐들어올것을 예견하고 **녀자들과 로약자들은 산으로 피시시켜놓고** 청장년들이 무장까지 갖추고있다는것이였다. (장편소설 ≪피바다≫) (14)

라. 가족사 [명] 한 가정이 걸어온 력사. | 장편소설 ≪두만강≫은 1900년대 전후를 시대적배경으로 하고 **한 빈농민과 그의 아들, 손자에 이르기까지의 3대의 가족사로** 구성되었다.

위 보기들은 용례에서 여성 차별 현상이 나타나는 것이다. (3가)를 보면, 첫째 뜻의 용례에서 여성은 '본처'와 '첩'의 두 가지 신분을 가지며, 모두 남성들의 종속물로 그려진다. 또 본처는 '아들'을 낳아야 제구실을 할 수 있다는 식의 남아 중심적 내용도 나오는데 이 또한 여성에 대한 차별이다. 둘째 뜻의 용례에서도 여성은 벼슬자리에 있는 남성의 덕행에 흠이 될 수 있는 부정적 존재로 나온다. (3나, 나-1)의 두 용례에서는 여성 외모의 아름다움에 높은 가치를 두는 남성 중심적 시각이 느껴진다. 둘 모두 만든 문장으로 보이는데, 북한에 살고 있는 활동적인 여성의 모습이 아니라 남성들을 기쁘게 하기 위한 존재로서 다루어졌던 조선 시대 기생의 모습이다.

(3다)에서는 여자들과 노약자가 동격이며, 따라서 여성들은 남성들의 보호 대상으로서 나약한 존재라는 의식이 투영되어 있다. 이러한 보기에서 여성은 결코 남성과는 대등하지 못한, 한 차원 낮은 이류 인간이나 남성의 부속품 정도로 대접받고 있음이 드러난다. 또 (3라)의 용례에서는 '3대의 가족사'가 "한 빈농민과 그의 아들, 손자"의 역사로 지시되면서 여성이 역사에서 소외되고 있다. 부계 혈통 중심의 가족 문화가 반영된 여성 차별적 언어의 보기이다.

2. 여성 차별 표현의 내용 갈래

여성 차별 표현의 내용 갈래를 ① 여성을 배제하기, ② 아내를 남편에 종속시키기, ③ 여성을 주부나 아내 등의 성 역할에 묶어 두기, ④ 여성의 품위를 떨어뜨리기, ⑤ 여성을 남성의 하위자로 다루기 등 다섯 가지로 설정하여 자료를 분석 및 해석한다.5) 성

---

5) 이러한 여러 가지 갈래의 성차별 표현들이 나오게 된 것은 '집필자의 의식성', '역사적 배경', '사회구조적 관련성'의 면에서 원인을 찾을 수 있음을 3장에서 논의했고, 세 가지 가운데서 집필자의 의식성을 가장 중요한 요소로 지적했다. 사전을 집필하는 사람이 성차별에 대한 인식을 어느 정도 갖고 있으며, 성차별을 없애기 위하여 얼마나 노력하느냐에 따라 성차별의 정도가 큰 차이를 보일

차별 표현의 내용 갈래는 조사 자료의 특성이나 분석 목적에 따라 다를 수 있을 것인데, 예를 들어 최근 조태린(2006)에서는 '여성에게만 주어지는 명칭', '여성임을 특별히 드러냄', '여성의 성적·신체적 측면을 이용', '남녀에 대한 고정관념을 반영', '여성을 비하'의 5가지로 나누었다. 이 분류에서는 성차별과 관련이 있는 언어 형식의 사용이라는 점과 성차별의 내용적인 면이 뒤섞여 있음에 비하여 우리의 갈래 나눔은 여성 차별 내용을 중심으로 한 것임을 지적한다.

2.1 여성을 배제하기

여성을 관심의 대상에서 제외하거나 소외시키면서 남성 중심으로 기술된 언어 표현들이 북한의 국어사전에 다양하게 나타난다. 여성은 처음부터 관심 영역에 존재하지 않거나 남성에 비하여 아류 또는 이차적인 존재 정도로 인식되는 모습이다.

(4) **여성을 배제하는 성차별**
 가. **녀의사** [명] 녀자인 의사. ‖ 대학병원에서 일하는 ~. =녀의. (3)
 가-1. **녀의** [명] =녀의사. ‖ 외과에서 일하는 ~. [女醫]
 가-2. **의사**¹ ②② [명] **전문적인 의료기술을 가진 사람**으로서 일정한 국가자격을 가지고 사람들에 대한 치료예방사업에 복무하는 사람. ‖ ~와 약제사. ǀ 의사는 인간의 생명을 구원하는 고귀한 사명을 지니고있다. [醫師] (69)

뿐만 아니라 적절히 조치를 취한다면 사전에서 쉽게 성차별 현상을 줄이거나 막을 수 있기 때문이다.

나. **녀교원** [명] 녀자인 교원. (6)

다. **녀사**² [명] ⓧ ≪학식 있고 인품 있는 녀자≫를 대접하여 이르는 말. [女士]

다-1. **사**⁴ [명] ① 전날에, (사람을 신분별로 나누어 말할 때의) 선비. ‖ ~농공상. ② 장기에서, [...] [士]

라. **독호**[-코] [명] ① **늙도록 아들이 없는 구차한 집안.** ② 전날에, ≪온전한 한집 몫으로 세금이나 추념을 내는 집≫을 [...] [獨戶]

마. **아들**②③ [명] ① 남자인 자식. ‖ 아버지와 ~. ~과 딸. ② ≪**일정한 조직이나 집단속에서 자라난 훌륭한 남자**≫를 자랑스럽게 비겨 이르는 말. ‖ 당의 ~. 조국의 ~. 인민의 ~. [...]

마-1. **딸** [명] ① ≪녀자로 태어난 자식≫을 부모와의 관계에서 이르는 말. ‖ 아들과 ~. ~과 어머니. | 두 형제가운데 자식은 언니가 낳은 딸 하나밖에 없었다. (고전소설 ≪온달전≫) ② ≪**어떤 조직이나 집단속에서 자라났거나 조국의 품에 안겨사는 녀자**≫를 비겨 이르는 말. ‖ 당의 참된 ~. 이 나라의 미더운 ~. △ 고명~. 금~. 맏~. 큰~. 의붓~. 외~. (323)

(4가, 나)는 여성을 배제하는 성차별 언어의 보기로서 사전의 올림말이 문제가 된다. '녀의사/녀의'와 '녀교원'은 '녀'(女)를 포함하는 유표적인 말이다. 이 말들에 대응되는 남성형은 없고 각각 기본형 '의사'와 '교원'이 남성형으로 쓰인다. 남성 중심 사회에서 만들어진 말에다 접두사를 붙여 여성형을 만들어낸 결과이다. (4가-2)와 같이 '의사'를 "전문적인 의료기술을 가진 사람"으로 정의하면서도 '남의사/남의'는 없이 여성형만 따로 만들어 차별적으로 쓴다. (4다)의 '녀사'도 이와 마찬가지이다. 이는 '선비'

를 가리키는 한자 '사'(士)에서 파생시킨 형식인데, '선비'는 전적으로 남성을 가리키는 말이었기 때문에 '녀사'가 만들어질 수 있었다.6) 이러한 말들은 모두 남성 중심적 권력 구조에서 여성을 배제하거나 소외시키는 남성들의 의식을 바탕으로 하여 만들어진 여성 차별적인 표현이다.

(4라, 마)는 뜻풀이에서 나타나는 여성 차별 언어의 쓰임이다. '독호'의 풀이를 보면 남성인 '아들'이 없으면 구차한 집안이 된다고 했고, '아들'의 뜻풀이에서는 "일정한 조직이나 집단 속에서 자라난 훌륭한 남자"를 자랑스럽게 비겨 이를 때 쓰는 말이라 하였지만 대응되는 (4마-1) '딸'의 뜻풀이에서는 '훌륭하다'와 '자랑스럽다'는 긍정적 값어치를 갖는 꾸밈말이 쓰이지 않았다. 용례에서도 남자들은 "당의 아들", "조국의 아들"이라 하여 그 자체로 훌륭하고 자랑스러운 존재로 그려지지만 여자들은 "당의 참된 딸", "이 나라의 미더운 딸"과 같이 부가적 수식어가 붙어야 긍정적 존재가 되는 점에서 차별적이다. "조국의 품에 안겨사는 녀자"라고 한 풀이 부분에서는 여성들은 남성들이 만들어 나가는 조국의 품에서 수동적으로 은혜를 입고 사는 존재로 해석되기도 한다. 이런 말들에서는 올림말의 어휘적 의미와 관계없이 여성이 배제된 채 남성이 주체로, 주인으로 기술되었다. 사전의 내용을 볼 때 집안을 이어가고 나라를 이끌어 가는 주체는 곧 남성이며, 여성의 흔적은 전혀 보이지 않는다.

---

6) '사'(士)에 대한 뜻풀이에서 "사람을 신분별로 나누어 말할 때의"라는 수식 표현을 쓰고 있는 점도 눈에 띈다. '선비'는 남성이기 때문에 여기서의 '사람'은 곧 남성만으로 한정된다. '사람'에서 여성이 배제되고 있으며, 여성이 남성의 종속적 존재로 인식되는 맥락이다. 서양 근대사에서 중심 세력으로 등장한 '시민' 계급은 곧 여성이 배제된 남성들이었던 것과 대응된다.

2.2 아내를 남편에 종속시키기

북한 국어사전에서 보이는 여성 차별 언어 사용의 두 번째 유형으로 아내를 남편에 종속시키는 것을 살펴본다. 이러한 보기에서 여성은 남편과 대등한 주체적 존재가 아니라 남편의 부속품이나 소유물처럼 여겨지고, 남편과 관련되어야만 비로소 의미를 갖게 되는 타율적 존재로 그려진다. 집안의 주인이자 어른인 남편에게 딸려 있는 비자립적 존재가 아내의 모습이다. 우리 사회에서 대대로 내려온 전통적 가부장 의식과 남성 위주의 사회구조가 배어든 언어문화를 북한 국어사전에서도 확인하게 된다.

(5) 아내를 남편에 종속시키는 성차별

가. **처자**[1] [명] 안해와 자식. ‖ 부모~. │ 몸집이 작달만한 30대의 농민은 **고향에 두고온 처자들**이 다 굶어죽었을게라고 넉두리를 늘여놓아 사람들의 가슴을 산란케 하였다. (장편소설 ≪한 자위단원의 운명≫) =처자식. [妻子] (24)

가-1. **처자권속** [명] ≪안해와 자식을 비롯한 집안의 식구≫를 이르는 말.

가-2. **처자권솔** [명] 안해와 자식을 비롯하여 한집에서 같이 사는 식솔. │ 지난날 나라를 잃었던탓으로 얼마나 많은 사람들이 정다운 처자권솔을 남겨둔채 정처없는 류랑의 길을 헤매였던가!

가-3. **계집자식**[2]:[3][2] [명] ≪안해와 자식≫을 속되게 이르는 말.

가-4. **가족휴양** [명] 한 가족이 함께 하는 휴양. 가장 우월한 사회주의제도가 마련되여있는 우리 나라에서는 로동자, 사무원, 협동농장원들이 온 가족과 함께 휴양소에서 휴양생활을 할수 있다. │ 휴가중 그는 **안해와 두 어린것을 데리고** 속후휴양소로

가족휴양을 떠났다. (3)

나. **출처**[2] [명] ① 안해를 내쫓는것. ② 리혼하여 인연을 끊은 안해. ③ (사망하여) 안해를 잃는것. | 그는 일찌기 출처를 하였으나 다시 장가들지 않았다. [出妻. 黜妻] 출처하다[동](자, 타) 출처[2] ①③.

나-1. **수세**[13] [명] Ⓧ 리혼의 증서. 남자가 여자에게 준다. =리연장 ②.

다. **미망**[3] [명] ≪남편이 죽고 혼자 살아있는것≫을 이르는 말. | 명사십리 해당화야, 꽃진다 한을 마라. 너는 명년 봄이 되면 또다시 피려니와 우리 랑군 한번 가면 다시 오기 어려워라. 미망일세, 미망일세, 이 몸이 미망일세. (고전소설 ≪장끼전≫) [未亡]

다-1. **미망인** [명] ≪남편이 죽고 혼자 된 녀자≫를 이르는 말. | 진락이와 진숙이가 전선에 나간 다음 화린은 **홀로 남은 서영국의 미망인을 친혈육처럼 돌봐드렸다.** (장편소설 ≪평양시간≫) [未亡人] (4)

(5가~가-4)를 보면 '아내'는 '자식'과 동격으로서 남편에게 딸린 사람으로 기술되고 있다. 남편이 이끌고 먹여 살려야 할 대상으로서 아내가 존재하는 것이다. 올림말 자체가 그러할 뿐 아니라 용례에서도 같은 내용이 반복된다.[7] (5가-4)의 용례에는 "그는 안해와 두 어린것을 데리고"가 나오는데 '안해'는 아이와 함께 남편이 '데리고' 다니는 대상으로 기술되었다. 아내의 종속적 지

---

[7] 보기 (5가-2)의 용례에서는 "나라를 잃었던탓으로" 울분을 토하면서 "정처없는 류랑의 길을 헤매"는 사람은 모두 남자로서 여성이 배제되고 있다. 이런 용례를 통하여 이 사전을 찾아보는 화자들에게 여성은 나라의 일과는 관계없이 그저 먹고 살면서 생명을 구차하게 이어가는 저급한 존재로 인식될 여지가 충분해 보인다.

위가 잘 드러난 보기이다.

  (5나)의 '출처'도 여성형만 실려 있는데, 첫째 뜻풀이에서 "아내를 내쫓는것"으로 적었다. 남편은 아내를 심판하여 내쫓을 수 있는 주인으로 인식되고, 아내는 그 처분을 따를 수밖에 없는 수동적 종속자의 신분이 되는 것이다. 또 (5나-1)을 보면 이혼을 할 때 남편이 아내에게 증서를 주는 것으로 되어 있다. 대등한 관계에서 주고받는 것이 아니라 남편이 주인 또는 상위자로서 증서를 일방적으로 주는 관계이다. 양반 주인이 하인을 면천(免賤) 시켜 주듯이 남편이 아내를 주인 없는 자유인으로 놓아준다는 증서가 '수세'(<休書)인 것이다. 현대의 국가 조직에서 해야 할 일을 남성이 하고 있는 것인데, '수세'에는 과거의 일과 관련된 말이라는 단서도 붙이지 않았다. 남녀 차별의 가부장적 질서가 강했던 과거 시대 상황을 반영한 말이고, 쓰지 말아야 할 것으로 표시되어 있지만 이러한 사전 내용을 읽는 사람들에게는 여성 차별적 올림말로 인식될 수밖에 없다.

  (5다, 다-1)의 '미망' 또는 '미망인'의 경우도 여성의 주체성을 훼손하는 말로서 '낡은 사회에서'나 '낡은 생활양식에서' 등의 특별한 보조 표현 없이 그대로 뜻풀이가 되어 있다.8) "홀로 남은 서영국의 미망인을 친혈육처럼 돌봐드렸다"는 용례와 같이 남편이 죽고 혼자 된 여자는 다른 사람의 보살핌이 필요한 나약하고 비주체적인 존재로 인식된다. 이 사전에서 여성은 남성에 딸린 사람이며 '미망인'은 부모가 없는 아이 같은 존재로, 끈 떨어진 두레박처럼 처량한 신세로 그려지고 있다.

---

8) 남한 사전과 달리 뜻풀이에서 '따라 죽지 못한 사람'이라는 본래의 어휘적 의미를 밝히지 않은 것은 그나마 여성에 대한 차별을 약화시킨 것으로 평가된다.

2.3 여성을 주부나 아내 등의 성 역할에 묶어두기

여성을 주부나 아내 등의 성 역할에 묶어두거나, 남성을 유혹하고 즐겁게 하기 위해 예쁘게 꾸며야 하는 존재로 기술한 여성 차별 현상이 나타났다. 이러한 보기들은 현대 사회에서 전개되고 있는 여성들의 활발한 사회적 활동과 중요한 역할을 무시하는 것이다. 사회주의 국가인 북한의 경우 남한보다 오히려 여성의 사회 활동이 더 많은 편이지만 사전 기술에서는 그러한 사실이 제대로 반영되지 않았다. 또한 여성의 행동 및 성품을 남성에게 유리한 방향으로 몰아가는 여성 차별 언어도 찾아볼 수 있다.

(6) 여성을 주부나 아내 등의 성 역할에 묶어두는 성차별
    가. 누비질 [명] 누비는 일. ‖ 감칠질과 ~. 누비질하다[동](자) ǀ **봄순이는 어느새 배웠는지 뜨개질은 물론이고 누비질하는 솜씨도 여간이 아니였다.**
    가-1. 누비처네 [명] 누벼서 만든 처네. ǀ **녀인은 누비처네로 아이를 업고 손에는 무거워보이는 보짐을 들었다.**
    가-2. 누벼나가다 [동](타) ① 계속 누비며 나가다. ǀ **녀대원들은 재단하는 족족 솜옷들을 계속 누벼나갔다.** […]
    가-3. 누비치다 [동](타) ≪누비다≫를 힘주어 이르는 말. ‖ 하늘을 누비치는 제비. ǀ 기대사이를 날렵하게 누비치며 다니는 **직포공처녀들의 생신한 모습은 아침이슬을 머금은 한떨기의 꽃과 같았다.**
    나. 다듬질②③② [명] ① 손질하여 다듬는 일. ‖ 초벌 가공과 완성 ~. ② ≪다듬이질≫의 준말. 다듬질하다[동](자. 타) ‖ 풀먹인 옷을 다듬질하는 녀인.

나-1. 다듬이바느질 [명] 다듬이한 감을 가지고 하는 바느질. ǀ **안해는 저녁이면 다듬이바느질을 하면서 재미있게 속삭이고 웃었다.** (≪현대조선문학선집≫ 1) 다듬이바느질하다[동](자. 타)

다. 녀태 [명] 녀자다운 태도나 자태. ǀ **녀자란 좀 얌전한 맛이 있어야 하겠는데 그에게는 도무지 녀태란 찾아볼 수 없을 정도로 너무 괄괄하다.** [女態]

다-1. 펄쩍하다[-카-]②③:②① [형] ① 물체가 볼품이 없이 옆으로 넓게 벌어져있다. [...] ③ (일처리나 몸가짐이) 깨끗하고 알뜰한 맛이 없고 너절하고 되는대로이다. ǀ **녀자가 좀 체체해야지 그렇게 펄쩍해서야 되겠니.** =펄짝하다.

라. 나긋나긋하다[-타-] [형] ① 매우 나긋하다. [...] ② (사람의 성격이나 태도가) 꿋꿋하지 않고 연약하다. ǀ **그런 그가 지방에 나가 공작할 때면 마치 입안의 혀처럼 나긋나긋해지다니 사람의 성미란 모를 일이다.** (장편소설 ≪고난의 행군≫) / **꽃잎처럼 연하고 부드럽고 나긋나긋한 처녀앞에서는 맥을 못춘다는것을 발견하였을 때 저으기 놀랐었다.**(장편소설 ≪평양시간≫) ③ 말이나 글씨 같은것이 부드러운 맛이 있다. ǁ **나긋나긋한 녀자의 글씨.** [참고: 누긋누긋하다] (2)

'누비질'이나 '다듬질'에 대한 용례를 보면 모두 여성만 행동 주체로 나온다. (6가)의 '누비질'에 대한 용례에서 여성 '봄순이'의 뜨개질과 누비질 솜씨가 뛰어나다고 칭찬하는 내용이 나오고, (6나)의 '다듬질' 용례에서도 다듬질하는 여인이 나온다. 또 관련 낱말의 용례에서 행동 주체는 모두 여성이다. 군대에서도 여성들은 전투에 참여하는 것이 아니라 입는 것을 만드는 일을 해야 하고(6가-2), 옷감 만드는 공장의 직원은 여성들(6가-3)이다. 옷감을 누비거나 다듬는 집안일들은 전통적으로 여성들이 많이 해 온 것이 사실이지만 여성들의 사회 활동이 남성들과 질적 차이를 보이지 않는 현대 사회에서 이러한 남녀 역할 분리 및 역할 고정적 용례는 여성에게 불리하게 작용한다.

이와 함께 (6가-1)의 '누비처네'의 용례를 보면, "녀인은 누비처네로 아이를 업고 손에는 무거워보이는 보짐을 들었다"라고 나와 있는데 이 또한 여성의 역할 범위를 집안에만 두면서 여성이 아이를 키우느라 고생하는 것을 당연하게 받아들이도록 만드는 보기이다. 옆에 남편이 있든 없든 관계없이 여인은 아이를 힘들게 업고, 그것도 모자라서 무거운 짐까지 들고 다니는 모습이 자연스럽게 묘사되어 있다.

(6다~라)에는 여성의 행동, 외모, 성품을 남성에게 유리한 특정 방향으로 몰아가는 용례들이 나온다. '녀태'의 용례에서 여자는 좀 얌전한 맛이 있어야 한다고 적었고, 괄괄한 여성을 못마땅하게 보고 있다. '펄쩍하다'에서는 여자의 행동이 너절하고 되는 대로라고 비난하는 용례가 쓰였다. '나긋나긋하다'에서도 "꽃잎처럼 연하고 부드럽고 나긋나긋한 처녀"라는 보기가 나오는데, 여성의 행동이나 성품을 바라는 대로 고착시키려는 남성들의 무의식이 느껴진다. 이에 머물지 않고 "나긋나긋한 녀자의 글씨"까지 용례로 들었다. 남녀 차별이 없고 모두가 평등하다고 선전하는 북한 사회임에도 이러한 국어사전의 언어를 보면, 여성의 행동과 외모를 유순하고, 나긋나긋하며 순종적인 방향으로 이끌어 보려는 남성들의 전근대적 집단 무의식이 강하게 반영되어 있음을 알게 된다.

2.4 여성의 품위를 떨어뜨리기

여성을 남성보다 한 차원 모자란 저급한 존재로 기술하고, 여성에 대한 부정적 인식을 부각시킴으로써 여성의 인간적 품위를 크게 훼손할 수 있는 언어 사용도 나타났다. 특히 여성을 비속하게 표현한 낱말을 사전에 많이 올림으로써 여성을 더 낮잡아 보게 되는 악순환 상태에 이를 수 있는 것으로 생각된다.

(7) 여성의 품위를 떨어뜨리는 성차별

가. 계집②:② [명] ① ≪녀자≫를 업신여기거나 낮추어 이르는 말. ‖ ~과 사내. ② ≪안해≫를 낮추어 이르는 말. ‖ ~과 자식. (35)

가-1. 계집년[-짐-]②:③② [명] ≪계집≫을 욕하며 이르는 말. ‖ 악한 ~. (7)

가-2. 계집붙이[-부치] [명] ≪녀성≫을 속되게 이르는 말.

가-3. 계집사람 [명] ≪녀자어른≫을 좀 홀하게 이르는 말. | 계집사람이 청청한 법계인 암자에 와서는 자는것을 산신령이 부정하게 여겨서 잡아먹으라고 범을 보냈는가보다. (장편소설 ≪림꺽정≫ 4)

가-4. 계집난봉[-짐-] [명] 계집에 미쳐 바람을 피우며 방탕한짓을 하는것.

가-5. 사내¹②③ [명] ① ≪사나이≫의 준말. ② (말체) ≪남편≫을 속되게 이르는 말. (60)

가-6. 사내체것[-껏] [명] 사내라고 이름 붙인것이라는 뜻으로 ≪하잘것 없는 사내≫를 홀하게 이르는 말.

가-7. 사내답다②③③②(사내다우니, 사내다와) [형] 사내에 어울리

게 남성적인 특성을 갖추고있다. ‖ 사내다운 대담성과 용감성을 발휘하다. | 영식은 용인이를 돌아다보면서 손을 흔들어보이고는 사내답게 다시는 되돌아보지않고 걸어갔다. (장편소설 ≪전선지구≫) (4)

나. 지랄발광 [명] 지랄을 부리며 미친듯이 몹시 야단을 치는것. ‖ ~이 날 지경으로 속이 부글부글 피여오르다. | 분이할머니! 걱정하게 없소. **주인녀편네가 와서 지랄발광을 하거든** 우리가 분이할머니를 꽁꽁 비끄러매놓고 가져갔다구 그러시구려. (장편소설 ≪갑오농민전쟁≫ 2) 지랄발광하다[동](자) (2)

나-1. 포달¹ [명] (주로 녀자가) 악을 쓰며 함부로 욕설을 하거내 대드는 암팡스러운 모양이나 태도.
◇ 포달을 부리다 (피우다) 포달스러운 행동을 하다. ‖ 참을수 없게 ~. | **고 배라먹을 년이 왜 고렇게 포달을 부려서 장부의 마음을 긁어놓아!** (≪현대조선문학선집≫ 1) [...]

나-2. 추악하다¹[-카-] [형] ① 더럽고 흉악하다. ‖ 망해가는 반동계급의 추악한 음모. ② 흉하고 징그러운데가 있다. | **박소저 용모는 비록 추악하나** 천성이 현숙하고 도학이 무량하여 세상만물에 모를것이 없으나… (고전소설 ≪박씨부인전≫) / 그때 남으로 뻗은 넓은 길 량옆에는 미제침략군놈들의 추악한 주검이 수없이 나딩굴었다. [醜惡] (6)

다. 간통¹ [명] **남편이 있는 녀자와 그의 남편이 아닌 다른 남자가 비도덕적인 성관계를 맺는 것.** =간음. 통간. [姦通] 간통하다[동](타) (3)

다-1. 혼인 [명] 남녀가 장가들고 시집가고 하는것. ‖ ~잔치. =혼가3 . [婚姻] 혼인하다[동](자) (15)

(7가~가-3)과 같이 여성을 업신여기고, 낮추거나 욕하며 이르

는 말들이 많이 올라 있다. (7가-3)의 용례에서는 신성한 곳에 와서는 안 될 부정한 여성이 나오며, (7가-4)에서는 남성을 방탕한 짓에 빠지게 하는 나쁜 존재로 여성이 기술되었다. '계집년'의 용례는 "악한 계집년"으로서 상황을 더욱 나쁘게 한다. 이와 달리 '계집'에 대응되는 (7가-5) '사내'의 경우 이런 부정적 의미 요소가 없고 기술 내용이 차이를 보인다. '사내체것'이라는 부정적 뜻풀이를 가진 낱말이 실리기는 했지만 (7가-7)의 '사내답다'와 같이 아주 긍정적인 내용이 많다. 남자는 대담성과 용감성을 지니고 의지가 굳은 사람이라는 내용이 용례로 나와 있다.

(7나~나-2)에서도 여성들은 부정적인 문맥의 주인공으로 나온다. '지랄발광'하는 사람은 여성이게 마련이며, 이유도 없이 악을 쓰면서 함부로 대들고(포달을 부리다) '추악한' 사람도 모두 여성이 주인공이다. (7다)의 '간통'에 대한 뜻풀이에서는 남녀의 공동 행위임에도 다른 말과는 달리 여성이 앞서 나오면서 부정적 행위의 주체로 부각된다. 이와 달리 부정적 뜻이 없는, 남녀 공동 행위인 '혼인'에 대해서는 "남녀가 장가들고 시집가고"라고 하여 남자가 앞서 나온다. 이러한 보기들에서 전반적으로 여성은 부정적인 의미 맥락의 주체로 등장한다. 이를 보는 한국어 화자들은 일시적이거나 개별적인 사태를 전체 여성과 연결시켜 이해할 우려가 있으며, 결과적으로 여성의 품위를 크게 떨어뜨리는 데 기여할 수 있는 사전 기술이 되었다.

2.5 여성을 남성의 하위자로 다루기

여성의 지위를 남성보다 한 단계 낮게 보는 언어 사용을 살펴본다. 아내를 남편에게 종속시키는 성차별 언어를 앞서 살펴보았는데, 여기서는 일반적인 남녀 관계에서 모든 여성을 남성들의 '하위자'로 보는 성차별 현상을 분석하기로 하겠다.

(8) 여성을 남성의 하위자로 다루는 성차별
    가. 아녀자 [명] ① 남자아이와 녀자아이. =아녀. ② **어린이와 녀자.**|…**로인들과 아녀자들을 산골짜기로 대피시킨다.** 보초를 세운다 또 뭐다 하고 뛰었다. (장편소설 ≪해빛만리≫ 1) =아녀. ③ ≪녀자≫를 홀하게 이르는 말.|보통 결심으로는 어린 아녀자의 몸으로 다녀올 길이 못된다.(장편소설 ≪한 자위단원의 운몀≫) =아녀. [兒女子]
    나. 포박 [명] ① 잡아서 묶는것 또는 묶은 줄. [...] 포박하다[동](자, 타)|길녀는 **로약자들과 부녀자들이 피신해있는** 수림이 우거진 지점까지 가는동안 자신을 그처럼 포박했던 그 소년에 대한 생각을 머리속에서 지워버리지 못했다. 포박되다[동](자)

'아녀자'의 둘째 뜻풀이에서 여성은 어른과 대비되는 '어린이'와 동급이 되어 하나로 묶인다. (8가)의 용례에서 "로인들과 아녀자들을 산골짜기로 대피시킨다"가 나와 있는 것처럼 성인 남성의 시각에서 볼 때 여성들은 자기 방어 능력이 없는 아이와 마찬가지로 남성들과 대등한 지위를 갖지 못한다. (8나) 용례에서도 역시 여자인 '부녀자들'은 노약자들과 함께 피신해 있는 존재로 기술되었다.

  남한 사전에 비해 이러한 여성 차별의 보기 수는 적은 것으로 나타났다. 남성을 상위자로, 여성을 하위자로 다루는 성차별 표현은 주로 사회 활동을 하는 부부가 아닌 일반 남녀를 다룬 용례에서 나타났던 것인데, 북한 사전의 경우 큰 차이를 보인다. 남한 사전에서는 그러한 남녀 관계를 다룬 소설 등에서 용례를 가져왔고, 그 안에서 여성 차별적 표현이 많이 나왔지만 북한 사전에서는 정치사상을 강화하기 위하여 정치, 혁명, 민족해방 등과 관련된 내용의 용례들이 대부분을 차지하며 이런 경우 상대적으로 여성 차별적 언어가 적었다. 또한 북한 사전에서 여성은 주로 가정생활을 하거나 직장을 갖더라도 방직 공장 같은 데서 일하는 경우가 대부분이다. 전근대 사회나 일제 강점기를 배경으로 하는 작품에서 가져온 용례도 많다. 이런 점에서 남한 사전에 비해 여성의 사회적 진출 범위가 오히려 좁게 나타나고, 결과적으로 남녀가 상하위자로 대비되는 용례도 적었던 것으로 생각된다.

3. 남북한 국어사전의 차이와 그 원인

지금까지 앞의 두 절에 걸쳐 북한의 ≪조선말대사전≫을 대상으로 여성 차별 표현의 쓰임을 살펴보았다. 사전의 올림말, 뜻풀이, 용례에서 보이는 여성 차별 현상이 여러 가지 확인되었다. 성차별 표현의 내용 면에서도 '여성을 배제하기', '아내를 남편에 종속시키기', '여성을 주부나 아내 등의 성 역할에 묶어두기', '여성의 품위를 떨어뜨리기', '여성을 남성의 하위자로 다루기' 등 다섯 가지 갈래의 여성 차별이 모두 나타났다. 남한에서 나온 국어사전을 성차별 언어 면에서 다룬 3장의 분석 결과와 비교할 때 공통점이 많지만 차이점도 뚜렷하게 나타났다. 남북한 국어사전에서 보이는 여성 차별의 모습이 어떻게 다른지, 그러한 차이의 원인이 무엇인지를 정리함으로써 4장의 결론을 대신하기로 한다.

첫째, 북한 사전에는 남한 사전에 실려 있는 다수의 여성 차별 한자말이 실리지 않았다. 예를 들면, '당구'(堂構, 아버지가 하던 사업을 아들이 이어받음), '노가'(奴家, 결혼한 여자가 남편을 상대하여 자기를 낮추어 이르는 일인칭 대명사) 등의 여성 차별어는 북한 사전에 나오지 않는다. 이러한 차이는 북한의 기본적인 언어 정책과 관련이 있다. 북한에서는 지나치게 어려운 한자말 및 토박이말과 동의 관계에 있는 한자말과 외래어를 토박이말로 바꾸는 노력을 1960년대부터 국가적 사업으로 꾸준하게 추진해 왔다. 또 생활에 부정적 영향을 미치는 말들도 정리 대상으로 삼았다.9) 그 결과 약 5만 개를 바꾸었고 이 가운데서 2만 5천 개의 '다듬은 말'이 《조선말대사전》에 실리게 되었다. 많은 수의 한자말이 사전에서 사라지거나 다른 말로 바뀌게 된 것이다. 그러나 남한에서는 사전 편찬 과정에서 올림말 수를 늘리기 위하여 현대에 들어서는 낯설고 쓰이지 않는 '죽은말'인 다수의 한자말들을 넣었다. 근대 이전에 생겨난 한자말 가운데는 당시의 가부장적 사회구조를 자연스럽게 반영함으로써 여성 차별 표현으로 해석될 수 있는 것들이 많다. 또 앞 장에서 지적했지만 남한 사전 편찬자들의 경우 성차별 문제에 대한 인식이 전혀 없었다. 이런 몇 가지 원인이 복합적으로 작용한 결과 남한의 국어사전에 여성 차별과 관련이 있는 한자말들이 더 많이 들어가게 되었다. 거의 10년이나 늦게 펴낸 남한 국어사전에서 성차별 문제가 줄어들기

---

9) 이러한 기준의 구체적 내용으로 "지난 날의 낡은 사회가 만들어낸 반동적이고 뒤떨어진 사상을 반영하는 낱말, 일제 식민지 치하에서 민족적 자부심을 손상시키는 낱말"이 해당된다(심재기 2000:427).

보다는 오히려 더 늘어난 점은 분명한 반성이 필요하다.

둘째, 북한 사전에서는 다수의 올림말 뜻풀이에 '낡은 사회에서', '봉건사회에서'와 같은 뜻풀이 보조 표현을 덧붙여 현재와 관련이 없거나 약하다는 표시를 둠으로써 여성 차별의 정도나 그 부정적 효과를 크게 누그러뜨렸다. 앞서 제시한 보기들에서도 나왔지만 몇 가지를 구체적으로 더 들어보면 다음과 같다.

> 매휴 [명] **낡은 사회에서**: 안해를 남에게 팔고 남편으로서의 권리를 포기하는 것. [賣休] 매휴하다[동](자)
> 주색잡기 [명] **낡은 생활양식에서**, 술을 마시고 계집질을 하고 잡스러운 놀이는 하는것 또는 그런 놀이. | 원준이는 동리간에서 노름을 않지마는 읍내로 가서는 [...] [酒色雜技]
> 승은 [명] **봉건사회에서**: ① (신하가 임금에게서) 은혜를 입는것. ② 녀자가 임금의 눈에 들어 잠자리를 같이 하는것. [承恩] 승은하다[동](자)

'매휴, 주색잡기, 승은'은 모두 남성 중심의 전근대 봉건사회에서 만들어진 여성 차별 표현이다. 남성과 여성이 상하 관계를 유지하던 시기에 남녀의 비대칭적 힘 관계를 반영하던 말들을 어휘적 의미만 그대로 풀이해서는 현대의 사전 독자들에게 여성 차별 의식을 더욱 강화할 위험이 있다. 그러나 위의 보기와 같이 각 표현들이 쓰이는 시대나 장소, 생활양식을 명시하여 쓰임 영역을 제한함으로써 조금이라도 성차별을 줄일 수 있다고 하겠다. 이러한 뜻풀이 보조 표현에는 '전날에', '자본주의 사회에서'와 같은 것이 더 있었다.10) 북한 사전에서 이러한 장치를 통하여 여성 차별 현상을 줄이고 있는 것은 남한 사전 편찬자들에 비하여 양성 평등 의식을 더 강하게 갖고 있기 때문으로 생각된다. 물론 더 근본적으로는 모든 사람들의 평등을 외치는 북한의 정치 이념에서 나온 결과이다. 북한에서는 일찍이 사회주의 혁명의 한 가지 구체적 실천 방향으로서 '가정 혁명화'를 통하여 남성 중심의 가부장 문화를 해체하려고 노력했던 것이다.

셋째, 북한 사전은 남한 사전에 비해 용례가 적기 때문에 용례에서 보이는 여성 차별의 정도가 약하게 나타났다. 북한 사전에도 만든 용례와 인용 용례가 함께 들어 있는데 남한에서 ≪표준국어대사전≫이나 ≪연세 한국어 사전≫을 만들 때처럼 대규모의 말뭉치 자료를 이용하거나 만들어 낸 용례를 적극적으로, 풍부하게 붙인 것이 아니기 때문에 남한 사전에 비해 상대적으로 용례 수가 적고 그것이 붙지 않은 올림말이 많다.11) 이와 함께 북한 사전은 용례를 붙인 경우에도 정치사상적 목적에서 의도적으로 만들거나 골라낸 용례가 아주 큰 부분을 차지한다.

이런 점 때문에 남한 사전의 용례에서 여성 차별이 나타났던 '거소, 며느리, 목욕물, 변심하다, 애국심, 위지, 유유하다, 일개, 태도, 특례, 홀리다' 등의 날말들은 북한 사전에서는 성차별 현상이 나타나지 않았다.12) 남한 사전에서 '일개'(一介)의 용례로 "일

---

10) 남한 사전도 성차별 표현의 뜻풀이에 '낮잡아 이르는 말'을 덧붙임으로써 사용상의 문제가 있음을 밝혔지만 과거에 쓰이던 말이라는 시대 배경 정보가 빠져서 성차별 완화 또는 해소 효과는 약하다.
11) 북한 사전의 경우에도 편찬 과정에서는 말뭉치를 이용하여 올림말의 빈도를 측정하였고 고빈도어에 대하여 빈도수를 표시하고 있다. 그럼에도 말뭉치의 크기가 작아서인지 사전 규모 때문인지 분명하지 않지만 북한 사전의 경우 용례가 적은 것이 사실이다.

개 아녀자가 어찌 나랏일을 논하겠사옵니까?"를 실음으로써 여성의 능력을 무시하는 차별이 있었다면 북한 사전에서는 "한낱. 보잘것없는것"이라는 뜻풀이만 있고 용례가 없기 때문에 성차별에서 벗어나게 되었다. '홀리다'의 경우 "여자에게 홀려 가진 돈을 홀딱 털렸다"를 용례로 실어 여성을 부정적으로 그린 남한 사전과 달리 북한 사전에서는 "사람을 홀리다", "눈길에 홀려서 길을 잃다"와 같이 행동의 주체가 없는 성 중립적 용례를 두어 여성 차별은 나타나지 않았다.13)

'변심'의 경우는 여성 차별과 관련하여 북한 정치사상의 비의도적 개입 효과를 뚜렷하게 보여 준다. 남한 국어사전에는 "무엇보다도 무서운 것은 아내가 변심하는 일이다./하하, 이 양반은 그 여자가 변심할까 봐 겁이 나는 모양이군./그는 군대에 들어가 고생을 하고 있는데, 애인은 그 동안을 못 참아서 변심해서 떠났다"(연세 한국어 사전)가 실린 반면 북한 사전에는 "우리의 로동계급은 혁명의 준엄한 시련의 시기에도 추호의 변심도 없이 당과 수령의 현명한 령도따라 꿋꿋이 싸워왔다"가 실렸다. 남한 사전에서는 '변심'을 남녀 관계에서 나오는 여성의 부정적 행위라고

---

12) 3장의 분석 결과에 따르면, 《표준국어대사전》에서 보이는 성차별 표현의 약 68%는 용례에서 확인되었다. 용례의 다수는 말뭉치에서 가져온 것인데, 용례에서 성차별 표현이 많은 점은 문학 작품이 말뭉치 구성의 큰 비중을 차지하는 사실과 관련 있다. 소설 등에서는 비일상적이고 특수한 상황이 많이 나오기 때문에 평균적인 일상 한국어와는 여러 가지 면에서 차이를 보인다. 따라서 사전 편찬에서 문학 작품 중심의 편중된 말뭉치에 의존하게 되면 성차별 문제가 언어 실제보다 더 심하게 왜곡되어 나타날 수 있을 것이다.

13) 북한 사전에서는 행동의 주체, 곧 즈어가 빠진 구 성분으로 된 용례가 많은데 결과적으로 성차별 해소 면에서는 이처럼 유리할 수도 있지만 완전한 문장을 제시하지 않음으로써 사전 이용자들에게 충분한 활용 정보를 제공하지 못하는 문제가 있다.

보았지만 북한 사전에서는 정치 혁명과 관련된 부정적 행위 면에서 바라보고 있는 것이다. 남한 사전이 큰 규모의 말뭉치 자료에 기초하여 여성 차별적 용례를 그대로 제시한 반면 북한 사전에서는 정치 사상성의 강화를 목적으로 특별한 용례를 골라 실은 결과 성차별에서는 오히려 자유로워졌다.

이와 같은 사정을 고려하면 북한 사전에서 여성 차별 표현이 적은 것은 북한이 남한보다 양성평등이 더 잘 실현되었기 때문이 아니라 용례 수가 적고 정치사상을 강조하는 용례를 많이 넣다 보니 그러한 성차별 표현들이 나올 수 있는 기회가 줄어든 결과로 해석할 수도 있다. 앞에서 다수의 보기를 통하여 설명한 바와 같이 남한 사전에 비해 여성 차별 표현이 적은 것은 분명하지만 북한의 국어사전에도 많은 여성 차별어가 실려 있는 것이 사실이다. 비록 일부 낱말에 '낡은 사회에서', '봉건유교도덕에서', '전날에' 등의 뜻풀이 보조 표현을 붙였지만 '미망', '출처', '처자'는 그런 장치 없이 남한 사전과 같은 뜻으로 실음으로써 사전 편찬자들의 여성에 대한 차별 의식을 그대로 드러내었다. 성차별 표현을 담고 있는 국어사전을 보는 사람들은 무의식적으로 성차별 행위에 동조하게 되고, 결과적으로 이념이 무엇이든 실제로는 뿌리 깊은 가부장적 사고에서 벗어나기 어려워질 것이다.

북한 사전의 편찬은 '주체성의 원칙', '당성·로동계급성·인민성의 원칙', '현대성의 원칙', '과학성과 규범성의 원칙'에 따라 이루어진다. 북한 사전이 남한 사전과 다른 가장 큰 특징으로 '정치사상성의 반영'을 들기도 한다(이병근 2000:291). '당성, 계급성' 등의 정치사상이 철저하게 반영되었으면서도 여성 차별 문제의 인식은 제대로 이루어지지 못했음을 확인할 수 있었다.[14) 이처럼 북한 사전에서 여성에 대한 차별적 언어 기술이 많고 가부장적 문화가 강하게 드러나고 있는 것은 북한 남성들이 여전히 전통적 가부장 문화의 영향에서 벗어나지 못했고, 남성 주도의 사전 편찬 과정에서 언어적 성차별 행위에 대한 뚜렷한 인식이 부족했기 때문으로 판단된다. 특히 남한과 마찬가지로 북한에서도 사전의 집필, 심사 및 편찬 담당자들은 대부분 남성이며 여성들은 주로 편집과 교열의 부차적 임무를 맡고 있어서 여성 차별 표현을 막기 위한 사전 기술의 바람직한 방향이 무엇인지에 대한 여성들의 생각과 요구가 제대로 반영되지 못했다고 본다.

또한 그것은 북한의 정치 체제 변화와도 어느 정도 관련이 있어 보인다. 북한은 사회주의 체제 초기에 '가정의 혁명화'를 통하여 전통적 가족 관계와 가부장제 전통이 붕괴되었으나 1960년대 말 이후 김일성, 김정일 부자간 권력 세습의 정당화 과정에서 남성 중심적 가부장제 전통이 부활되었다(선우현 2004:272-273). 양성평등 의식이 완전히 자라지 못한 채 정치 체제적 요인 때문에 과거로 되돌아간 것이다. 북한에서 가부장적 질서를 완전히 버리고 양성평등을 실현하려던 '가정 혁명'은 적어도 언어 면에서는 미완의 혁명으로 남게 되었다고 하겠다.

---

14) ≪조선말대사전≫의 편찬 방향은 "영생불멸의 주체사상을 확고한 지도적지침으로 삼고 주체의 언어리론과 사전편찬원칙에 기초하여 만든" 것이라고 머리말에 나와 있다. 또 "사상, 기술, 문화의 3대혁명수행을 위한 근로자들의 학습과 그들의 언어생활개선에 그리고 우리 민족어의 주체적발전에 적지 않게 이바지"할 것을 편찬 목표로 삼았다. 사상적인 면이 가장 중요하게 다루어지고 있는데, 실제로 대부분의 용례들이 북한 주민들의 정치사상 강화를 목적으로 하는 내용들이라서 남한에서 볼 때는 낯설고 딱딱하며 재미없게 느껴진다.

5장_ 인터넷 공간의 여성 비하 표현

이 장의 목적은 한국의 인터넷 통신 공간에서 유행하는 여성 비하적 지시 표현, 곧 '여성 비하 표현'의 쓰임과 의미를 파악하고, 그런 표현에 대하여 누리꾼들은 어떤 태도를 갖고 있는지를 살펴보는 것이다. 기존의 일상어 사용에서도 예의 없고, 자기중심적으로 행동하는 여성을 '아줌마'라는 표현을 통하여 낮잡아 가리키는 경우가 있었는데, 인터넷에서는 비슷한 새말 표현들이 많이 만들어져 더 활발하게 쓰이고 있다. 예를 들면, '김여사, 된장녀, 오크녀' 등이 대표적인 보기들이다. 이런 표현은 여성을 비난하고 왜곡하는 맥락에서 집중적으로 쓰인다. '김여사'의 경우 운전 능력이 미숙하거나 교통질서 의식이 약한 여성들을 가리키는 말이며, '된장녀'는 외모에 치장을 많이 하고 돈을 지나치게 좋아하며 과소비를 일삼는 남성 의존적 여성을 가리키는 말이다. '오크녀'는 주로 외모가 크게 떨어진다고 보는 여성을 가리킬 때 쓰인다.

 물론 인터넷 공간에서는 '개 학대남, 땅콩남, 바바리남, 쩍벌남' 등 남성의 행동을 비난하는 표현들이나 '개똥녀, 된장녀, 오크녀'에 대응되는 남성형 '개똥남, 된장남, 오크남'이 쓰이고 있지만 생명력과 파급력이 약하고 해당 남성어 대한 비난이 일시적이다. 이와 달리 여성 비하 표현은 해당 여성의 개인 정보까지 노출될 정도로 비난 강도가 지속적으로 강하게 유지되며,1) 한 개인의 잘못이 전체 여성들에게로 투사되기도 하는 점에서 차이를 보인다. 이러한 여성 관련 표현들이 어떤 맥락에서, 누구에 의하여 주로 쓰이며, 결과적으로 여성에 대하여 어떤 부정적 효과가 나타나는지를 다양한 인터넷 통신 언어 자료를 통하여 분석하면 일련의 통신 언어 새말들의 심층적 쓰임을 확인할 수 있을 것이다. 나아가 인터넷에서 벌어지는 남녀 사이의 대립과 충돌, 성차별 현상에 대해서도 구체적으로 밝힐 수 있다. 이러한 연구 결과는 인터넷 통신 언어와 인터넷 언어문화를 깊이 있게 이해하는 데 직접적인 도움이 되는 점에서 연구 필요성이 높다.

 지금까지 인터넷 통신 언어에 대한 연구는 많이 이루어졌고, 계속 활발히 연구가 전개되고 있지만 여성 비하 표현의 쓰임에 대한 구체적 분석 연구는 나오지 않았다.2) 통신 언어 연구의 흐

---

* 이 장의 내용은 이정복(2010다)를 부분적으로 고친 것이다.
1) 대표적으로 2005년 있었던 '개똥녀' 사건의 주인공 여성은 얼굴 사진은 물론 신상 정보가 누리꾼들에 의해 인터넷에 노출됨으로써 협박을 당하고 큰 수모를 받았으며, 최근에는 대학 미화원에게 욕설을 한 '패륜녀'의 주인공 여성도 비슷한 일을 겪었다. 자세한 내용에 대해서는 <'사이버 인민재판' 네티즌 자성 일어> (데일리안, 2005-06-08), <인터넷 폭력 "도를 넘었다"> (YTN, 2005-06-15), <개똥녀… 루저녀… 패륜녀… 이번엔 '배신남'까지> (세계일보, 2010-05-28) 등 기사 참조.

름을 종합적으로 다룬 이정복(2007나, 2009나)에서 '개똥녀, 된장녀, 오크녀' 등 여성을 가리키는 표현이 통신 공간에서 쓰이고 있음을 지적하였지만 쓰임을 자세히 다루지는 않았다. 그런데 이러한 여성 비하 표현들이 많이 쓰이는 것은 인터넷 공간이 남성 지배적 공간으로 유지되고 있음을 보여 준다. 다수의 남성들이 여성들에 대한 비하 의식을 쉽게 드러내고, 그것을 게시글이나 댓글을 통해 확산시킴으로써 여성 전체에 대한 부정적 인식을 강하게 심어주는 문제점이 있다. 여성 비하 표현을 대하는 여성들은 불쾌감을 느끼게 되고, 이러한 표현의 사용과 관련된 남성과 여성의 대립과 충돌이 벌어지기도 한다. 여성 비하 표현의 사용과 확산은 인터넷 공간에서 일어나는 주목해야 할 언어문화 현상이지만 본격적인 학문적 관심은 없었다고 하겠다.

여기서 분석할 자료는 기본적으로 2010년 9월까지 대문형 사이트 ≪다음≫ (www.daum.net)의 '아고라' 게시판과 ≪다음≫ 및 ≪네이버≫의 카페에 실린 게시글과 댓글에서 수집했다. 다만 여성 누리꾼들 자료의 일부는 독립적으로 개설된 일반 동호회 사이트에서 가져온 것도 있다. 이 장에서 다룰 주요 내용은 제시하면 다음과 같다.

첫째, 여성 비하 표현의 목록을 작성하고 유형을 분류한다. '김여사', '오크녀' 등 인터넷 통신 공간에서 만들어지거나 활발하게 퍼져 쓰이는 형식들에는 무엇이 있는지를 파악하고, 그 유형을 몇 가지 관점에서 나누어 본다.

둘째, 여성 비하 표현의 쓰임과 의미를 보기 중심으로 분석한

---

2) 인터넷 통신 언어의 전반적 특성에 대해서는 이정복(2003가, 2009나)를 참조할 수 있다.

다. 확인된 표현들 가운데서 대표적 비하 표현을 중심으로 몇 가지 의미 영역별로 쓰임의 보기를 제시하고, 기본 의미와 확대 의미, 남성 대응형 및 관련 표현의 쓰임을 기술하기로 한다.

셋째, 여성 비하 표현에 대한 누리꾼들의 태도를 살펴본다. 대표적 여성 비하 표현에 대하여 남성과 여성 누리꾼들은 어떤 태도를 갖고 있으며, 이와 관련하여 양성 사이의 대립과 충돌이 어떤 배경에서 나온 것인지 생각해 보겠다.

1. 여성 비하 표현의 유형과 쓰임

1.1 유형 분류

먼저 한국의 인터넷 통신 공간에서 쓰이는 부정적 의미의 여성 관련 명사 표현, 곧 여성을 지시하는 비하- 표현의 목록을 제시하면 다음과 같다.[3]

(1) 여성 비하 표현의 목록

개똥녀, 군삼녀, 김여사, 대사관녀, 된장녀, 똥습녀(젖공녀),[4] 루저

---

[3] 인터넷 공간에서는 '도자기녀, 목도리녀, 사과녀, 엘프녀, 치우녀' 등 긍정적 의미와 연결되는 여성 지시 표현들도 많다. 긍정적이든 부정적이든 여성들의 행동이 크게 주목을 받고, 관련 동영상이나 언어 표현이 인터넷에서 널리 유통되고 있다. 이것은 남성들과 대중매체가 여성들에게 높은 관심을 보이면서 그들을 쉽게 평가하고 등급화·범주화하려고 시도하기 때문이다. 이와 함께 기사 댓글 게시판이나 공개된 토론 및 이야기 게시판 등 인터넷 여론을 이끌어 가는 공간에서 남성들이 주도적으로 활동함으로써 여성들이 인터넷 유희의 대상이자 집단 공격의 피해자가 되어 버리는 상황도 중요한 원인의 하나이다.

녀, 매점녀, 발길질녀, 불어녀, 술똥녀, 오크녀, 일본녀, 지하철 화장녀, 패륜녀(막말녀)

(1)의 표현들은 부정적 의미를 갖고 특정 또는 다수 여성을 비난하거나 모욕하는 자리에서 잘 쓰인다. '개똥녀, 똥습녀, 루저녀, 발길질녀, 술똥녀, 패륜녀'는 표현 자체에서 이미 비속함이나 부정적 의미가 느껴지지만 '군삼녀, 김여사, 대사관녀, 된장녀' 등의 경우에는 말 자체에서는 그런 뜻을 파악하기 어렵다. 표현이 만들어지게 된 구체적 사건이나 계기를 알아야 정확한 의미도 알 수 있는 것이다.

이러한 여성 비하 표현들을 몇 가지 관점에서 유형을 나누어 보고자 한다. 각 표현의 지시 대상이 특정인에 한정되는지 여성 일반에 두루 확대되어 쓰이는지, 생명력의 면에서 지속적인지 일회적인지, 언어 형식적인 면에서 남성 대응형이 있는지 없는지를 기준으로 분류하기로 하겠다. 또한 여성의 어떤 특성에 초점을 맞추어 비난하거나 비하하고 있는지에 대해서도 유형별로 분류한다. 2010년 현재 인터넷 통신에서 관찰되는 여성 비하 표현들을 이와 같이 네 가지 관점에서 대략적인 유형을 나누기로 하겠다.

먼저, 지시 대상의 면에서 '개똥녀, 군삼녀, 루저녀' 등은 사회적으로 문제가 된 특정 개인을 가리키는 말이다. 반면 '김여사, 된장녀, 오크녀' 등은 특정한 영역에서 부정적 특성을 보이는 다수의 여성들에게 두루 쓰이고 있다. 예를 들어 '개똥녀'는 지하철

---

4) '똥습녀'와 '젖공녀'는 2002년 월드컵 대회 때 나온 말로서 같은 사람을 가리킨다. 이 가운데서 '똥습녀'가 더 많이 쓰인다. '패륜녀'와 '막말녀'도 마찬가지이며, '패륜녀'의 쓰임이 더 많은 것으로 나타난다.

차량 안에서 애완견의 똥을 치우지 않고 내린 것을 누군가가 동영상으로 찍어 인터넷에 올림으로써 크게 비난을 받은 한 여성을 가리킨다. 이후 '개똥녀'는 '공중도덕이 부족한 개념 없는 여성'이라는 부정적 의미를 갖게 되었지만 지시 대상이 다른 사람에게로 쉽게 확대되어 쓰이는 일이 적다. '김여사'는 2006년부터 방영된 텔레비전 개그 프로그램 <개그야>의 '사모님'에 나온 주인공에서 출발하여 용법이 널리 퍼진 말이다.5) 운전이나 주차 등을 서툴게 하거나 자기중심적으로 부주의하게 하는 여성을 가리키며, 다양한 '김여사 시리즈'로 발달되었다. 남성들의 관점에서 차를 다루는 실력이 모자라거나 마음에 들지 않는 경우 여성 누구에게나 이 말을 쓰는 점에서 지시 대상이 아주 넓다.

여성 비하 표현의 생명력 관점에서 크게 두 가지로 유형을 나누면, '개똥녀, 김여사, 된장녀' 등은 오랫동안 지속적으로 쓰이는 표현이고 '대사관녀, 발길질녀, 불어녀' 등은 일회적으로 쓰이다가 누리꾼들의 의식에서 사라졌거나 쓰임이 거의 없는 표현이다. 각 표현이 나온 시기가 달라 표현의 생명력을 일관된 기준으로 파악하기는 어렵지만 처음 나온 이후 얼마나 높은 빈도로 지속적 쓰임을 보이는지를 관찰할 때 이러한 분류가 가능해 보인다. '김여사, 된장녀, 오크녀'의 경우는 나온 지 비교적 오래 되었음에도 빈도 차이는 있지만 현재까지 지속적인 쓰임을 보이고 있는데, 이들 표현의 의미와 관련이 있다. 이런 말들을 즐겨 쓰는 사람들의 관점에서 '운전 실력이 부족하고', '돈과 명품을 밝히며', '외모가 못생긴' 여성이라는 지시 대상은 끊임없이 존재하기 때문이

---

5) http://www.imbc.com/broad/tv/ent/gag/

다. 반면 '대사관녀, 불어녀'의 경우 특정 조직에서 일어난 일회적 사건의 주인공을 비난하는 표현들로서 비슷한 조건의 여성이 많기 어렵고, 또 같은 사건이 반복적으로 일어나지 않으며, 그렇더라고 해도 쉽게 공개되지는 않기 때문에 사용할 일이 적다. 처음부터 쓰임이 일시적일 수밖에 없는 특성을 가진 것이다.

남성 대응형의 존재 면에서, '개똥녀, 김여사, 오크녀' 등이 같거나 비슷한 의미의 남성 대응형을 가진 반면 '군삼녀, 매점녀, 술똥녀' 등은 대응형이 없다. 대응형을 가진 경우도 표현에 따라 조금씩 차이가 있다. '개똥녀-개똥남, 된장녀-된장남,[6] 오크녀-오크남, 패륜녀-패륜남'은 형식에서 남성형과 여성형이 정확히 대응된다. 이들 표현의 경우 여성형이 먼저 생기고, 여성형에서 남성형이 모방적으로 만들어졌다. 이 때문에 남성형의 의미는 대체로 비유적으로 쓰이며 특정 개인이 아니라 어떠한 행동 특성을 가진 남성들을 두루 가리키는 점이 특징이다.[7] 표현에 따른 차이도 있는데, '오크녀-오크남'은 비교적 정확히 대응되는 의미를 갖는 데 비해 '된장녀-된장남'은 구체적 의미가 다르다. '된장녀'가

---

[6] '된장녀'는 기본적으로 '된장남'과 대응되면서 '고추장남'과 일정한 대응 관계에 있기도 하다. '된장녀-된장남'이 비슷한 의미를 가진 남녀 대응형이라면 '된장녀-고추장남'은 의미가 상반된 남녀 대응형인 점에서 차이가 있다. 한마디로 '된장녀'는 사치스러운 여성이고 '고추장남'은 궁상스러운 남성으로 정의된다. '고추장남'에 대응되는 여성형 '고추장녀'도 쓰인다. 결국 '고추장남'은 '고추장녀'와 정확히 대응되는 말이기 때문에 '된장녀'에 대한 남성 대응형으로는 다루지 않기로 한다.

[7] '패륜녀-패륜남'은 '경희대 패륜녀'에서 여성형이 먼저 생기고 곧 이어 '연세대 패륜남'에서 남성형이 생겼다. 나이 많은 미화원에게 막말을 하거나 폭력을 행사한 문제적 행위를 한 남녀 당사자를 비난하는 표현에서 출발하였기 때문에 기본적으로 '패륜녀'와 '패륜남'은 모두 특정 개인을 비난하는 지시적 의미를 갖는다.

돈을 밝히고 사치스러우며 남성 의존적인 여성을 가리킨다면 '된장남'은 여성들의 외모를 쉽게 평가하면서 예쁜 '된장녀'를 좇는 남성을 가리킨다. 남녀 모두 자신의 분수도 모르는 사람이라는 공통점이 있지만 추구하는 방향에서는 뚜렷하게 차이를 보이는 것이다. '김여사-김기사'의 경우 각 표현의 뒷부분이 '여사'와 '기사'로 비대칭적이다. 이런 점에서 '김여사'와 '김사장'을 대응시키기도 한다. '김여사-김기사'에서 여성이 지위 면에서 위지만 행동에 대한 비판 또는 비하의 강도 면에서는 여성형이 더 강하다. '루저녀'에 형태상 대응되는 '루저남'은 의미가 완전히 대응되지 않는다. '루저녀'는 방송에서 키 작은 남성들을 '루저'라고 낮잡아 부른 여성을 가리키는 데 비해 '루저남'은 키 작은 남성 자체를 가리킨다.

여성의 어떤 특성에 초점을 맞추어 비하하고 있는지는 '능력, 외모, 태도, 행위'의 네 가지로 나눌 수 있다. '김여사'는 여성의 운전 능력을 낮잡아 보는 것이며, '매점녀, 오크녀'는 외모에 초점을 둔 것이다. '매점녀'는 비만 여성을, '오크녀'는 얼굴이 못생긴 여성을 가리킨다. '개똥녀, 발길질녀, 술똥녀' 등은 특정 여성의 특정 행위를 비난하는 것이다. 여성의 태도에 초점을 맞춘 표현으로는 '군삼녀, 된장녀, 루저녀' 등이 있다. 다만 여기서 유의할 점은 하나의 표현이 한 가지 의미 영역에만 한정되어 쓰이지는 않는다는 점이다. 예를 들어 '김여사'는 기본적으로 여성의 운전 '능력'에 초점을 맞춘 것은 분명하지만 문제가 생겼을 때 자신의 잘못을 인정하지 않으려 하는 '태도'가 동시에 비난의 대상이 된다. '개똥녀'의 경우 잘못된 '행위'가 초점이되 공공장소에서의 예의나 다른 사람에 대한 '태도'가 함께 문제가 되는 식이다.

지금까지 여성 비하 표현을 네 가지 관점에서 유형을 분류하였는데, 이를 표로 정리하면 다음과 같다.

〈표 1〉 여성 비하 표현의 유형 분류

분류 기준	하위 유형	여성 비하 표현
지시 대상	특정 여성	개똥녀, 군삼녀, 대사관녀, 똥습녀, 루저녀, 발길질녀, 불어녀, 술똥녀, 일본녀, 패륜녀
	다수 여성	김여사, 된장녀, 매점녀, 오크녀, 지하철 화장녀
생명력	지속적	개똥녀, 김여사, 군삼녀, 된장녀, 루저녀, 오크녀, 똥습녀, 패륜녀
	일회적	대사관녀, 매점녀, 발길질녀, 불어녀, 술똥녀, 일본녀, 지하철 화장녀
남성 대응형의 존재	있음	개똥녀-개똥남, 김여사-김기사/김사장, 된장녀-된장남, 루저녀-루저남, 오크녀-오크남, 패륜녀-패륜남 (막말녀-막말남)
	없음	군삼녀, 대사관녀, 똥습녀, 매점녀, 발길질녀, 불어녀, 술똥녀, 일본녀, 지하철 화장녀
비하의 초점	능력	김여사
	외모	매점녀, 오크녀
	행위	개똥녀, 똥습녀, 발길질녀, 술똥녀, 지하철 화장녀, 패륜녀
	태도	군삼녀, 대사관녀, 된장녀, 루저녀, 불어녀, 일본녀

1.2 쓰임과 의미

앞에서 제시한 여성 비하 표현들의 구체적 쓰임을 살펴보고, 그 의미를 파악하기로 하겠다.[8] '지시 대상', '생명력', '남성 대응형의 존재', '비하의 초점' 등 네 가지 유형 분류 기준에 따라

---

[8] 여기서 제시하는 자료는 누리꾼들의 글을 그대로 가져 온 것이기 때문에 맞춤법, 문장부호 등에서 잘못된 부분이 많지만 그 자체가 통신 언어의 역사를 보여 주는 귀중한 사료임을 고려하여 고치지 않고 그대로 두었다.

여성 비하 표현을 반복적으로 살피는 대신 표현의 내용과 관련되는 '비하의 초점' 관점에서 쓰임을 검토하되 나머지 부분들도 필요한 경우 함께 다룬다. <표 1>에서 나눈 '비하의 초점' 하위 유형 네 가지에서 대표적 표현을 각각 하나씩 골라 논의를 진행할 것이다. '능력' 면에서 '김여사', '외모' 면에서 '오크녀', '행위' 면에서 '개똥녀', '태도' 면에서는 '된장녀'를 분석 대상으로 삼는다.

1.2.1 능력: 김여사

'김여사'9)는 지금도 인터넷에서 가장 많이 쓰이고 잘 알려진 여성 비하 표현의 하나이다. 2006년에 인기가 높았던 MBC <개그야>의 '사모님'에서 '김기사'와 '사모님'이 등장함으로써 퍼지기 시작했다. '사모님'으로 나오는 여성 주인공 이름이 김 씨였기 때문에 '김여사'라는 말이 파생된 것이다. 운전기사를 막무가내로 부리는 '사모님'의 이미지로부터 출발했는데 '김기사'가 없을 때는 직접 운전하다가 사고를 많이 냄으로써 여성 운전자의 운전 능력 부족 또는 '무개념 운전'을 탓하는 자리에서 '김여사'가 잘 쓰이게 되었다. 이 말은 곧 여성에 대한 여러 가지 부정적 의미로 확장되어 쓰였고, 지금까지도 활발한 쓰임을 보여 준다. '김여사'의 쓰임 가운데서 대표적인 것을 제시하면 다음과 같다.

(2) '김여사'의 대표적 쓰임
　　가. 아고라에 올라온 글중에 유독 김여사에대한 글이 많아 저도 작년에 김여사로부터 당했던 일이 있어 이렇게 적습니다

---

9) 규범적으로는 '김 여사'로 띄어 써야 하지만 이미 한 단어로 익은 말이기 때문에 '김여사'로 적는다.

편도 4차선 중 1차선으로 달리던 중
적색 신호에 앞차가 서길레 저 역시 멈추었습니다(절대 급정거 아닙니다)
무의식적으로 백미러로 디를 보는 순간
외제차 한대가 와서 제 뒤를 충돌하던군여
차에탄 애들과 와이프가 충격에 앞으로 쏠릴더니
애들이 울기 시작하더군여
그런데 뒤돌봐도 운전자가 차에서 내리질 않더군여
기다렸습니다
그러나 뒤차들의 경적에 더이상 지체할수가 없어
저는 뒤에 외제차에가서 운전자에게 정중히 노크를 했는데
자동도어를 내리면서 김여사가 한마디 하시던군여
"통화중인거 안보이냐고"하며 다시 자동도어를 올리더군요
황당히 외제차앞에서 구걸하는 사람처럼 뻘쭘서있다가
한참만에 문열고 나와서 하는 말이
"나한태 큰소리 칠 생각하지말고 보험사 직원 오면 그사람하고 애기하세요" 라며
차를 두고 인도로 횡단해가는 김여사님 뒷모습을 보며
허탈하더군여
"애들 괜찮아요 많이 놀래셨죠"라고 했으면 좋을텐데…
후에 사고관련해서 보험사 합의 과정에 받았던 스트레스를 다 돌려주었습니다…
김여사란 정말 자기만 알더군여….
(해도 너무하는 김여사, 아고라/이야기/억울, 2010-07-27)

나. 역시 김여사 답다 ㅋㅋㅋㅋ

나-1. 법만 없었으면 다 필요없고 저런 놈들 칼로 목을 따버리는건데.

나-2. 그 김여사 머리에 휘발유를 부어버리지 그랬어요. 무개념에는 무개념으로 대응해야하는 거 아닌가?

나-3. 여편네가 집구석에서 밥이나하고 살림이나 하지,,밖에나와서 사고나치고 그렇게 돈지랄 하고싶냐,,

나-4. 분당에서 강남으로 구룡터널 길 90으로 밟고 가다가 앞차가 급정거 좌우에 차들 있어서 차선변경 둘가상태도 겪어 봤습니다. 속도 줄이며 거의 부딪히기 직전에 멈췄는데... 옆차들 빠져나가고 쳐다보니 선글라스 낀 20대 여성이더군요. 차는 외제차 미안하단 신호는 고사하고 쳐다보지도 않고 다시 가더군요.

이 보기에서 '김여사'는 도로 상황에 적절히 대처하지 못하는 '운전 능력 부족의 여성 운전자'라는 의미와 함께 사고를 내고도 사과할 줄 모르는 '예의 없는 여성 운전자'라는 의미까지 추가로 갖는다. 이 게시글에 대해 누리꾼들은 (2나)처럼 점잖게 동조하는가 하면 (2나-1, 2)와 같이 과격한 표현으로 여성들을 공격하는 일이 많다. (2나-3)의 댓글에서는 '여편네'라는 또 다른 여성 비하 표현을 동원하며 집안에만 머물러야 한다는 시각에서 여성들의 외부 활동을 비난했다. (2나-4)의 누리꾼은 여성 운전자에게서 겪은 자신의 경험을 덧보태어 원글에 대한 지지의 뜻을 밝혔다.

주로 남성들이 여성 운전자에게 쓰는 '김여사'라는 표현은 의미가 확대되어 전체 여성 운전자를 가리키는 말로 쓰이거나 '일상생활에서 행동이나 생각에 문제가 있는' 여성 전체로 적용되고 있다. (3)이 그러한 확대된 의미로 쓰인 보기이다.

(3) '김여사' 쓰임의 확대

가. 아침에 출근하기 위해 지하 주차장에 갔다
　　아침 6시 반 쯤
　　어라!!

내차앞에 베x나가 가로 주차 중이다.
휴가철이어서 주차장이 약간(?) 여유는 있지만 우리 아파트는 반드시 그렇지도 않나보다.
딱 보기에도 여자 운전자 용임을 직감한다
그런데 앞으로밀어보니 꼼작도 하지 않는다.
자세히 안을 들여다 보니 사이드브레이크 걸어 놓고 주자기어까지 넣어놨다.
바쁜 아침에 좀 그렇다.
전화를 걸었다.
한 참후 여~~보~~세~~요
잠에서 덜 깬 목소리다.
"차가 주차 기어에 사이드까지 채워 놨는데 급히 차 좀 빼 주세요"
"알았습니다. 죄송합니다"
12층 이던데 조금 기다리니 쫓아온다.
또 죄송합니다. 어제 제사 지내고 늦게와서요. 한다.
차에 들어가 시동을 걸더니 두번이나 죄송합니다라고 하더니 자기네 동으로 차를
몰고 간다.
바쁜 아침에 과히 기분이 나쁘지는 않았다.
우리 사회가 이런 김여사 마냥 "다 제 잘못입니다"라고 하는 사회가 되었으면 좋겠다.
(이런 김여사 어떻나요?, 아고라/이야기/수다, 2010-08-05)

나. 날도 무더운데....개념을 폭염속에 익혀서 꿀꺽 하셨는지 이런 김여사도 있네요
저희 집(아파트, 저층) 베란다 앞은 주차장이 아니고 나무와 잔디가 아담하게 심어져 있는 작은 공원으로 되어 있습니다.
아이들도 가끔 뛰어놀구...어르신들 산책도 하는 곳입니다.
요즘 더위에 아침부터 베란다 문을 열어놓고 있기에 출근하기전

에 창너머 나무들을 쳐다보곤 합니다.
그런데, 며칠전 두마리의 개완견을 끌고 산책하는 문제의 김여사 등장....
(작은 강아지는 아니고, 저가 동물에 별 관심이 없어 종류는 모르겠구요, 개라고 표현해야 하는 크기 두마리)
잔디밭에 올라서더니 목줄을 놓더라구요, 그러더니 두마리다 응가를 쉬원하게...그걸 태연하게 지켜보는
김여사...아니 뿌듯하게 보고계시는 듯...
그러더니 유유하게...산책을 계속~~(순간 이건 머지????) [...]
(또다른 유형의 김여사, 아고라/이야기/수다, 2010-07-29)
다. 얼마전 은평구에 위치한 이마트를 와이프와 장을 보러갔습니다
생각했던 물품을 다사고 과일코너를 갔는데 체리가 한팩에 14000원인가 팔고있더군요 먹음직스럽웠지만 쫌비싼거같아 제 직장 출퇴근길이 청과물시장을 지나는 길이라 내일 시장가서 사야겠다 하고 코너를 옮길려는중 옆아줌다 한팩을 집어들더니 뚜껑살짝열고 몇개더 자기 팩에 집어넣고 있던군요 눈치봐가며서요 정말진상이더군요 그러더니 마치 여기서 자기는 먹고 사간 체리는 집에서 아껴가며 먹을려는지 몰래집어먹기까지 하던군요 보기정말짜증나 아줌마 옆에서 체리를 보는척하며 빼먹은 채리팩을 들고 "이건 왜이리 없어" 들리듯이 말하니 다른코너로 가더군요 아~이건아니잖아요 여사님
기본매너는 지키시면서 장보셨으면 좋겠네요
많이먹고싶으면 더사던가 매너없이
(마트에서 체리 몰래 빼먹는 김여사, 아고라/이야기/수다, 2010-07-17)

(3가)에서 '김여사'는 비난이나 비하의 뜻 없이 쓰였다. 차와 관련이 있지만 여성 운전자의 긍정적 행위를 이야기하면서 이 표

현을 쓴 것이다. (3나, 다)의 '김여사'는 부정적 맥락에서 쓰였는데, 여러 사람들이 이용하는 장소에서 애완견을 제대로 관리하지 못하는 여성과 할인점에서 체리를 훔쳐 먹은 여성을 가리켰다. 차 운전과 관련 없이 문제적 행위를 비난할 때로 확대되어 쓰인 것이다. 여전히 '김여사'는 운전과 관련된 쓰임이 많기는 하지만 이처럼 여성의 다른 행위로 연결되고, 행동에 문제가 있다고 보는 특정 여성뿐만 아니라 그렇지 않은 경우에도 쓰이는 사실이 드러났다. 이 점에서 인터넷 통신 공간의 '김여사'는 이전 일상어 사용에서 많이 쓰던 '아줌마'와 거의 같은 의미 및 쓰임을 보이는 것으로 판단된다.

(4) '김여사' 남성 대응형의 쓰임[10]
    가. 이글은 전국의 김여사 **김기사** 들에게 고하는 글입니다.
        제 개인적인 감정이 섞여 기분 나쁘게 들으실 수도 있으니 참고 바래요.
    가-1. 김여사 짜증 증폭시키는 일 많지만.. 정작 살인을 저지르고 싶은 감정을 유발시키는건 **이기사**가 더많다.. 백배도 더많다..
        (자꾸 김씨만 써먹기 뭐해서~^^)
    나. 다들 김여사 김여사 하는데...
        김사장도 문제인 것 같아요.
    나-1. 난 15년차 운전하는데,
        운전하다 보면 김여사만 욕할게 아니더라.
        깜박이불 안켜고 시도때도 없이 끼어들기 하는 얌체 **박사장**들, 전체적인 속도 흐름 놓치면, **빵빵대고** 지랄지랄하는 박사장들,

---

10) 남성 대응형의 쓰임 보기는 간단히 해당 쓰임 부분만 가져오고, 출처 표시 등은 생략한다. 보기 쉽게 남성 대응형 등 관련 표현을 진하게 표시했다. 아래 다른 표현에서도 마찬가지이다.

다. 두번째는 김여사가 아니고 **김서방**인데요...
저녁 무렵 집사람 친구집 옆에 차를 정차해놓고 (라이트도 켜놓고, 시동 걸고 있었습니다) 있는데... 웬 차가 앞에서 뒤로 박더군요... 멀쩡히 있었건만...

'김여사'에 대응하는 남성형도 다수 나타났다. (4가)의 '김기사'는 본래 개그 프로그램에서 주인공으로 나왔기 때문에 인터넷에서도 '김여사'와 함께 쓰이며 비슷한 뜻을 갖고 있다. (4나)의 '김사장'도 비교적 많이 쓰이는 대응형이다. '김기사'가 '사모님' 또는 '김여사'의 운전기사로서 낮은 지위인 것과 달리 '김사장'은 '김여사'와 비슷한 지위에 있는 남성인 점에서 개그 프로그램을 보지 않은 사람들에게는 더 기억하기 쉬운 형식이다. (4가-1)의 '이기사', (4나-1)의 '박사장', (4다)의 '김서방' 등의 표현도 있지만 일회적 쓰임에 그친다.

그런데 이러한 남녀 대응형은 사용 빈도 및 용법 면에서 큰 차이가 있다. ≪다음≫ '아고라'의 '이야기' 게시판에 실린 글들을 살펴본 결과 2010년 9월 중순 현재 '김여사'는 677개의 게시글에서 쓰인 반면 '김기사'는 50개에서 쓰였다.11) 여성형의 쓰임이 남성형에 비해 10배 이상 많다. '아고라'의 또 다른 대표적 영역인 '토론' 게시판에서는 '김여사'가 599개 게시글에서, '김기사'는 86개 게시글에서 쓰였다. 두 게시판 모두 여성형 사용이 훨씬 많다. 이것은 일부 여성 운전자의 잘못을 지나치게 과장·확대하고, 그것을 전체 여성 운전자에게로 일반화하여 여성들을 집단적 놀림

---

11) '김사장'은 '김여사'와 관련 없이 특정 '김 씨 사장'을 가리키는 경우가 많아 통계에서 제외했다. '토론' 게시판의 경우 '김사장'이 215개의 게시글에서 쓰였는데, 대부분 2010년 당시의 KBS 사장을 가리킨다.

감으로 삼아 즐기는 남성들이 많은 데서 나온 결과로 해석된다.1 '김여사'와 '김기사'의 이러한 쓰임 차이를 표로 정리하면 다음과 같다.

〈표 2〉 '김여사'와 '김기사'의 쓰임 차이 [게시글 수(백분율)]

구분	김여사	김기사	합
이야기 게시판	677(93.1)	50(6.9)	727개(100%)
토론 게시판	599(87.4)	86(12.6)	685개(100%)

이와 함께 용법 차이도 보이는데, 남성 대응형 '김기사'나 '김사장'은 (4)에서 알 수 있듯이 대부분 '김여사'와 함께 쓰인 반면 '김여사'는 (2), (3)의 보기처럼 독자적 주인공으로 나온다. 운전을 난폭하게 하거나 다른 운전자에 대한 배려가 부족한 남성들의 존재를 부분적으로 인정하되 그것은 '김여사'에 대한 심한 공격을 조금은 누그러뜨려 보자는 차원에서 '김여사' 못지않은 '김기사/김사장'도 있다는 내용이 주를 이룬다. 아래 (5)를 보면 이 점이 분명히 드러난다. 이와 달리 '김여사'의 경우는 남성 운전자에 대한 언급 없이 그 자체로 화제의 주인공이 된다. 남성들은 '우리와는 전혀 실력이 다르고 예의가 없으며, 잘못을 저지르고도 부끄러워하지 않는' 여성 운전자들을 집단으로 공격하고 놀림감으로 삼고 있는 모습이다.

(5) '김기사'에 대한 비판 방식
강원도 횡성에 가는 길이었습니다.. 한 5년 된거 같은데... 고속도로에서 당시 소나타였나???? 잘 기억이 나질 안네요... 여성분이 운전중이었고요.... 정말 끼어들기의 대가였습니다.. 편도2차로에서

> 옆에 차가 있건말건.. 밀어투치는 대가... 시속 100km로 말입니다... 그런데...그 김여사 운전이 짜증이 나셨는지.. 우리의 김기사님 1차로에서 그 김여사님하고 같은 속도로 한 10 여분 가시더군요... 저 바로 뒤에서 환장하는줄 알았습니다. 저뿐만이 아니 것지요... 뒤로 차들이 줄줄이 서포트 받으면서 갔네요... 그런 김기사 자슥 그이후로도 몇번 봤지만... 정말 어처구니 없는 인간들이더군요.....ㅋㅋㅋㅋㅋㅋㅋㅋㅋㅋㅋㅋㅋ
> (김여사 보다 더 나쁜 김기사, 아고라/이야기/수다, 2010-04-19)

이러한 검토를 통하여 '김여사'는 여성 운전자들의 '능력'에 대한 비난 맥락에서 쓰이기 시작하여 예의 없거나 자기중심적으로 행동하는 부정적 '태도'를 가진 여성의 뜻으로 확대되어 쓰이는 것으로 정리된다. 또 초기에는 특정 여성이 지시 대상이었으나 점차 전체 여성들에게 사용 범위가 넓어짐으로써 남성 누리꾼들이 여성 전체를 놀리고 비하하는 문제적 표현으로 자리 잡고 있는 실정이다.

1.2.2 외모: 오크녀

'오크녀'는 여성의 외모에 초점을 맞추어 여성에 대한 남성들의 시각을 왜곡하고 마음에 들지 않는 외모의 여성들을 놀림감으로 삼는 비하 표현이다. '오크녀'는 '오크'와 '녀'가 결합된 말로서 '오크'(Orc)는 소설 ≪반지의 제왕≫ 등에 나오는 사악한 세력의 종족 이름이다. '오크'가 키 작고 뿔 달린 괴물 모습을 하고 있기 때문에 '오크녀'는 괴물처럼 못생긴 여성을 가리키는 뜻으로 쓰이게 되었다. ≪네이버≫의 '오픈 국어사전'에서는 "얼굴에 여드름과 피지가 많아 보기 흉한 여성을 속되게 이르는 말"로 풀이

하기도 했다.[12]

(6) '오크녀'의 대표적 쓰임

가. "미녀"라는 말로 간판을 단 프로그램 자체가 문제 아닌가!!!
미녀는 우월하고, 추녀는 열등하고..
미남은 우월하고, 추남은 열등하다는 의미 아닌가?
[...] 남자들은 여자들이 키 작고 못생기고, 가슴 작으면 "오크녀"라고 엄청 아고라에서 씹어대죠!!!
모든 사람들이 다 그러하지 않는다는 거 다 압니다.
허나, 키작고 못생긴 신봉선에게 성형수술시키도록 무언의 압력을 넣는 곳이 방송국입니다!!! 능력보다는 여성의 외모로 평가하는 사회이죠!!!
그런데 여대생들의 몇마디에 남자들, 여자들까지 그 여성들을 싸잡아 욕하는 것이 너무 예민합니다. [...]
(이도경 잘했다!!! 짝짝짝!!!!!!! 대박입니다!!!, 아고라/이야기/수다, 2009-11-10)

나. 다 필요 없고 얼굴 못생기고 가슴 작은 여자들은 조용히 군대나 가라 이래서 여자들도 군 입대를 시켜야 돼

나-1. 이상 오크녀의 푸념이었습니다

나-2. 외모는 안보는데..자기관리좀 했음 좋겠어..자기관리를 하면 오크녀는 안될꺼아냐

　(6가)의 누리꾼은 남성들이 '키 작고, 못생기고, 가슴 작은' 여성을 '오크녀'로 몰아가고 있음을 비판적 관점에서 언급했다. 이에 대해 (6나)에서 남성 누리꾼은 "얼굴 못생기고 가슴 작은 여자들은 조용히 군대나 가라"고 하면서 비아냥거리는 태도를 보였

---

[12] http://kin.naver.com/openkr/detail.nhn?state=R&docId=52357

고, (6나-1)의 누리꾼은 (6가)의 작성자를 '오크녀'로 몰고 있다. 다른 게시글에서는 "키작고 못생기고 뚱뚱한 오크년이랑 1시간 동안 섹스하면 천만원준다고 하면 하시겠나요?"라는 말이 나오는데, '뚱뚱한 여성'도 '오크녀'에 넣고 있다. (6나-2)를 보면, '오크녀'의 다른 뜻이 나오는데 '자기 관리'를 제대로 하지 않는 여성들도 '오크녀'의 범주에 들어가는 것으로 나온다.

(7) '오크녀' 쓰임의 확대

가. 30대 초중반으로 보였지
자기 남자친구가 집도 없이 전세금 1억5천을 모았는데 엄청 미련해 보이더라고
그러니 옆에 여자가 그 남자 왜 만나느냐고 헤어지라고 힘들꺼라면서 걱정해주더라
또 완전 뚱뚱한 여자(허벅지가 내 허리보다 더 굵은)가 자기 남자친구 차는 소나탄데 데이트 할때 외제차 타고 싶다고 하고(사실은 남자친구 있다는 말에 더 놀랐다; [...]
(나도 지하철에서 오크녀 3명을 봤는데, 아고라/이야기/수다, 2010-03-22)

나. [...] 암튼 내용인 즉슨
앞에 서있던 1人이 예전에 몹시 무거운 짐을 들고 계단을 오르다가 너무 힘이 들어서 한참을 쉬고 있는데 왠 군인들이 와서 그 짐을 들어줬다 너무 고마웠다..는 말을 하자 제 옆에 앉아있던 여자분 왈..
"세금 받아먹으면 당연히 세금내는 사람한테 군인이 그 정도는 하는거 아냐?" [...]
TO 오크녀.(이표현 참 싫어하는데 이번엔 딱이네요)
고마워 하란 말도 안해.
근데 어떻게 군대가서 쌔빠지게 고생하는 사람들한테

세금 받아먹는다는 생각을 할수가 있냐... [...]
(오늘 지하철에서 여자분들의 믿지 못할 대화.., 아고라/이야기/수다, 2010-06-03)

나-1. 군 전역자들의 가산점에 대해 어떻게 생각하세요?
오크년 1-말도 안되죠.시험준비하는데 얼마나 힘든데 점수를 거저 먹을려고 하는게 이해가 안되요.
기자 옆에 계신분은?
오크년 2-그럼 여자도 가산점 줘야죠.임신하잖아요.같은 사회적 의무로서 임신도 똑같이 가산점 줘야해요..
임신이 사회적 의무?..................그런가?...................
케이비에수 8시뉴스타임에 나오네요.......
가산점이 머고 간에 오크년들의 개념정립이 시급한듯... [...]
(뉴스에 오크녀들 둘 인터뷰하더군요., 아고라/토론/자유토론, 2009-10-09)

 (7가)에서 남성 누리꾼은 지하철에서 들은 여성들의 대화를 비난하면서 돈을 밝히고 돈 없는 남성을 무시하는 여성들을 '오크녀'로 불렀다. "완전 뚱뚱한 여자"에 더 강한 비난의 초점이 모아지긴 했으나 '자신의 분수를 모르고 남성을 돈으로 평가'한다고 본 여성들을 전체적으로 '오크녀'라고 했다. (7나)의 누리꾼은 군인들을 세금 받아먹는 사람으로 언급한 여성을 '오크녀'라고 하였고, (7나-1)에서는 남성 근 전역자에 대한 가산점을 반대한 여성들을 '오크년'이라 비난하고 있다. '오크녀'의 '녀'를 '년'으로 바꾸어 비하의 정도가 더 심해졌다. 두 보기에서 '오크녀/오크년'은 남성들의 군 복무 가치를 제대로 인정하지 않거나 이해하지 않으려 하는 '이기적 태도'의 여성들을 비난하는 표현이다. '오크녀'가 여성들의 외모에 대한 비하에서 나아가 가치관이나 태도에

까지 연결되는 사실을 좀 더 뚜렷이 확인하게 된다.

(8) '오크녀' 남성 대응형과 관련 표현의 쓰임
    가. 전 반대로 이렇게 생각합니다.
        키큰 남자들이 성격도 좋다. 키작은 애들은 상처받고 자라서 성격이 비뚤어졌다고 말입니다.
        사실 위의문장은 그냥 이론일 뿐이었는데
        이번 사건을 통해서 진실이었다는게 드러나네요.
        키작은 오크남들 진심으로 열등감 폭발이십니다.
    나. 그러나 여자나 남자나 보편적인 예를들어 **오크**는 오크와 짝이 되는 것이 보편적인관념인데 그런데 자기는 꼴페미나 된장녀인데 눈은 높아서 상류층만 바라고 돈 삼사백 만원은 애들 껌값으로 생각하니 이를 어찌하오이까?
    나-1. 그래서 둥글넙적한 백인 **오크 아줌마**들이 퍼트린 말아니에요? 질투해서?

'오크녀'에 대응되는 남성형으로는 (8가)의 '오크남'이 있다. 그러나 남성형은 여성형에 비해 쓰임이 적다. '아고라'의 '이야기' 게시판에 쓰인 두 표현의 빈도를 보면, '오크녀'가 162개('오크년' 48개 포함) 게시글에서 쓰인 데 비해 '오크남'은 14개로 큰 차이를 보였다. '아고라'의 '토론'에서는 '오크녀'가 356개('오크년' 82개 포함)이고 '오크남'은 9개로 나타났다. '이야기' 게시판에서는 남녀 대응형의 쓰임이 '김여사-김기사'와 비슷하게 나왔지만 '토론' 게시판에서는 약 40배로 여성형 쓰임 비율이 극단적으로 높다. 토론 게시판에서는 정치사회적 주제들이 많이 다루어지면서 "이 여성들은 오크녀 전씨의 머리채를 잡은 채 신체 여러

군데를 폭행한 뒤 현장에서 달아났다"와 같이 특정 여성 정치인을 가리키는 말이 집중적으로 쓰였기 때문이다.13)

〈표 3〉 '오크녀'와 '오크남'의 쓰임 차이 [게시글 수(백분율)]

구분	오크녀	오크남	합
이야기 게시판	162(92.0)	14(8.0)	176개(100%)
토론 게시판	356(97.5)	9(2.5)	365개(100%)

한편, 여성형과 남성형의 구체적 쓰임 방식에서도 차이가 뚜렷했는데, '오크녀'가 자체적으로 여성 비하 맥락에서 쓰이는 것과 달리 '오크남'은 여성들에 대한 공격의 반작용이나 여성들에 대한 남성들의 공격을 누그러뜨리려는 목적에서 여성형과 대비되어 쓰인다. 이것은 앞의 '김여사-김기사' 관계와 비슷하다. 의미 면에서 '오크녀'와 '오크남'은 비교적 잘 대응되지만 세밀하게 볼 때는 작은 차이도 있다. 여성형은 주로 얼굴에 초점이 맞추어지는 데 비해 남성형은 얼굴과 함께 키가 중요한 고려 대상이다. (8가)의 "키작은 오크남들"에서 이를 알 수 있으며, 여기서 '오크남'은 키 작은 남성을 가리키는 '루저남'과 비슷한 뜻이다.

(8나, 나-1)의 '오크'는 그 자체로 '오크녀' 또는 '오크남'의 뜻으로 쓰이는 형식이다. 주로 (8나-1)의 '오크 아줌마들'처럼 여성을 가리키는 표현과 결합되어 특정 부류의 여성들을 낮잡아 가리

---

13) 이 여성 정치인을 가리키는 변형 표현으로는 '저녀오크(녀)', '젓뇨오크', '(젖은) 오크년', '오크눙', '오크젖녀' 등 다양하게 나타났다. 게시글이나 댓글의 법적 책임에서 벗어나기 위해 정치인의 실명 표기를 피하면서 '오크녀'와의 의미 결합을 시도하려는 누리꾼들의 뜻이 반영된 결과이다. 인터넷 통신 공간에서 정치인이나 연예인 이름은 일종의 '자기 검열 금칙어'가 되는 일이 많다. '자기 검열 금칙어'에 대해서는 이정복(2008다:288) 참조.

키는 데 잘 쓰인다.

1.2.3 행위: 개똥녀

'개똥녀'는 "지하철에서 애완견의 배설물을 치우지 않은 것이 인터넷을 통해 알려져 사회적 물의를 일으킨 여성을 낮잡아 이르는 말"(김한샘 2005:3)로 정의된다. 문제의 상황을 지켜본 사람이 사진으로 찍어 인터넷에 올림으로써 해당 여성이 많은 사람들로부터 비난을 받게 되었다. 당시 '개똥녀'는 강아지를 휴지로 닦아주면서 지하철 차량의 개똥은 그대로 둔 채 내려 공중 장소에서 무책임하고 생각 없이 행동하는 사람의 대명사가 되었다.

(9) '개똥녀'의 대표적 쓰임

가. 개똥녀 같은 무개념 애견인이야
　　사실 욕먹어둠 쌈.....
　　그치만 도대체
　　무슨 피해를 준다능거임..
　　요새능
　　개나 고양이
　　전부 가방같이 생긴거에 넣고 다니능댕?
　　(솔까말....2, 아고라/토론/부동산, 2010-06-30)
나. 개똥녀를 포함해서 이번 괘륜녀까지 우리 네티즌들은 너무 비이성적이다..
　　아무리 잘못을 저질렀다고 해서 신원을 파악해 엄벌 할려는 행동은 북한의 인민재판과 구엇이 다른것인가?
　　(너무 비이성적인 네티즌들..., 아고라/토론/사회, 2010-05-21)
나-1. 잘못을 했으면 비난받아 마땅하지만 그 비난의 형태가 매우

　　　　공격적이고 개인신상에 치명적이라는 것이 좀 문제가 되는 것
　　　　같습니다. 범법자도 얼굴을 공개하네 못하네로 시끄러울 때가
　　　　많은데 …
　　나-2. 북한 인민재판과 다를바가 없습니다. 패륜녀를 욕하는 글들
　　　　도 그보다 더 심한 욕들이더군요.
　　다. […] 이런 개 호로 쌍것들아
　　　　니들 속으로 낳은 년들이 지금 이 사회에서 된장소리듣는거다
　　　　경로사상도 모르고 장유유서도 모르고 안하무인으로 어떻게 하
　　　　면 남자 잘만나 팔자 필까나 고민하는 그런 개념 밥말아 먹은
　　　　년들이 바로 수많은 김여사이고 군대비하발언이나 하는 그런 강
　　　　사같은 년이고 개똥녀 똥습녀인것이다. […]
　　　　(겁나 짜증나는 여자들 많네, 아고라/이야기/고민, 2010-07-29)

　　(9가, 나)를 보면 '개똥녀'는 2005년 지하철에서 개를 데리고 다니며 부정적인 행동을 한 여성 당사자를 가리킨다. 앞의 '김여사'나 '오크녀'가 특정 개인이 아니라 공통의 특성을 보이는 여성들을 두루 비하 대상으로 삼은 것과 달리 '개똥녀'는 문제가 되었던 특정 여성을 부정적 인식의 대상으로 삼는 차이가 있다. 이 때문에 의미의 확대가 다른 표현에 비해 제한적이고, 그런 쓰임의 빈도가 낮다. 또한 (9나, 다)에서 알 수 있듯이 '개똥녀'는 홀로 쓰이기보다는 '김여사, 똥습녀, 패륜녀'와 같은 부정적 의미의 여성 지시 표현과 함께 잘 쓰인다. 다른 표현과 어울려 쓰임으로써 여성 전체에 대한 부정적 태도를 강하게 전달하려는 남성 누리꾼들의 표현 욕구에 도움을 주는 것이다.

(10) '개똥녀' 쓰임의 확대

가. […] 늙은여자와 젊은 남자는 거의 해외 토픽감이라 그런지.. 그런 대본은 부담이 많은데.. KBS 바람 불어 좋은날 등에서 자행되는 아줌마, 이혼녀등등을 매력적인 총각과 맺기를 바라는 희망등 유독 우리나라에선 넘 많고, 이젠 할머니뻘 여자와 꽃미남까지 연결시키려는건..
아마도 여류작가들의 개인적인 희망이 닫긴 족필 대본이라 하겠죠!
남자들 바보아니죠! 아무리 돈많은 여자라도 주름위를 헤엄치고 싶은 골빈놈 거의 없어요!! 그건 쉽게 살려는 한국의 널린 개똥녀들에게나 해당 되는 얘기죠! […]
(TV드라마가 우리사회를 좀먹는다., 아고라/이야기/수다, 2010-08-13)

나. 공개게시판에서 까페질, 욕질, 이지메질 싸지르구,
치울 생각도 안하는 애들.
지하철 개똥녀랑 같다.
(까페족은 개똥녀다., 아고라/토론/부동산, 2010-05-27)

(10가, 나)는 '개똥녀'의 쓰임이 확대된 것으로 볼 수 있는데 모두 일회적 쓰임에 그쳤다. (10가)의 누리꾼은 "쉽게 살려는 한국의 널린 개똥녀들"이라고 했다. 글의 내용을 보면, 나이 차이가 많아도 돈 많은 남자라면 사귀는 데 문제가 없다고 생각하는 여성들을 비난하고 있다. 한마디로 여기서의 '개똥녀'는 돈을 아주 밝히는 여성들이란 뜻으로 해석되며, 다음에 분석할 '된장녀'와 거의 쓰임 맥락이 같다.14) (10나)에서는 '개똥녀'가 비유적으로

---

14) 이 게시글을 올린 누리꾼은 통신 이름으로 '개똥녀'를 쓰고 있다. 여성들에 대하여 전반적으로 대립적·비하적이고 여성들을 심하게 비난하는 태도를

쓰였다. 제목에서 "카페족은 개똥녀다"라고 하여 인터넷 공간에서 비속어를 쓰거나 다른 사람을 따돌리는 행위를 하는 등의 여성들은 '지하철 개똥녀'가 개똥을 무책임하게 방치한 것과 같다고 보았다.

(11) '개똥녀' 남성 대응형의 쓰임
    가. 또한 이 글을 보고 있는 제2의 개똥녀, **개똥남**은 앞으로 애완견과 함께 산행을 할 경우 배설물을 처리할 기본적인 도구들은 갖췄으면 합니다.
    나. 난 뭐 직장생활할때는 **개똥남**이였는데.....
        늦게까지 맥주마시면서 아골질하다가...아침에 세수도 안하고 출근할때가 많았으니까.... 개똥남이 맞지..... [...]
        완소녀와 개똥녀 개똥남은 분명히 존재하는거야......
        아침에 조깅하고 샤워하고 향수뿌리고....
        출근해서 살아있는기운 쫘아악 전이시켜주고.....

'개똥녀'의 남성 대응형으로 '개똥남'이 있으나 쓰임은 거의 없는 편이고, (11)의 보기처럼 '개똥녀'와 대응되어 일회적으로 쓰이는 정도이다. '아고라'의 '이야기' 게시판에서 '개똥녀'가 쓰인 게시글은 66개지만 '개똥낟'이 쓰인 것은 2개에 그친다. 남성형이 앞의 '김기사'나 '오크남'에 비해 비중이 아주 낮다. 그것은 남성들이 개를 데리고 외출하는 일이 여성들보다 훨씬 적기 때문에 '개똥남'으로 불릴 가능성이 낮은 점과 관련된다.15) 또한 여성형

    보이고 있는데, 그러한 자신의 태도를 통신 별명을 통해 표출하려 한 것으로 생각된다. 통신 별명과 사용자 정체성의 관련성에 대해서는 이정복(2003나) 참조.

'개똥녀'의 쓰임 자체도 다른 비하 표현에 비해 많지 않은 편이다. '개똥녀'가 특정 개인의 특수한 일회적 행동을 가리키는 의미로 굳어져 있기 때문이다.16)

그러나 '토론' 게시판에서는 '개똥녀'가 2,296개의 게시글에서 쓰여 '이야기' 게시판과 전혀 다른 모습이다('개똥남' 30회). <표 4>에서 짐작할 수 있듯이 토론 게시판에서는 이야기 게시판보다 '개똥녀'의 쓰임 빈도가 35배로 늘어났다. 개인적 경험이나 생각을 올리는 '이야기' 게시판에서 '개똥녀'가 쓰일 수 있는 내용의 글이 많지 않은 점과 달리 '토론' 게시판에서는 이 표현을 이용하여 남성들이 여성들을 집단적으로 비난하고 공격하는 상황이 쉽게 관찰된다. 두 게시판의 성격 차이가 반영되어 '개똥녀'의 이러한 쓰임 빈도 차이가 나온 것이다.

⟨표 4⟩ '개똥녀'와 '개똥남'의 쓰임 차이 [게시글 수(백분율)]

구분	개똥녀	개똥남	합
이야기 게시판	66(97.1)	2(2.9)	68개(100%)
토론 게시판	2,296(98.7)	30(1.3)	2,326개(100%)

15) '개똥녀'에 비해 '개똥남'이 인터넷에서 거의 쓰이지 않는 것은 "가부장적 남성우월 문화"가 반영되었기 때문이라는 기사도 있으나(인터넷상에 '개똥남'은 왜 없을까?, 서울경제, 2010-10-08), '김여사-김기사', '된장녀-된장남' 등의 쓰임과 비교할 때 '개똥녀-개똥남'의 이러한 특수성도 고려하여 해석하는 것이 필요하다.

16) <'개똥녀 되지 마세요' 애완 동물 배설물 경고판> (팝뉴스, 2005-06-07), <모든 애견인이 '개똥녀'는 아닙니다> (오마이뉴스, 2005-07-25), <'개똥녀' 앞으론 과태료 50만원> (문화일보, 2006-08-29) 등의 기사 제목에서는 '개똥녀'의 지시 대상을 여성 전체로 확대하려는 시도가 보인다. 이와 관련하여 조태린(2006:105)는 여성을 '개똥녀'라고 가리키는 것은 적절하지 않을 뿐더러 "여성만을 가리키는 표현을 사용한 것은 차별적"이라고 지적했다.

(11나)에서 '개똥녀/개똥남'은 '완소녀'와 대조적으로 쓰였다. 문맥상 외모를 제대로 관리하지 않은 사람의 뜻으로, 본래의 의미에서 많이 벗어났다. 그러나 이런 의미 확대의 보기는 (10)의 설명에서 지적한 대로 일회적 수준에 머물러 있다. '개똥녀'의 경우 앞의 '김여사'나 '오크녀'와 달리 의미 및 지시 대상의 확대가 거의 이루어지지 않고 있는 점에서 여성에 대한 부정적 영향력이 상대적으로 낮다. 그러나 해당 여성에 대한 비난과 비하의 강도는 결코 약하지 않으며, 사건이 일어난 지 5년이 넘었지만 인터넷 공간에서 꾸준히 쓰이고 있어 그 존재를 무시할 수 없다. 특히 '김여사, 오크녀, 된장녀'와 같은 여성 비하 표현과 어울려 쓰임으로써 전체 여성을 '개똥녀'로 일반화하려는 남성들의 공격적 태도가 뚜렷하게 드러나게 된다.

1.2.4 태도: 된장녀

'된장녀'는 여성의 태도를 문제 삼는 비하 표현이다. ≪위키백과≫ 사전에서는 이 말을 "비싼 호화 상품(명품)을 즐기는 여성들 중, 스스로의 능력으로 소비 활동을 하지 않고 다른 사람(애인, 부모 등)에게 의존하는 여성들을 비하하는 속어"로 풀이하고 있다.17) 능력도 없으면서 사치품으로 과소비를 일삼는 여성을 가리키는 말인 것이다. 2005년 이후 쓰이기 시작했지만 아직도 여성을 비난하고 비하할 때에는 빠지지 않는 비중 있는 표현이다.

---

17) http://enc.daum.net/dic100/contents.do?query1=10XXX75993

(12) '된장녀'의 대표적 쓰임

　가. [...] 된장녀 ... 왜 나온 말일까요... 우리사회의 단편을 보여주는 단어입니다.
　　우리나라는 돈이 없으면 천대하는 상황입니다.
　　돈이 없는 데도 명품을 사는 여성 많이 봤습니다. 겉으로 보이는 것으로만 사람 평가하는 게 심각합니다.
　　여자들 능력은 안되면서 할부로 명품빽 삽니다. [...]
　　(직장인인데,, 사회생활 하다보면 여자분들 문제가 있습니다., 아고라/이야기/수다, 2010-06-27)

　나. 안녕하세요. 눈팅을 주토 하는 아고라인 입니다.
　　평소 아고라에서 된장녀 된장녀, 하는 분들 글이 올라온걸 많이 봤었는데 설마 저런 사람들이 있겠어...
　　하다가 오늘 제가 직접 두 눈으로 보니 있더군요. 된장녀와 그녀들을 제지한 남학생의 참 재미있는 일을 겪었습니다.
　　그 이야기를 좀 써볼까 합니다.
　　시내에 볼일이 있어 잠깐 나갔다 버스를 타고 집으로 돌아오는 길이었습니다.
　　저는 버스 뒷문 쪽에 앉았고, 뒷문 바로 뒷자리에 20대 중반쯤으로 보이는 여성 두분이 앉아 있더군요. 그 분들은 처음부터 큰 소리로 소란스럽게 이런저런 이야기는 했지만 별 신경을 안쓰고 있었죠. 그냥 그런가 보다 했습니다.
　　그런데 얼마 지나지 않아 둘사이에서 남녀사이에 관한 금전적인 이야기가 오고가게 됐고, 조용한 버스에서 워낙 고음으로 떠드시니 듣기 싫어도 억지로 듣게 되더군요.
　　- 남자는 보세 입으면 절대 안되. 너무 없어 보이지 않니? 적어도 폴로나, 그것도 안되면 최소한 나이키 어쩌고 저쩌고
　　- 그래 맞아, 길거리옷 입는 남자들 너무 없어 보이긴 하더라.
　　- 남자는 정말 그래야 돼, 솔직히 여자는 악세서리 하나 사는데 만해도 돈이 엄청나게 들잖아.

　　　　게다가 머리한번 하는데 몇만원, 손톱손질도 받아야지, 뭐도해
　　　　야지 어쩌고 저쩌고 블라블라 그러니까 남자도 그정도는 해줘
　　　　야지. [...]
　　　　(버스에서 본 된장녀., 아고라/이야기/수다, 2010-03-21)
　　다. 나도 저런 녀자들정말 싫다 저런녀자들은 같은 여자들도 잘 깐
　　　　다.(지들이 못하는 옷차림이나 외모가지고) 저런 년들은 가차
　　　　없이 린치해주기 바란다..
　　다-1. 된장녀가 싫다면? 그런 여자 나오는 드라마 사이트에 가서
　　　　항의하길 바랍니다.그게 젤 특효약이에요. 그 드라마 작가나
　　　　관계자는 자기 드라마 사이트에 올라 온 글을 가장 신경쓰고
　　　　참고하게 되어있어요..드라마가 된장녀 만드는거 아닌가요.남
　　　　자들 ,드라마 우습게 보지마세요

　(12가, 나)를 통해 '된장녀'의 의미가 잘 드러난다. (12가)의 누리꾼은 "돈이 없는 데도 명품을 사는 여성"을 '된장녀'로 보았다. (12나) 누리꾼은 버스에서 본 두 여성을 '된장녀'라 했는데, 유명 상표의 옷을 입지 않은 남성들은 너무 없어 보인다고 말하는 태도를 비난조로 소개하고 있다. 이 게시글에 대해 다른 누리꾼들은 (12다)처럼 비속어를 동원하여 동조하는가 하면 (12다-1)처럼 '된장녀'는 드라마에서 만들어낸 억지라는 주장을 펼치기도 한다. 이런 자료에서 '된장녀'는 사치스럽고 돈을 밝히며, 옷차림 등의 외모로 남을 평가하려는 여성들을 부정적으로 가리키는 표현임이 확인된다.

　(13) '된장녀' 쓰임의 확대
　　가. 솔직히 과거의 어른 세대에서도 된장녀들은 있었습니다. 다만

사회적 분위기로 인해 대놓고 이야기를 못한것 뿐이지요. 슈퍼에 들어간다고 길 중간에 차를 세우는 김여사, 지하철 자리를 잡는다고 핸드백 던지는 아주머니, 2층에서 1층으로 내려간다고 엘리베이터를 기다리는 아주머니(젊은 여성들도 제법 있죠).. 등등 그런 여성들이 갑자기 하늘에서 뚝 떨어진것이 아닙니다. 다 우리 어머니 세대들이지요. 그런 분들에게서 태어난 여성들이 과연 상식적이고 정상적인 사람들일까요? [...]
(오히려 남자들에게는 잘 된 일입니다., 아고라/이야기/수다, 2010-07-16)

나. [...] 전 정말 열받는 부분이 서양코쟁이들만 보면 환장 하는 대한민국 된장녀들과 동남아혼혈아들은 무시하고 서양혼혈아들은 우대하는 대한민국 국민들의 인격이 참 안타깝습니다.
서양문물에 대한 경의로움 존경심때문에 그런건가요?
말레이시아 필리핀 베트남 이쪽나라가 우리나라보다 잘살면 우리나라에 시집 올일도 없겠지요.
그리고 우리가 동남아혼혈아에 대해서 구시하고 관대할 이유도 없을테구요
(다문화가정에 대한 저의 개인적인 생각 입니다., 아고라/이야기/감동, 2010-07-08)

다. [...] 대충 대화가 끝나고 나서 저한테. 하시는 말씀이.
"좋은 사람 있으면 소개좀 시켜주세요. 키는 180 이상이여야 하구요. 학벌은 !#$% 차는@#%@"
순간 느꼈습니다. 아. 말로만 듣던 된장녀 인가.? 그래도 이건 심하잖아. 도무지 본인 스펙은 생각을 안하네.. [...]
(개념없는 여직원., 아고라/이야기/고민, 2010-09-08)

'된장녀'의 경우 앞의 기본 의미에서 확대되어 여러 가지 부정적 행동을 하는 여성들을 두루 가리키는 말로 잘 쓰인다. (13가)

에서는 '아줌마' 또는 '김여사'와 같은 뜻으로 쓰였다. 자기 본위의 예의 없는 행동을 하는 여성들을 '된장녀'의 원조로 본 셈이다. (13나) 누리꾼은 서양 사람을 지나치게 좋아하는 반면 동남아 사람을 무시하는 인종 차별적인 여성들을 '된장녀'로 보았고, (13다)에서는 자신의 분수도 모른 채 이성에 대한 기대 수준이 지나치게 높은 '개념 없는' 여성이 '된장녀'인 것으로 생각하고 있다. (13)의 보기들에서 돈이나 외모에 관련된 태도를 넘어 남성의 시각에서 볼 때 문제가 있다고 생각되는 여성들의 행동 전반이 '된장녀'와 연결되었다.

(14) '된장녀' 남성 대응형과 관련 표현의 쓰임
 가. 명품걸은 좋은데 남자한테 사달라고 하면 된장녀라는거지? ㅋㅋㅋ
  명품걸 좋아하는 너도 된장남이네 그럼ㅋㅋㅋㅋ
 나. 그노무 **된장년**들...ㅋㅋㅋ 철이 없어서 그러니 이해하소..
 나-1. 시댁에 일억정도 해준게 뭐그리 잘못된거라고??
  물론 친정에는 1원도 해주면 안됩니다. 그즉시 개된장녀라고 돌림빵당하다 뒤져도 쌈.
 나-2. 우리나라 **똥 된장녀**들 얼마나 코풍머리 센데..
 다. 남자를 봉으로 알고
  결혼을 지 팔자 고치는 수단으로 아는 조선된장녀들 아고라에도 바글바글하네..
 다-1. 안타깝네요...!!
  몇해전부터 인터넷 신조어인 <한국 된장녀>.....
  이게 정말로 빗말이 아니고 틀린말이 아닌듯 합니다....
 라. 자신을 좋아해줄 정상적인 여자들도 분명히 있을텐데...

소위 된장녀들은 앞으로 인생에서 알아서 고생하며 살텐데...
왜그리 된장들에게 집착들을 하는지 알 수가 없습니다.
마. 중년에 들어선 선배 입장에서 조언을 해드리자면...
원래 시대가 갈 수록 흔히 말하는 된장녀들은 늘게 마련인 것을 인정하시고, 그렇기 때문에 개념녀들이 더 돋보이게 되는 것이라오.

(14가)의 '된장남'은 '된장녀'의 남성 대응형으로 상당히 많은 쓰임을 보이지만 앞의 다른 표현들과 마찬가지로 여성형과 함께 쓰이는 특징이 있다. 그것은 여성형이 먼저 만들어지고, 이어서 여성에 대한 비난에 반발하거나 남성들의 자성을 촉구하는 차원에서 남성형이 파생되어 쓰이기 때문이다. 쓰임 빈도를 보면, '아고라'의 '이야기' 게시판에서 '된장녀'가 6,126개, '된장남'이 574개 게시글에서 쓰였고, '토론' 게시판에서는 '된장녀'가 2,077개, '된장남'이 184개 게시글에서 쓰였다.[18] 두 게시판 모두에서 여성형이 남성형보다 10배 이상 많다. 이 비율은 <표 2>의 '김여사-김기사'의 쓰임 비율과 비슷하다. 다른 여성 비하 표현과 비교할 때 전체 사용 횟수가 아주 많은 점도 눈에 띈다.

---

[18] '된장녀'와 대조적 의미를 가진 남성형 표현인 '고추장남'은 '이야기' 게시판에서 9개, '토론' 게시판에서 131개 게시글에 나타났다. '이야기' 게시판에서는 거의 쓰임이 없는 대신 '토론' 게시판에서 주로 쓰인 것이다. "된장녀 열풍에 반격한답시고 만들어낸 고추장남"이라는 누리꾼의 말에서 알 수 있듯이 이 표현은 남성들을 견제하기 위해 만들어 낸 임시어적 성격이 짙음을 보여준다. 한 여성 누리꾼은 '토론' 지시판에서 "이 고추장남들아~ 2300만원이 아니라....... 230만원도 없는 고추장들이~ 왜 달고 살어! 고추 띄어버려~"라고 하면서 남성들을 공격하기도 했다. 한편, '고추장녀'의 경우 '이야기' 게시판에서 2개, '토론' 게시판에서 12개 게시글에 쓰였다.

<표 5> '된장녀'와 '된장남'의 쓰임 차이 [게시글 수(백분율)]

구분	된장녀	된장남	합
이야기 게시판	6,126(91.4)	574(8.6)	6,700개(100%)
토론 게시판	2,077(91.9)	184(8.1)	2,261개(100%)

'된장녀' 관련 표현들도 다수 나타났다. (14나)의 '된장년'은 '오크년'과 같은 구성으로 '된장녀'의 강한 비속어 표현이며, (14나-1, 2)의 "개된장녀", "똥 된장녀"도 비속성과 비하성을 더 높인 의미 강화 표현이다. (14다, 다-1)의 "조선된장녀"와 "한국 된장녀"도 의미가 강화된 표현인데, '조선'이나 '한국'이 단순히 국적을 표시하는 것이 아니라 다른 나라 여성들과 비교하여 정도가 더 심하다는 의미를 안고 있는 것이다. (14라)에서는 '된장녀'의 줄임말로 '된장'이 쓰였고, (14마)에서 '된장녀'의 대립어로 '개념녀'가 쓰였다. '개념녀'라는 말의 존재를 통해 '된장녀'는 개념 없는 '무개념녀'로 표상된다.

다른 표현과 비교하여 '된장녀' 사용이 아주 많고, 의미를 강화한 표현들이 이처럼 많은 것은 앞의 '김여사', '오크녀' 등과 달리 '된장녀'의 행위나 태도가 한국 사회에서 더 강한 비판과 비난을 받기 때문으로 판단된다. 곧 운전 능력이 떨어지고 공중 예절이 부족한 '김여사', 외모가 떨어지는 '오크녀', 특정인의 일회적 잘못과 관련되는 '개똥녀'와 다르게 돈을 지나치게 밝히고 사치스러우며, 돈 많은 부모나 남성에 의존적인 '된장녀'의 부정적 이미지가 남성들로부터 더 강한 비난의 대상이 되고 있는 것이다. 이런 상황에서 여성들에게 피해 의식과 대립적 시각을 가진 일부 남성들이 이 표현을 다양하게 변형시켜 쓰면서 여성 전체에게 부정적 감정을 과격하게 드러내는 중이다.

2. 여성 비하 표현에 대한 누리꾼들의 태도

여성 비하 표현에 대한 누리꾼들의 태도를 각 표현의 쓰임 분석 과정에서 부분적으로 언급한 바 있지만 여기서는 전체적으로 정리해 보기로 하겠다. 네 가지 표현 가운데서 쓰임 영역이 여성 전체로 확대되고 있는 '김여사'와 '된장녀'를 중심으로 두 말에 대한 남성과 여성의 태도를 통계적으로 살펴보고, 그 차이점을 해석하기로 한다.

여기서의 통계 분석 자료는 ≪다음≫ 및 ≪네이버≫의 카페에서 수집한 댓글들이다. 자료의 객관성과 신뢰성을 확보하기 위해 회원 1만 명 이상인 대규모 카페를 조사 대상으로 하였고, 남성 누리꾼들의 자료는 주로 자동차, 게임, 운동 등의 남성 중심 카페에서, 여성 누리꾼들의 자료는 요리, 육아, 미용 등의 여성 중심 카페에서 모았다. 남성 중심 또는 여성 중심 카페라고 해도 이성 누리꾼의 가입이나 활동이 전적으로 배제되지는 않기 때문에 댓글 작성자의 통신 별명, 글의 내용을 통해서 성별을 다시 검증했다. 예를 들어 여성 중심 카페에서 '럭키가이'를 통신 별명으로 썼거나 "전 남자라서-_- 저도 즐겨본 적이 없는;"을 댓글로 쓴 누리꾼은 여성 제보자에서 제외했다.

아래 표는 '김여사'와 '된장녀'에 대한 남성 및 여성 누리꾼들의 태도를 정리한 것이다. '김여사'의 경우 여성 운전자 때문에 사고가 났거나 날 뻔했다는 내용의 게시글에 붙은 남녀의 댓글

각 100개, '된장녀'의 경우는 여성의 행동이나 태도에 대해 '된장녀'로 비난하거나 자신이 '된장녀'로 비난 받았다는 게시글에 붙은 남녀의 댓글 각 100개를 분석했다.19) 각 게시글에서 문제가 된 여성을 '김여사'나 '된장녀'라고 부르는 것에 동조하고, 나아가 비슷한 사례를 들어 여성들을 비난하는 데 동참하는 누리꾼들의 태도를 '찬성'으로 처리했다. 이와 달리 여성들보다 남성들이 더 문제라거나 남성들도 여성 못지않게 문제가 많다는 태도, 그리고 문제로 언급된 여성들의 행동은 전혀 비난 대상이 될 수 없다는 태도를 나타낸 댓글은 모두 '반대'로 묶었다. '기타' 항으로 처리한 것은 찬성이나 반대와 직접 관련 없는 내용을 적은 댓글의 개수이다.

〈표 6〉 댓글에 나타난 '김여사'와 '된장녀'에 대한 누리꾼들의 태도

구분	제보자 성별	찬성	반대	기타	합
김여사	남성	60	2	38	100개(100%)
	여성	57	13	29	100개(100%)
된장녀	남성	50	11	39	100개(100%)
	여성	3	50	47	100개(100%)

표의 내용을 보면, '김여사'의 경우 남성과 여성 누리꾼들의 태도가 상당히 일치하는 데 비해 '된장녀'는 크게 상반되는 것으로 나타났다. '김여사'를 비난하는 주장에 찬성하는 남녀 차이가 3%, 반대하는 남녀 차이가 11%이다. 여성들이 '김여사'의 쓰임을 반

---

19) 특정 카페 회원들의 태도가 전체 제보자들의 태도에 지나친 영향을 주지 않도록 하기 위하여 원칙적으로 남녀 자료별 최소 10개 이상의 카페에서 균형을 갖추어 댓글을 수집했다.

대하는 비율이 조금 더 높은 정도이다. 이와 달리 '된장녀'의 경우 찬성은 남녀 차이가 47%, 반대는 39%로 성별에 따라 태도가 뚜렷하게 다르다. 특정 또는 다수 여성을 '된장녀'로 보는 것에 대해 남성들은 강한 찬성의 태도를, 여성들은 강한 반대의 태도를 드러낸 것이다. 여성의 운전 능력이나 운전 예절에 문제가 있다는 점은 남녀 모두가 비슷하게 인정하면서도 여성들을 사치스럽고 허영에 가득 찬 남성 의존적 존재로 보는 시각에서는 남녀 사이의 큰 태도 차이가 존재함을 보여 준다. 두 말에 대한 남녀 누리꾼들의 이러한 태도 차이가 다음 두 그림으로 더욱 뚜렷하게 확인된다.

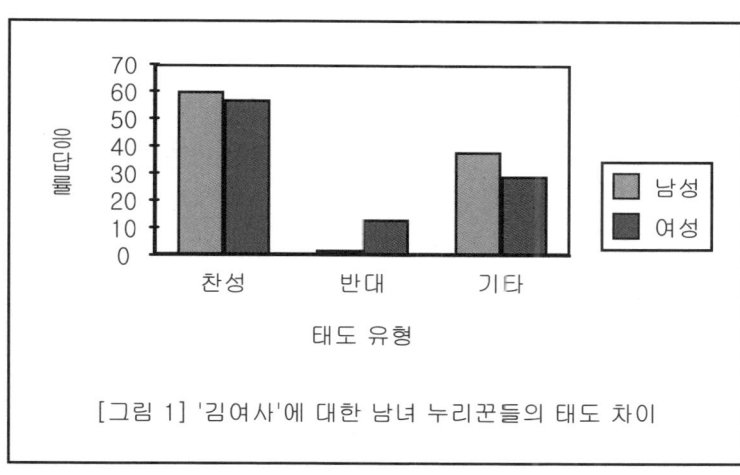

[그림 1] '김여사'에 대한 남녀 누리꾼들의 태도 차이

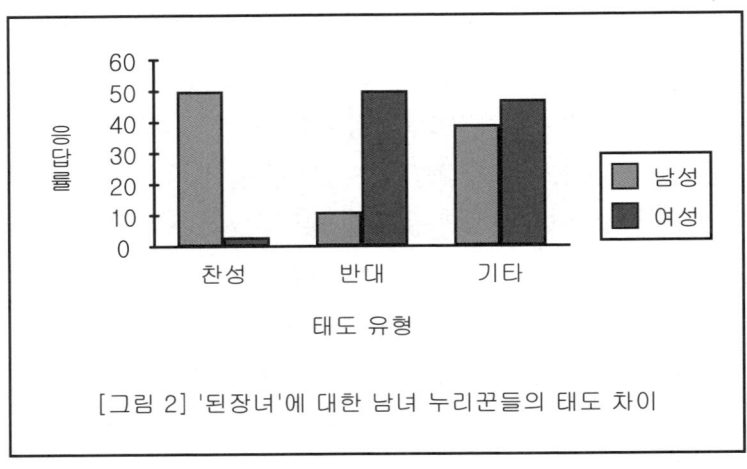

[그림 2] '된장녀'에 대한 남녀 누리꾼들의 태도 차이

남녀 간에 이러한 상반된 태도가 나타난 원인은 두 가지 면에서 찾을 수 있다. 첫째 원인은 게시글의 내용, 누리꾼들의 상호 관계와 관련된다. '김여사'와 '된장녀'를 소개하고 비난하는 게시글에 붙은 댓글을 분석 대상으로 삼았지만 '김여사' 관련 게시글은 남녀 자료 모두 제3자를 비난하는 것이 대부분인 반면 여성 중심 카페의 '된장녀' 관련 게시글은 제3자가 아니라 작성자 본인이 남에게 '된장녀' 취급을 당했다는 내용이 많다. 제3자를 비난하는 게시글에 대해서는 쉽게 동조할 수 있지만 서로 알고 있는 카페 회원이 비난의 대상일 때는 부담감 때문에 그렇게 하기 어렵다. '된장녀'의 쓰임에 반대한 여성 누리꾼들의 상당수는 이러한 대인 관계 상황을 고려했을 가능성이 있다.

그러나 게시글 및 댓글의 내용을 자세히 살펴보면 여성 비하 표현에 대한 남녀 태도 차이가 단순히 게시글 내용이나 누리꾼들의 관계에서 나온 것이 아님이 드러난다. 남녀 누리꾼들은 어떤 여성이 '된장녀'인지, 곧 이 표현의 개념이 무엇인지에서 본질적인 차이를 보이기 때문이다. '된장녀'에 대한 남녀 태도 차이의 둘째 원인은 바로 '된장녀'에 대한 남녀 누리꾼들의 인식 또는 개념 차이에 있다. 남녀의 상반된 인식을 보여 주는 댓글을 몇 개 보기로 한다.

(15) '된장녀'에 대한 남녀의 상반된 인식

가. 남자 돈은 안 귀하고 여자인 자기돈은 귀한 여자, 그래서 남자 돈을 뜯어먹으며 더치페이 안하는 여자... 참 얼마나 치사하고 비겁한지요. 그걸 뭐라는 소리만 싫다.그러면 님도 결국은 그 된장녀같네요. 말은 그럴듯하게 하지만 본질은 같은 사람...

나. 암만 커피값을 올려도 충실히 소비해줄 된장녀들이 있으니.. 솔까 별다방 커피값 올리는 것에 대해선 그렇게 큰 문제제기나 불만을 가지고 싶지 않다... 어차피 된장녀들만 어려워지게 됐으니...ㅋㅋㅋ 이번기회에 된장년들이 정신을 차리고 별다방 불매운동이라도 하면 좋으련만...

다. 그런데 한국 남자들은 외국 여자들은 다 합리적으로 더치페이 한다면서 한국여자들을 비난하더군요. 남초사이트들에서요. 된장녀라는 말부터 시작해서 왜그렇게 한국여자들을 못잡아먹어서 난리인지 모르겠어요. 아이디가 없어서 눈팅만 하고 있는 모 남초사이트갔다가 열불이 나서 써봅니다.

다-1. 네 저도 한국 남자들 중에 좀 피해의식이 심한 사람들 많은 거 같아요. 서양의 여성들을 무조건 개념녀라고 생각하고 한국 여자들을 된장녀라고 매도하기도 하구요. 외국에서도 원글님 말씀처럼 무조건 더치는 아닌데 말이에요.

라. 스타벅스커피먹는게 된장녀의 상징처럼 되버렸지만,, 솔직히 스타벅스 그 돗대기 시장같은 분위기에,,가격도 특별히 비싼것

도 아니고(다른 카페는 더 비싸잖아요),,--자판기보다 비싸다면 할말없구요ㅠㅠ 기호식품일뿐,,,뭔 된장녀까지요,, 신경쓰지마시고 그냥 드세요,,,

라-1. 내돈 주고 내가 사먹는건데 눈치 보지 말고 맘껏 드세요 무슨 커피 하나로 허영과 사치까지 그렇게 보는 사람들이 이상한거예요

(15가, 나)에서 남성들은 남녀가 함께 밥을 먹고 비용을 나누어 내지 않는 여성, 비싼 커피를 사 마시는 여성들을 '남성 의존적이고 사치스러운 된장녀'의 범주에 넣었다. 이와 달리 (15다~라-1)에서 여성들은 남성들의 그러한 생각이나 태도를 강하게 비난했다. 피해 의식을 갖고 있는 남성들이 여성들을 무조건 매도하는 것으로 받아들인다. 또 "내돈 주고 내가 사먹는" 기호 식품인 커피를 갖고 여성들을 공격하는 남성들이 오히려 더 이상하다고 보았다. 모두가 그런 것은 아니지만 남성들의 다수는 '된장녀'의 범위를 넓게 잡고, 그 가운데서 한 가지만 해당되어도 '된장녀'라고 비난하는 반면 여성들은 몇 가지 조건을 두루 갖춘 여성들만 문제로 삼아야 한다는 시각을 가진 점이 다르다.[20]

한편, 표에서 여성 누리꾼들의 '기타' 응답이 '김여사'보다 '된장녀'에서 높게 나왔는데 이것은 여성들이 '된장녀'에 대하여 흥미로운 태도를 갖고 있는 점과 관련된다. 곧 일부 여성들은 남성들의 비난과 관계없이 '된장녀가 되어도 좋으니 나도 명품을 갖고 싶다'거나 '남자에게서 비싼 선물을 받은 된장녀가 부럽다'는

---

20) 물론 남성들 가운데서도 '된장녀'는 '양성 불평등 사회의 부산물'로 보거나 '자극적인 방송에서 만들어 낸 과장된 표현'이라고 보는 누리꾼이 있고, 여성 가운데서도 '된장녀'의 존재를 비판적으로 보는 누리꾼이 있음을 지적한다.

식의 태도를 갖고 있는 것이다. 겉으로는 '된장녀'라고 욕하면서
도 예쁘고 나에게 관심을 주는 여성이라면 전혀 문제가 없다고
생각하는 남성들의 이중적 태도처럼 여성들 또한 남성들의 비난
을 강하게 거부하면서도 개인적으로는 물질적 만족을 구하려는
이중적 태도를 나타냈다.

(16) '된장녀'와 관련한 여성들의 속마음 드러내기

    가. 음……우선 결론부터 말하자면 제가 된장녀인가요? 용돈은 한 달에 35만원이고(엄마가 입금시켜줘요ㅠㅠ참고로 나님 집 잘 사는거 아님;;) 알바까지 합치면 70넘을듯..거의 돈쓰는데는 옷 사는거고 가끔 영화보고………… 커피는 스타벅스커피만 마시고 옷 브랜드도 전부 명품..;;;;;;;;;;;;;;;;;;;;;;;;;;;;;;;;;;;; 친구들이 저보고 한국판 린제이로한이라고 하는데 전 그렇게 생각안하거든요ㅠㅠ? [...]

    (제가 된장녀인가요, 다음 카페/B2ST팬카페, 2010-04-18)

가-1. 헐,,그돈 나 좀,,,

가-2. 헐 그것보다 너무부럽다

    나. [...] 와~정말 다미에30이 사고싶어 죽겠어요. 이름이라곤 그냥 스피디란거 밖에 몰랐는데 요즘 다미에 아쥬르도 알게되고..ㅎㅎ 참나~ 남편은 명품가방 들고다니면 된장녀라고 생각하는 사람이라서 사더라도 그냥 짝퉁이다라고 해야할 판이고.. 무슨 날이라고 명품가방 사주시는 남편분들 있잖아요..너무 부러워요. [...]

    (전 안 그럴줄 알았어요. 루이비통~, 82cook.com/자유게시판, 2010-06-08)

나-1. 저야말로, 괜찮은거 딱 하나만 사면 될 줄 알았어요. 그래서

몇년전 큰맘 먹고, 아주르로 하나 질러줬어요. 근데, 자꾸 해마다 다른 가방이 눈에 들어와요. ㅠㅠ 주로 신상품들로. 아흑... 제가 원래 가방&신발에 욕심이 좀 있긴 했지만...

나-2. 윗분 저랑 동갑이시라고하니 넘 반갑네요^^ 제맘같아선 지금은 여름이니 아주르랑,가을에들 다미에랑 지갑까지 3개 확 지르고싶어요. 그나저나 저도 그생각했어요.지금은 여름이니 어차피 다미에 조금 더워보이니깐 좀더 참다가 가을에 다미에 스피디30부터 시작하는거야라고~ㅎㅎㅎ 암튼 생각만 그렇게 하고 있어요. 가까이 사는 친구라면 여름 끝자락에 손잡고 같이 사러 가고싶네요^^

(16가)의 게시글에 대해 (16가-1, 2)의 두 여성 누리꾼은 상대방의 '된장녀' 여부는 중요하지 않으며 용돈을 많이 쓰고 명품을 살 수 있는 것이 부럽다는 태도이다.[21] (16나)의 작성자는 명품 가방 사 주는 남편이 있는 사람들이 너무 부럽다고 말했다. 이에 대해 (16나-1, 2)의 누리꾼도 명품에 대한 욕심을 드러내면서 게시글에 적극 동의하는 태도를 취하고 있다. 같은 여성 회원들 중심으로 카페 활동을 하다 보니 남들의 시선이나 부정적 평가를 두려워하지 않고 마음에 있는 물질 중심적 생각을 쉽게, 솔직하게 드러낸 결과로 보인다.

---

21) 장훈(2006:57)에서는 '된장녀'가 부정적 의미를 갖게 된 것은 '나와 다르게 잘 나가는 사람은 싫다'는 심리와 '남성들의 여성 비하적 사고'가 함께 작용했기 때문으로 풀이했다. 여성들뿐만 아니라 남성들 또한 '잘나가는 여성'에 대한 부러움을 갖게 되고, 그들에 대한 질시가 여성에 대한 공격적 태도를 더욱 강화하는 것으로 판단된다.

◈ **맺음말**

　지금까지 한국의 인터넷 통신 공간에서 쓰이는 언어 자료를 바탕으로 여성 비하 표현의 쓰임과 의미를 파악하고, 그런 표현에 대하여 누리꾼들은 어떤 태도를 갖고 있는지를 살펴보았다. 1절에서 여성 비하 표현의 목록을 작성하고 유형을 분류하였다. '김여사', '오크녀', '된장녀' 등 인터넷 통신 공간에서 만들어지거나 활발하게 퍼져 쓰이는 형식들 15개를 확인하고, 그것을 '지시 대상, 생명력, 남성 대응형의 존재, 비하의 초점' 등 네 가지 기준에서 유형을 분류하였다. 이어서 여성 비하 표현의 쓰임과 의미를 분석하였다. 대표적 비하 표현으로 판단되는 '김여사, 오크녀, 개똥녀, 된장녀'를 중심으로 쓰임 보기를 제시하고, 기본 의미와 확대 의미, 남성형 및 관련 표현의 쓰임을 기술했다. 2절에서는 여성 비하 표현에 대한 누리꾼들의 태도를 살펴보았는데, 쓰임 빈도가 높고 전체 여성들에게 쓰임이 확대된 대표적 여성 비하 표현인 '김여사'와 '된장녀'에 대한 남성과 여성 누리꾼들의 태도 차이를 통계적 방법으로 확인하였다.

　이러한 과정을 통하여 인터넷 공간에서 여성을 비하하고 차별하는 표현들이 활발히 쓰이며, 그것에 대한 남성과 여성 누리꾼들의 태도가 크게 상반된 모습을 보이는 경우도 있음을 밝혀내었다. 특정 여성 또는 여성 전체를 비난하고 비하하는 표현들이 많이 쓰임으로써 인터넷 공간에서 남성과 여성 사이의 감정적 대립과 충돌이 쉽게 일어나는 것으로 보인다. 남성들의 여성 비하 표현 사용은 여성들에 대한 인격적 모독이나 언어적 공격, 여성 차별로 인식될 수 있고, 결과적으로 여성들은 남성을 피하게 된다.

'아고라'와 같이 공개된 인터넷 토론 및 이야기 공간에서는 이미 남성들의 이러한 거칠고 공격적인 행동에서 벗어나고자 발길을 끊은 여성 누리꾼들이 크게 늘어난 느낌이다. 게시글이나 댓글 수에서 여성 이용자의 비율이 뚜렷하게 낮은 것으로 관찰되며, 여성 누리꾼들은 자신들만의 새로운 독립 공간을 만들어 그 안에서 남성들을 비판하는 모습도 나타난다. 성별, 인종, 국적을 초월하여 온 세계 사람들이 부담 없이 만나 의견을 나누고 생각을 공유하는 인터넷 공간이 상대방을 공격하고 비하하며 배척하는 부정적 대립 공간으로 바뀌는 데 남성들의 여성 비하 표현 사용이 큰 몫을 하고 있다고 하겠다.

누리꾼들도 지적하였지만 여성 비하 표현들은 불평등한 양성 관계를 반영하는 것인 한편 자극적이고 상업적인 신문·방송 등 대중매체의 영향을 직접적으로 받은 것이다. 같은 잘못을 해도 남성들은 별 문제가 되지 않는 데 비해 여성들은 집중적인 비난의 대상이 되고, 그것은 다시 전체 여성들의 잘못인 것처럼 인식을 강요당하는 인터넷 통신 공간의 현실은 힘세고 목소리 큰 남성들의 집단 횡포의 결과일 수 있다. 신문이나 방송 등 대중매체에서는 여성들의 행동에 특별히 높은 관심을 보이면서 조금의 잘못만 있어도 과대 포장하여 '○○녀'라는 꼬리표를 상표처럼 붙이고 대중에게 널리 퍼트린다. 이는 여성들에 대한 남성들의 공격적 태도와 집단 따돌림 현상을 부추길 뿐만 아니라 여성들을 비난하면서도 즐기는 인터넷 유희의 수동적 객체이자 피해자로 만들어 버린다. 최근에는 '압구정 사과녀', '홍대 계란녀', '바나나녀' 등과 같이 상업적 홍보를 위해 미모의 여성을 내세워 '○○녀'로 이름 붙이고 사진을 찍어 인터넷에 퍼트리는 선정적 활동도 늘어났다. 여성에 대한 남성의 관음증적 욕구를 이용하여 돈벌이에 나서는 것이지만 대중매체에서는 비판적이기보다는 그것을 앞 다투어 보도함으로써 대중의 호기심을 오히려 부추긴다.

인터넷 공간에서 일어나는 남녀 누리꾼들의 언어적 상호 작용에 대한 이러한 연구 결과를 바탕으로 삼아 앞으로 양성의 조화로운 관계 발전을 위한 방향에서 남성 누리꾼들과 대중매체가 언어 사용 면에서 어떤 노력을 기울여야 할지에 대한 구체적 점검과 실천적 활동을 위한 추가 연구가 필요함을 지적한다. 여기에서는 여성 비하 표현의 유형과 쓰임에 초점을 모았는데, 남성들이 여성 비하 표현을 사용함으로써 언어 사용 및 상호 작용에서 어떤 심각한 부작용이 일어나고 있는지를 파악하고, 대중매체에서는 여성 비하 표현을 어떤 방식으로 보도하는지 그 경향과 태도를 분석함으로써 여성 비하 표현 사용의 실태와 여성 차별 등의 부정적 영향력을 폭넓게 이해할 수 있다. 나아가 여성 비하 표현들이 '남성과 대중매체의 암묵적 공모(共謀)'에 의해 만들어진 사려 깊지 못한 언어임을 분명히 드러내게 되면 그것의 사용을 막기 위한 대응 방안의 마련과 적용에서 더욱 큰 힘을 갖게 될 것이다.

6장_ 인종과 민족 차별 표현

이 장은 한국 사회에서 현재 전개되고 있는 인종 차별적 언어 문화의 실태를 비판적 관점에서 분석하는 것이 목적이다. 구체적으로 이 장에서는 첫째, 한국어에서 쓰이는 인종 차별 언어에는 어떤 요소들이 있는지를 조사하여 체계적으로 기술할 것이다. 둘째, 인종 차별 표현의 쓰임 실태를 구체적으로 분석 및 해석할 것이다.

한국은 역사적으로 단일민족에 대한 이념을 강하게 유지해 왔다. 모두가 단군의 후손이라는 한민족의 자긍심을 바탕으로 단일민족 국가를 이어 왔다고 믿고 있다. 특히 해방 이후 권력자들은 근대 산업화 과정에서 전체 국민을 동원하는 집단 체제 유지를 위한 도구로서 '순수 단일민족'이라는 배타적 민족주의 이념을 국민들에게 강하게 주입해 온 것이 사실이다.

이러한 배경에서 한국인들은 다른 민족 및 인종에 대한 편견과 부정적 인식을 자연스럽게 갖게 되었고, 배타적이며 차별적인 태도를 강하게 내면화하였다. 상대방이 한민족이 아니면 일단 거부감을 갖게 된다. 같은 동양의 민족들 가운데서 이웃의 중국인들이나 일본인들에 대하여 부정적인 태도를 강하게 갖고 있을 뿐만 아니라 피부색이 다른 서양 사람들에 대해서도 이질감을 느끼고 있다. 특히 흑인들에 대한 태도는 극단적으로 나빴다. 최근에는 필리핀, 베트남, 파키스탄 등의 동남아 출신에 대해서도 흑인 이상으로 호감도가 낮다.[1]

순수 단일민족이라는 의식 때문에 '국제결혼 2세'(혼혈인)에 대한 인식에서도 문제가 많다. 이들은 순수하지 못하며, 더러운 피를 가진 열등한 존재라고 인식해 왔다. 1945년 이후 미군이 남한에 주둔하면서 미군과 '양공주/양색시' 드는 '기지촌 여성' 사이에서 태어난 '혼혈인'들은 한민족의 구성원으로서, 그리고 정상적 한국인으로서 전혀 인정받지 못했고, 외국으로 내몰리거나 주변인으로 배척당하는 삶을 이어왔다. 특히 '기지촌' 출신의 '흑인 혼혈인'은 '백인 혼혈인'이나 사회경제적 지위가 높은 외국인의 국제결혼 2세에 비해 더 가혹한 차별을 받았다. '흑인 혼혈인'에 대한 차별은 피부 색깔, 사회경제적 지위, 식민지 점령군에 대한 열등의식이 복합된 결과였다(박경태 1999:201).

그러나 세계적으로 자본주의가 확산되면서 1980년대 이후 우

---

* 이 장의 내용은 이정복(2009가)를 부분적으로 고친 것이다.
[1] 인종 집단에 대한 태도를 조사한 연구에서 흑인과 동남아인에 대한 한국 대학생들의 강한 부정적 태도가 확인되었다. 한국인에 대한 선호도를 0으로 삼았을 때 한국 대학생들은 백인에 대하여 -0.25, 흑인은 -0.51, 동남아인은 -0.55의 암묵적 태도 점수를 나타냈다. 백인에 비해 흑인 및 동남아인에 대한 부정적 태도가 훨씬 강한 것이다. 반면 외극인 대학생의 경우 각각 0.12, -0.15, -0.07로 인종별 선호도 차이가 작았다(노경란·방희정 2008:81-82; 한국 대학생, 외국인에 비해 인종 편견 심해, 뉴시스, 2009-01-07).

리나라에도 많은 수의 외국인들이 들어오게 되고, 표면적으로나마 유지되던 단일민족 국가의 성립이 더 이상 불가능한 상황이 되었다. 피부색이 다르고, 말과 문화가 다른 수많은 이주 노동자, 유학생, 결혼 이주 여성들이 기존 한국인들과 뒤섞여 일상적인 삶을 함께 해 나가고 있다.2) 이들은 우리 사회의 필요에 따라 들어오게 되었고, 이제 한국은 다양한 여러 민족과 인종이 함께 어울려 살지 않으면 안 되는 다민족·다문화 사회의 세계화 시대에 이르렀다.3)

이와 같은 상황에서 그동안 내면적으로, 또는 직설적으로 표출했던 인종 차별적 또는 민족 차별적인 한국인들의 생각과 태도, 언어 사용은 분명한 비판적 인식과 심각한 자기반성이 필요하다. 현재 우리사회에서는 인종 차별적인 생각과 태도가 생생한 한국어로 표현되며, 한국인들의 언어문화 안에서 강하게 요동치고 있다. 이 장의 연구를 통하여 한국인들의 언어생활에서 나타나는 의식적, 무의식적인 다양한 인종 차별 표현들의 유형을 체계적으로 파악하고, 나아가 인종 차별적 언어 태도가 어떤 양상으로 표출되고 있는지를 비판적 관점에서 살펴보고자 한다.

---

2) 2007년 8월에 발표한 법무부 출입국·외국인정책본부의 통계에 따르면 국내 체류 외국인은 주민등록 인구(4,913만 명)의 2%인 100만 254명으로 이미 100만 명을 넘어섰다(국내 체류 외국인 사상 첫 100만 명 돌파, 연합뉴스, 2007-08-24). 안전행정부가 2013년 1월 1일 기준 지방자치단체 외국인 주민 현황을 조사한 결과, 우리나라에 거주하는 외국인 주민 수는 약 145만 명으로 전체 인구의 2.8%를 차지하는 것으로 나타났다(외국인 주민 수 총인구의 2.8%, 서울신문, 2013-07-03).
3) 김순양(2013:31)은 "한 국가 내지는 공동체 내에서 다양한 종류의 문화, 인종, 생활양식, 가치체계 등이 공존하고 있는 현상"을 '다문화(多文化, multi-cultural) 현상'으로 정의했다. 다문화 사회란 그러한 다문화 현상을 겪고 있는 사회로 이해할 수 있다.

이러한 연구는 이미 세계화·지구촌 시대의 중심부에 진입한 한국 사회가 여러 민족, 인종, 문화의 벽을 넘어 하나로 어울려 조화롭게 살아가기 위하여 시급하게 풀어야 할 언어문화적 과제의 하나이다. 한국에 살고 있는 외국인들에게 한국어를 가르치고, 한국문화를 알리는 노력이 그들의 효과적 적응을 위한 외적 필요조건이라고 한다면 기존 한국인들의 의식과 언어 안에 들어 있는 차별적 요소를 찾아내고 그러한 언어문화를 개선해 나가는 것은 내적 충분조건이다. 또한 지금까지 인종 차별적 언어에 대한 분명한 인식과 본격적 관심이 나오지 않았는데, 이런 점에서 다문화 시대 한국 사회의 현재와 미래에 직결된 이 연구의 필요성이 높다.

이 장에서 자료 분석은 '인종 차별 표현의 유형'과 '인종 차별 표현의 쓰임' 두 가지로 나누어 진행한다. 분석 대상 자료 가운데서 인종 차별 표현의 체계적 기술을 위하여 소설, 여행기, 영화 대본 등의 자료와 인종 차별을 다룬 논문 및 저서를 주로 이용할 것이다. 개인적이고 일회적으로 사용한 표현이 아니라 인쇄나 영상 매체 등 공식성과 격식성이 비교적 강하고, 다수의 화자들에게 큰 영향력을 주는 표현 사례들을 제시하고자 한다.

인종 차별 표현의 유형은 '차별 대상'과 '언어 형식' 두 가지 차원에서 개별 표현들을 분류한다. 차별 대상 면에서는 '특정 민족이나 국민을 차별하기', '특정 인종을 차별하기', '혼혈인을 차별하기'의 세 가지로 나누어 목록을 제시하고, 주요 표현의 쓰임을 제시하도록 하겠다. 언어 형식 면에서는 중복을 피하기 위해 구체적 쓰임은 따로 제시하지 않고 하위 유형만 나눈다.

인종 차별 표현이 어떻게 쓰이고 있는지의 실태를 다양한 언어 사용 영역 가운데서 공식성이 비교적 강한 '언론 언어 영역'과 비공식적·개인적 성격의 '인터넷 댓글 언어 영역'에서 좀 더 자세히 살펴보되, 쓰임 사례를 제시하고 사회문화적 의미와 영향을 해석해 보기로 하겠다. 언른 언어 영역의 경우 다시 '차별 표현의 명시적 사용'과 '언어 사용 과정에서의 차별'로 나누어 분석한다. 인종 차별을 나타내는 구체적 표현의 명시적 사용 못지않게 겉으로 쉽게 드러나지 않는 호칭어 차별, 외국인이나 '혼혈인'은 질 낮고 위험한 사람들이라는 편견을 심어주는 언어 사용에도 주목할 필요가 있기 때문이다. '인터넷 댓글 언어 영역'은 누리꾼들이 어떤 상황에서 차별 표현을 쓰는지를 중심으로 '반격적 사용', '습관적 사용', '선제 공격적 사용'의 세 가지로 나누어 논의를 진행할 것이다.

1. 인종과 민족 차별 표현의 유형별 사례 분석

1.1 차별 대상에 따른 분류

1965년 12월 제20차 국제연합(UN) 총회에서 채택되어 1969년 1월 발효된 <인종 차별 철폐 국제 조약>에 따르면, '인종 차별'은 "정치, 경제, 사회, 문화 기타 공공생활 영역에서 인권과 기본적 자유에 대한 평등한 인정, 향유, 실현을 제거하거나 손상시킬 목적으로 행해지는 인종, 피부색, 혈통, 출신 국가, 출신 민족에 근거한 구별, 배제, 제한 또는 우대"로 정의된다. 이와 함께 미국 <민권법>에서는 인종과 관련하여 벌어지는 괴롭힘도 차별로 규정한다. "인종에 대한 비방, 인종에 관한 농담, 개인의 인종이나 피부색에 대한 공격적이고 모욕적인 언사 또는 인종이나 피부색에 기초한 기타 언어적, 물리적 행동이 위협적이고 적대적이며 공격적인 근로 환경을 만들거나 노동을 방해하는 경우"도 인종 차별이 된다(이준일 2007:80-81).

이러한 개념을 바탕으로 여기서는 '인종 차별 표현'을 쉽게 정의해 보면 "인종 차별 행위 또는 인종과 관련된 괴롭힘의 과정에서 쓰이는 언어 요소"로 이해할 수 있다.4) 여기서 '인종'(人種)이란 단순히 피부색이나 신체 특징에 따라 황인종, 백인종, 흑인종 또는 코카서스인, 몽골인, 에티오피아인, 아메리카인, 말레이인 등으로 나누는 것을 넘어서 민족이나 국적, 혈통까지 포함하는 넓은 뜻으로 쓸 것이다.5) 민족, 혈통 등의 구별도 따지고 보면 피부색에 따른 차별과 평행하는 경우가 많고, '인종'과 '민족'이 뚜렷하게 구별되기 어려운 연속적 성격을 지니며, 민족 차별이든 인종 차별이든 사람을 넓은 범위에서 무리를 지어 구별하고 남을 차별하는 공통된 행위이기 때문이다.

앞서 밝힌 바와 같이 인종 차별 표현을 차별 대상이 누구인지에 따라 크게 세 가지 유형으로 나누면 '특정 민족이나 국민을 차

---

4) 인종 차별 표현에는 어휘 자체의 비하적(卑下的) 의미 요소 때문에 차별 효과가 나타나는 것이 있는가 하면 어휘 의미와 관계없이 특정 대상과 연결되어 지속적으로 쓰임으로써 문맥적으로 차별 효과가 나타나는 것도 있다. '되놈, 왜년, 잡종'의 경우가 비하적 의미 요소를 스스로 가진 표현인 반면 '원숭이, 조선족, 짱깨' 등은 쓰는 과정에서 차별 효과가 생긴 표현이다. 차별 표현의 언어 구성 요소에 대해서는 1.2에서 자세히 다룬다.
5) 인종을 나누고 차별하는 의식과 이념은 서양 문명에서 나온 것이다. 고대 그리스 문명에서 현대 서양에 걸쳐 인종 의식 또는 인종주의가 어떻게 변화해 왔는지에 대한 전반적 소개는 한국서양사학회 엮음(2002)를 참조할 수 있다.

별하기', '특정 인종을 차별하기', '혼혈인을 차별하기'가 있다. 차별 표현의 목록을 제시하고, 대표적인 것의 쓰임을 들기로 한다.

(1) 특정 민족이나 국민을 차별하기 ①

가. 오랑캐, 미개인, 야만인/야만족, 중국놈(들)/일본놈(들)/동남아놈(들)/미국놈(들)/영국놈(들)/러시아놈(들)/이란놈(들), 중국애들/일본애들/동남아애들/미국애들/영국애들/러시아애들/이란애들

가-1. "중공 **오랑캐** 떼가 무더기로 포로가 되었대. 전쟁은 우리 쪽이 아주 이롭다는 거야." (권정생 2000:196)

가-2. 오늘날에 사는 우리들은 몸에 문신을 하고 사는 사람들을 보면 마치 우리와는 전혀 상관이 없는 **미개인**이나 **야만인**들의 괴상한 풍습으로 치부해 버린다. (김병호 1999:243)

가-3. 주례를 서다서다 이젠 **미국놈** 결혼식까지 관장한다? (윤정모 1988:257)

가-4. "바로 돈이지… 돈이라면 사족을 못쓰는 **중국애들** 다루기에 쉽고, [...]" (박대성 2004:167)

나. 장궤/짱개/짱깨/짱께, 짱꼴라, 짜장(면), 되놈/데놈/때놈/땟놈/떼놈, 화교

나-1. 원래는 더러운 **짱깨** 새끼란 말로 중국인을 비하하기 위해 만든 것인데 지금은 동양인들에게 다 쓴다. (김선영 1999:63)

나-2. "[...] 몽달이한테 나라 뺏기고 빌빌대는 **짱꼴라** 새끼들이 어디서 감히 우리나라에 들어와서 주디를 나불대노?" (오승환 2005:17)

나-3. 어른들은 무관심하게, 그러나 경멸하는 어조로 '**떼놈**들'이라고 말했다. (오정희 2004:57)

다. 왜/왜구/왜노/왜놈/왜인, 쪽발이/쪽바리, 게다(짝), 원숭이, 들짐

승 집단/야수 무리, 미꾸라지 똥
다-1. 우리 나라를 쉼 없이 괴롭힌 **왜놈** 나라의 근본인 **왜구**(倭寇)들만 보아도 알 수 있는 일이다. (여설하 2005:108)
다-2. 너희들 잘 들어. 조선이 **쪽발이** 새끼들한테 왜 당했냐? (정연원 감독 영화, 나두야 간다, 2004)
다-3. 그것이 일본이라는 천덕꾸러기 같은 **원숭이**들의 배를 불려 주는 일이 아니기 때문이다. (여설하 2005:36)

(1)과 같이 한국의 이웃나라 민족들을 비하하거나 차별하는 표현들이 오래전부터 쓰이고 있으며, 최근에는 동남아 국가의 사람들이나 서남아 이슬람 문화권 사람들을 차별하는 표현들도 늘어났다. 미국, 러시아 등의 서양 극가 국민들을 무시하는 표현도 보인다. (1가)의 '오랑캐'는 예전부터 이민족을 가리키던 대표적 차별 표현으로 아직도 생명력을 갖고 있다. 본래 중국에서 중화사상을 바탕으로 이민족을 낮잡아 가리키던 '동이(東夷), 서융(西戎), 남만(南蠻), 북적(北狄)'이란 말과 개념이 들어오면서 한반도의 이웃이나 서양인들을 '오랑캐', '서양 오랑캐'로 불렸다. '오랑캐'는 고려 말기 두만강 유역에 살던 여진족의 한 부족인 '올량합'(兀良哈)을 가리키던 말이었으나 이후 여진족을 가리키는 말로 확대되어 쓰였고, 다시 이민족 전반을 멸시하고 차별하는 일반 명사로 자리 잡았다.6) 오랑캐로 일컫는 긴족에 대해서는 문화적 관점에서 '미개인'(未開人)이나 '야만인(野蠻人)/야만족(野蠻族)'으로 부르기도 한다. (1가-3, 4)의 '미국놈(들)'이나 '중국애들'은 '오랑캐'와 비슷한 기능을 하는 이민족 차별 표현으로 많이 쓰

---

6) '오랑캐'의 어원과 쓰임에 대해서는 김기선(2001), 강재철(2002), 김명식(2008) 등을 참조할 수 있다.

이고 있다. '서양놈(들)', '서양애들'과 같이 쓰기도 하지만 주로 국가 이름에 '놈(들)'과 '애들'을 붙임으로써 무시, 비하, 차별의 태도와 적대감을 드러낸다. 해당 나라의 여성들을 특별히 비하 대상으로 말할 때에는 '중국년(들)', '미국년(들)', '필리핀년(들)'과 같이 '년(들)'을 붙인다.

(1나)의 '장궤/짱개/짱깨/짱께'는 중국인을 비속하게 일컫는 대표적 표현이다. '짱깨' 형식으로 많이 쓰이는데, 계산대를 지키던 중국 음식점 주인을 '장궤'(掌櫃)라고 부르던 데서 나왔다. ≪표준국어대사전≫에서 '장궤'는 "부자라는 뜻으로, 중국 사람을 속되게 이르는 말" 또는 "가게의 주인"으로 나와 있다.[7] '짱꼴라'는 '중국인'(中國人, 중궈런)이라는 낱말의 일본식 발음에서 나온 것이라는 해석이 있으며, ≪표준국어대사전≫에서는 일본말의 'chankoro'에서 바뀐 말로 풀이했다.[8] 중국인을 '짜장' 또는 '짜장면'이라 부르기도 하는데 '지저분한 중국집에서 만든 색깔이 특이하고 값싼 음식'이라는 부정적 인식을 중국인과 연결시킴으로써 비하하는 태도를 갖는 것으로 해석된다.[9] '되놈/데놈/때놈/땟놈/떼놈'은 여진족 또는 중국 사람을 낮잡아 가리키는 말로서 '오랑캐'(胡)의 뜻인 '되'와 명사 '놈'의 결합형 및 그 변이형인데, 최

---

[7] 20세기 초를 배경으로 하는 중국 장이모우 감독의 영화 <붉은 수수밭>을 보면 일꾼이 양조장 주인의 아내를 이렇게 부르는 장면이 나온다.

[8] 한비야(2001:42)에서는 '짱꼴라'를 '불결하고 더러운 썩은 뼈다귀'의 뜻을 가진 '장골인'(葬骨人)으로 소개했고, 이런 풀이는 최동호(2003) ≪정지용 사전≫에도 나온다. 그러나 '장골인'은 중국어 사전에 없을 뿐더러 중국 사람들이 쓰지 않는 점에서 한국 사람이 끼워 맞춘 말로 판단된다.

[9] 누리꾼들은 중국인들을 부정적으로 가리킬 때 "짜장들은 (민족 비하 발언 죄송) 입만 열면 허풍이고 거짓말입니다"와 같이 복수 접미사 '-들'을 붙여 '짜장들', '짜장면들'로 쓰는 일이 많다.

근에는 '대국놈'(大國+놈)이 줄어든 표현으로 생각하기도 한다. 비속어 '놈'이 결합되어서 중국인에 대한 부정적 태도가 언어 구성 면에서도 강하게 느껴진다. 이런 표현들은 한국에서 살고 있는 중국인, 곧 '화교'를 주로 가리키는 말이었으나 중국과의 수교로 실제적 접촉이 늘어나면서 중국인 전반을 비하하는 말로 널리 쓰이고 있다.

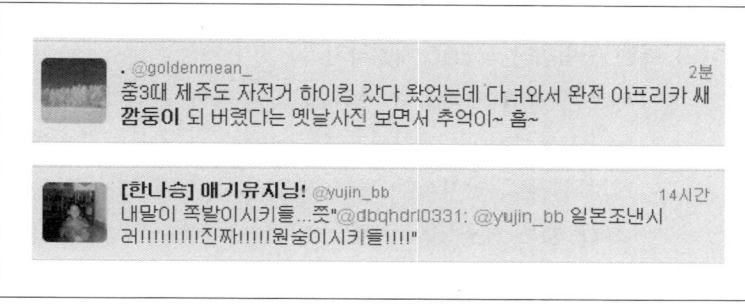

[그림 1] 사회적 소통망(SNS) 트위터에 쓰인 인종 차별 언어들

일본인을 가리키는 (1다)의 차별 표현도 많다. 오래된 말인 '왜'(倭)가 주로 '왜놈' 형식으로 나타나며, 특별히 여성을 비하할 때에는 '왜년'을 쓰기도 한다. '쪽발이/쪽바리'는 일본인들이 신고 다니던 신발 '게다'와 관련되어 나온 말로서 역시 강한 비하적 표현으로 쓰인다.10) '게다'를 신으면 발가락이 크게 두 쪽으로 나

---

10) 1995년 일본 요미우리 신문사에서 실시한 '아시아 7개국 여론 조사'에 따르면 한국인들은 '일본인'에 대해 떠오르는 단어로 '쪽발이'를 가장 많이 들었다. 친구들과 이야기할 때 일본인을 어떻게 부르는지에 대해서는 '일본놈>왜놈>쪽발이>일본 사람>일본놈들'의 순으로 응답하여 브정적인 태도를 강하게 드러내었다(정대균 지음/이경덕 옮김 2000:27-36).

뉘지는데 여기서 '쪽발'이 생기고 접미사가 붙어 '쪽발이'가 되었다는 해석이다.11) '게다(짝)' 자체가 일본인을 비유적으로 가리키는 말이기도 하다. '원숭이'는 일본인의 외모를 빗대어 부정적으로 쓰는 표현이다.12) 일본인을 "들짐승 집단/야수 무리, 미꾸라지 똥"으로 표현한 것은 한국어 화자들에게 일반적인 것이 아니라 일본인에 대한 반감과 분노를 드러내기 위한 개인적 용법에 가깝다.

(2) 특정 민족이나 국민을 차별하기 ②
  가. 베트콩, 꽁까이, 베트남 처녀, 필리핀 처녀, 동남아 불체자, 동남아/동남아시아 거지깽깽이/동남아시아 검둥이/덩남아시아 거지섹희들/동남아시아 애들, 파키 방글 찌끄래기들
  가-1. **베트콩**은 지구상에 싹 쓸어버려야 할 만큼 악질적이다. (윤정모 1988:312)
  가-2. 니 애빈 잔업수당으로 **꽁까이**와 살림을 한다는데 이 에민 재미도 못 본다더냐 하고 뻔뻔스럽게 억지까지 써댔다. (윤정모 1988:191)
  가-3. 가난하다는 이유로 더 이상 도시 처녀들에게 주목받지 못하는 대한민국의 농촌총각이지만, **필리핀**이나 **베트남 처녀**들에게는 지겨운 가난으로부터 구원해 줄 백마 탄 왕자님에 다름 없단다. (강서재 2004:187)

---

11) 권희린(2013:212)에서는 나막신을 신기 전 일본의 전통적 발싸개인 '다비'를 신는데, 이 때의 발 모양이 돼지 '족발'을 닮았다고 해서 '쪽발이'라는 말을 쓰게 되었다고 설명했다.
12) 서양에서는 아시아인 전체를 '원숭이'로 일컫기도 한다. 박노자(2007:78)에서는 러일전쟁 당시 러시아 황제 니콜라이 2세가 "황색 원숭이들을 무찌르자"고 외치면서 인종주의를 드러내었음을 비판했다.

가-4. 한국에서도 **동남아 불체자**가 성폭행을 하려 하다 칼로 찔러서 죽은 여학생 문제로 시끌시끌했고 사회문제가 되기도 하죠. (다음/카페/게시글)
나. 로스케, 러시아 걸/백마/러시아 백마
나-1. 술 취한 **로스케** 하나가 시장 입구에 있는 이층집에 들어가 아이를 업고 있는 여자를 겁탈했다고 했다. (오세윤 2006:46)
나-2. 부산에 **러시아걸 백마**탈수있는곳 아는곳있으면 추천해주세요 (네이버/지식iN)

(2가)는 베트남, 필리핀, 파키스탄 등의 동남아 사람들을 낮잡아 가리키는 차별 표현이다. '베트콩'은 베트남 전쟁 당시부터 키가 작고 피부가 검은 편인 동남아인을 통칭하는 말로 쓰였다. '꽁까이'는 베트남 아가씨를 마음대로 다룰 수 있는 존재나 한국 남성의 성 노리개 정도로 낮추어 보는 차별 표현이다. 정확한 발음은 '꽁가이'이며, '꽁까이'는 '암캐'라는 뜻이다. 베트남 말을 몰라서 잘못 쓴 것일 수도 있지만 베트남 여성을 비하하는 맥락에서 일부러 '꽁까이'를 썼을 가능성도 있다.13) '꽁까이'가 1960년대와 1970년대에 쓰이던 차별 표현이라면 '베트남 처녀'와 '필리핀 처녀'는 한국 남성과 동남아 출신 여성들의 국제결혼이 크게 늘어난 2000년대에 나타난 새로운 표현이다. 동남아 여성들을, 돈만 주면 데려 올 수 있는 한국 남성의 성적 대상 정도로 쉽게 보는 점에서 문제가 있다. '불처자, 동남아시아 거지깽깽이' 등의

---

13) 한국에서 '꽁까이'는 단순히 '베트남 처녀'의 뜻으로 쓰인 것이 아니라 '(베트남) 창녀'의 뜻으로 쓰였다. 여기서 파생된 '똥까이'라는 표현도 있는데, 김동언 엮음(1999:308)에서는 '꽁까이'와 '똥까이'가 일본말에서 온 것으로 잘못 설명했다.

표현은 1980년대 이후 동남아 국가에서 많은 노동자들이 한국에 들어오면서 생겨난 것으로 이주 노동자를 싸잡아 범죄자나 불쌍한 거지 정도로 여기는 부정적 태도를 강하게 보여 준다. "서구인과 일본인이 우리에 대하여 가하는 각종 편견에 대해서는 참을 수 없는 감정으로 분개하면서 우리보다 경제적으로 가난하고 정치적으로 약한 외국인에 대하여 인종 차별적인 언동을 쉽게 자행한다는 사실"(김광억 외 10인 2005:17)을 고려할 때 앞으로 동남아 사람들에 대한 인종 차별 표현이 더 늘어날 것으로 보인다.

(2나)는 러시아 사람들을 모욕하거나 무시하는 말들이다. '로스케'는 러시아말의 'Ruskii'에서 온 것으로 러시아인을 낮잡아 이르는 말이며, 우리말에서 오래 전부터 쓰였다. 1990년대부터 쓰이기 시작한 '러시아걸' 또는 '백마'(白馬)는 러시아에서 예술 비자를 받고 한국에 들어와 있는 젊은 백인 여성들을 가리키는 말인데, 이들 여성을 한국 사람들의 성적 대상으로 낮잡아 보는 뜻이 느껴진다.

(3) 특정 민족이나 국민을 차별하기 ③

가. 조선족, 연변 처녀, 연변 총각

가-1. "저런...... 쯧쯧! **조선족**이 순박했던 건 80년대 말이나 그랬지. 지금은 돈맛을 알고 되바라져서 한국 사람보다 더 약삭빠르다네." (김경진 1999:93)

가-2. "[...] 꼭 **연변 처녀**처럼 입술만 빨개가지고. 연변 처녀들은 피부나 곱지." (이혜경 2002:218)

가-3. 직업에 대한 인기도 조사에서 증권사 직원들의 순위가 **연변 총각** 다음으로 밀린다. (매일경제신문사 증권부 2003:81)

나. 탈북자, 새터민

나-1. 좋게 말해 '가난한 아티스트' 간지요, 적나라하게 말해 '**탈북자**' 외모였던 그가, 처음 만난 내 눈엔 적어도 영화배우처럼 보였으니 말이다! (김애경·이윤철 2007:11)

한민족이면서도 제대로 대접을 받지 못하고 있는 재외 동포나 북한 출신들을 가리키는 '조선족', '연변 처녀', '탈북자' 등도 남한 사람과 그들을 분리하여 이질적 존재로 보면서 차별하는 말이다. '조선족'은 중국에서 쓰는 공식 표현이지만 한국에서도 그대로 쓰면서 문제가 되었다. 일본이나 미국 등에 사는 재외 동포에 대해서는 '일본 교포, 일본 동포', '미국 교포, 미국 동포'를 쓰면서 중국 거주자에 대해서 '조선족'이라고 부르는 점에서 차별 표현으로 인식되는 것이다. 당사자들은 이런 말의 사용을 반기지 않고 있으며, 자신들이 이 말의 지시 대상임을 감추려 하는 점에서 사용을 자제할 필요가 있다.

북한을 탈출하여 남한에 들어와 살고 있는 사람들을 가리키는 '탈북자'의 경우 '탈북(脫北)+자(者)'로 구성된 말인데, '자'(者)가 '놈 자'라는 뜻으로 해석되기 때문에 더 부정적으로 받아들였을 수 있다. 현재 '당선자→당선인, 신청자→신청인, 중개자→중개인' 등 한국 사회에서 전반적으로 '자'(者)가 들어 간 말들이 '인'(人)으로 바뀌는 상황을 고려하면 당사자들이 차별 표현으로 인식하는 데 이 점이 한 요인으로 작용했다는 생각이다. 이 말을 쓰는 사람들은 차별 의도 없이 단지 객관적으로 가리키기 위해 썼다고 하겠지만 다른 한국 사람들과 구별하여 자신을 특별히 가리키는 자체가 차별로 인식될 수 있다. '탈북자'를 정부에서 '남한에서 새로운 터전을 잡은 사람'의 뜻인 '새터민'으로 고쳐 부르다가 이 또한 현실적으로 당사자들에 대한 차별과 배제, 부정적 태도를 강화하는 언어적 낙인으로 작용하는 점 때문에 통일부는 2008년 11월부터 공식적으로 '북한 이탈 주민'을 쓰고 있다.14)

문헌 자료에서는 명백히 차별적으로 쓰인 표현이 나타나지 않지만 한국계 러시아권 동포들을 가리키는 '고려인/카레이스키',15) 재일 한국인을 가리키는 '재일 교포/재일 동포'16)라는 표현도 개인적 차원에서는 차별과 비하의 수단으로 쓰이기도 한다. 차별 표현이라는 것은 그 말의 뜻이나 화자의 의도와 무관하게 당사자 또는 수용자들이 거부감을 느끼는 경우 차별 표현으로 인식될 수 있다. '조선족, 새터민, 재일 동포' 등은 다수 집단과 분리된 소수로, 동질 집단과 다른 이질적 집단으로 주목받게 만드는 말인 점

---

14) 언론에서도 최근에는 '북한 이탈 주민' 또는 줄여서 '탈북민'을 쓰는 일이 많다. <정부, 탈북민 업무 전담팀 신설>, <탈북민 취업보호기간 3년으로 연장>, <NH농협카드, 북한이탈주민지원재단에 5000만 원 후원>, <부산시, 북한이탈주민 불안한 마음 달랜다> 등 기사 제목 참조.

15) 한국에 살고 있는 대다수 한국계 러시아인과 중국인은 경제적 우열에 따른 단순한 차별보다는 한국 사회가 재러·재중 동포에게 적용하는 일종의 '한국식 오리엔탈리즘'에 분노한다는 해석이 있다. 서구적 오리엔탈리즘이 비서구 지역의 주민과 문화의 가치를 부정하고 이질시·타자화하며, 타율성과 소극성, 자기 구제 능력의 부재 등 무능력을 강조하는 것이라면 북방 지역 동포에 대한 한국식 오리엔탈리즘은 이들을 못살고 불쌍한, 소극적이고 후진적인 베풂의 대상으로 보는 시각이다. 한국인과 이들 동포와의 올바른 관계 설정을 위해서는 진정한 근대적 정신, 곧 평등과 인권 의식이 필요하다(박노자 2001/2006:70-73).

16) 재일 한국인들을 일본인 비슷한 사람이라고 하여 '쪽발이', '반쪽발이'로 부르며 차별하는 일도 있었다. 일본에서 태어나 자란 프로야구 김성근 감독은 투수로 뛸 때는 '쪽발이'라는 손가락질을 받았고, 아마추어 감독 시절에도 '반쪽발이'라는 말을 수도 없이 들었다고 한다(김성근 감독 "한국서 사는 게 더 힘들었다", 스포츠한국, 2007-10-30; '1천승 야신' 김성근, "나의 인생의 발자취", OSEN, 2008-09-03).

에서 거부감을 준다. 같은 한국인으로 살고자 하는 사람들에게 굳이 별칭을 붙여 가리키는 것 자체가 차별 행위인 것이다.

(4) 특정 인종을 차별하기 ①

가. 양놈/양년, 양코/양코백이/양코잡이/코쟁이, 양키, 흰둥이, 노린 내 나는 놈, 노랑대가리/노랑머리/노랭이, 피부 허연 놈

나. 양갈보 똥갈보, 어디로 가느냐/빼딱구두 신고서 **양놈**한테 간단 다. (윤정모 1988:30)

나-1. "너 오늘 **양년** 팬티 몇 벌이나 빨았냐?" (최종채 2003:220)

나-2. "**양코백이** 새끼들아, 빨리 대답하라!" (조해일 1983:36)

나-3. 그러나 나는 그런 **양키**들 틈에 끼여 멸시당하고 싶지 않을 뿐이야. (황석영 1992:178)

나-4. (**흰둥이** 외손자), 생각만 해도 징그럽다. (전광용 1962/1987:410)

나-5. 나도 뭐 좋아서 그 **노린내나는 놈**과 외박 나간 줄 알아? (윤정모 1988:221)

특정 인종을 차별하는 표현 가운데서 (4)는 백인 차별 표현의 보기이다. '양놈/양년', '양키'가 대표적으로 많이 쓰인다.17) 남녀 구별 없이 서양 사람을 가리킬 때는 '양놈'을 쓰는 반면 서양 여자를 특별히 가리킬 때는 '양년'을 쓴다. '코쟁이', '노린내 나는 놈', '흰둥이, 피부 허연 놈' 등은 백인들의 신체적 특징을 들어서 나쁘게 일컫는 표현이다.

---

17) 백인을 비하하는 이러한 표현이 있지만 아직도 한국 사회에서 백인들은 잘살고, 멋있으며, 똑똑하고, 힘센 사람들로 선망의 대상이다. 백인을 황인종 자신들보다 뛰어난 존재로 보는 자기 비하적 태도는 1890년대 ≪독립신문≫의 "백인이 인종 중에 제일 영민하고 부지런하고 담대하다"는 내용에서도 이미 보인다(박노자 2007:112).

(5) 특정 인종을 차별하기 ②

가. 검둥이/껌둥이/깜둥이/깜상, 니그로, 유색인(종), 아프리카 미개인, 흑인 연놈

나. 나는 그때 골목의 동네 쪽 입구로부터 급한 걸음으로 다가오는 **검둥이** 하나를 보았다. (조해일 1983:25)

나-1. "아휴! 몸서리쳐! **깜둥이** 새끼들은 짐승이라니까, 짐승!" (조해일 1983:26)

나-2. 개학이 되자 우리는 새까맣게 탄 **니그로** 같은 얼굴을 번득이면서 [...] (최인호 2008:197)

나-3. 또 똑같은 죄를 지어도 **유색인**은 처벌받지만 백인은 처벌받지 않을 수도 있다.[18] (김희경 2004:252)

나-4. 소위 '평균적 한국인'들은 대중 매체를 통해 **유색 인종**의 외국인들과 관계 맺는 방식을 배워 나가고 있다. (김현미 2005:39)

나-5. 위층에서는 돼지같이 생긴 **흑인 연놈**들이 생음악을 연주하며 [...] (전상국 1987:81)

(5)는 흑인 차별 표현으로, 피부색을 직설적으로 표현한 '검둥이, 껌둥이'가 대표적이다. 같은 서양 사람이라 해도 흑인은 '서양인'이나 '양놈'이 아니라 따로 '검둥이'라 불린다. 영어에서 흑인을 비하하는 표현인 '니그로'를 그대로 쓰고, 백인이 아닌 사람을 묶어 '유색인(종)'이라 표현하며, 흑인의 본거지를 이용하여 '아프리카 미개인'이라 말하기도 한다. (5나-5)의 '흑인 연놈'은 '흑인 부부'나 '흑인 남녀'로 표현할 수도 있지만 욕설로 쓰이는 '연놈'을 붙여 인종에 대한 심한 반감까지 드러낸 보기이다.

---

18) 이 인용문에서 '유색인'이라는 표현이 차별적으로 쓰인 것은 아니다. 보기들 가운데서 일부는 이처럼 관련 표현의 존재를 드러내기 위한 것임을 밝힌다.

(6) 특정 인종을 차별하기 ③

가. 노란놈/노란둥이, 노란 원숭이/옐로우 멍키, 아시아의 더러운 슬로프 헤드들; 펑퍼짐하고 누르끼리한 몽고인종, 개성이라곤 없는 얼굴들

나. "야, 이 **노란둥이**야, 네 에미 앞에서나 그 추잡한 걸 뒤집어 쓰고 재롱을 부려라. 이 일본놈 반만도 못한 놈아." (조해일 1983:132)

나-1. "그렇지, **노란원숭이**들이 감히 위대한 팍스 아메리카에게 저항하지는 않겠지. 하하하!" (강유한 2007:188)

나-2. 그리고 PX는 바나나와 한줌의 쌀만 있으면 오순도순 살아가는 **아시아의 더러운 슬로프 헤드**들에게 문명을 가르친다. (황석영 1992:67)

나-3. 하나같이 **펑퍼짐하고 누르끼리한 몽고인종의, 개성이라곤 없는 얼굴**들. (조해일 1983:181)

(6)은 황인종에 대한 차별 표현의 보기이다. (6나)의 '노란둥이'와 (6나-1)의 '노란 원숭이/옐로우 멍키'는 소설에서 미국인이 한국인에게 한 말이며, 실제로 서양 문헌의 한국어 번역에서 자주 나타난다. 한국인들이 만들어 낸 말이 아니라 서양인들의 말에서 번역하거나 그대로 가져와 스스로에게 쓴 표현인 것이다. "아시아의 더러운 슬로프 헤드들"이나 "펑퍼짐하고 누르끼리한 몽고인종의, 개성이라곤 없는 얼굴들"은 황인종의 신체적 특징을 부정적으로 묘사한 자기 비하 표현이다. 흑인이나 백인에 비해 황인종에 대한 차별 표현은 수가 적다.

(7) '혼혈인'을 차별하기 ①

가. 튀기, 검둥이 튀기, 흰둥이 튀기

가-1. 여자애가 예뻐도 '**튀기**니까, 양공주 딸이니까 예쁘지' 하는

식으로 말한다. (박경태 2008:216)
가-2. **검둥이 튀기**들도 있었고 백인으로 보이는 베트남 소녀들도 있었다. (황석영 1992:261)
가-3. 동남아시아 전쟁처럼 길고 지루하고 갑갑하고 잔인했던 누이의 일생과, 얼굴이 **흰둥이 튀기**처럼 해맑고 헌칠했지만 [...] (김정환 2000:55)
나. 잡종, 잡탕, 짬뽕, 혼혈/혼혈아/혼혈인/혼혈 아동/혼혈 청소년
나-1. '튀기'는 **잡종**, 혼혈아를 뜻하는 말이다. (연세대 미디어아트 연구소 2002:27)
나-2. 그러나 알려진 대로 스탈린은 그루지아 출신이었고, 레닌은 완전한 **잡탕**이었다. (엄창현 2006:327)
나-3. 그 세상에 사는 사람들은 다 **짬뽕**들이었고, 한 가지 색깔을 가진 사람은 단 한 명도 없었다. (나스디지 지음/조병준 옮김 2004:65)
나-4. "한국전쟁 이후 버림받은 **혼혈**아들의 아픔을 경험한 우리가 [...]" (김우영 2002:48)

  (7)의 '혼혈인'에 대한 비하 표현도 많다. (7가)의 '튀기'는 "종(種)이 다른 두 동물 사이에서 난 새끼"의 뜻에서 사람에게 의미가 확대 적용된 말이다. 말과 당나귀 사이에서 나온 노새를 튀기라 하듯이[19] 다른 인종의 부모에게서 난 사람을 그렇게 부르는 점에서 '혼혈인'을 짐승의 차원으로 떨어뜨리는 비하 표현이다. 백인과 흑인, 백인과 황인, 흑인과 황인의 결합이 가능하지만 특히 흑인과의 결합에 따른 2세를 더 낮추어 '검둥이 튀기'라는 연

---

19) 영어의 경우에도 흑인과 백인의 혈통을 함께 물려받은 사람을 일컫는 '뮬라토'(mulatto)가 노새를 뜻하는 'mule'에서 나온 말이다(앨런 지브 지음/윤재석 옮김 2006:24).

어를 많이 쓴다.20) 흑인들의 피부 색깔을 나쁘게 볼 뿐 아니라 이들을 범죄자, 마약 거래자, 알코올 중독자 등의 문제적 존재로 취급하는 사회적 편견까지 갖고 있기 때문이다. 이와 달리 '흰둥이 튀기'라는 표현은 있어도 거의 쓰이지 않는다.

(7나)의 표현들은 '혼혈인'이 이질적 요소가 섞인 순수하지 못한 사람들이라는 뜻을 직설적으로 나타내고 있다. '잡종'이 다른 피가 섞인 불순한 존재라는 뜻을 직접 드러낸 것이라면 '잡탕'과 '짬뽕'은 사람을 여러 가지 재료를 섞어 만든 음식에 빗댄 비하 표현이다. '혼혈아'는 아동에게 쓰기도 하지만 성인이 된 사람에게도 쓰는 말로서 국제결혼 2세 전체를 아이처럼 쉽게 보려는 의식이 들어 있다. '혼혈아'가 성인에게도 쓰이다 보니 나이가 어린 사람에 대해서는 특별히 '혼혈 아동'이나 '혼혈 청소년'이라는 구 표현을 따로 쓰는 실정이다. 이런 표현뿐만 아니라 '혼혈'이나 '혼혈인' 자체도 버려야 할 나쁜 말로 인식된다. '혼혈'과 대비되는 완전한 '순혈'은 없으며, 모든 민족과 인종은 정도 차이만 있다는 관점에서 볼 때 이런 표현의 문제점이 잘 드러난다.

---

20) 강신주(2004)에서는 "나는 튀기라는 말을 좋아한다"(267쪽), "혼혈이란 말이 껄끄러웠던 반면, 나는 튀기란 말은 부담 없이 들렸다"(270쪽), "내가 아이를 '튀기'라고 부르는 것은 의식적인 선택이다. 내가 튀기의 엄마니까 할 수 있는 일이다"(275쪽)라고 하여 '튀기'라는 말을 적극적으로, 자신 있게 쓰고 있지만 남편이 한국 사회에서 대접받는 백인이 아니라 무시당하고 차별받는 흑인이나 동남아 출신자였다면 자녀들을 그렇게 부를 수 있을지 의문이다. 지은이는 "국제결혼이 좋다는 사람들 중에서 자녀가 흑인 배우자를 데려올 때, 아니면 못사는 나라의 유색 인종을 배우자로 데려올 때 그렇게 환영할 사람이 얼마나 될까? 국제결혼에 대한 막무가내식 환상을 접할 때마다 난 불편해진다. 걱정된다"라고 말하였는데, 이것은 '나는 백인과 결혼해서 안심이다', '우리 아이는 흑인이나 못사는 나라 유색 인종과 관계없어서 행복하다'의 뜻으로 읽힌다.

(8) '혼혈인'을 차별하기 ②

가. 라이따이한, 아메라시안, 코시안, 코피안/코피노, 하프코리안
나. 베트남을 찾는 한국인들이 가장 가슴 아픈 것은 **라이 따이한**의 가난하고 주눅든 삶이다. (김종철 1995:143)
나-1. 단지 이 땅에 적을 두고 있는 **아메라시안**Amerasians은 대략 5,000명이다. (이상엽 2008:169)
나-2. 그렇지 않다면 10년 뒤 **코시안**을 둘러싼 갈등은 커다란 사회 문제가 될 수 있다. (정명원 2007:238)
나-3. […] 한국인과 필리핀인 사이의 혼혈인인 **코피안**은 약 3,000명 정도로 추산되고 있으나 정확한 수는 알려지지 않고 있다. (오경석 외 10인 2007:74)
나-4. KBL 전육 총재는 25일 기자간담회에서 "**하프코리안**(혼혈) 선수 선발을 내년 신인드래프트와 별도로 실시할 계획"이라고 밝혔다. (손바닥 뒤집 듯 뒤집는 KBL 선발규정, 동아닷컴, 2008-11-26)

(8)에 있는 말은 한국계 '혼혈인'을 차별하는 표현들이다. '라이따이한'은 한국 남성과 베트남 여성, '아메라시안'(Amerasian, America+Asian)은 미국 남성과 한국 여성,[21] '코시안'(Kosian, Korea+Asian)은 한국과 동남아 사람들 사이의 자녀를 가리킨다.[22] '코피안'(Kopian, Korean+Philippine+an) 또는 '코피노'(Kopino, Korean+Filipino)는 한국인과 필리핀인 사이의 자녀를 가리킬 때

---

21) '아메라시안'은 한국인뿐만 아니라 필리핀인, 베트남인 등의 아시아인과 미국인 사이의 2세를 가리키기도 한다. 이 말과 비슷한 표현인 '아시안 아메리칸'은 아시아 출신의 미국인을 가리키는 말로서 아시아계 이민자를 뜻한다.
22) 넓은 의미에서 '코시안'은 동남아 출신 부모에게서 태어난 자녀를 가리키기도 한다.

쓰는 필리핀 사람들의 표현인데, 한국에는 아직 잘 알려져 있지 않다. 한 체육 단체에서는 한국계 국제결혼 2세를 가리키는 말로 '하프코리안'이라는 말까지 씀으로써 '혼혈인' 차별에 앞장서고 있으며, 언론에서도 그대로 옮겨 적는다. '혼혈인'들을 반쪽짜리 한국인으로 공식화하는 문제 표현이다.

외국인 출신의 이주 노동자 및 결혼 이주 여성의 증가로 1990년대 이후 '코시안'이 특히 많이 쓰이고 있다.23) 이 말은 두 가지 면에서 인종 차별적이다. 첫째, '코시안'은 보통의 한국 사람이 아닌 불순하고 부정한 존재로서 한국의 외부인이라는 차별 인식이 반영된 표현이다. 부모의 국적이나 피부 색깔에 바탕을 두고 '우리'와 다른 '남'으로 타자화하는 언어적 낙인이다. 둘째, 한국 사회에서 미국, 영국, 호주 등 서양 선진국 출신 백인과 한국인의 2세들이 많이 있음에도 가난한 동남아 출신의 외국인과 한국인 사이에서 태어난 사람만 특정하여 부르는 점에서 차별적이다. '아메라시안'은 주한 미군 출신의 아버지와 한국인 여성 사이의 자녀를 가리킬 뿐 이른바 '정상적'인 국제결혼 가정의 백인·한국인 2세에게는 쓰이지 않는다. 곧 이런 말들은 백인과 다른 인종, 잘사는 나라와 그렇지 않은 나라, 서양과 아시아를 차별하는 부정적 표현인 것이다. 특정한 언어적 꼬리표를 통하여 당사자들을 순수하지 못한 얼치기 한국인으로 보는 부정적 인식과 차별 기능이 뚜렷하다. 표현을 어떤 의도에서 쓰는 것과 관계없이 이

---

23) 박노자(2002:95)에서는, 서양인들은 지나치게 우대하면서 대다수 아시아 출신은 '아래로 보는' 한국인들의 태도를 과거 중국 중심의 화이(華夷) 구별 의식과 현대 미국식 서구중심주의·인종차별주의 등을 내면화한 결과로 보았다. 또 박노자(2003)은 서양을 흠모·맹종의 대상으로 만든 '서구 신화', 곧 '포지티브 옥시덴탈리즘'이 한국을 휩쓸고 있음을 비판했다.

런 표현의 존재 자체가 이미 인종 차별에 기여한다.24)

1.2 언어 형식에 따른 분류

앞에서는 차별 대상에 따라 어떤 인종 차별 표현이 있으며, 그 것이 구체적으로 어떤 맥락에서 쓰이는지 보기를 통하여 살펴보 았다. 여기서는 주요 인종 차별 표현을 언어 형식에 초점을 두고 분류해 보기로 하겠다. 각 표현의 쓰임은 따로 제시하지 않는다.

(9) 언어 형식의 크기에 따른 인종 차별 표현
 가. 낱말: 게다, 깜둥이, 되놈, 똥남아, 양놈, 왜놈, 잡종, 짬뽕, 짱께, 쪽발이, 코시안, 코쟁이
 나. 구: 덩남아시아 미거인, 들짐승 집단, 러시아 백마, 아프리카 미개인, 파키 방글 찌끄래기들
 나-1. '혼혈인' 관련 구 표현: 혼혈 가구, 혼혈 가드, 혼혈 가수, 혼혈 가정, 혼혈 가족, 혼혈 격투기 선수, 혼혈 계층, 혼혈 고아, 혼혈 귀화 선수, 혼혈 남성, 혼혈 대통령, 혼혈 딸, 혼혈 멤버, 혼혈 모델, 혼혈 문명, 혼혈 문제, 혼혈 미국인, 혼혈 미녀, 혼혈 민족, 혼혈 배우, 혼혈 (농구) 선수, 혼혈 소년, 혼혈 (출신) 스타, 혼혈 스트라이커, 혼혈 아가씨, 혼혈 아동, 혼혈 아이들, 혼혈 어린이, 혼혈 여배우, 혼혈 여성, 혼혈 연기자, 혼혈 연예인, 혼혈 왕자, 혼혈 외손자, 혼혈 원주민, 혼혈 인구, 혼혈 인종, 혼혈 일본인, 혼혈 입양인, 혼혈 자녀, 혼혈 자손, 혼혈 장애아, 혼혈 전사, 혼혈 젊은이, 혼혈 청소년, 혼혈 출신, 혼혈 친구, 혼혈

---

24) 이런 문제점을 인식하여 '코시안'을 대체할 말로 '다문화인', '온누리안'을 만들어 쓰기도 하지만 '국제결혼 2세', '다문화 가정 자녀'로 바뀌어 가는 상황이다.

파이터, 혼혈 폭발, 혼혈 한국인, 혼혈 혈통, 혼혈 후보, 혼혈 흑인; 깜둥이 혼혈, 백인 혼혈, 아랍계 혼혈, 인디언 혼혈, 흑백 혼혈, 흑인 혼혈
다. 문장: 펑퍼짐하고 누르끼리한 몽고인종의, 개성이라곤 없는 얼굴들; 피부 허연 놈

(9)에서 인종 차별 표현의 일부를 대상으로 언어 형식의 크기별로 나누어 보았다. (9가)는 '짱께, 되놈, 코쟁이'와 같이 낱말 형식의 차별 표현이다. 개인적 차원에서는 '들짐승 집단, 아프리카 미개인'과 같은 구 형식 또는 '피부 허연 놈' 등의 문장 형식도 많이 쓰인다. 최근에는 (9나-1)의 '혼혈인' 관련 수많은 구 표현을 찾을 수 있는데, 외국인과의 교류가 늘어나고 운동선수나 연예인으로 활동하는 국제결혼 2세들이 많아지면서 생긴 현상이다.25) 이런 표현도 관련자를 객관적으로 가리키기 위해 썼다고 변명할 수 있겠지만 그들을 무시하는 '비혼혈인'의 시각이 반영된 '편 가르기' 표현인 점에서 문제가 된다. 사람을 있는 그대로의 능력으로 평가하지 않고 피부 색깔이나 가족 배경을 중심으로 바라봄으로써 사실을 왜곡할 수 있는 것이다. 이런 표현들에 익숙하다 보면 잘해도 "혼혈인이 어떻게?", "혼혈인이 대단하네!"라고 생각하고, 못하면 "혼혈인이라서 어쩔 수 없지"와 같이 말하는 편견에 빠질 수밖에 없다.

---

25) '혼혈', '혼혈인'에 관련된 (9나-1)의 구 표현들은 언론 기사에 쓰인 것을 정리한 것이다.

(10) 어휘 구성 성분에 따른 인종 차별 표현
  가. 놈: 되놈, 미국놈, 양놈, 왜놈
  가-1. 년: 양년, 왜년
  가-2. 아시안(asian): 아메라시안, 코시안
  가-3. 왜(倭): 왜, 왜년, 왜놈
  가-4. 혼혈(混血): 혼혈, 혼혈아, 혼혈인
  나. 양(洋): 양년, 양놈, 양코백이
  나-1. 잡-(雜): 잡종, 잡탕
  다. -둥이: 검둥이/껌둥이, 노란둥이, 흰둥이
  다-1. -인(人): 미개인, 야만인, 유색인, 혼혈인

낱말로 된 차별 표현 가운데서 공통 성분을 가진 둘 이상의 표현들에 어떤 의미 요소가 들어 있는지를 중심으로 유형을 (10)과 같이 정리하였다. (10가, 가-1)의 명사 '놈'과 '년'은 욕으로 쓰이는 표현인 점에서 이들 요소가 결합된 표현들은 모욕적인 차별 표현이 된다. '아시안'과 '왜'는 특정 지역의 사람들을 가리키는 표현이지만 역사적 맥락에서 당사자들을 무시하고 비하하는 뜻을 갖게 되었고, 따라서 그 복합 형식도 같은 의미를 띨 수밖에 없다. (10가-4)의 '혼혈'은 '피가 섞임'의 뜻이며, 피의 순수성을 강조하는 한국 사회에서 이 말이 들어간 '혼혈아'나 '혼혈인'은 순수하지 못한 사람이라는 강한 부정적 의미를 담고 있다.

(10나)의 한자말 접두사 '양-'은 '서양'(西洋)의 준말로서 단순히 지리적 위치를 가리키는 뜻이지만 근대 및 현대의 역사적 맥락에서 동양 사회를 침략하고 동양 사람을 괴롭히는 '야수'(野獸)이자 이질적 존재인 '서양 오랑캐'를 뜻하는 부정적 의미를 갖게 된 말이다.26) 특히 '양년'과 '양놈'의 경우 각각 구성 요소들이 모

두 좋지 않은 뜻을 갖기 때문에 전체 의미에서 다른 인종에 대한 차별성과 비하 정도가 더 강하게 느껴진다. 접두사 '잡-'은 '여러 가지가 뒤섞인'의 뜻이며, 앞의 '혼혈'과 마찬가지로 순수하지 못한 존재를 가리키는 데 쓰인다.

(10다)의 접미사 '-둥이, -인'은 사람의 부류를 가리킨다. 그 자체로는 비하, 차별의 뜻이 적거나 없지만 어근의 의미 때문에 파생어가 차별 표현으로 쓰인다. 다만 '-둥이'가 본래 '-동(童)이'에서 왔고, 주로 아이와 관련되어 쓰이는 점에서 '검둥이, 흰둥이'가 비하 표현으로 해석되는 데 접사도 어느 정도 기여한다. '-둥이' 결합어 가운데 아주 강한 부정적 의미로 쓰이는 '문둥이'가 있으며, '검둥이'와 '흰둥이'는 개 등의 동물에게도 쓰이기 때문에 특정 인종의 사람들에게 이런 표현을 쓰게 되면 그만큼 인격 비하 효과가 크게 나온다.

다음 (11)은 인종 차별 표현을 언어 형식의 정착도 면에서 분류한 것인데, 한국어 화자들에게 널리 인식되어 쓰이는 '사전 등재어'인지 아니면 개인적으로 만들어낸 '임시어'인지로 나누어 보는 것도 의미 있는 작업이라 생각한다. 외국인을 비하하는 표현이라고 하더라도 널리 알려진 단어 형식인 '되놈', '쪽발이'와 일부 화자가 임시적으로 쓴 구 형식의 '15억 벌레들'과 '열대동물 원숭이'는 언어적 지위와 생명력, 부정적 영향력의 크기 면에서 차이가 있기 때문이다.

---

26) 서양 및 서양인을 부정적으로 가리키는 '양'이 결합된 대표적 표현은 '양이'(洋夷)이다. 이것을 요즘은 '서양 오랑캐'로 풀어 쓰는데, 두 말 모두 일반 화자들이 잘 쓰지는 않지만 인종 차별 표현에 넣을 수 있다.

(11) 언어 형식의 정착도에 따른 인종 차별 표현
　　가. 등재어: 검둥이/껌둥이/깜둥이, 니그로, 되놈, 로스케, 미개인, 베트콩, 야만인, 양년, 양놈, 양키, 오랑캐, 왜년, 왜놈, 유색인, 장궤, 짱꼴라, 조선족, 쪽발이, 코쟁이, 튀기, 혼혈아, 혼혈인, 화교, 흑인, 흰둥이; 게다, 백마, 원숭이, 잡종, 잡탕, 짬뽕, 짱께
　　나. 임시어: 노란둥이, 라이따이한, 새터민, 양코백이, 카레이스키, 코시안, 코피노, 탈북자; 덩남아시아 거지섹희들, 러시아 걸, 베트남 처녀, 야수 무리들, 연변 처녀, 열대동물 원숭이, 흑인 연놈, 15억 벌레들

　　(11가)는 대표적 한국어 사전인 《표준국어대사전》에 실린 표현들이다. 상당히 많은 인종 차별 표현이 국어사전에 실려 있는 것을 보면 이러한 말의 쓰임이 오래 되었고, 국민들이 많이 쓰는 표현들임을 알 수 있다. 한국과 가까이 있는 중국이나 일본 사람뿐만 아니라 서양인, 흑인, '혼혈인'에 대한 차별 표현까지도 완전한 한국어로 자리 잡은 사실이 드러난다. 한편, (11가)의 '게다, 백마, 원숭이, 잡종' 등은 사전에는 실려 있지만 인종 차별과 관련 없는 뜻으로 풀이된 것이며, 이를 사람들이 인종 차별 맥락에 끌어다 씀으로써 부정적 기능을 갖게 되었다. '짱께'의 경우 사전에서는 '장궤'와 별도로 '자장면'을 속되게 이르는 말로 풀이하였지만 화자들은 '장궤'나 '짱께'를 모두 중국 사람을 가리키는 말로 이해한다. (11나) 표현들은 아직 공식화되지 않은 것이거나 개인적 차원에서 일회적으로 쓴 표현이다. 이 가운데서도 쓰임이 늘어나면 사전에 오르거나 통사적 구성이 낱말로 바뀌게 될 것이다.

2. 인종과 민족 차별 표현의 쓰임

2.1 언론 언어 영역

인종 및 민족 차별 표현의 쓰임을 구체적으로 확인하기 위해 먼저, 공식성이 강한 언론 분야의 자료를 집중적으로 다루고자 한다. 공정성과 객관성을 기치로 내세우는 신문이나 방송의 언어를 대상으로 인종 또는 민족 차별 표현의 쓰임 실태를 분석함으로써 대중매체 언어가 화자들에게 끼칠 부정적 영향력의 정도를 짐작할 수 있다. 언론 언어에서 보이는 인종 차별 표현의 쓰임을 '차별 표현의 명시적 사용'과 '언어 사용 과정에서의 차별'로 나누어 살펴보기로 하겠다.

(12) 언론 언어 영역의 인종 차별 표현: 차별 표현의 명시적 사용
  가. **짱깨**폭도 5천 명이 시청광장을 접수하고 분탕질을 펼칠 동안 이명박은 어디서 무얼 하고 있었단 말인가? (들어라, 중국 짱깨들아, 빅뉴스, 2008-05-03)
  가-1. "50만? **짱깨놈들** 뻥치는 건 유명하지만, 50만이 뭐야? [...]" ([엽기인물 한국사] 15. 강홍립－중국어 잘해 인생이 꼬인남자, 스포츠칸, 2007-11-09)
  가-2. '나는 장난감에 탐닉한다' 지은이는 1980년대를 치열하게 보냈던 386이면서도 장난감이 너무 좋아 장난감 앞에서는 미제국주의도, **일본 쪽발이**도 그 모든 것이 어쩔 수 없이 용서된다는 불혹의 장난감쟁이. ([책]길고양이·와인·장난감…소소하지만 큰 행복을 주는 것들, 세계일보, 2007-09-28)
  나. 한국인과 외국인 사이에서 태어난 **코시안(Kosian)**과 **아메라시안(Amerasian)** 등 **혼혈인** 3만5000여명(2003년말 기준)과 밀입국

조선족 등 통계에 잡히는 않은 외국 출신인을 합할 경우 국내 거주 타민족 혹은 외국인은 80만명(전체인구의 1.7%)을 넘어설 것으로 추산된다. (피부색 쇄국주의 깨자―'100만 타인종' 아직도 이방인, 문화일보, 2006-04-03)

　나-1. 두 번째 스크린 나들이에 나선 다니엘 헤니! 5살 때 미국으로 입양된 입양아 역을 맡았는데요. **혼혈아**인 헤니가 입양아 역할을 맡아 더욱 화제가 됐었죠. (다니엘 헤니, 차기작에서는 '입양아', SBS뉴스, 2007-04-30)

　(12가~가-2)에서는 '짱께, 짱깨놈들, 일본 쪽발이'가 명시적으로 쓰였다. (12가)는 인터넷 신문의 개인 칼럼이고, (12가-1)은 역사 관련 연재물의 대화 부분이며, (12가-2)는 책 소개 기사에서 저자의 말을 간접 인용한 것이다. 기자가 직접 사용한 표현이 아닌 점에서 공통점이 있으며, 따라서 인종 차별 표현의 사용을 언론사의 책임으로 돌리는 것은 어렵다. 그러나 사용 주체나 기술 방식의 문제를 떠나 이러한 표현을 접하는 화자들에게 끼치는 영향 면에서는 기자가 직접 쓴 경우와 크게 차이가 없어 보인다. 화자들이 분석적·비판적으로 이런 표현을 받아들이기는 쉽지 않기 때문이다. 이러한 언론 매체에 노출된 인종 차별 표현은 외국인들에 대한 부정적 인식을 강화하는 데 기여하게 된다.

　(12나)의 기사는 '코시안, 아메라시안, 조선족'이라는 한민족의 일원을 특정하여 차별하는 표현을 따옴표 등의 특별한 거름 장치 없이 그대로 사용하고 있어 눈에 띈다. 이들을 "국내 거주 타민족 혹은 외국인"의 범주에 넣음으로써 '한국인'과 다른 존재임을 주장했다. 피부색 쇄국주의를 깨자고 하면서 오히려 재외 동포나

한국계 국제결혼 2세를 따로 나누어 차별하는 시각을 바탕에 깔고 있다. 또 (12나, 나-1)에서는 순수하지 못한 사람이라는 뜻을 담고 있는 차별 표현 '혼혈인', '혼혈아'가 자연스럽게 쓰였고, "혼혈아인 헤니가"에서는 성인 연예인이 아이처럼 취급되었다.

(13) 언론 언어 영역의 인종 차별 표현: 언어 사용 과정에서의 차별

가. 엄마 오은정(28)씨는 결국 수빈이를 12월 들어 네팔의 아빠에게 데려다줬다. 조만간 남편 머핸드로 까르끼(33)와 결혼식을 올리고 한국에서 함께 일할 생각이지만 수빈이는 네팔의 친할아버지 손에 키울 작정이다. (아파도 아프지 마라, 한겨레21, 2009-01-02)

가-1. 이제 수많은 외국인들이 한국에서 장기 체류하는 시대이다. 그들 중에는 한국 신문을 읽고 한국 라디오프로를 듣고 TV프로를 즐겨보는 사람들도 적잖다. 자기 나라 사람 이름은 정중하게 부르고 외국인 이름은 함부로 부르는 일부 한국인들의 모습은 그러한 외국인들에게 쓸데없는 불쾌감만 주는 것이 아닐까 싶다. (카세타니 토모오 2002:73)

나. 평소 유쾌한 감초연기를 선보이며 연기파 배우로 알려진 김형범은 [...] "드라마에서 **깡패, 거지, 외국인 노동자 그런 역할만 주로 하다 보니** 사람들이 나를 못된 성격에 술도 잘 마시고 담배도 잘 피는 골초로 안다"고 억울한 심정을 토로했다. ('좋아서' 김형범 "사람들이 나를 주당에 골초로 안다", 뉴스엔, 2009-01-08)

다. 신해철은 최근 인터넷매체 뉴스엔과의 인터뷰에서 이 같이 밝힌 뒤 "김영삼 정권 역시 권위적이고 군사독재가 반쯤 섞인 **혼혈 잡종**이긴 했지만 지금과 같은 모습은 아니었다"며 [...] (신해철 "이명박 정권, 나치 정권과 비교하려고 했다", 조선닷컴, 2008-12-22)

다-1. 현재 네티즌들 사이에서 **혼혈이 아니냐는 오해를 받고 있지만**, 그는 **순수 100% 한국인**으로 아르헨티나 교포 3세다. ('우결'에 출연하는 손담비의 신랑 마르코는 누구?, 브레이크뉴스, 2008-09-06)

다-2. 180cm는 넘는 훤칠한 키와 가무잡잡한 피부, 뚜렷한 이목구비와 짧은 머리를 한 마리오는 혼혈이나 외국에서 오랫동안 살아온 느낌이 든다. 그러나 마리오는 아직까지 한 번도 외국에 나가본 적 없는 **토종 한국인**. ('난니꺼'로 컴백한 마리오 "뉴욕에서 왔니?"②, 한국재경신문, 2008-11-20)

(13가)는 신문 기사에서 기자가 외국인과 한국인에 대한 호칭 사용을 차별적으로 쓴 보기이다. 한국인에게는 '오은정 씨'라고 표현한 반면 외국인 남편은 존칭 없이 "머핸드로 까르끼"로만 적고 있다.27) 제대로 대접하지 않아도 되는, 동남아 출신의 외국인이라는 생각이 무의식적으로 작용하여 언론의 일반적 언어 사용 방식과 다르게 되었다. 요즘에는 외국인들에게 대부분 '씨'를 덧붙이고 있으나 이와 같이 철저하지 못한 경우도 흔히 보인다. (13가-1)의 일본인이 적은 것처럼, 외국인 또는 외국 출신 한국인들을 언어적으로 소홀하게 대접함으로써 불쾌감과 소외감을 줄 수 있음을 분명히 인식할 필요가 있다. (13나)에서는 연예인의 말을 직접 인용한 형식으로 되어 있는데, 이주 노동자를 깡패나 거지와 같은 부류의 문제적 존재로 기술했다. 이주 노동자 가운데서

---

27) 한국 거주 외국인이 드물고 다른 나라와의 교류가 적었던 시기에는 언론에서 평범한 서양 사람들의 이름 뒤에 추가적 가리킴말을 거의 쓰지 않는 것이 관례였다. 물리적 거리 요인이 작용한 결과인데(이정복 2002:234-236), 지금은 상황이 크게 바뀌어 외국인을 이름만으로 가리키면 차별과 결례가 된다.

일부 범죄인이 있겠지만 그것을 전체에 대한 편견으로 삼는 잘못된 태도가 걸러지지 못한 채 언론에 노출됨으로써 화자들의 인식에 나쁜 영향을 끼칠 것으로 판단된다.28)

(13다~다-2)는 '혼혈인'에 대한 차별적 언어 사용의 보기이다. (13다)에서는 한 연예인이 과거 정권을 비난하면서 "혼혈 잡종"으로 표현하여 '혼혈인'에 대한 부정적 인식을 강화할 우려가 있고, (13다-1, 2)에서는 '혼혈인으로 오해를 받고 있는 연예인'이 사실은 "순수 100% 한국인", "토종 한국인"이라고 하면서 '혼혈인'은 '불순한 한국인'임을 암시하는 문제가 보인다. '혼혈인'이냐 아니냐가 논란이 되는 연예인들에 대한 기사에서 '혼혈인'이 아닌 경우 '순수 한국인' 또는 '토종 한국인'임을 강조하며, '혼혈인'이 아니니까 안심하라는 투의 기사가 많다. 다수의 기자들이 '혼혈인'에 대한 부정적 태도를 갖고 있음을 확인하게 된다.

2.2 인터넷 댓글 언어 영역

비공식적이고 개인적인 언어 사용인 인터넷 댓글 자료를 통하여 한국어 화자들이 실시간으로 쓰고 있는 인종 차별 표현의 생생한 모습을 살펴보기로 한다. 어떤 상황에서 차별 표현을 쓰는

---

28) 2008년 12월에 경북 안동의 한국극학진흥적 유교문화박물관을 둘러보던 중 '인'(仁)을 설명하는 그림에서 동남아 출신 외모의 외국인이 한국인 여학생을 괴롭히는 것을 보고 달려드는 청년의 모습을 볼 수 있었다. 그림을 설명하는 문화 해설사는 외국인이 여학생을 괴롭히는 모습이라고 분명히 말하였다. 외국인, 특히 흑인이나 동남아 출신들을 범죄자로 보는 한국인들의 집단 무의식이 투영된 결과로 보인다. 다문화 시대에, 그것도 공공기관에서 이러한 인종 차별적 자료가 버젓이 국민들의 교육 자료로 활용되고 있음은 크게 부끄러워해야 할 한국의 현재 모습이다.

지를 중심으로 몇 가지 유형으로 나누면, '반격적 사용', '습관적 사용', '선제 공격적 사용'의 세 가지가 있다.

(14) 인터넷 댓글 언어 영역의 인종 차별 표현: 반격적 사용

가. 남의 나라 해안,해상 경계선에 왔다갔다하는 **짱개 쪽발이** 잡을 려면 해군,공군에 국방비를 투자해야 한다. (조선닷컴/뉴스/사회)

가-1. 우리 공권력이 얼마나 우습게 보였으면 저 **짜장면들**이 경찰에 삽자루를 휘두릅니까!! (동아닷컴/뉴스/국제)

가-2. **벌레만도 못한 미개한 짱깨들 사형시켜라. 하루살이보다도 못한 값어치를 가진 것들.** (동아닷컴/뉴스/국제)

나. **매너없는 뗏놈들**이라는거 다 알지만, 정말 매너가 너무 없어서 말이 다 안나오더인다. 이래서 전세계적으로 중국인은 **인간 쓰레기**라고 하나봅니다. (다음/뉴스/스포츠)

나-1. **때놈**이나 **쪽빠리쉐끼들**은 좀 까도 되지 않습니까? 우리가 무슨 성인군자 부처님 예수님도 아니고...박태환이 금메달 땄을대 **짱깨놈들** 댓글 달아논거 보셨나요? 그 **그지같은세끼들**은 욕좀 해도 된다고 봅니다... (다음/아고라/토론/국제)

다. 중국제품불매 절데로 사지맙시다 **중국 악마들**제품은 싸그리 사지맙시다. (다음/뉴스/사회)

라. **섬나라 변태들**하고 는 말로는 안통해 북한하고 손잡고 그냥 두둘겨패야 정석인데....주의에서 **일본넘** 보이기만 해봐라..걍 패죽인다~ (다음/뉴스/국제)

라-1. 조옷까 이 **쪽바리 쉬바 게 잡종 원숭이 셋키야**.. 시바..**쪽바리 게 셋키들** 눈깔에 띄기만 띄여라..이유없다 씨바..그냥 디진다 이 **게셋키들**.. (다음/뉴스/국제)

(14가~가-2)에서 '짱개', '짜장면', '하루살이보다도 못한 값어치를 가진 것들'과 '쪽발이'로 중국 및 일본 사람들을 비하한 것은 중국인 선원이 불법 조업을 하다 한국 경찰을 바다에 빠트려 죽인 사건과 관련하여 분노를 드러낸 것이다. (14나, 나-1)은 2008년 북경 올림픽 경기와 관련된 뉴스 및 토론 댓글에서 가져온 것인데, 한국 선수들의 경기를 방해하거나 경기 결과를 놓고 부정적인 글을 쓴 중국인들에 대한 반감을 나타내었다. 중국인의 잘못으로 일본인들까지 싸잡아 비판의 대상이 되고 있다. (14다)는 문제가 있는 유제품을 원료로 사용했을 가능성이 높은 중국산 비스킷의 수입 관련 기사에 붙인 댓글이다. '중국 악마들'이라는 개인적 차원의 인종 차별 발언을 하고 있다. (14라, 라-1)은 독도 문제와 관련하여 "한국, 독도문제로 큰 대가 치를 것"이라고 말한 일본인 발언에 대한 반발로 심한 비하 표현을 한 보기이다.

누리꾼들이 개인적 차원에서 쓴 인종 차별 표현은 앞 절에서 제시한 대표적 표현들을 그대로 쓴 경우도 있지만 (14가-2)의 "벌레만도 못한 미개한 짱깨들", (14라-1)의 "쪽바리 쉬바 게 잡종 원숭이 셋키"처럼 여러 가지 부정적 의미의 표현을 모두 동원하여 감정을 폭발적으로 드러내는 경우가 많았다. 누리꾼들이 쓴 이러한 인종 차별 표현은 대다수가 중국 및 일본 사람들을 향한 것이다. 오랜 기간 동안 역사적으로 접촉해 왔고 지금도 지속적으로 경쟁하면서 공존할 수밖에 없는 밀접한 지리적, 정치적 관계 때문에 두 나라 사람들에 대한 한국 사람들의 복잡한 마음이 쉽게 드러난다. 그런데 인종 차별 표현이 무의식적으로 그냥 나오기보다는 두 나라 정부나 국민들의 도발적 행위에 대한 반발이나 방어의 한 형태로 나오는 것으로 관찰된다. 이런 보기들의 경우 옳지 않은 이웃나라의 공격적 언행으로 한국인들이 마음에 상처를 입게 되고, 그 대응 행동으로서 인종 차별 표현을 반격 또는 방어 수단으로 쓴다는 것이다. 그럼에도 차분히 논리적으로 상대방의 행동들을 비판하기보다는 감정을 폭발시켜 비속한 차별 표현을 쓰는 것이 정당화될 수는 없다.29)

(15) 인터넷 댓글 언어 영역의 인종 차별 표현: 습관적 사용
    가. 저런 여자들 안만나는 방법 없나~무섭네~~적당히 지저분한건 이해하겠지만 완전 **짱깨수준**이네 (다음/아고라/즐보드)
    가-1. 야이 더러운 **짱골라** 같은 넘들아!!!! 응가싸고 손도 안씻는놈도 많더라.. (다음/뉴스/생활문화)
    나. **왜넘들** 틈바구니에서 얼마나 맘고생 많겠수! 응원 좀 해줍시다. (다음/스포츠/해외야구)
    나-1. 개념 좀 챙겨 쳐먹어라 인간들아. **왜놈들**은 타인눈이 무서워서건 어쨌건간에 최소한 자기 욕쳐먹을 짓은 사람 많은 곳에서는 안한다. (다음/아고라/이야기)
    다. 미국 **검둥이들**의 오바마 지지율을 능가했던 절라도 개 종자들의 98% 몰표만 아니었어도 대통령 했을 분이다. (동아닷컴/뉴스/정치)

위의 보기들은 다른 나라 사람들의 언행에 대한 반발과는 관

---

29) 인터넷 사용에서 한국인들이 중국인이나 일본인에 비해 전반적으로 비속어 사용이 많고, 공격적 모습을 보이는 것으로 관찰된다. 축구, 야구 등의 국제 경기와 관련된 댓글을 보면 이 점이 뚜렷하게 드러나는데, 그 근본 원인은 이웃나라에 대한 평소의 부정적 태도가 비정치적 영역에까지 투영되어 나타나기 때문이다. 이와 함께 국제정치적 역학 관계뿐만 아니라 한국인의 과도한 민족주의 의식, 쉽게 흥분하고 과격해지는 태도, 국내 정치경제의 혼란에 따른 피해 의식 등이 함께 작용한 결과로 해석된다.

계없는 인종 차별 표현의 사용이다. (15가)는 여자들 지저분한 방 모습이 실린 '사진글'에 대한 댓글인데, 최고로 지저분한 상태를 '짱깨수준'이라 표현했다. (15가-1)은 한국 국민 2명 중 1명꼴로 화장실을 다녀온 후 주위에 사람이 없을 때 손을 씻지 않는다는 조사 결과와 관련하여 그런 사람들을 중국인에 비유했다. 중국인들은 모두 지저분하고 더럽게 생활한다는 비하 의식이 습관적·무의식적으로 드러난다.30) (15나)는 일본에서 활동하던 이승엽 선수가 2안타를 쳤다는 기사에 붙인 댓글에서 일본 사람들을 '왜 넘들'로 비하한 것이다. 일본과 관련된 기사지만 일본인의 잘못과는 전혀 관련이 없는 내용인 점에서 일본인에 대한 화자의 무의식적 적대감이 드러난 것으로 해석된다. (15나-1)은 영화관에서 예의 없는 사람들 때문에 영화를 제대로 볼 수 없었다는 글에 대하여 붙인 댓글이다. 일본인들이 예의 바르다는 긍정적인 생각을 적으면서도 '왜놈들'로 비하했다. (15다)는 대통령과 여야 대표들의 조찬 계획이 취소되었다는 기사에 대한 댓글이다. 직접적인 이유 없이 흑인들을 '검둥이들'로 비하하고 있다.

(16) 인터넷 댓글 언어 영역의 인종 차별 표현: 선제 공격적 사용

가. 이 변형바이러스도... 사스나 조류독감처럼 중국에서 발병된거겠지... 하여튼, 돼지우리와 같이 생활하는 **중국의 더러운 인간들**이 수십억명 우글우글 거리면 결국은 이런 악성바이러스들이 필연적으로 생겨나게 되는 것이지... 앞으로 두고봐라... 중

---

30) "뭐니뭐니해도 중국인의 첫 번째 특징은 '더럽고 구질서하고 시끄럽다'는 것이다"(보양 지음/김영수 옮김 2005:38)라는 중국인의 자기비판이 있기는 하지만 중국인이 더럽다는 것은 상대적인 현상이며, 다른 민족이 비난할 수 없는 다양한 문화의 한 가지로 이해해야 한다.

국의 **바퀴벌레**때문에 인류의 종말이 올것이니... ㅉㅉㅉ **중국 짐승들**을 모두 학살시켜버려야 인류를 구원할수 있다... (다음/뉴스/사회)

나. 요즘은 짱께와 **동남아 불체자**까지 서양인 전용 호텔 감방에 집어 처 넣더군... (동아닷컴/뉴스/사회)

나-1. **파키스탄놈들**도 아닌데, 어느 손으로 닦던 뭘 상관? (다음/뉴스/문화생활)

나-2. 인도가유럽이냐?**시커멓고 더러운피부의 미개한 유색인종**일 뿐이다. (동아닷컴/뉴스/사회)

다. **잡종들**.... TV에 안봤으면.......돈벌려고 오는 우리말 못해서 웅얼거리는 **잡종들**..지네엄마들이 얼마나 개념없으면 우리말도 안가르쳤나보지... 하여간 **외국넘이랑 눈맞어서**... (다음/뉴스/연예)

다-1. 외국인들 발도 못붙이게 해야 한다..... 괜히 **튀기들 싸질러서** 단일민족인 우리나라의 우월성에 먹칠 하지마라 더럽다...... (다음/뉴스/사회)

(16가)에서는 대표적인 독감 치료제에 내성을 보이는 새로운 바이러스가 국내에서 발견되었다는 기사와 관련해서 중국인들을 비하하는 심한 인종 차별 표현을 쓰고 있다. '더러운 인간'에서 나아가 '바퀴벌레', '짐승'으로 강도를 높였다. 기사에 중국 관련 내용이 직접 나와 있지 않음에도 중국에서 발생했던 '사스' 등에 대한 기존의 지식이나 태도를 증폭시켜 중국 및 중국인에 대한 공격적 태도를 드러내고 있다. (16나~나-2)에서도 기사의 직접적인 내용과 관계없이 '동남아 불체자', '파키스탄놈', '시커멓고 더러운 피부의 미개한 유색인종'이라고 하여 동남아인들에 대한 강

한 차별 표현을 썼다. 중국, 일본 사람들에 대한 차별을 넘어 동남아인들과의 접촉이 늘어나면서 이들에게 증오를 표출하는 선제 공격적 인종 차별 표현의 사용이 늘고 있다. (16다)에서는 혼혈 연예인들을 '잡종들'이라 비난하고 있으며, (16다-1)에서도 외국인들의 유입으로 '혼혈인'이 늘어나는 것을 못마땅하게 말하고 있다. "튀기들 싸질러서"라고 하여 심한 비속어를 썼다.

> **어린왕자님** 다른댓글보기
> 이래서 미국이 선진국이다??
> 정말 아둔한 사람의 아둔한 댓글이군...
> 사회저변에 이런 인종차별이 얼마나 뿌리깊게박혀있고 일반적연 생활속에서 얼마나 빈번하게 일어나는지를 생각해야지...강한 사후 조치는 칭찬할만 하지만 평소 그들의 시선...행동...말투...속에 녹아있는 저질스런 인종 차별을 알면 섣부르게 선진국 이라는 말은 하지 못한다...살인 사건이 없는것이 좋은것이지 잦은 살인 사건으로 강한 처벌을 한다는것이 좋은것은 아닌것을...미국 않가 봤군... 13:35 | 신고
> 답글 0 ▾   👍 2 👎
>
> **클린클놈님** 다른댓글보기
> 우리대기업들은 지역차별 성차별해도 문제 안되는데 부럽네 13:35 | 신고
> 답글 0 ▾   👍 2 👎
>
> **그냥님** 다른댓글보기
> 이래서 선진국이다. ㅎ 13:32 | 신고
> 답글 0 ▾   👍 0 👎

[그림 2] 해외 인종 차별 발언 관련 기사에 대한 댓글

이와 같이 개인들이 인터넷에서 자유롭게 쓴 댓글들에서는 인종 차별적 어휘가 몇 번 나오는 정도를 넘어 다른 민족에 대한 강한 부정적 태도가 전면적으로 쉽게 나타난다. 한국에 살고 있는 외국인들이 많고, 이들 가운데서 한국어를 잘 하는 사람들이

유명 인터넷 사이트에 가입해서 한국 사람들과 민족 감정을 드러내면서 다투는 일도 최근에 종종 보인다. 국경의 경계가 없는 인터넷의 특성 때문에 중국, 일본 등의 외국에서 한국 사이트에 접속하여 한국 사람들이 드러내는 인종 차별 행위에 대하여 반발하고, 한국인들을 싸잡아 비난하기도 한다. 한국어 화자들이 의도적·공격적으로 인종 차별 표현들을 쓰기도 하지만 무의식적·습관적으로 쓰는 표현들도 이제는 쉽게 민족 대립과 인종 갈등이라는 실제적 문제 상황으로 연결될 수 있는 시대가 된 것이다. 다른 인종이라고 하여 배제하고 비하하며 증오하는 '인종차별주의'는 "어떤 도덕 이론에 의해서도 정당화될 수 없으며, 우리가 추구하는 민주적 이상과 헌법에도 위배되는 잘못된 관행"(추병완 2012:263)인 점에서 한국어 화자들의 분명한 문제 인식과 자기반성이 필요함을 지적한다.

◇ 맺음말

이 장에서는 지금까지 한국 사회의 인종 차별적 언어문화의 실태를 비판적 관점에서 분석하였다. 1절에서는 한국어의 인종 차별 표현을 '차별 대상'과 '언어 형식'의 면에서 분류했다. 차별 대상 면에서 '특정 민족이나 국민을 차별하기', '특정 인종을 차별하기', '혼혈인을 차별하기'의 세 가지로 유형을 나누어 목록을 제시하고, 주요 표현의 쓰임을 살펴보았다. 언어 형식 면에서는 중복을 피하기 위해 구체적 쓰임은 따로 제시하지 않고 하위 유형별로 분류하였다. 2절에서는 공식성이 강한 언론 언어 영역과 비공식적·개인적 성격의 인터넷 댓글 언어 영역에서 인종 차별 표현의 쓰임 실태를 구체적으로 분석 및 해석했다.

관련된 본격적인 선행 연구가 없고, 언어학자들의 관심이 거의 없는 상황에서 이러한 주제를 처음 본격적으로 다루어 보았기 때문에 인종 차별 표현의 전반적 쓰임을 사례 중심으로 분석하는 데 초점을 두었다. 언어 표현의 쓰임 빈도, 주요 사용자 계층, 당사자들의 반응 등에 대해서도 구체적으로 다룬다면 더 의미 있는 결과가 나올 수 있을 것이다. 이러한 문제는 다음 기회에 살펴보기로 하겠다. 이 장의 연구가 갖는 의의를 정리하면서 논의를 마치기로 한다.

첫째, 다민족·다문화 시대를 맞이한 한국 사회에서 전개되고 있는 인종 차별적 언어문화의 실태를 파악하는 구체적인 첫 작업이며, 관련 분야의 다양한 후속 연구들을 이끌어 낼 수 있고, 그동안 언어 연구가 사회와 분리된 채 이론적·형식적 탐구 경향을 보였던 점을 반성하는 계기가 될 수 있는 점에서 의의가 있다.

둘째, 공식적 영역과 개인적 영역에서 보이는 인종 차별적 언어 사용 관행을 상세히 분석함으로써 앞으로 이러한 부정적 현상을 없애기 위한 홍보 및 교육 자료를 제공할 수 있었으며, 인종 차별적 의식과 언어문화에 대한 한국인들의 반성을 촉구하고, 올바른 방향으로 언어문화를 개선하기 위한 정책 자료를 제공한 점에서 의의가 있다.

셋째, 이 연구의 결과는 초·중·고등학교 학생들 및 대학생들이 세계 시민으로서 갖추어야 할 '세계시민성'이라는 올바른 가치관 형성과 비판적 자기 인식을 위한 교육 자료로 활용될 수 있고, 한국어학이나 언어학 전공 대학원생들에게 새로운 연구 주제를 제시함으로써 다양한 분야의 새로운 지식을 탐구할 수 있는 능력을 개발하는 데 도움이 될 것이다.

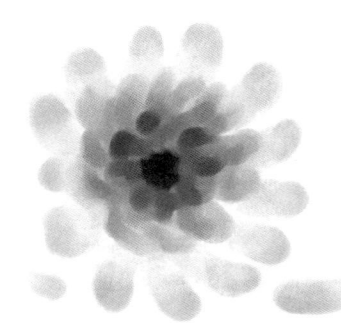

7장_ 속담 속의 장애 차별

　한국어 속담에 '병신도 병신이라면 좋다는 사람 없다", "눈먼 소경더러 눈 멀었다 하면 성낸다"라는 말이 있다. 비록 객관적 사실을 말했다고 하더라도 모욕과 차별로 느껴지고, 그런 말에 당사자는 분노할 수 있음을 알려 준다. 조상들의 오랜 삶의 지혜가 담겼다고 하여 긍정적으로만 보았던 속담 가운데에는 '장애인'(障碍人)을 차별하고 비하하는 많은 표현들이 들어 있으며, 처음 만들어져 쓰이던 시기부터 오늘에 이르기까지 그러한 속담의 문제점에 대한 본격적이고 구체적인 검토와 반성이 별로 없었다. 그렇기 때문에 여전히 개인적 맥락은 물론이고 언론, 교육 등의 공적 언어 사용 분야에서도 장애인 관련 속담들이 자주 쓰이고 있다.

　이 장에서는 장애 또는 장애인 관련 한국 속담 텍스트를 대상으로 장애 차별 표현을 유형화하고, 그것이 공적 언어 사용 영역의 하나인 언론 기사문에서 어떻게 쓰이고 있는지를 비판적으로 분석한다.1) 강한 생명력을 갖고 있는 속담 텍스트는 오래 전부터 언중들 사이에서 형성되어 활발히 쓰여 왔고, 지금도 언어 사용에서 중요한 역할을 차지한다. 이러한 속담에 장애인을 비하하고 차별하는 언어 표현이 많아서 문제가 되고 있다. 한국의 대표적 속담에서 어떤 장애 차별 표현들이 나타나고 있으며, 화자들의 언어생활에 큰 영향을 주는 언론 기사문에서 장애인 관련 속담들이 어떻게 쓰이는지를 비판적 관점에서 분석함으로써 장애인에 대한 차별 언어 사용의 실태와 문제점을 살펴보고, 나아가 장애 차별 언어 사용을 막는 데 간접적으로나마 기여하고자 한다.

여기서 진행하고자 하는 장애인 관련 속담에 대한 비판적 분석은 다음과 같은 세 가지 내용을 포함할 것이다. 첫째, "병신 달밤에 체조한다", "소경 문고리 잡기", "귀머거리 귀 있으나 마나", "난쟁이 허리춤 추키듯" 등의 장애인 관련 속담을 장애 유형별로 분류하여 대표적 보기를 제시한다. 둘째, 속담의 언어 형식 및 의미 면에서 장애 차별 표현의 유형을 체계화한다. 셋째, 장애 차별 표현이 들어간 속담들이 규범성이 높고 영향력이 강한 언어 사용 영역인 신문, 방송, 잡지 등의 언론 기사문에서 어떻게 나타나고 있는지를 사례별로 분석·비판하기로 하겠다.

이를 위해 국립국어원에서 펴낸 ≪표준국어대사전≫에 실린 장애인 관련 속담을 분석 대상으로 삼는다. 이 사전은 국가기관에서 만든 규범 지향적 사전이며, 인터넷에 공개되어 있기 때문

---

* 이 장의 내용은 이정복(2009다)를 부분적으로 고친 것이다.
1) 속담의 개념, 속담 형식 및 다른 관용 표현과의 차이점 등에 대해서는 이미 여러 앞선 연구들에서 자세히 논의했기 때문에 여기서는 다루지 않는다. 이런 점에 대한 최근 논의로는 주경희(2002), 호정은·박민규(2004)가 있다.

에 누구나 무료로 쉽게 이용할 수 있는 점에서 한국어 화자들에게 끼치는 영향력이 강한 것으로 생각된다. 북한 속담을 포함하여 9,604개의 많은 속담이 실려 있는데, 인쇄된 사전과는 달리 국립국어원 누리집에 공개되어 있는 전자사전(stdweb2.korean.go.kr/section/proverb_list.jsp)에서는 속담만 따로 찾아보기 쉽도록 배열된 것이 특징이다.2) 국가에서 간행한 영향력이 강하고 신뢰도가 높은 국어사전 속에 들어 있는 장애 차별 속담들은 화자들에게 더 부정적으로 작용할 수 있다. ≪표준국어대사전≫에 실린 속담 257개를 분석 대상으로 삼은 것은 이 사전이 가진 그러한 문제점을 드러냄으로써 관련 논의와 가정 작업의 필요성을 함께 제기하는 부수적 뜻도 있음을 밝힌다.

1. 장애인 관련 속담의 유형

≪표준국어대사전≫에 실린 장애인 관련 속담은 모두 257개로 확인되었다.3) "개가 미쳐 나면 소도 미쳐 난다"와 같이 동물이 대상인 경우와 "미친 체하고 떡판에 엎드러진다" 등 '비장애인'4)

---

2) 이 사전에 실린 속담의 양은 속담 전문 사전보다도 오히려 많은 편이다. 이기문 엮음(1962/1980)의 경우 약 7,200개의 속담이 실려 있다(김수진 2005:99).
3) ≪표준국어대사전≫에 실린 속담에는 "사족 성한 병신", "미친년의 치맛자락 같다" 등 '어휘적 관용표현'(호정은・박민규 2004:46)에 해당되는 것도 들어 있으나 여기서는 속담의 의미에 초점을 두기 때문에 형식 차이를 특별히 구별하지 않고 함께 다룬다. 또한 이 사전에는 북한 속담도 일부 포함되어 있다.
4) 이 말은 그동안 써 왔던 '정상인' 또는 '보통 사람'을 대신하여 새롭게 쓰이고 있으며, 아직 사전에 오르지는 못했지만 사회적으로 상당히 확산된 상태이다. 유표적 언어 형식은 일반적 경향에서 벗어난 예외적인 존재와 주로 관련되는

의 행동 관련 속담을 제외한 결과이다. 이는 전체 속담 9,604개의 2.7%로서 비중은 낮지만 속담 수가 많고, 그 내용이 대부분 부정적이며 장애인을 차별하는 정도가 심한 점에서 화자들에게 장애인에 대한 비하 및 차별 의식을 깊이 심어 줄 우려가 있다.

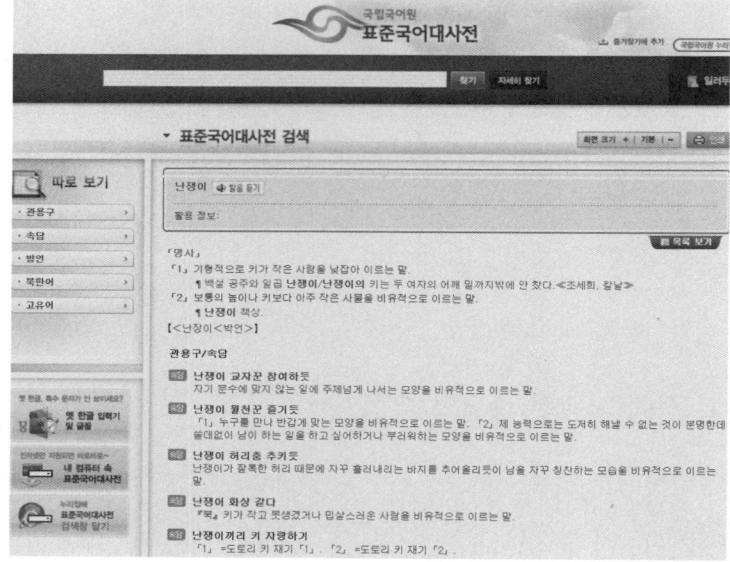

[그림 1] 국립국어원 누리집의 표준국어대사전 속담 찾기 화면

먼저, 장애인 관련 속담을 장애 유형별로 분류하고 대표적 보기를 살피기로 하겠다. 장애 관련 법률이나 연구에서 제시하고 있는 장애 유형에는 '시각 장애, 청각 장애, 정신지체 장애, 지체

점에서 '비장애인'은 기존 사회의 고정된 가치를 뒤엎는 표현인 셈이다. 장애인을 중심에 놓고 다른 사람들을 주변에 두는 이러한 가치 전도적 관점은 장애인에 대한 한국어 화자들의 태도에 좋은 영향을 줄 것으로 생각된다.

장애, 정서 및 행동 장애, 자폐성 장애, 의사소통 장애, 학습 장애, 건강 장애, 발달지체 장애' 등으로 아주 다양하다. 이러한 장애를 갖고 있는 사람들이 '장애인'인데, 1981년에 제정된 <장애인복지법>에서는 "신체적·정신적 장어로 오랫동안 일상생활이나 사회생활에서 상당한 제약을 받는 자"(2조 1항)를 장애인으로 정의하고 있다.5)

그러나 장애 관련 속담이 만들어져 쓰이기 시작한 오랜 과거에는 이러한 다양한 장애 유형을 모두 알지 못했을 뿐더러 정신이나 정서와 관련된 부분보다는 주로 겉으로 쉽게 드러나는 신체적 장애에 관심이 집중된 만큼 속담에 맞는 새로운 분류가 필요하다. 여기서는 속담 분석을 위해 장애 유형을 '시각 장애, 청각 및 언어 장애, 지체(肢體) 및 기타 장애, 정신 장애'의 네 가지로 나누는 것이 효과적이라 생각한다. '시각 장애'와 '지체 및 기타 장애'는 겉으로 가장 쉽게 드러나는 대표적 장애 유형이며, 화자들이 해당 장애인들과 일상생활에서 자주 접촉할 수 있었던 점에서 관련 속담도 많을 것으로 판단된다. '청각 및 언어 장애'를 가진 사람을 '귀머거리'와 '벙어리'로 불러왔는데 언어 사용에서 어려움을 겪는 공통점에 주목하여 하나의 유형으로 묶는 것이 좋아 보인다. 속담에서의 '정신 장애'에 대한 인식은 현대의 다양한 유형 분류와 달리 '미친'이라는 수식어를 붙일 수 있는 사람들에게 집중되는 점에서 한 가지 유형으로 관련 장애 현상을 묶어 다루

---

5) 한국 사회에서 '장애인'은 '불구자', '폐질자' 등 차별 표현을 밀어내고 법적으로나 개인적 언어 사용에서 완전히 정착된 말이다. 영어권에서는 장애인을 'differently abled'(다른 능력을 가진 사람), 'physically changed'(신체적 결함에 도전하는 사람) 등으로 가리킨다(박금자 2012:190).

고자 한다. 이러한 네 가지 장애 유형에다 장애인을 두루 가리키는 표현이 있는 점에서 '총칭 표현'을 추가하여 다섯 가지 각 유형별 속담을 예로 들어보기로 하겠다.

(1) 장애 유형별 속담의 보기: 시각 장애
가. 봉사 안경 쓰나 마나
나. 두 소경 한 막대 짚고 걷는다
다. 장님이 넘어지면 지팡이 나쁘다 한다
라. 아동판수 육갑 외듯
라-1. 여복이 아이 낳아 더듬듯
라-2. 봉사 청맹과니 만났다
라-3. 쳐다보이는 집의 애꾸눈은 보여도 내려다보이는 집의 양귀비는 못 본다
마. 눈먼 놈이 앞장선다

(1)의 속담은 시각 장애와 관련된 것이다. 시각 장애인을 가리키는 말로 '봉사, 소경, 장님'이 주로 쓰였고, '판수, 여복(女卜)6), 청맹과니, 애꾸눈'도 일회적으로 나타났다. (1마)와 같이 직설적 표현의 동사 '눈멀다'가 명사를 꾸미는 구성도 여러 개 쓰였다. '시각 장애인' 이전에 많이 쓰던 일반적 표현인 '맹인'(盲人)이라는 말은 속담에 전혀 나오지 않는다.7)

---

6) '여복'(女卜)은 '여자 판수'라는 말이며, 점치는 일을 직업으로 삼은 여성 시각 장애인을 가리킨다.
7) '맹인'은 시각 장애인을 가리키는 대표적 표현으로서 ≪삼국유사≫, ≪조선왕조실록≫ 등의 여러 문헌에 이미 나오며, '맹인'의 직업과 관련하여 '맹석', '맹승', '맹복', '맹관'이라는 말이 함께 쓰였다(임안수 1997). 가장 오랫동안 쓰인 대표적 표현이 속담에 나오지 않는 것은 '맹인'이 일상어와는 거리가 있는 격

(2) 장애 유형별 속담의 보기: 청각 및 언어 장애
　가. 귀머거리 눈치 빠르다
　나. 귀먹은 중 마 캐듯
　다. 벙어리 발등 앓는 소리냐
　다-1. 반벙어리 축문 읽듯

　청각 및 언어 장애와 관련된 속담에서는 (2)의 '귀머거리'와 '벙어리'가 집중적으로 쓰였다. 시각 장애와 비교하여 장애인 지시 표현이 다양하지 않은 편이다. (2나)와 같이 동사 '귀먹다'가 명사를 꾸미는 관형사형으로 쓰였으며, (2다-1)의 '반벙어리'라는 표현도 1회 나타났다.

(3) 장애 유형별 속담의 보기: 지체 및 기타 장애
　가. 곱사등이 짐 지나 마나
　나. 난쟁이 허리춤 추키듯
　다. 앉은뱅이 용쓴다
　다-1. 절름발이 원행
　다-2. 뻗정다리 서나 마나
　다-3. 봉충다리의 울력걸음
　다-4. 약방에 전다리 모이듯
　라. 곰배팔이 파리 잡듯
　마. 언청이 굴회 굴리듯
　마-1. 얽어 매고 찍어 맨 곰보도 저 잘난 맛에 산다
　마-2. 십 년 과수로 앉았다가 고자 대감을 만났다
　마-3. 문둥이 떼쓰듯 한다

식적·공식적 용어였기 때문이라고 짐작된다.

(3가~라)까지의 보기는 '곱사등이, 난쟁이, 앉은뱅이, 절름발이, 뻗정다리' 등 지체 장애와 관련된 속담들이다. 다리가 불편한 사람에 대한 속담이 특히 많다. (3마~마-3)의 속담들은 기타 신체장애나 심한 질병과 관련된 것으로, '언청이[8], 곰보, 고자, 문둥이'가 쓰였다. '고자'(鼓子)는 외적으로는 쉽게 드러나지 않는 신체 장애인을 가리키는 점에서 다른 표현들과 구별된다.

(4) 장애 유형별 속담의 보기: 정신 장애
　가. 성인은 미치광이 말도 가려 쓴다
　가-1. 미친 중놈 집 헐기다
　가-2. 미친년의 치맛자락 같다
　가-3. 미친 사람의 말에서도 얻어들을 것이 있다
　나. 아이 머저리는 돌 지나면 안다
　나-1. 삼대 천치가 들면 사 대째 영웅이 난다
　다. 지랄 발광 네굽질
　다-1. 지랄쟁이 녹두밭 버릇듯 하다

정신 장애와 관련된 속담으로는 '미치광이, 미친 중놈, 미친년, 미친 사람' 등의 정신 장애인에 대한 표현이 가장 많다. '머저리, 천치' 등의 정신 지체(遲滯) 장애인에 대한 표현, '지랄, 지랄쟁이'와 같이 신경 장애인 관련 표현이 있다. '미친 중놈'은 장애인 차별과 함께 불교 차별의 시각을 함께 담고 있다. '미친놈'은 쓰

---

8) '언청이'는 기능 면에서 언어 장애에 넣을 수 있지만 속담에서는 언어 기능보다는 "언청이 아가리에 토란 비어지듯", "언청이 통소 대듯" 등 겉모습에 초점을 맞추고 있기 때문에 이 범주에 넣은 것이다. '언청이'를 '째보'라고도 불렀는데 이 또한 겉모습을 직설적으로 낮추어 표현한 말이다.

임이 거의 없는 반면 "미친년 널뛰듯", "미친년 방아 찧듯", "미친년의 속곳 가랑이 빠지듯" 등 '미친년'이 들어간 속담이 많이 보인다. 여성 장애인은 장애 차별과 성차별의 이중 차별을 받음으로써 남성보다 더 큰 고통을 겪었을 것으로 짐작된다.

(5) 장애 유형별 속담의 보기: 총칭 표현
가. 병신 고운 데 없다
나. 병신 달밤에 체조한다
다. 병신도 병신이라면 좋다는 사람 없다

위의 속담은 장애인을 두루 가리키는 말인 '병신'(病身)이 쓰인 것으로 지체 장애인과 관련성이 가장 높지만 다른 장애인에게도 적용되기 때문에 총칭 표현이라 할 수 있다. '병신'이라는 표현은 지금도 장애인에 대한 차별성이 강한 말로 인식되고 있는 실정(임영철·이길용 2008:41)이어서 이 말이 들어간 속담이 언어 사회에 끼치는 영향력은 무척 클 것으로 생각된다. '병신'과 대체되어 쓰이는 장애 총칭 표현 '불구자', '장애자', '장애인'이라는 말이 들어간 속담은 보이지 않는다. 그 원인은 속담에서 '맹인'이 쓰이지 않은 것과 비슷하게 이들이 공식성이 강한 용어이기 때문이다. 또한 '장애자'나 '장애인'은 20세기 후반에 쓰이기 시작한 것이라서 대부분 이전에 만들어진 속담에 나타나기 어렵다.

이러한 다섯 가지 유형의 장애 관련 속담들의 비중이 어느 정도인지를 표를 통해 정리하기로 하겠다.

〈표 1〉 장애 유형별 관련 속담의 분포

장애 유형	시각 장애	청각 및 언어 장애	지체 및 기타 장애	정신 장애	총칭 표현	합
개수	124	32	67	22	12	257개
비율	48.2	12.4	26.1	8.6	4.7	100%

시각 장애와 관련된 속담이 48.2%로서 가장 많고, 지체 및 기타 장애 관련 속담이 26.1%로 그 다음으로 많다. 속담 50개를 분석한 최애경·강영심(2008)에서는 지체 장애 속담이 가장 많았고 시각 장애 속담이 두 번째로 많았는데, 순서가 다르기는 하지만 두 가지 장애 관련 속담이 높은 비율을 나타내는 사실은 같다. 이처럼 시각 장애 및 지체 장애와 관련된 속담이 많은 것은 두 가지 장애가 겉으로 쉽게 드러나는 특징이 있으면서 다른 한편으로는 신체 기능에서 차지하는 중요성이 높기 때문인 것으로 생각된다. 특히 시각 장애인에 대한 속담 비율이 높은 것은 이들이 과거에 공적, 사적 영역에서 점술가로 활동하는 일이 많아 비장애인과의 접촉이 활발했고, 결과적으로 시각 장애인의 행동을 묘사한 다양한 표현들이 속담으로 굳어진 결과라고 하겠다.[9]

2. 장애 차별 속담의 어휘와 의미

앞 절에서 살펴본 장애인 관련 속담은 정도 차이는 있지만 사실상 대부분이 장애 차별 표현에 해당한다. 장애인은 이른바 '정

---

9) 김창수(2007:7)에서도 시각 장애인에 대한 속담이 많은 것은 언중들이 일상생활에서 시각 장애인을 쉽게 접할 수 있었기 때문이라고 보았다.

상인'과 근본적으로 다르다는 차별 의식을 바탕에 깔고 있을 뿐만 아니라 장애인의 행동을 무시하고 낮잡아 보며, 무능력한 존재로 묘사하고 있기 때문이다. 장애인을 보통의 한 사람 한 사람으로 보는 것이 아니라 특정 신체장애에다 초점을 맞춘 채 불완전하고 결핍된, 한 등급 낮은 별도의 인간 부류로 다룬다. 비장애인과 마찬가지로 장애인들도 개인의 특성에 따라 행동이나 생각이 다양함을 인정하지 않고 속담에서는 모두를 하나의 특수 집단으로 묶어 고정관념과 편견의 대상으로 삼는 것이 문제이다. 또 "병신 고운 데 없다"는 속담을 보면 장애인은 신체적으로 문제가 있는 데서 나아가 마음까지도 좋지 못하다는 부정적 태도를 그대로 드러내고 있다. 장애인 관련 속담들이 구체적으로 어떤 차별 의식과 차별 표현을 담고 있으며, 어떤 면에서 차별적 의미를 전달하고 있는지를 살펴보기로 한다.

(6) 장애 차별 속담의 어휘

가. 곰배팔이, 곱사등이/안팎곱사등이, 문둥이, 미치광이, 언청이, 절름발이

가-1. 말더듬이, 애꾸눈이, 외팔이, 외눈박이, 육발이, 육손이, 절뚝발이/뚝발이/절뚝이, 팔푼이

나. 난쟁이, 등곱쟁이, 지랄쟁이

다. 앉은뱅이

다-1. 얼금뱅이/알금뱅이

라. 곰보

라-1. 얽보, 째보

마. 귀머거리, 벙어리/반벙어리

바. 봉충다리, 전다리, 뻗정다리

바-1. 안짱다리
사. 미친놈, 미친년
아. 병신, 고자
자. 봉사, 소경, 여복, 장님, 판수

　장애인을 가리키는 표현들은 대부분 신체적으로 문제가 되는 부분을 직설적, 노골적으로 묘사한 것이 많다. (6가)의 장애인 지시 표현은 어근에 접미사 '-이'가 붙어 만들어졌거나 유사 구성으로 추측되는 것인데, '곱사등이', '절름발이'의 경우 신체장애를 유표적・명시적으로 드러냄으로써 차별성이 더욱 강하게 느껴진다. 조사 대상 속담에는 쓰이지 않았지만 같은 구성을 보이는 장애 관련 표현으로는 (6가-1)의 보기들이 더 있다. 어근에다 사람, 물건, 일의 뜻을 더하는 접미사 '-이'는 장애인을 가리키는 표현을 생산적으로 만들어내는 대표적 형식이다.
　이와 함께 낱말 구성 면에서 부정적인 뜻을 드러내는 접미사가 많이 쓰인다. (6나)의 표현은 어근에 '-쟁이'가 붙어 만들어진 것으로 해석된다. '-쟁이'는 '겁쟁이, 고집쟁이, 떼쟁이, 무식쟁이'와 같이 대부분 부정적인 뜻을 드러내는 파생어를 만드는 접사인 점에서 관련 표현의 장애인 차별 효과를 증폭시킨다.[10] (6다, 다-1)의 '-뱅이'는 부정적 의미의 파생어 '가난뱅이, 게으름뱅이, 안달뱅이, 주정뱅이, 좁쌀뱅이'를, (6라, 라-1)의 '-보'는 '싸움보, 잠보, 먹보, 울보, 땅딸보, 뚱뚱보' 등을 만들어내는 부정적 의미 기

---

10) '-쟁이'는 '-장이'에서 바뀐 말이며, '장이'는 '장(匠)+-이'로 분석된다. 결국 기술자를 가리키는 '-장이'와 그 변이형 '-쟁이'는 기술을 천하게 보았던 전근대 한국 사회에서 부정적 뜻을 더하는 접미사로 쓰일 수밖에 없었고, 현대에 들어서도 사정은 큰 변화가 없다.

능이 강한 접미사이며, 마찬가지로 이들이 포함된 장애인 지시 표현도 부정적이고 경멸적으로 느껴지게 된다. (6마)의 '귀머거리'는 '귀먹-+-어리'의 구성이며, 공시적 분석이 어렵지만 '벙어리'도 비슷한 구성이었을 것으로 생각된다. 장애인을 가리키는 말에 잘 붙는 '-이', '-쟁이', '-뱅이', '-어리' 등의 접미사는 사람보다는 사물을 가리키는 말에 더 잘 붙고, 사람에 붙더라도 부정적인 뜻을 갖는 일이 대부분인 점에서 '곱사등이', '난쟁이', '앉은뱅이', '귀머거리' 등의 표현은 이미 구성 자체에서 장애인을 하찮은 사물처럼 생각하는 비장애인의 차별 의식을 강하게 담고 있다고 하겠다.

(6바~아)는 장애인을 가리키는 합성어 표현들인데, (6바)의 형식은 다리가 불편한 사람들을 직설적으로 표현하였다. '전다리'는 동사 '절다'의 과거 관형사형 '전-'과 '다리'가 결합되어 다리를 저는 장애인을 가리킨다. (6사)의 '미친놈', '미친년'은 '미치다'의 관형사형과 사람을 낮잡아 일컫는 '놈' 또는 '년'이 합쳐진 것으로 비하 정도가 심한 말들이다. (6아)의 '병신'(病身)과 '고자'(鼓子)는 한자말 구성이며, '병신'은 장애인을 총칭하는 대표적 표현이다. (6자)는 모두 시각 장애인을 가리키는 말로서 장애인을 특정하여 가리키는 점에서는 차별 표현이지만 본래의 어휘 의미 자체가 신체장애를 직설적으로 표현하는 것은 아니다. 특히 '봉사, 소경, 장님'은 모두 시각 장애인이 받았던 관직에서 유래한 것으로 본래의 뜻이 긍정적인 편이다. 그러한 본래의 어휘적 의미와 관련 없이 장애인과 연결되어 쓰이면서 차별, 비하, 멸시의 의미를 담게 되었는데, 이는 한국어 사회가 장애인을 어떻게 바라보고, 어떻게 대우해 왔는지를 잘 보여 준다.

한국어 안에 이와 같은 수많은, 다양한 장애인 관련 표현이 존재하며, 그것이 언중의 지혜를 담고 있다는 속담에도 그대로 들어와 쓰이는 것은 한국 사회에서 장애인에 대한 배려 문화가 약했기 때문이다. 역사적으로 장애인을 지원하기 위한 정치적, 사회적 노력이 없었던 것은 아니지만 일반 백성들은 장애인을 이해하려 노력하고 장애인과 어울려 살아가야 한다는 당위 의식을 갖기보다는 '그들'의 신체에서 작은 흠이라도 찾아내어 '우리'와는 다른 존재임을 확인하고, 자신과는 다른 그들의 행동을 놀리고 비웃으며, 그들의 어려움과 고통을 구경하면서 즐기는 태도를 드러내었다. 한국과 일본 속담에서 쓰인 비속어를 비교 분석한 김수진(2005:101-104)에 따르면, 한국 속담에 나타난 사람 관련 비속어의 19%가 신체장애를 가리키는 표현인 데 비하여 일본 속담에서는 그런 표현이 없다. 한국 속담에서는 '벙어리, 봉사, 언청이, 앉은뱅이, 귀머거리, 난쟁이, 곱사등이' 등의 다양한 장애인 지시 표현이 높은 빈도로 쓰였지만 일본 속담에서는 그러한 표현들이 나타나지 않는다는 것이다. 장애인에 대한 한국인들의 이러한 차별 의식은 이웃의 다른 나라 언어문화와 비교하여 상대적으로 더 강한 것이 분명하다.11)

장애인 관련 속담들은 장애인을 비하하고 차별하는 지시 표현을 썼을 뿐만 아니라 장애인에 대한 강한 부정적 의미를 담고 있는 것이 많다. 어떠한 부정적 의미가 표출되고 있는지를 대표적

---

11) 다른 언어 또는 다른 문화권의 속담에는 장애 차별 표현이 어느 정도 들어 있고, 장애인에 대한 인식과 태도가 우리와 어떻게 다른지를 구체적으로 비교 분석해 보면 언어문화의 면에서 의미 있는 결과가 나올 것으로 짐작된다. 이에 대해 후속 과제로 다루어 보고자 한다.

인 몇 가지 의미 유형, 곧 '무능력한 존재, 분수도 모르는 존재, 비인격화된 존재, 뒤틀린 심성의 소유자, 최악·최하의 존재, 의존적이고 수동적인 존재, 집단 괴롭힘의 대상'으로 나누어 살펴보기로 하겠다.12) 이러한 장애 차별 속담의 의미 유형은 기존 관련 연구에서의 유형 분류를 참조하고, 분석 대상 속담에 대한 개별적 의미 분석 작업을 통하여 의미 유형이 최대한 서로 변별성을 가질 수 있도록 지은이가 새롭게 설정한 것이다.13)

(7) 장애 차별 속담의 의미: 차별성이 강함
  가. 귀머거리 귀 있으나 마나
  가-1. 벙어리가 증문 가지고 있는 격
  가-2. 소경 단청 구경
  가-3. 앉은뱅이 암만 뛰어도 그 자리에 있다
  나. 난쟁이 교자꾼 참여하듯
  나-1. 눈먼 놈이 앞장선다
  나-2. 장님이 장님을 인도한다
  나-3. 언청이 통소 대듯
  다. 문둥이나 문둥 어미나 한 값이다
  다-1. 문둥이 죽이고 살인당한다

---

12) 이러한 속담의 의미 유형은 교훈적, 풍자적 방식으로 화자들에게 전달하려는 속담의 비유적 의미를 가리키는 것이 아님을 기억할 필요가 있다. 여기서 문제로 삼는 것은 장애 차별에 대한 비판적 관점에서 속담의 언어 요소를 통하여 추출하고 해석한 의미이다.

13) 시각 장애 관련 속담을 분석한 김창수(2007)에서는 시각 장애에 대한 부정적 태도의 유형으로 '무능력한 사람, 무지한 사람, 편협한 사람, 책임을 전가하는 사람, 무가치한 사람, 사회성이 부족한 사람, 무모한 사람, 열등감을 지닌 사람, 분수를 모르는 사람'의 9개로 나누고, 긍정적 태도의 유형으로 '반성하는 사람, 유능한 사람, 효도하는 사람'의 3개로 나눈 바 있다.

다-2. 소경 죽이고 살인 빚을 갚는다
라. 병신 마음 좋은 사람 없다
라-1. 병신이 한 고집이 있다
라-2. 장님 개천 나무란다
마. 너무 고르다가 눈먼 사위 얻는다
마-1. 병신도 제 재미에 산다
마-2. 언청이도 저 잘난 맛에 산다
바. 봉사 마누라는 하늘이 점지한다
바-1. 소경이 지팽이에 의지하듯 (북한 속담)
바-2. 여럿이 가는 데 섞이면 병든 다리도 끌려 간다
사. 소경 맴돌이 시켜 놓은 것 같다
사-1. 눈먼 중 갈밭에 든 것 같다
사-2. 앉은뱅이 강 건느듯 (북한 속담)

장애 차별 속담 가운데서 (7가)의 "귀머거리 귀 있으나 마나"와 같이 장애인은 '무능력한 존재'라는 의미 내용을 담고 있는 것이 가장 많다. (7가-1~가-3)처럼 거의 모든 장애 유형에 이런 속담이 들어 있다. 신체장애로 특정 신체 기능을 상실하고 결과적으로 부분적 무능력 또는 장애 상태가 된 것이 사실이겠지만 그것을 속담으로까지 만들어 쓰는 것은 당사자들을 이질시하고 차별하는 행위인 점에서 문제가 있다. (7나~나-3)의 속담들은 장애인을 '분수도 모르는 존재'로 그린다. 자신의 결함이나 제약을 모르고 능력 이상으로 설쳐 댐으로써 '정상인'에게 웃음거리가 된다는 뜻으로 장애인을 나쁘게 묘사한 속담들이다. 장애인들이 우스꽝스러운 '인지 부조화' 상태에 빠져 있다는 뜻을 표현한다.
(7다~다-2)는 장애인을 '비인격화'시키는 속담의 보기들이다.

(7다, 다-1)에서는 한센병 환자를 마치 헐값의 물건처럼 취급하고 있으며, '문둥이'를 죽이는 것이 하찮은 일이라는 뜻을 드러냈다. 그것은 '살인'의 범주에도 들 수 없다고 말한다. "문둥이 죽이고 살인당한다"는 속담과 관련해서 ≪표준국어대사전≫에서는 "대수롭지 않은 일을 저질러 놓고 큰 화를 당함을 비유적으로 이르는 말"로 풀이하였는데, 이런 속담을 규범 지향적 사전에 실은 것도 문제지만 대상이 그 누구든 살인 행위를 '대수롭지 않은 일'로 해석한 뜻풀이 또한 놀랍다.14) (7다-2)에 대해서도 "변변하지 못한 것을 상하게 한 대가로 변변한 것을 물어 주는 경우를 비유적으로 이르는 말"로 풀이함으로써 장애인을 인간 이하의 존재로 다루어 온 과거의 부정적 시각을 21세기에도 유지하고 있다.

(7라~라-2)의 속담들은 장애인이 '뒤틀린 심성'을 가졌다고 말한다. 장애인 가운데 마음 좋은 사람이 없고, 장애인은 고집이 세며, 자신의 문제를 무시한 채 남 탓을 잘한다고 하였다. 장애인이든 비장애인이든 누구에게나 나타날 수 있는 사람들의 공통된 심리적 특징들임에도 모든 장애인의 심성으로 고정시켜 편견을 만들어 내고 고정관념을 퍼뜨리는 문제가 도인다. (7마)의 속담은 장애인이 질적인 면에서 '최악' 또는 '최하'의 존재라는 의미를 드러낸다. (7마)의 '눈먼 사위'는 최악의 선택 결과를 가리키며, (7마-1, 2)의 "병신도 제 재미에 산다"와 "언청이도 저 잘난 맛에

---

14) 조남호(2003)은 최근 간행된 한국어 대사전을 대상으로 사전에서 속담을 어떻게 실을 것인지를 구체적으로 다루었는데, '구성 성분의 교체', '조사, 어미의 차이', '성분 배열 순서의 차이', '구성 성분의 추가(삭제)'라는 형식적 측면에 논의를 한정함으로써 성차별 또는 장애 차별 등 차별 관련 속담의 수록 및 그 뜻풀이에서 나타나는 문제점과 같은 내용적인 면에 대해서는 전혀 관심을 갖지 못해 아쉽다.

산다"에서 이들 장애인은 살 가치가 없는 존재라는 뜻이 느껴진 다. 그만큼 장애인은 최악·최하의 상태에 있는 사람들이라는 뜻을 강하게 풍기고 있다.

(7바~바-2)의 속담들은 장애인을 '의존적이고 수동적인 존재' 로 그린 것이다. "봉사 마누라는 하늘이 점지한다"를 ≪표준국어대사전≫에서는 "사람의 결연은 우연히 되는 것이 아님을 비유적으로 이르는 말"로 풀이하였으나 시각 장애인은 가족이나 주위의 절대적 도움이 필요한 의존적 존재이며, 따라서 그러한 뒷받침을 도맡아야 할 그 배우자를 자원하는 사람이 없음을 말하는 것으로 해석된다. (7바-1, 2)의 속담들도 장애인을 주위의 도움에 의존해야만 하는 존재로 표현한 점에서 공통점이 있다. 모두 어느 정도 사실에 가까운 진술이겠지만 이러한 속담을 통해 전달하려는 교훈적 의미보다는 장애인 당사자들이 느낄 마음의 상처가 훨씬 더 클 것으로 보인다.

(7사)의 "소경 맴돌이 시켜 놓은 것 같다"는 '집단 괴롭힘의 대상'으로 장애인을 표현한 것이라서 특히 눈에 띈다. 앞을 못 보는 사람에게 맴돌이를 시켜 놀림과 괴롭힘의 대상으로 삼아 즐기기까지 했던 부끄러운 한국 문화의 단편을 잘 보여 주는 속담이다.15) (7사-1, 2)의 경우도 비슷하게 장애인의 어려운 상태를 구

---

15) 장애인을 괴롭히고 놀림감으로 삼았던 사회적 분위기에서 '병신춤'과 '문둥이춤'이 나올 수 있었을 것이다. 민중들의 대표적인 공동체 놀이였던 탈춤 가운데 '동래야류, 통영오광대, 고성오광대' 등에서는 '문둥이'가 등장하여 특이한 '병신춤'을 춘다. 모든 탈춤에서 양반이 풍자와 비판의 대상으로 등장하는데 그 가운데 한 사람이 '병신 양반'으로 큰 웃음거리의 대상이 된다. 신분 차별에는 강하게 항의하면서도 장애 차별에는 무감각했던 모순 상황이 민중들 안에서 오랫동안 이어져 왔다. 한국 탈춤의 전체적 내용에 대해서는 이두현(1997)을 참조할 수 있다.

경하면서 즐기는 내용이다.
　이와 같은 부정적 의미의 속담들이 다수임에 비해 장애인을 따뜻하게 배려하거나 도우면서 함께 살아가려는 내용을 뚜렷하게 표현한 것은 보이지 않아 대조적이다. 다만 위 (7)과 달리 차별성이 비교적 약하거나 어느 정도 긍정적인 의미 내용을 담고 있다고 평가되는 속담도 일부 있다. (8)의 브기를 통해 살펴보기로 한다.

(8) 장애 차별 속담의 의미: 차별성이 약함
　가. 병신 자식이 효도한다
　가-1. 눈먼 자식이 효자 노릇 한다
　나. 병신 자식이 더 귀엽다
　다. 얽은 구멍에 슬기 든다

　(8가, 가-1)은 같은 의미를 나타내는 속담들로서 '장애인 자식이 효도한다'는 내용이다. (8나)에서는 장애인 자식이 더 귀엽다고 했고, (8다)에서는 피부 장애를 가진 사람이 슬기롭다고 말했다. 이런 속담과 관련하여 김창수(2007:39-40)은 "눈 먼 자식이 효도한다"를 시각 장애에 대하여 긍정적 태도를 드러낸 속담으로 해석했고, 최애경·강영심(2008:214)는 "우리나라의 장애관련 속담에서도 부모와 자식 간의 관계에서 가장 큰 덕목이라고 할 수 있는 보편적인 진리를 보여 주는 주제인 효도가 나타났다"고 하면서 긍정적으로 보고 있다.
　그러나 이들 속담은 모두 "병신 자식이[-] 효도한다[+]"와 같은 대비적 의미 구조로 이루어진 것으로서 완전히 긍정적인 의미 내용을 담고 있지는 않다. 무능력하고 쓸모없는 존재라는 부정적 인식을 먼저 바탕에 깔고 그것을 부분적으로 보상하는 차원의 긍정적 의미 요소를 대조적으로 덧붙인 것이기 때문이다. "굽은 나무가 선산을 지킨다", "굽은 나무는 길맛가지가 된다"라는 속담과 구조 및 의미가 완전히 같다. 곧 이들 속담은 모두 ≪표준국어대사전≫에서 풀이하고 있는 "쓸모없어 보이는 것이 도리어 제구실을 하게 됨을 비유적으로 이르는 말"16)인 점에서 좋게 볼 수 없으며, "장애 전반에 대한 긍정적인 이미지가 내포된 속담 활용은 비장애 아동들17)의 장애 아동에 대한 긍정적인 태도 형성을 돕는 장애 이해 교육의 일환으로 활용될 수 있을 것"(최애경·강영심 2008:214)이라는 주장에도 동의하기 어렵다.

지금까지 살펴본 장애인 관련 속담의 대다수는 장애인에 대한 강한 부정적 인식을 드러내는 것으로 차별과 비하의 뜻을 담고 있음을 확인하였다. 그것은 역사적으로 한국 문화에서 장애인에 대한 배려와 우호적 태도가 약했을 뿐만 아니라 오히려 무시하고 배척해 왔던 문제적 상황의 언어적 반영이라고 생각된다. "친구의 망신은 곱사등이 시킨다"는 속담도 실려 있는데, 과거 한국 사회의 비장애인들이 장애인들에게 가졌던 태도가 무엇이었는지를 단적으로 보여 준다. 더욱이 이를 국어사전에서 "곱사등이를 친구로 삼았다가 함께 망신을 당한다는 뜻으로, 못된 것과 함께 있

---

16) 이 사전은 "굽은 나무가 선산을 지킨다"를 "자손이 빈한해지면 선산의 나무까지 팔아 버리나 줄기가 굽어 쓸모없는 것은 그대로 남게 된다는 뜻으로, 쓸모없어 보이는 것이 도리어 제구실을 하게 됨을 비유적으로 이르는 말"로 풀이했다.
17) 원문에서는 '장애아동들'로 나와 있지만 문맥상 교정이 필요하다고 보아 '비장애 아동'으로 고쳐서 적었다.

다가 부정적 평가를 받음을 이르는 말"로 풀이함으로써 장애인은 곧 '못된 것'이자 '부정적 평가'의 대상이라는 잘못된 편견을 한국어 화자들에게 심어 준다. 장애인을 적대적 시각에서 보는 많은 속담이 한국어에 들어 있고, 그것이 한국 사회에서 널리 유통되었으며, 국가에서 만든 규범 지향의 한국어 대사전에서도 무비판적으로 수용되어 있음이 사실인 것이다.[18]

물론 이러한 속담들이 장애인에 대하여 처음부터 직설적으로 거부감을 드러내고, 당사자들을 차별하기 위한 목적에서 나온 것은 분명 아닐 것이라고 생각된다. 속담의 주요 의미 기능인 교훈과 풍자의 뜻을 비유적으로 전달하기 위한 효과적 소재로 활용된 것이라 하겠다. 그럼에도 장애인들의 인격을 무시하고 그들을 비하하며 차별함으로써 그러한 의미를 표현해야 할 필연성과 타당성은 없다. 비장애인들은 그러한 속담을 통해 인생의 진리를 배우고 느끼는 것처럼 뿌듯해 할 수 있지만 속담에 등장하는 당사자들은 체념과 울분의 상태에 빠지게 된다. 이 점에서 속담을 포함한 장애 차별 표현은 그냥 두어도 좋은 단순한 언어적 문제가 아니라 사회 정의와 인간성 회복을 위해 반성적 점검과 전향적 조치가 필요한 정치적, 언어사회적 문제이다. 물론 구체적으로 어떤 범위에서, 어떤 방법으로 언어 정책적 조치를 취하는 것이 좋을지에 대해서는 학계에서의 추가적 연구와 논의, 한국어 화자

---

[18] 2007년에 두산동아 출판사가 펴낸 ≪정겨운 우리 속담 4300≫에서 "생활 속에 깊이 자리 잡아 우리말에 생명을 불어 넣고 바른 언어·문자 생활의 길잡이가 되기를 바라"(4쪽)는 뜻에서 뽑아 수록한 속담을 보면, "병신 고운 데가 없다", "봉사 안경 쓰나 마나", "난쟁이끼리 키 자랑하기", "신작로 닦아 놓으니까 문둥이가 먼저 지나간다" 등 113개의 장애인 관련 속담이 들어 있다. 이러한 차별 속담들이 어떻게 "정겨운 우리 속담"인지 의문이 아닐 수 없다.

들의 공감을 통해 결정할 수 있을 것이다.

3. 언론 기사문에 쓰인 장애 차별 속담 비판

앞서 살펴본 장애 차별 속담들이 한국어 화자들에게 영향력이 큰 대표적인 공적 언어 사용 영역의 하나인 언론 기사에서 어떻게 쓰이고 있는지를 비판적으로 살펴보기로 한다. 자료 수집을 위해 ≪네이버≫ 기사 검색(news.search.naver.com)을 이용했으며, 2009년 10월 기준 최근 1년 치의 자료를 분석 대상으로 삼았다.[19] 이 검색 데이터베이스에는 일간지, 방송 및 통신사, 경제/정보통신 신문, 인터넷 신문, 스포츠/연예 신문, 지역 일간지, 잡지, 전문지 등 거의 모든 유형의 보도 매체 기사들이 포함되어 있어 언론 언어 실태 분석에 도움이 된다.

(9) 기사에 쓰인 장애 차별 속담: 총칭 표현

  가. 보수단체 회원들은 오히려 송대성소장의 발언을 제지한 한나라당 의원들에 대해 "**병신들 꼴갑 떤다**며 그렇게 소신이 없고 눈치만보는 것들이 무슨 정치인이냐"고 신릴하게 비난 했다. (송대성 한나라당 연찬회서 "지애미애비가 죽어도 저렇게 할까?", 투데이코리아, 2009-06-05)
  나. 이 경우의 수를 생일을 중심으로 하여 인간의 길흉화복을 예측

---

19) 여기서 제시하는 장애 차별 속담 가운데 분석 대상 사전에는 실리지 않은 것도 일부 있음을 밝힌다. 또한 기사에 쓰인 속담 형식은 사전에 나오는 것과 달리 사용 어휘나 통사 구조에서 다양한 변이를 보인다. 속담의 변형에 대한 최근 논의로는 이종철(1998), 조남호(2003)을 참조할 수 있다.

하는 학문이 명리학인데, 깊이 있게 공부하지 않으면 진짜 '**병신육갑한다**'는 소리를 들을 수 있다. (사주명리학과 육십갑자, 매일신문, 2009-05-30)

다. '**병신자식 효자노릇 한다.**'는 옛말은 요즘도 틀린 말이 아니다. 어려운 여건이 감사한 마음을 일깨워주는 메신저역할을 하기 때문일 것이다. (감사할 줄 알아야 행복하다, 데일리안, 2008-11-29)

(9)는 장애인 총칭 표현으로서 '병신'이 들어간 속담을 언론 기사에서 쓴 보기들이다. (9가)에서는 제보자가 쓴 말을 기자가 그대로 인용하는 맥락에서 "병신 꼴값 떤다"라는 속담이 쓰였다.[20] (9나)의 "병신 육갑한다"는 외부 필자가 '육갑'과 관련된 내용을 다루면서 직접 쓴 속담이다.[21] 두 속담은 차별 의미의 유형 면에서 분수도 모르는 존재로서의 장애인을 그린 표현에 넣을 수 있다. (9다)의 "병신 자식 효자 노릇 한다"는 사회복지학 전공의 교수가 '감사'와 관련된 주제의 글에서 직접 쓴 표현이다. 모두 기사 내용과 관련하여 사용한 것은 맞지만 이러한 표현들이 장애인들에게 줄 마음의 상처와 비장애인들에게 끼칠 부정적 영향을 생각할 때 신중하지 못한 언어 사용이라고 평가된다. 장애인을 배려하는 마음이 있다면 장애 차별 속담을 쓰지 않고도 충분히 의미를 전달할 수 있기 때문이다. (9가)의 경우 속담 부분을 빼도 의미 전달에 문제가 없고, (9나)에서는 '돌팔이'를 이용하여 같은 뜻을 나타내어도 된다. (9다)의 필자는 장애인 관련 분야의 연구

---

[20] 기사의 인용 속담에서 '꼴값'이 '꼴갑'으로 잘못 쓰였다.
[21] 대학생 및 일반인을 대상으로 한 임영철·이길용(2008:50)의 설문 조사에 따르면, 장애인 관련 '속담 및 표현형' 11가지 가운데서 "병신 육갑한다"가 차별 의식이 가장 강하게 느껴지는 것으로 나타났다.

자라서 그런지 글에서 장애인을 다수 언급하였는데, 감사 표현의 사용과 관련해서는 수많은 다른 상황과 사람들이 관련되는 점에서 장애인을 굳이 끌어들일 필연성은 약하다.

(10) 기사에 쓰인 장애 차별 속담: 시각 장애

　가. 사고 선박의 해난구조 여건이 최악이었기 때문이다. 선체 구조도 모른 상태에서 수중 시계도 확보되지 않아 희미한 손전등 하나에 의지해 '**봉사 문고리 잡기**'식 수색을 해야 했다. (뒤집힌 배안 공기가 어부들 살렸다, 한국일보, 2008-12-02)

　나. **소경이 소경을 인도하는** 모습을 상상해보라. 이보다 더 주변 사람들의 가슴을 졸이고 불안하게 만드는 일도 흔치 않을 것이다. ('무지의 소용돌이', 문화일보, 2009-03-16)

　다. 정치권의 '**장님 코끼리 만지기**' 식' 여론 해석은 매년 명절마다 되풀이되는 민심 투어에서도 극명하게 드러난다. (정치권 아전인수식 민심 읽기 여도 야도 "여론은 우리 편", 주간조선, 2009-09-14)

시각 장애인과 관련된 속담들이 언론 기사문에 나타난 (10)의 보기는 앞의 (9)와 달리 모두 언론사 내부의 기자 또는 논설위원이 쓴 글이다. 언론 기사에서 시각 장애인 차별 속담의 쓰임이 특히 많았는데, "봉사 문고리 잡기", "소경이 소경을 인도한다", "장님 코끼리 만지기"는 무능력하거나 분수를 모르는 존재로 묘사하는 속담이다. 이런 점에서 시각 장애인은 무능력자일 뿐만 아니라 우스꽝스러운 존재라는 고정관념을 퍼트릴 수 있다. (10가)의 경우 "[...] 희미한 손전등 하나에 의지해 '봉사 문고리 잡기'식 수색을 해야 했다"를 "[...] 희미한 손전등 하나에 의지해 더듬어

가면서 어렵게 수색을 해야 했다"로 문장을 바꿔 썼다면 장애인 차별 문제가 없으면서 오히려 쉽고 간결하게 되었을 것이다. 상황에 어울리는 속담을 씀으로써 쉽고 강렬한 표현 효과를 얻으려 했겠지만 장애인과 직접 관련이 없는 맥락인 점에서 문제의 속담 사용이 필수적이지는 않다.

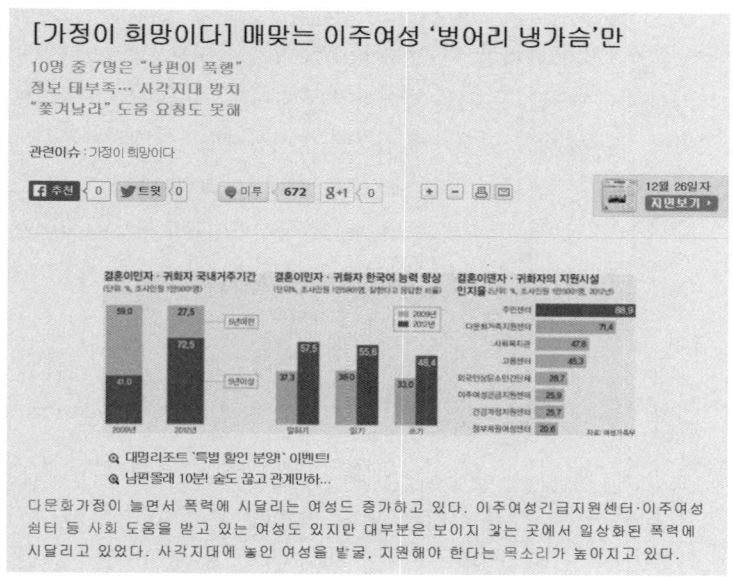

[그림 2] 장애인 차별 표현이 쓰인 신문 기사: 결혼 이주 여성의 인권을 다루면서 장애인 인권은 쿠시하고 있다

　(9)와 (10)의 보기를 통하여 언론사 외부 필자가 쓴 것뿐만 아니라 기자나 논설위원 등 내부 구성원이 쓴 기사들에서도 같은 언어 사용의 문제가 나타나는 것을 확인했다. 이를 통하여 장애인을 무시하고 그들에 대한 부정적 태도를 강화시킬 수 있는 속

담들을 쓰는 문제에 대한 언론 차원의 분명한 문제 인식이나 사용 제한을 위한 기준이 설정되어 있지 없음을 알게 된다.

(11) 기사에 쓰인 장애 차별 속담: 청각 및 언어 장애
　가. 한 기획사 관계자는 "'**벙어리 3년, 귀머거리 3년, 장님 3년**'은 꼭 며느리의 시집살이에만 적용되는 것이 아니라, 이 업계에서 매니저로 성고하기 위한 필수조건"이라고 강조했다. (여자 매니저가 되려면 力 있어야 버틴다, 동아일보, 2009-03-09)
　나. "대통령은 **꿀 먹은 벙어리**가 됐습니다. 세종시를 원안대로 추진하겠다고 당당하게 입장을 밝히십시오." (정부, 세종시 수정 본격‥논란 재격화, MBC 뉴스데스크, 2009-10-15)
　나-1. 지난 4월 오라클로 인수된 한국썬마이크로시스템즈(이하 한국썬)가 최근 **벙어리 냉가슴**을 앓고 있다. (한국썬 사장의 **벙어리 냉가슴**, 디지털데일리, 2009-09-24)

청각 장애인 관련 속담으로는 (11가)와 같은 "시집살이하려면 벙어리 삼 년 귀머거리 삼 년 해야 한다"의 변형 표현들이 자주 쓰였다. '무능력한 존재'라는 뜻을 바탕에 깔고 있는 (11나, 나-1)의 "꿀 먹은 벙어리"와 "벙어리 냉가슴"은 장애인 관련 속담 가운데서 습관적으로 가장 흔하게 쓰이는 것이다. 그러다 보니 신문 기사뿐만 아니라 화자들에게 부정적 영향력이 더 강할 것으로 생각되는 텔레비전 뉴스에서도 쓰이고(11나), 신문 기사의 제목으로 강조되어 쓰인다(11나-1). 임영철·이길용(2008)의 설문 조사 결과 "꿀 먹은 벙어리"가 11가지 '속담 및 표현형' 가운데서 차별 의식이 가장 낮은 것으로 나왔는데, 그만큼 이 표현이 자주 쓰여 익숙하기 때문이다. 그렇지만 장애인 당사자들은 비장애인들의 그런 생각에 결코 동의하기 어려울 것으로 판단된다.

(12) 기사에 쓰인 장애 차별 속담: 지체 및 기타 장애

가. 통합을 주장하는 측은 건보개혁 등에서 의회와 여론을 무시한 강행처리는 국민의 저항을 부를 것이라고 경고하는 반면, 개혁을 외치는 측은 '워싱턴을 바꾸겠다'는 초심을 버릴 경우 오바마의 정통성이 사라진다는 논리를 내세우고 있다. **안팎 곱사등이 신세**가 된 게 지금 오바마의 처지이다. (오바마의 미래, 한국일보, 2009-09-06)

나. 기업은 최저임금제도를 도입한 이후 처음으로 월 90만원도 안 되는 최저임금에서 1만6000원씩을 삭감하겠다고 나섰다. **문둥이 콧구멍에서 마늘씨를 빼먹자**고 해도 이보다는 나을 것이다. (수원수구, 경향신문, 2009-06-28)

다. 아이의 입영 시기와 관련해 애비된 마음에 걱정이 되어 속담에 **앉은뱅이 용쓰듯** 인터넷을 더듬거리며 뒤져보고 병무청에 전화도 걸어본다. (이 시대 아버지들, 파이낸셜뉴스, 2009-05-13)

언론 기사에서 지체 및 기타 장애인 관련 속담의 쓰임은 앞의 시각 및 청각 장애 관련 속담과는 달리 수가 많지 않았다. 그러나 차별성이 강한 속담이 주로 쓰이기 때문에 부정적 영향력을 무시할 수 없다. 특히 당사자를 최악·최하의 존재로 보는 "문둥이 콧구멍에 박힌 마늘씨도 파먹겠다", 불가능하고 효과도 없는 일을 시도하는 존재로 그린 "앉은뱅이 용쓴다"의 변형 속담인 (12나, 다)는 사용자의 의도와는 무관하게 장애인 비하 정도와 표현의 비속성이 강하다. 지체 장애인 지시 표현 가운데서 '난쟁이', '절름발이'는 단독 또는 복합어나 구로 쓰이는 경우가 많았지만 속담 형식으로 나타난 것은 거의 없었다.22) '언청이'의 경우 의료 기사에서 환자를 가리키는 지시 표현으로 쓰였을 뿐 속담 형식의 쓰임은 찾기 어려웠다.

(13) 기사에 쓰인 장애 차별 속담: 정신 장애

가. 그가 가장 많이 갔다던 용눈이오름에 도착한 것은 바람이 **미친 년 치마자락**처럼 방향 없이 불던 해질 무렵이었다. (김영갑, 두 모악, 용눈이오름; 데일리안, 2009-05-16)

나. 명대 조신(曹臣)은 ≪설화록(舌華錄)≫ 중 <광어(狂語)> 소인 (小引)에서 '미치광이의 말(狂語)'에 대해 이렇게 해석했다. "옛 사람이 말하기를 '**미치광이(狂夫)의 말은 성인이 이를 가려서 썼다**.'고 했다. [...] ("사람과 거문고가 모두 죽었구나!", 데일리안, 2009-06-13)

정신 장애인 관련 속담은 신문 기사에서 거의 쓰이지 않았다. (13가, 나) 모두 전문 칼럼 기사에 나온 표현인데, (13가)의 "미친 년 치맛자락 같다" 변형 속담은 기사의 필자가 직접 쓴 것이고 (13나)의 "성인은 미치광이 말도 가려 쓴다"23) 변형 속담은 인용

---

22) '난쟁이'는 단독형 외에 '난쟁이나무, 난쟁이문어, 난쟁이족', '난쟁이 사내, 난쟁이 추녀, 일곱 난쟁이' 등의 복합어 및 구로, '절름발이'는 '절름발이 개혁/독자/상태/서비스/신세/제도/총리'와 같이 구 표현으로 많이 쓰였다. 장애 차별 표현이 단독이나 복합어, 구로 쓰이는 것도 속담 못지않게 부정적 기능을 할 것으로 생각된다. 언론에서 이러한 표현들이 함부로 쓰이지 않도록 하기 위해서는 전반적인 실태 검토와 사용 기준을 마련해야 할 것이다. 한편, 장애 차별 표현이 들어간 복합어가 많고 또 일상어에서 잘 쓰이고 있는데, 이정복(2003다)에서는 '앉은뱅이걸음, 앉은뱅이저울, 앉은뱅이책상' 등의 장애 차별 표현을 국어 순화 차원에서 다른 말로 바꿀 필요가 있음을 지적했다.

23) 이 속담은 중국의 문헌 구절을 바탕으로 형성된 것으로 보인다. "소경 단청

한 중국 문헌의 번역 내용이다.

　지금까지 살펴본 언론 기사에 나타난 장애 차별 속담의 쓰임에서 보이는 몇 가지 특징을 정리하면 다음과 같다. 첫째, 장애 차별 속담 가운데서 시각 및 청각 장애와 관련된 속담들이 많이 쓰였다. 현실적으로 이런 장애 유형의 비중이 높기 때문이면서 동시에 언론 기사의 내용상 보고, 듣고, 말하는 행위와 관련된 것이 많기 때문이라고 해석된다. 둘째, 장애 차별 속담은 신문, 방송, 잡지 기사에서 모두 나타났으며, 기자 등의 내부 구성원과 외부 필자 구분 없이 모두 썼다. 이것은 장애 차별 속담의 사용에 대한 언론 차원의 문제의식이나 사용 제한을 위한 기준이 없기 때문이라고 하겠다. 셋째, 기사의 필자가 직접 쓴 장애 차별 속담은 대부분 강렬한 표현 효과를 거두기 위한 목적에서 비유적으로 쓴 것이다. 그러나 장애인을 조금이라도 배려하려는 태도가 있었다면 다른 표현을 대신 써도 같은 효과를 거둘 수 있을 것이라는 점에서 언론인의 반성이 필요한 부분이다. 그런 속담을 쓴 사람들은 표현 효과를 위해 무의식적, 습관적으로 사용했다고 하더라도 장애인 당사자들에게 마음의 상처를 크게 주고 비장애인들에게는 장애인에 대한 고정관념과 편견, 차별 의식을 조장할 수 있기 때문에 언론 언어 사용의 새로운 기준을 마련하여 실천에 옮기는 일이 필요함을 지적한다.

　구경"은 한자 성어 "맹자단청(盲者丹靑)", "소경 문고리 잡듯"은 "맹자정문(盲者正門)"과 관련이 있는데. 이와 같이 한국 속담의 일부는 중국 문헌의 내용이나 한자 성어를 바탕으로 하고 있다.

◈ 맺음말

　이 장에서는 장애인 관련 한국 속담 텍스트를 대상으로 장애 차별 표현을 유형화하고, 그것이 공적 언어 사용 영역의 하나인 언론 기사문에서 어떻게 쓰이고 있는지를 비판적 관점에서 분석해 보았다. 국립국어원에서 간행한 ≪표준국어대사전≫에 실린 장애인 관련 속담을 주요 분석 대상으로 삼았으며, 세 단계에 걸쳐 논의를 진행하였다. 먼저 1절에서 장애인 관련 속담을 장애 유형별로 분류하여 대표적 보기를 제시했는데, 장애 유형을 '시각 장애, 청각 및 언어 장애, 지체 및 기타 장애, 정신 장애'의 네 가지로 나누고 '총칭 표현'을 추가하여 모두 다섯 가지로 설정하였다. 이어 2절에서는 속담의 언어 형식 및 의미 면에서 장애 차별 표현의 유형을 살펴보았다. 장애 차별 속담에 쓰인 어휘를 형태 구성 면에서 분석한 후 '무능력한 존재, 분수도 모르는 존재, 비인격화된 존재, 뒤틀린 심성의 소유자, 최악·최하의 존재, 의존적이고 수동적인 존재, 집단 괴롭힘의 대상'이라는 의미 유형으로 나누어 속담의 차별 의미를 기술했다. 3절에서는 장애 차별 속담들이 규범성이 높고 영향력이 강한 언어 사용 영역인 신문, 방송, 잡지 등의 언론 기사문에서 어떻게 나타나고 있는지를 장애 유형별로 보기를 제시하고, 장애 차별의 양상을 구체적으로 분석 및 비판하였다.

　이러한 자료 분석 및 해석을 통하여 한국어 속담 안에 장애인을 비하하고 차별하는 것이 많으며, 나아가 국가에서 만든 규범 지향적 한국어 대사전에도 그대로 실려 있음을 확인하였다. 장애인 관련 속담들은 여러 가지 장애 현상을 직설적으로 가리키면서 결과적으로 장애인을 차별하는 어휘들로 구성되기 때문에 정도 차이는 나더라도 대부분 장애 차별 표현으로 볼 수 있다. 장애인을 보통의 한 사람 한 사람으로 보는 것이 아니라 특정 신체장애에 초점을 맞춘 채 불완전하고 결핍된 한 부류로 전체를 묶어서 '정상인'과 다르게 보려는 점에서 그러하다. 더욱이 그러한 속담들은 대부분 장애인을 무능력하고, 마음이 뒤틀려 있으며, 우스꽝스러운 모습 때문에 괴롭힘을 받아도 되는 대상이며, 최악·최하의 물건과 같은 비인격적 존재로 표현함으로써 장애인 차별을 은근히 부추기는 면까지 보인다. 장애 차별 속담은 사전에만 실려 있는 것이 아니라 중요한 공적 언어 사용 영역의 한 가지인 언론 기사문에서도 다양한 표현들이 많이 쓰였다.

한국어 화자들이 옳고 바른 말만 들어 있다고 믿는 대표적인 한국어 사전에, 그리고 올바른 표현만 쓴다고 믿는 언론 기사에 장애 차별 속담이 수없이 들어감으로써 장애인 당사자들에게 마음의 상처를 주고, 비장애인들에게는 장애인에 대한 부정적 태도를 강화시켜 줄 수 있어 문제가 아닐 수 없다. 장애인에 대한 비장애인의 차별 의식과 부정적 태도를 줄여 나감으로써 장애인과 비장애인이 함께 어울려 사는 정의로운 사회를 만들기 위해서는 한국어 사전에서 차별성이 아주 강한 속담은 제거하고, 상대적으로 차별성이 약하면서 꼭 실을 필요가 있다고 판단되는 것은 차별 의미가 나타나지 않도록 하는 방향에서 새롭게 기술하는 전향적이고도 과감한 언어 정책적 조치가 필요하다고 본다. 한국어 화자들에게 큰 영향을 주는 언론 언어 영역에서도 그러한 속담들, 나아가 다른 형식의 장애 차별 표현이 쓰이지 않도록 하기 위한 자기 성찰과 구체적 언어 사용 기준 또는 언론 언어 사용 지침의 마련이 있어야 하겠다. 언론인이든 일반 화자들이든 앞에서는 장애인을 돕고 이해하는 것처럼 행동하면서 뒤에서는 차별하고 멸시하고 비웃어 온 것은 아닌지 스스로를 잘 되돌아보아야 한다. 이러한 연구를 계기로 한국어 화자들이 장애 차별 표현 사용을 자제하고, 장애인에 대한 멸시 및 비하 의식을 갖지 않도록 노력함으로써 조화롭고 정의로운 한국어 공동체가 열리고 꾸준하게 유지될 수 있기를 바란다.

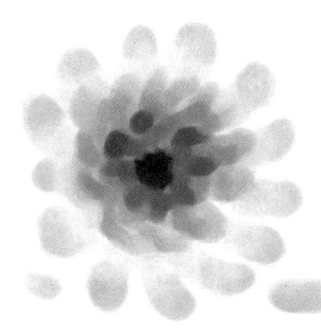

8장_ SNS 공간의 지역 차별 표현

이 장은 '사회적 소통망'(SNS), 구체적으로 ≪트위터≫에서 쓰이는 지역 차별 표현의 유형과 쓰임을 보고하고, 사용 배경을 분석하는 것을 목적으로 한다.1) 우리 사회에서는 다양한 면에서 차별 의식과 차별 행위가 있어 왔고, 지금도 크게 달라지지 않은 상황에서 한국어 안에는 그러한 차별 행위를 표출하고 강화하는 표현들이 오랫동안 축적되어 큰 부분을 이룬다. 현재 인터넷 통신 공간에서는 정치적 대립 관계에서 파생된 지역감정이 개인적 경험이나 이해관계와 무관하게 많은 누리꾼들의 의식을 사로잡고,

---

* 이 장의 내용은 이정복(2013나)를 부분적으로 고친 것이다.
1) 대표적 사회적 소통망의 하나인 ≪페이스북≫(facebook.com)은 일상 공간에서 잘 아는 사람들끼리 소식을 주고받는 친교적 기능이 강해서 정치적 내용의 게시글이나 지역 차별 표현의 쓰임이 거의 없다. 이와 달리 ≪트위터≫에서는 정치사회적인 문제들에 대해 다수의 누리꾼들이 비판적 의견을 올리고 서로 토론, 논쟁을 벌이는 일이 많아 지역 차별 표현도 쉽게 쓰인다. 따라서 이 연구에서는 트위터에서 지역 차별 표현의 쓰임을 집중적으로 수집했다.

그러한 누리꾼들은 다른 지역 사람들에게 소모적이고 비이성적인 언어적 공격을 지속적으로 펼치고 있다(이정복 2010가:348). 이런 점을 고려하여 한국인들의 일상생활과 언어생활에서 중요성이 강해지고 있는 인터넷 통신 언어, 특히 그 가운데서도 사회적 소통망의 언어 자료를 대상으로 지역 차별 표현의 여러 가지 모습을 비판적 관점에서 집중적으로 살펴보기로 하겠다. 대표적인 사회적 소통망의 하나인 트위터에서 쓰이는 차별 언어 자료를 집중적으로 수집·분석함으로써 자료의 동질성을 확보하고, 성별과 나이 등의 사용자 배경 정보를 함께 파악하여 차별 언어 사용 맥락과 사용자의 의도를 해석하는 것이 가능하다.2)

한편, 역사적으로 서울을 중심으로 하여 멀어질수록 차별하는 경향이 강했고, 특히 서북 지역 사람들에 대해서는 관직에 진입하지 못하도록 의도적으로 배제하는 지역 차별 현상이 있었다. 현대에 들어서도 서울과 지방 사이의 차별이 존재하며, 지방 안에서 특히 영호남 사람들 사이의 갈등이 아주 심한 편이다. 21세기 현재에도 한국 사회에는 지역 차별이 그대로 이어지고 있다. 2003년에 이루어진 출신지역별 지역민에 대한 선호도 조사 결과, 전라도 사람에 대한 경상도 사람의 싫은 감정은 다른 지역민들보다 더 강한 편이고, 경상도 사람을 싫어하는 정도에서 전라도 사람들은 다른 지역민에 비해 현저히 높게 나타났다(정기선 2005:

---

2) 보통의 트위터 이용자들은 직간접적으로 소개 또는 트윗글을 통하여 자신의 신분을 드러내는 일이 많지만 [그림 1]과 같이 정치 선전·선동을 목적으로 하는 계정의 경우는 자기소개 내용이 없고 게시글에서도 신분을 거의 노출하지 않는다(통신 이름은 지은이가 지웠음). 이러한 트위터 이용자들의 개인 정보 파악이 쉽지 않은데, 성별과 정치적 성향에 비해 정확한 세대를 파악하기는 더 어렵다.

77-78). 두 지역 누리꾼들은 상대방의 방언에 대한 강한 부정적 태도를 갖고 있으며, 특정 방언형을 이용하여 정치적으로 공격하는 모습을 이정복(2010가)에서 보고한 바 있다. 이처럼 두 지역민들의 정치적, 심리적 갈등과 대립이 심한 좀에서 두 지역민 사이의 차별 언어 사용에도 관심의 초점을 모으기로 한다.

옆노(국회의원연금120만원철회운동)　　　　　　　　5일
@taekyungh 어이 하태경씨 한마디만 더하고 쓸내지. 국민들은 이제 새누리 가리지 않아 뭔말인지 알어? 제대로 안하면 그냥 이전처럼 냅두지 않아! 그즉시 국민소환운동 벌리고.. 자질검증 들어가서 불매운동 벌릴거야 먼말인지 알어?! 단디해 단디!
자세히 보기

옆노(국회의원연금120만원철회운동)　　　　　　　　5일
@taekyungh 댁같은 덜떨어진 인사때문에 격전분열이 되고 안된다는 것이다! 그냥 국민종복으로 봉사할 생각으로 정신개조시켜! 알겠어?! 지켜보겠어! 확~ 마.마마~~ 종~~~ 쫏~
자세히 보기

옆노(국회의원연금120만원철회운동)　　　　　　　　5일
@taekyungh 일베보다 못한 지적능력!! 헛소리 집어치우고 그냥 잠이나 쳐자! 국개라고? 의원되니 세상이 돈짝처럼 보이냐?! 종북질 하다 전향 해놓고 아직도 전향이 덜된것인가?! 아님 누구처럼 대국민사기 극인가?!

[그림 1] 신분 노출이 거의 없는 정치 목적의 트위터 이용자

다음 1절에서 먼저 지역 차별 표현의 유형을 파악하고, 2절에서는 지역 차별 표현의 전형적 쓰임을 사례 중심으로 제시한 후 쓰임 분포와 배경을 사회적 요인 면에서 해석한다. 트위터 언어 자료를 이용하기 때문에 사용자의 성별, 세대 등을 파악할 수 있으며, 어떤 맥락과 누구와의 대화에서 사용한 것인지를 알 수 있다. 따라서 차별 언어의 단순 쓰임을 제시하고 설명하는 데서 나아가 차별 언어 사용자들의 특성과 사용 맥락까지 함께 고려하여 차별 표현을 분석할 것이다.

1. 지역 차별 표현의 유형

먼저, 한국어의 지역 차별 표현에는 어떤 것이 있는지를 전체적으로 제시함으로써 다음 절의 논의를 위한 출발점으로 삼고자 한다. 문헌 자료와 인터넷, 특히 트위터 공간에서 수집한 지역 차별 표현들을 '차별 대상 지역, 발생 시기, 사용 세대' 면에서 몇 가지 유형으로 나누어 살펴보기로 하겠다. (1)의 보기들은 현재 인터넷 공간에서 쓰이고 있거나 존재가 확인되는 지역 차별 표현들로서 대상 지역이 어디인지에 따라 세 가지 유형으로 나눈 것이다.3)

(1) 지역 차별 표현의 유형: 대상 지역

가. 경상도: 견상도/개상도/개쌍도/십상도/갱상도/쥐쌍도, 개쌍도매국질/개쌍도종자, 개쌍디언, 문둥이/문딩이/보리문둥이/보리문딩이, 흉노(족)/흉노종자, 매국노, 왜놈후손, 쪽바리 2중대/쪽발이 앞잡이, 왜나라당 자치구, 과메기, 갱스(오브)부산, 고담대구

나. 전라도: 전라디언/졸라디언, 라도/씹라도, 전라민쥐당/전라야합당, 전라꼴통/전라좀비/전라좌빨, (전라도)깽깽이/깽깽이년/깽깽이들/변종깽깽이, 홍어(족)/홍어국/홍어도/홍어동네/홍어좌빨/홍팍(도), 슨상님, 빨갱이, 뒤통수, 더블백, 하와이, 갯땅(쇠), 광

---

3) '견상도', '전라디언'과 같이 특정 지역을 대상으로 하는 차별 표현과 달리 '시골, 시골뜨기, 지방, 지방사람, 촌, 촌사람/촌뜨기, 지방대/지잡대, 상경(하다)/서울로 올라가다, 낙향(하다)/시골로 내려가다' 등의 서울과 다른 지역, 도시와 농촌 등을 차별하는 표현도 있지만 성격 차이를 고려하여 다루지 않는다. 또 여기서 제시하는 것 외에도 다수의 지역 차별 표현이 있을 것이며, (1)의 표현들도 얼마나 널리 알려지고 얼마나 많은 화자들이 쓰는 것인지가 제각기 다름을 지적한다.

쥐스트, 라쿤광주, 오오미

다. 기타 지역: (강원도) 감자타위/감자바우, 감자국, 밥통, (충청도) 핫바지, 멍청도, 서울깍쟁이/서울뺀질이, 심시티서울, 인천짠물, 마계인천, 뉴올리언스수원, 판타스틱부천, 탐라국, 뻘개, 상간나/샹간나/쌍간나, 탈북자, 연변 총각/연변 처녀, 조선족, 재일 동포, 카레이스키/고려인

경상도와 전라도를 대상으로 한 차별 표현이 가장 많다. (1가)의 '견상도/개상도/개쌍도/십상도/갱상도/쥐쌍도'는 지역명 '경상도'를 변형한 것인데, 주로 첫소리 '경'(慶) 대신 부정적 의미를 가진 '견'(犬)과 '개'를 붙이거나 비속어 '십'(썹)을 붙여 해당 지역 및 그 주민들을 비하하거나 모욕하는 뜻으로 쓴다. '개상도'와 '개쌍도'는 각각 '개상놈', '개쌍놈'과 '경상도'가 합쳐진 것으로 보기도 한다. '갱상도'는 이 지역 사람들의 발음을 흉내 낸 것으로 표준 발음을 제대로 하지 못하는 사람들이라는 뜻을 갖는다. '쥐쌍도'는 '쥐'와 '경상도' 또는 '개쌍도'가 합쳐진 말이다. '개쌍도매국질/개쌍도종자', '개쌍디언'은 차별 표현 '개쌍도'에 부정적 의미를 강하게 갖는 '매국질', '종자'를 합쳐 구를 만들거나 '○○ 출신의' 뜻을 갖는 영어 접미사 '-ian'을 붙여 '개쌍디언'이라는 새로운 파생어로 확장한 것이다.

(1가)의 '문둥이/문딩이/보리문둥이/보리문딩이'는 "경상도 출신의 사람을 낮잡아 이르는 말"로 쓰인다. 따뜻한 경상도 지역에 나환자들이 많았다고 하던 말에서 나온 것이다. '보리문둥이'는 논보다는 밭이 많은 경상도에서 보리를 많이 재배했던 것과 관련 지어 '보리'와 '문둥이'를 결합한 말이다. '흉노/흉노족/흉노종자'

는 신라 김 씨의 선조가 흉노족 후손이었다는 설, 경상도 사람들이 주로 신라 후손들이라는 점을 연결시켜 만든 지시 표현이다. '흉노족'에 대한 부정적 인식을 경상도 사람에게 전이시키는 맥락에서 쓰인다. '매국노', '왜놈후손', '쪽바리 2중대/쪽발이 앞잡이'는 임진왜란이나 일제 강점기 이래 경상도 지역에 친일파가 많았다거나 현재도 마찬가지라는 뜻을 부정적으로 표현한 말들이고, '왜나라당 자치구'에서 '왜나라당'은 '왜'와 '한나라당'이 합쳐진 형식이다. '과메기'는 경북 포항 지역에서 나는 특산물로서 경상도 지역 사람들을 부정적으로 가리키는 말로 쓰인다.

(1가)의 '갱스(오브)부산, 고담대구'는 경상도 지역 가운데서 하위 지역을 부정적으로 가리키기 위해 만든 말이다. '갱스부산' 또는 '갱스오브부산'은 영화 <갱스 오브 뉴욕>에 빗대어 부산 지역에 '갱'(gang), 곧 폭력배들이 많다고 해서 쓰는 표현이다. '고담대구'는 미국 영화 <배트맨>의 '고담시티'와 '대구'를 섞어 만든 말이다. '고담시티'는 비리와 각종 사건사고가 많이 일어나는 곳으로 대구 또한 마찬가지 지역이라는 부정적 뜻을 갖는다.

(1나)의 전라도 지역을 비하하는 표현 가운데 '전라디언/졸라디언'은 '전라도'와 '-ian'을 붙여 만든 것이다. '전라도'를 줄여 '라도'로 표현하고, 비속어와 합쳐서 '씹라도'라고 부른다. '전라민쥐당/전라야합당, 전라꼴통/전라좀비/전라좌빨'은 '전라'와 다른 말을 합쳐 만든 복합어 표현들이다. '민쥐당'은 '민주당'을 부정적 이미지의 동물 '쥐'에 비유한 표현이며, '좀비'는 "서인도 제도 아이티 섬의 부두교 의식에서 유래된 것으로, 살아 있는 시체를 이르는 말"이지만 누리꾼들 사이에서는 '파괴 본능을 가진 악마' 정도의 의미로 쓰인다. '좌빨'은 '좌익 빨갱이'의 줄임말로 진

보 세력을 공격하는 맥락에서 잘 쓰인다.

(1나)의 '깽깽이/깽깽이년/깽깽이들/변종깽깽이/전라깽깽이'에는 공통적으로 '깽깽이'가 들어 있다. 다른 지역 사람들이 호남 방언을 들을 때 어미 부분에 '깽' 또는 그와 유사한 발음이 많이 들린다고 하여 생긴 말이다. '홍어/홍어국/홍어도/홍어동네/홍어족/홍어좌빨/홍팍/홍팍도'는 목포 등 호남 해안에서 많이 잡히는 물고기 홍어를 전라도 사람들과 연결시켜 가리키는 것이다. 이 가운데 '홍팍'은 '홍어파크'의 줄임말인데, ≪동아닷컴≫에서 운영하는 야구 사이트 ≪엠엘비파크≫ (mlbpark.donga.com)에 전라도 사람들(홍어)이 많이 들어오며, 김대중 전 대통령을 비난하는 글을 이들이 집단적으로 공격한다고 해서 만든 차별 표현이다.

(1나)의 '슨상님'은 김대중 전 대통령을 전라도 사람들이 부르는 말로서 이것이 다시 전체 전라도 사람들을 가리키는 말로 확대되어 쓰이게 되었다. '빨갱이'는 좌익으로 몰아 부치는 말이며, '뒤통수'는 전라도 사람들이 배신을 잘 한다는 편견에서 쓰는 표현이다. '더블백'은 "거친 방모 직물로 짠 가방"의 뜻인 '더플백'(duffle bag)을 잘못 쓰는 말이다. 군대에서 신병들이 자대 배치를 받을 때 전라도 출신 신병들의 가방이 제일 가득 차 있었다고 하여 만들었다고 한다. 자기 물건을 잘 챙긴다는 뜻도 있으나 남의 것까지 자기 가방에 넣는다는 부정적인 뜻이 더 강하다. '하와이'는 정부 수립 및 초대 대통령 선거 과정에서 전라도 사람들이 김구 후보를 열렬히 지지하자 이승만 후보가 '하와이놈들 같다'고 한 데서 나왔다고 한다.4) 이승만 대통령이 하와이에서 독

---

4) http://blog.naver.com/tournote1?Redirect=Log&logNo=80020149216

립운동을 할 때 교포들로부터 따돌림을 많이 받았고, 광복 후 자신을 소외시키는 전라도 사람들과 하와이 교포들을 동일시한 결과 이런 말을 쓰고 퍼트렸다는 해석이다. '갯땅' 또는 '갯땅쇠'는 전라도 서해안에서 갯벌을 막아 농사를 짓는다고 해서 붙인 말이며, 여기서 '-쇠'는 '마당쇠', '개똥쇠'와 같이 하인 이름에 붙여 대상을 낮잡아 이르는 접미사이다.

(1나)의 '광쥐스트, 라쿤광주'는 전라도 지역 가운데서 하위 지역을 부정적으로 가리키는 말이다. '광쥐스트'는 '광주'와 사람을 가리키는 영어 접미사 '-ist'가 합쳐진 구성인데, '광주스트'가 아니라 '광쥐스트'가 된 것은 '주' 자를 부정적 느낌의 '쥐'로 바꾸어 해당 지역민들을 비하하려고 한 결과이다. '라쿤광주'는 <레지던트 이블>이라는 게임에 나오는 도시 이름인 '라쿤시티'에 광주를 비유한 것이다. 라쿤 시는 좀비가 장악한 도시로 국가에서 무력 진압한 곳인데 이를 5.18 때의 광주와 연결하여 '라쿤광주'라는 말을 만들었다. '오오미'는 전라도 사람들이 잘 쓰는 '오메', '오미'라는 강조 감탄사를 변형·과장한 표현이다.5)

(1다)는 기타 지역과 관련한 차별 표현들이다. '강원도감자바위'는 강원도에 감자가 많이 나고 바위가 많다는 점에서 이 지역 사람들을 감자나 먹고 사는, 어수룩하고 뭔가 부족한 산골 사람이라고 무시할 때 쓴다. '밥통'은 강원도 사람들이 정치의식이 약

---

5) '오오미' 자체는 부정적인 뜻이 없는 감탄사의 일종이기 때문에 그 사용을 두고 누리꾼들 사이에서 다툼이 많다. 전라도 말에 본래부터 있던 것이 아니라 해당 지역민을 비하하기 위해 억지로 만들어낸 말이라고 보아 사용을 반대하는 사람들이 있는 반면 전라 방언의 '오메'나 '오미'를 조금 과장되게 적은 것으로서 강조 감탄사로 쓸 수 있다고 주장하는 사람도 있다. 두 가지가 모두 사실이기 때문에 어떤 의도와 맥락에서 쓰는지가 중요할 것이다.

하고 밥만 축낸다는 부정적인 뜻으로 쓰인다. '충청도핫바지'의 '핫바지'는 솜을 넣어 지은 전통 바지로서 현대에 잘 어울리지 않는 옷으로, 사람을 핫바지에 비유할 때는 "시골 사람 또는 무식하고 어리석은 사람"을 가리킨다. '멍청도'는 '충청도'와 '멍청하다'를 뒤섞어 만든 말인데, '감자바위'와 마찬가지로 멍청한 시골 사람이라는 뜻을 갖는다.

(1다)의 '서울깍쟁이/서울뺀질이'는 서울 사람들이 까다롭고 인색하며, 요령을 잘 부린다고 생각하여 붙인 표현이다. '심시티서울'은 서울에 건설 공사가 많아서 보기 좋지 않거나 생활에 불편함이 많다는 점을 도시 건설 게임인 <심시티>[6]에 비유한 것이다. '인천짠물'은 인천 사람들이 바닷물처럼 짜다(인색하다)는 뜻을 갖는 비하 표현이다. '마계인천'은 엽기적 범죄가 많이 일어난다는 뜻에서 붙인 것이고, '뉴올리언스수원'과 '판타스틱부천'은 범죄자가 많거나 비이성적이고 괴상한 사람들이 많은 도시라는 뜻을 갖는다. 제주 지역을 '탐라국'이라고 할 때는 마치 다른 나라처럼 취급함으로써 해당 지역 사람들을 소외시키려는 부정적 뜻이 들어 있다.

(1다)의 '뻘개, 상간나, 탈북자, 연변 총각, 재일 동포, 조선족, 카레이스키/고려인'은 북한 사람이나 재외 동포들을 비하하는 표현들이다. '뻘개'는 과거에 함경도 사람을 '이전투구'(泥田鬪狗), 곧 '갯벌 밭에서 싸우는 개'라고 하여 비하하면서 쓰던 말이다. 과거의 평안도 사람들을 비하하는 '상간나/샹간나/쌍간나'는 '버

---

[6] <심 시티 Sim city>는 "미국 MAXIS 사의 시뮬레이션 게임. 가상 도시의 시장이 되어 대도시를 목표로 하여 도시를 발전시키는 게임"(컴퓨터 인터넷·IT 용어대사전, 전산용어사전편찬위원회 엮음, 2011, 일진사)을 가리킨다.

릇없고 천한 계집애/계집종' 정도의 뜻을 갖는다. '탈북자, 연변 총각/연변 처녀, 조선족, 재일 동포, 카레이스키/고려인'은 현재의 북한 사람들이나 중국, 일본, 러시아, 중앙아시아 여러 나라에 거주하는 재외 동포들을 가리키는 말로서 역시 비하와 차별의 뜻을 갖는다. 이 가운데 '탈북자'는 북한 이탈 주민을 가리키던 말로서 부정적 뜻이 강해지면서 '새터민', '북한 이탈 주민/탈북민'으로 대체되는 경향이지만 개인적 맥락은 물론이고 언론에서도 여전히 많이 쓰이고 있다.7)

이러한 지역 차별 표현들은 발생 시기 면에서 1990년대 이전에 만들어진 것과 2000년대 이후에 만들어진 것의 두 유형으로 크게 나뉜다. 2000년대 이후 인터넷 사용이 일상화되고 인터넷 카페, 블로그, 토론 게시판에서의 교류가 활발해짐으로써 젊은 세대들이 지역 차별 표현을 대량으로 만들어 내고 적극적으로 쓰고 있는 점에 주목하여 두 시기로 나누는 것이 중요한 의미가 있다. 각 시기의 대표적 보기를 들기로 한다.

(2) 지역 차별 표현의 유형: 발생 시기
    가. 1990년대 이전: 감자바위, 갯땅(쇠), 문둥이, 밥통, 뻘개, 상간나, 서울깍쟁이, 인천짠물, 하와이, 핫바지
    나. 2000년대 이후: 갱스(오브)부산, 고담대구, 과메기, 광쥐스트, 뉴올리언스수원, 라쿤광주, 심시티서울, 왜나라당 자치구, 전라디언, 전라좌빨

---

7) <통일부 "北이 추가 공개한 '재입북 탈북자' 사실인 듯"> (쿠키뉴스, 2013-12-21), <재입북 탈북자 남한 비난 기자회견> (YTN, 2013-12-21), <전원 탈북자들로 구성된 마약 밀수 조직 적발> (한겨레, 2013-12-18) 등 기사 참조.

지역 차별 표현 가운데 (2가)의 '감자바위, 갯땅(쇠), 문둥이, 하와이, 핫바지' 등은 1990년대 이전, 특히 1970년대 이전에 생겨난 말로서 쓰임이 비교적 오래된 것들이다. 따라서 사용 세대도 주로 50대 이상의 기성세대들이 많은 것으로 보인다. '하와이'를 제외하고는 모두 고유어 구성인 점이 특징이다. 다음 (3)을 통해 1990년대 이전에 생겨난 지역 차별 표현의 쓰임을 문헌 자료로도 확인할 수 있다.

(3) 1990년대 이전에 생겨난 지역 차별 표현의 쓰임 (김동언 엮음 1999)
  가. 감자바위: "좋도록 하고 살아갑시다. 이 감자바위 막바지에까지 쫓겨와서 원 이럴 수야 있소 하하하……." (전광용, 태백산맥, 1963)
  나. 갯땅: 어쨌든 데데한 패거리는 아니여. 한절에 갯땅으로 출행하였다가 행중이 전부 부황이 나고 저승패는 둘이나 밭두렁을 베고 말았다는구만. (김주영, 객주 5, 1982)
  다. 문둥이, 밥통, 뻘개, 샹간나: 강원도를 밥통, 함경도를 뻘개, 평안도를 샹간나, 경상도를 문둥이 (오영수, 명암, 1958)
  다-1. 보리문둥이: "사랑? 깔깔깔…… 농닫 따묵기 하나 빠 꿉나." "이 더러운 쌍과부야. 웃긴 왜 웃니? 이빨 쏟아지갔다. 숭악한 보리문둥이!" (박영한, 은실네 바람났네, 1989)
  라. 하와이: 개구리와 김 중사와 고심이가 같은 전라도 출신이래서 '하와이'라고 한다. (오영수, 명암, 1958)

한편, 앞의 (2나) '과메기, 갱스(오브)부산, 고담대구, 전라디언' 등은 2000년대 이후에 젊은 세대들이 인터넷에서 만들거나 새롭게 지역 차별의 의미를 띠고 쓰이기 시작한 표현들이다.[8] '과메기'는 경상도, 특히 경북 출신들을 가리키는데 포항에서 자란 이명박 전 대통령이 2008년 취임한 이후 많이 쓰였다. '왜나라당 자치구'의 '왜나라당'은 '왜(倭)+(한)나라당' 구성이며, 한나라당은 1997년 창당되어 2012년 2월까지 이어졌기 때문에 '왜나라당 자치구'도 2000년 이후 최근에 쓰인 것으로 판단된다.

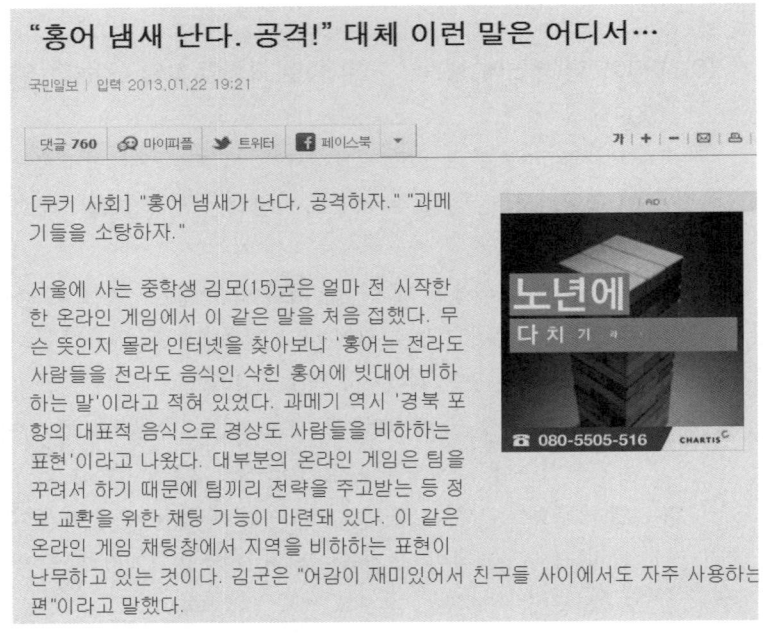

[그림 2] 청소년들의 게임 공간에까지 퍼진 지역 차별 표현

---

8) '전라디언'은 전라도 지역에 사는 사람을 단순히 가리키는 말이기 때문에 차별 표현이 아니라고 생각할 수도 있다. 그러나 이 말은 본래 '전라도 사람들은 같은 나라에 함께 살기 싫은 다른 나라 사람들'이란 뜻에서 만들어 쓰는 것이기 때문에 '탐라국'과 비슷하게 차별과 비하 의미가 뚜렷하게 나타난다.

'광쥐스트, 뉴올리언스수원, 라쿤광주, 전라디언'에서 알 수 있듯이 새롭게 등장한 '신세대 지역 차별 표현'은 외래어나 외국말 요소가 들어 간 구성이 많다. 1990년대 이전에 만들어진 말들이 대부분 고유어 구성인 것과 차이가 있다. 2000년대 이후에는 '왜놈후손, 왜나라당 자치구, 전라좌빨, 홍어좌빨'과 같이 정치적·이념적 차원의 지역 차별 표현도 많이 쓰이는데, 현실 정치와 연결된 지역감정과 지역 간의 대립이 아직도 전혀 약화되지 않고 있음을 보여 주는 좋은 증거로 해석된다.9)

'고담대구, 라쿤광주, 마계인천' 등 최근 생긴 지역 차별 표현들처럼 누리꾼들에게 비교적 널리 알려진 것이 있는 반면 그렇지 않은 표현들도 다수 있다. 인지도가 낮은, 2000년대 이후 만들어진 지역 차별 표현의 추가 사례를 들면 다음과 같다.

(4) 2000년대 이후 만들어진, 인지도가 낮은 지역 차별 표현

가. 29만합천: 일해(전두환 전 대통령의 호)공원으로 시끄러운 지역
나. 살인의 화성: 영화 <살인의 추억>에 나올 정도로 연쇄 살인이 많이 일어나는 지역
다. 소돔강릉: 비만 오면 집이 잠기고 길이 끊기는 일이 잦아서 파괴될 위험이 있는 지역
라. 여의봉마산: 인구가 늘고 줄어듦이 반복되는 지역
마. 잭팟아리랑(정선): 대형 카지노가 생기면서 많은 문제가 일어나는 지역
바. 제3세계안산국: 외국인 노동자 수가 많은 데다 사건·사고도 많이 일어나는 지역

---

9) '지역감정'이란 "지역적 연고에 따라 구분되어지는 사람들 사이에 존재하는 집단적대감"으로 정의된다(김진국 1988:225).

사. 조루태백: 폐광 수에 비례하여 인구가 갈수록 줄어드는 지역
아. 착취춘천: 혁신도시, 강원외고 등 이익이 되는 것을 다 빼앗기는 지역

'29만합천, 살인의 화성, 소돔강릉' 등은 만들어진 배경이 모두 다르고, 해당 지역에 대한 비하 또는 차별 정도, 인지도 면에서 차이가 있다. 그러나 모두 관련 지역의 부정적 사회 현상에 주목해서 만들어 낸 표현들이며, 이러한 말의 사용을 통하여 해당 지역 주민들을 무시하거나 조롱할 수 있는 점에서 새로운 지역 차별 표현의 사례로 볼 수 있다.

다른 나라의 경우도 지역 차별 표현들이 있겠지만 한국은 그 수와 사용 양상에서 정도가 특히 심하며, 시대와 세대가 바뀌어도 기존 표현들의 쓰임이 사라지지 않고 있는 것으로 보인다. 앞서 제시한 [그림 2]를 보면 '홍어', '과메기' 등의 지역 차별 표현이 청소년들의 게임 공간에서까지 퍼져 있음이 드러난다. 또 (2나), (4) 등의 지역 차별 표현들이 젊은 누리꾼들에 의해 새롭게 생겨나고 꾸준히 쓰이고 있다. 인터넷의 빠른 전달성과 양방향성, 대중성 등의 특성 때문에 지역 차별 표현들이 젊은 누리꾼들에게 급속하게 퍼져나가고 있는 상황이기도 하다.[10] 이러한 사실을 고려할 때 현실은 물론 언어적인 면에서도 지역 간 대립과 갈등이 쉽게 끝나기 어려우며, 후속 세대에 그대로 이어지고 있는 점에서 문제가 심각함을 지적한다.[11]

---

10) 인터넷 통신 언어 사용의 환경적 특성에 대해서는 이정복(2003가)의 3장을 참조할 수 있다.
11) 최근 사회적으로 크게 문제가 되고 있는 '일베'(《일간베스트저장소》 www.ilbe.com)에서도 지역 차별 표현이 아주 많이 쓰이고 있다. 특히 이용자들의

2. 트위터 공간 지역 차별 표현의 쓰임과 분포

이 절에서는 앞에서 확인한 지역 차별 표현들이 트위터 공간에서 구체적으로 어떻게 쓰이고 있는지 사례를 확인하고, 사회적 요인에 따른 분포를 통계적으로 분석한다. 제시하는 차별 표현들의 부정적 의미 특성을 고려하여 기본적으로 트윗글을 올린 트위터 이용자 정보는 밝히지 않기로 하겠다.[12]

2.1 쓰임 사례

트위터 이용자들이 사용한 지역 차별 표현의 사례를 사용 배경 면에서 '부정적 의미 맥락'과 '중립적·긍정적 의미 맥락'으로 나누어 제시하고, 의미를 해석하기로 한다. '부정적 의미 맥락'은 다른 지역 사람을 비하하거나 차별하고, 언어적으로 공격하기 위한 의도에서 차별 표현을 본래의 뜻과 사용 목적대로 쓴 것을 뜻한다. 반면 '중립적·긍정적 의미 맥락'은 비하와 차별 의도 없이 재미나 신분 확인 등을 위해 해당 표현을 쓴 것이다.

(5) 지역 차별 표현의 쓰임: 부정적 의미 맥락 ①
    가. 박정희 전두환 노태우 김영삼 노무현 이명박이 개쌍도 출신이라며?
    가-1. 정신승리는 견상도 닭들이 했겠지… 닭그네는 잠도 못잤을

극우적 성향 때문에 전라 지역과 관련된 '오오미, 슨상님, 홍어, 전라디언' 등의 쓰임이 많다.
12) 트위터의 소통 구조와 언어적 특징에 대해서는 이정복(2011나, 2011다, 2013가)를 참조할 수 있다.

것 같은데ㅋㅋㅋ
가-2. 이준석이랑 홍정욱이 종북 좌파들에게 호의적인 행동을 했
　　다해서.. 좌빨이라고 하시는 개쌍도 수꼴 무뇌충 분들... 호의적
　　이면 좌빨 개념인가요?
나. 말로만 친서민을 외치는세력 말로야 못할게 뭐있나 정신차려
　　나 보리뭉댕이들아 이 문둥이들아
다. 80년대 민주화의 첨병역할을 하던 한총련의 와해는 경상도흉
　　노족사람들의 정치적 음모가 작동한 것입니다.
라. 어이 갱상도인, 왜놈앞잡이야!부디 너희의 아버지 전두한 각하
　　를 정성껏 모시거라.
라-1. 친일쪽빨이 매국노 쥐쌍북도산 과메기들이 나라 팔아먹고
　　쪽박내게 생겼다 이놈들아~
마. ㅎㅎ그러니고담대구지 ㅋㅋRT @Sam***: 대구는 진짜 독립해
　　라..아주 징그럽다..미친 동네...
마-1. 부산에 도착하니 벌써 깡패들이 삥을 뜯으려는 것 같다, 역
　　시 갱즈 오브 부산이다.

　위의 보기는 경상도 지역을 대상으로 한 차별 표현의 구체적 쓰임을 보여 준다. (5가~가-2)에서 '개쌍도', '견상도'가 쓰였고, "개쌍도 수꼴 무뇌충"의 경우 부정적인 뜻을 강화하는 다른 표현들이 함께 쓰였다. 모두 해당 지역 사람이나 대화 상대방을 비난하고 정치적으로 공격하는 부정적 맥락에서 나타났다. (5나, 다)에서는 '문둥이/보리뭉댕이', '경상도흉노족'이라는 차별 표현이 쓰였다. (5나)는 경상도 사람들을 질책하는 맥락이고, (5다)는 비판적으로 언급하는 맥락이다. (5라, 라-1)에서는 "왜놈앞잡이", "친일쪽빨이 매국노" 등이 쓰였는데, (5라-1)의 누리꾼은 "친일쪽

빨이 매국노 쥐쌍북도산 과메기들"이라고 하여 차별 표현 4개를 잇달아 씀으로써 경상도 사람들에 대한 공격적인 태도를 강하게 드러내고 있다. (5마, 마-1)은 최근 새롭게 만들어진 '고담대구'와 '갱스오브부산'이 쓰인 보기이다. 대부분의 차별 표현이 정치적 맥락에서 경상도 지역 사람들을 공격하고 질책하며 비하하는 의미로 쓰인 것과 달리 '갱스오브부산'은 부산에 폭력배들이 많아 겁난다는 뜻을 부정적으로 드러낸 차이가 보인다.

(6) 지역 차별 표현의 쓰임: 부정적 의미 맥락 ②

가. 전라도 홍어 이제 동원령 선포해서 전라디언 잡아서 죽이자 중국 북한이랑 손잡고 한국칠놈들이 전라디언이다

가-1. 내 글에 반발하는 자들 중에 빨갱이들이 90%이상이다. 주로 전라좌빨들이 많다.

가-2. 아놔ㅋㅋㅋㅋㅋㅋㅋㅋ 무슨 라도 까는 게 쌍도만 있는 줄 알아 홍어새끼들 착각 좀 깨라

가-3. 아따 라도 뒤통수는 알아주는구만

나. 천안함도 이명박탓이라고 씨부리던 깽깽이들의 종특은 어딜가도 안 변하는구나 추잡하다! 대한민국을 퇴보시키는 족속들아!

다. 몰려온다 홍어족 빨갱이들 개껌씹는 소리하겠지 다운계약서에 대해선 민통당 박영선 의원에 물어바라. 눈깔색이 점점빨개지는 홍어족들..빨간색이 많은홍어가 진짜란다. 많이 처드시게나.

라. 한국엔 라쿤광주, 고담대구, 갱스오브부산, 뉴올리언스수원, 마계인천 등 엽기적인 도시와 인간들이 많지만, 확실히 대전쪽 사람들이 전체적으로 선량하고 착하긴더라..

마. 그러고보니 (1월 6일) 오늘이 슨상님께서 태어나신날 즉, "슨상탄신일"이군요. 오오미! 슨상님이 보고 싶당께! 쿄쿄쿄

전라도 지역을 차별하는 표현 가운데 (6가~가-3)에서는 지역명을 이용한 표현 "전라도 홍어", '전라디언', '전라좌빨', '라도', "라도 뒤통수"의 쓰임을 볼 수 있다. 모두 다른 지역 사람들이 전라도 사람들을 정치적으로 공격하거나 모욕하려는 맥락에서 쓰였고, 부정적인 지시 의미를 갖는다. (6나)의 '깽깽이들', (6다)의 "홍어족 빨갱이들"도 앞의 보기와 같은 의미 맥락에서 쓰였다. (6라)의 '라쿤광주'는 '고담대구', '마계인천' 등의 차별 표현과 함께 쓰여 '엽기적인 도시와 인간들'의 한 보기로 다루어졌다. '전라도 홍어, 전라좌빨' 등에 비해 공격성은 낮지만 지역에 대한 편견을 드러낸 점에서 부정적 뜻을 갖는 것은 마찬가지다. (6마)의 '오오미'는 전라도 사람들을 비꼬면서 공격하는 맥락에서 쓰였고, [그림 3]의 '오오미'도 쓰임 맥락이 같다.

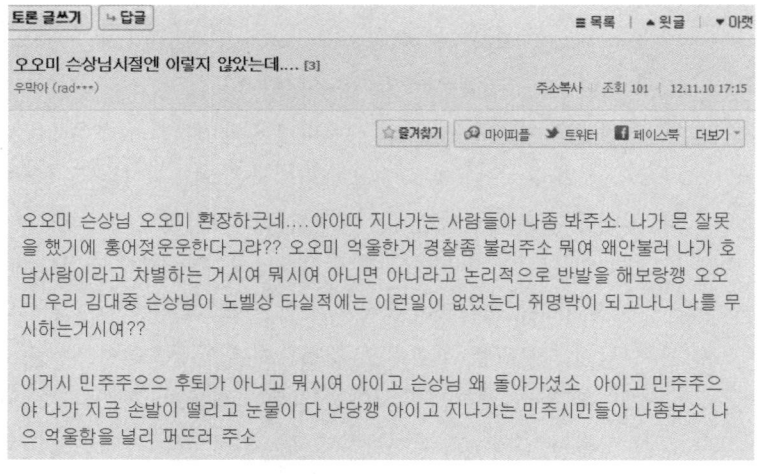

[그림 3] 토론 게시판에서 보이는 '오오미'의 부정적 쓰임

(7) 지역 차별 표현의 쓰임: 부정적 의미 맥락 ③

가. 도대체!! 경제 보다 정권 유지가 더 중요한 개같은 보수정권! 강원도 감자바위들. 파주 연천 경기도민들. 정신차립시다!!

나. 박근혜, 충청 갔더니 "박정희! 육영수!" http://durl.me/3ycf7i 70년대를 사는 멍청도. 괜히 멍청도야.씨발..병신같은 동네.

나-1. 수꼴의 대표지역 대구에서 불어오는 문재인바람이 동부벨트로 이어지길.. 핫바지 충청과 강원도여~ 각성하라!!"

다. 인천이 개학후 기말고사 보려한다라 역시 짠물새끼들 생각하는게 탁월하네 그리고 저지랄을 하면서 애를 잡는데 학생만족도인지가 떨어지지 보고있냐 여성부 쌍것들아?

다-1. 괜히 마계인천(魔界仁川)이라 불리는게 아니라니깐요;;;

라. 서울 멋쟁이 아니죠ㅋㅋ 깍쟁이에 군생활 할때는 한결같이 뺀질이었다는ㅋㅋ

라-1. 그리고 심시티 서울은 왜이렇게 맨날 여기저기 공사질인지..

마. 근데 뉴올리언스 수원이라는 별명이 괜히 있는게 아니였구나 왜 거기 유난히 범죄같은게 많아보이지;;; 난 아무렇지도않게 말하는 너가 더 무서웤ㅋㅋㅋㅋㅋㅋㅋ

바. 세간에는 마계인천 옆에는 판타스틱부천이 있다고 전합니다 판타스틱한 돌아이들이 많이 사는 걸로 유명합니다

사. :절라디언이니 개상도라니 지역감정 조장하는 리플들은 조선족애들이 쓴다고 보시면 되요...

(7)은 강원도, 충청도 등의 기타 지역을 대상으로 한 차별 표현의 쓰임이다. (7가, 나)의 "강원도 감자바위들", '멍청도'는 보수 정권을 지지하는 강원도, 충청도 사람들을 비난하는 맥락에서 쓰였다. (7나-1)의 "핫바지 충청과 강원도"는 두 지역을 모두 '핫바지'에 빗대고 있는데 (7가, 나)와 마찬가지로 보수 정권을 지지하

고도 크게 도움을 못 받은 어수룩한 시골 사람들이라는 뜻을 갖는다. (7다, 다-1)의 "짠물새끼들", '마계인천'은 인천 사람들을 비난하고 비하하는 맥락에서 쓰였고, (7라)의 '깍쟁이', '뺀질이'는 서울 사람들을 부정적으로 평가하는 자리에서 쓰였다. (7라-1)의 '심시티서울', (7마, 바)의 "뉴올리언스 수원", '판타스틱부천'도 의미 및 정도 차이는 있지만 해당 지역을 부정적으로 언급하는 자리에서 쓰인 점은 마찬가지다.

한편, 최근에는 중국 동포들이 많이 들어와 사는 상황에서 (7사)의 '조선족애들'과 같은 차별 표현들도 자주 쓰인다. 중국 동포들을 당사자들이 싫어하는 '조선족'으로 가리키고, 나아가 성인들에게 '애들'이라는 비하 표현을 썼다.

다음으로 지역 차별 표현이 중립적이거나 오히려 긍정적인 의미 맥락에서 쓰인 사례를 살펴본다. 비하 또는 차별 의도 없이 재미를 주려고 하거나 단순히 신분 또는 출신지 확인을 위해 그런 표현을 쓴 경우이다.

(8) 지역 차별 표현의 쓰임: 중립적·긍정적 의미 맥락 ①
　가. 저는 경상도 대구 보리문둥이 입니다 서강대 학상여러분 방학 동안 잠잘자고 여행도 다녀와서요 이상 빵빠아빵
　나. 내한테 충청도사투리를하면 우짜노ㅠ 난 개상도라 안카나ㅠㅠ
　다. 전국 각지에 계신 잉여들이 각자 사는 지방에서 눈이 온다는 트윗을 써주지만, 현재 고담 대구와 갱스 오브 부산은 눈이 내리지 않는 듯합니다.

(8가, 나)의 "경상도 대구 보리문둥이", '개상도'는 모두 화자

자신의 출신지를 가리키는 것으로 부정적 의미가 나타나지 않는다. 글을 재미있게 쓰려고 한 분위기가 느껴지며, 문장 내용도 밝은 편이다. 두 보기 모두 화자 자신을 가리키는 맥락에서 해당 표현이 쓰인 공통점이 있다. (8다)의 '고담대구'와 '갱스오브부산'도 각각 대구와 부산 지역을 가리킬 뿐 비하하는 뜻이 없다.

(9) 지역 차별 표현의 쓰임: 중립적·긍정적 의미 맥락 ②

가. 슨상님과 타이거즈의 전성기는 묘하지 엇갈립니다. 타이거즈의 리즈시절에 슨상님은 정치적으로 많은 압박을 받았지만, 정작 슨상님이 대통령 재임하던 시절에는 해태(KIA)타이거즈는 우승은 커녕 팀이 막장행. 그 유명한 동렬이도 없고 종범이도 없고...

나. 아니여ㅋㅋㄱㅋ 전ㄴ전라디언입니다 전주살아여

다. 아 미친 좀 그만 민주화거려라 오늘 존나 티아라 사건 보면서 제일 아니꼬왔던게 민주핟드립ㅇㅇ 들는 라쿤광주시민 빡치니까 TPO 가려서 쓰길ㅇㅇ^^

라. 이번년도에 풀어염 솔직히 나작년때는 ㅋ...ㅋ...ㅋ..오오미 그때 내 모습 상상하기도싫다...

라-1. 오오미 내가 1위라니!! ㅋㅋㅋㅋㅋㅋ

(9가)의 '슨상님'은 김대중 전 대통령을 가리키는 표현으로, 비하 의도가 느껴지지 않으며 오히려 대상 인물에 대한 애칭의 기능을 갖는다. (9나)의 '전라디언'과 (9다)의 "라쿤광주시민"도 (8가, 나)와 마찬가지로 화자가 살고 있는 지역 정보를 알려 주는 점에서 비하 또는 차별이 아니다. (9라, 라-1)의 '오오미'는 지역 차별과 관련 없이 의미를 강조하거나 놀람을 나타내는 감탄사

의 일종으로 쓰였다.

(10) 지역 차별 표현의 쓰임: 중립적·긍정적 의미 맥락 ③
　　가. 우리아들이 8군단에 복무 중인데 감자바우 지사님덕에 마음이 노임니다 건강하세요 사랑합니다
　　나. 조아써 ㅋㅋ 인천짠물의 맛을 보여줬으면 좋겠응 ㅋㅋㅋ
　　나-1. 네 자랑스런 인천 짠물이에요 칠솔님은 소울러?
　　나-2. 오호... 여기 마계 인천은 뺑뺑이로 그냥 운으로 학교갔는데... 신기하군요.
　　다. 씨바 멍청도 갔다 2주뒤 서울갔다 차비만 해도 좆나 깨질듯 그외 가서 쓰는 비용은 생략..
　　라. 경상도방언을 여자가 쓰면 귀엽고 색시한데 남자가 쓰면 폭력성과 잔인성이 느껴진다. 내가 서울 뺀질이라서 그런가.

　(10)은 강원도, 충청도 등의 기타 지역 관련 표현들의 긍정적 쓰임이다. (10가)에서 '감자바우'는 단지 '강원도 출신'이라는 뜻을 나타내며, 비하 의미가 전혀 느껴지지 않는다. 상대방을 믿고 칭찬하는 맥락에서 쓴 것인 점에서 오히려 긍정적 의미가 파악된다. (10나, 나-1)의 '인천짠물'도 화자 또는 청자의 출신지를 알려주는 역할로 쓰였고, 나아가 "자랑스런 인천 짠물"에서는 출신지에 대한 강한 긍정의 태도를 드러내었다. (10나-2)의 '마계인천'도 출신지 정보를 표시하는 기능으로 쓰였다. (10다)의 '멍청도', (10라)의 "서울 뺀질이"도 본래의 어휘적 의미와는 별개로 거주 지역 또는 출신지 정보를 전달하는 표현으로 쓰여서 비하 의미는 나타나지 않는다.
　이러한 트위터 언어 자료를 통해서 알 수 있듯이 같은 차별 표

현이라고 해도 화자가 어떤 의도와 맥락에서 쓰는지에 따라 의미가 부정적일 수도 있고 긍정적·중립적일 수도 있다. 특히 젊은 층 화자들은 '문둥이, 감자바우, 멍청도'와 같은 오래된 지역 차별 표현은 물론이고 '고담대구, 라쿤광주, 마계인천' 등 최근 새로 만들어진 표현들을 단순히 출신지나 거주지 정보를 드러내기 위해 쓰는 모습을 보여 주었다. 자신의 거주 지역에 대한 소속감, 만족감, 애향심 등을 표시하는 긍정적 의미 기능에서 그러한 '차별 표현'이 역설적으로 쓰이기도 했다. 다음 (11)을 보면 지역 차별 표현이라고 생각되는 것이 경우에 따라서는 재미와 개성 표현으로, 또 '애칭'으로 인식되기도 하는 사실이 잘 드러난다.

(11) 지역 차별 표현에 대한 누리꾼들의 태도
  가. 재미와 개성을 위한 '지역 차별 표현'

  나. 애칭으로서의 '지역 차별 표현'

@Gokou_Ruri_
애칭이 있는 도시는 다 가본 듯. 고담대구 **마계인천**, 라쿤광주, 칠시티서울, 수원뉴올리언스, 안산드레아스, 갱즈오브부산
2012.12.07

(11가)의 30대 여성 트위터 누리꾼은 '고담대구, 라쿤광주, 마계인천' 등의 표현들이 위트 및 개성과 관련되는 것으로 보고 있다. 이런 말들을 처음 들었을 때 "애정어린 시선으로 웃었어요"라고 밝혔다. 해당 지역을 비하하기보다는 개성을 드러내는 재

미있는 표현으로 이해하는 것이다. (11나)의 누리꾼은 이러한 말들을 차별 표현이 아니라 '애칭'이라고 적었다. 도시의 특징을 반영하여 붙인 '사랑스러운' 이름이라고 본 것이다.

그러나 지역 차별 표현을 긍정적·중립적 의미 맥락에서 쓰는 경우는 아직 일부에 지나지 않는다. 또 다수의 지역 차별 표현들 가운데서 소수만 그렇게 쓰이고 있다. 사용 세대에 따른 차이도 보이는데, 주로 젊은 화자들이 긍정적·중립적 의미 맥락에서 그런 표현을 쓰는 것으로 관찰된다. 그러나 현 시점에서 전체적으로 보아 지역 차별 표현은 아직도 본래의 비하 또는 차별 기능을 갖고 부정적 의미 맥락에서 쓰이는 것이 훨씬 더 많다. 따라서 다음 2.2에서는 본래의 의미 기능으로 쓰이는 지역 차별 표현을 대상으로 그 사용에 작용하는 사회적 요인이 무엇인지를 살펴보기로 한다.

2.2 사회적 요인에 따른 분포

21세기 현재에도 경상도와 전라도는 정치적 대립이 아주 심하고, 다수의 해당 지역민들은 상대방에 대하여 강한 부정적 지역 감정을 갖고 있다. 경상도 및 전라도, 그리고 각각의 지역민들을 부정적으로 가리키는 '개쌍도'와 '전라디언'의 쓰임을 통해 지역 차별 표현의 사용 요인을 통계적 방법으로 파악해 보겠다.[13]

---

[13] 통계 분석 대상을 '개쌍도'와 '전라디언' 두 표현에 한정한 것은 앞서 지적한 바와 같이 정치적 내용의 트윗글을 올리는 사람들이 신분을 쉽게 드러내지 않아서 제보자들의 성별, 세대, 정치적 성향을 파악하는 데 너무 많은 시간이 걸리는 현실적 어려움이 있기 때문이다. 앞으로 좀 더 다양한 표현들, 다른 지역을 대상으로 한 차별 표현들의 사회언어학적 분포를 추가적으로 분석하

분석 대상 자료는 2013년 1월에 대문형 사이트 ≪다음≫에서 제공하는 트위터 게시글 검색 기능을 이용하여 두 말의 최근 쓰임 사례 각각 100개씩을 무작위로 선정했고, 이때 특정인의 영향이 크게 나타나지 않도록 한 사람당 최대 3개 이하의 게시글로 제한했다. 다른 지역 사람을 비하하거나 공격하기 위한 지역 차별 표현의 본래적 의미 기능으로 쓰인 것을 중심 자료로 삼았으며, 차별 언어 사용을 비판하는 맥락에서 쓰인 사례를 포함하였다. 그러나 출신지나 거주지 정보를 드러내거나 거주 지역에 대한 소속감, 애향심 등을 표시하는 긍정적·중립적 의미 맥락에서 쓰인 것은 제외했다. 수집된 트윗글은 대부분 18대 대통령 선거가 있었던 2012년 12월 19일을 전후한 시기에 쓰인 글들이며, 이 때문에 다른 지역 사람들을 비난하거나 비하하려는 정치적 태도를 강하게 드러낸 의식적 용법들이 많았다. 해당 표현을 사용한 트위터 이용자가 누구인지를 성별, 세대, 정치적 성향의 세 가지 관점에서 분포를 조사했는데, 먼저 두 표현 사용자들의 성별 분포는 <표 1>과 같다.

〈표 1〉 지역 차별 표현의 사용자 성별 분포

구분		사용자 성별			합(명)
		남성	여성	미상	
차별 표현	개쌍도	80	18	2	100
	전라디언	69	31	0	100

　경상 지역을 비하하는 표현 '개쌍도'의 사용자를 보면 남성이 80명, 여성이 18명이었고, '미상' 2명은 트위터 계정이 정지되었

는 작업이 필요함을 지적한다.

거나 탈퇴한 누리꾼이다.14) 여성보다 남성들의 사용이 4배 이상 많음을 알 수 있는데, 이는 '개쌍도'가 비속어의 성격을 띠며 정치적 맥락에서 쓰이는 점과 관련이 있다.15) 남성들이 여성들보다 평균적으로 비속어 사용이 많고, 정치적 관심이 더 높은 점과 연결하여 해석하는 것이 가능하다. 전라 지역을 비하하는 표현 '전라디언'도 남성이 69명, 여성이 31명으로 남성 사용자가 여성보다 2배 이상 많은 것으로 나타났다. 전체적으로 정치적 관심이 높은 남성들이 정치적 대립의 산물인 지역 차별 표현들을 더 적극적으로 쓰는 사실이 확인된다.

〈표 2〉 지역 차별 표현의 사용자 세대별 분포

구분		사용자 세대				합(명)
		20대 이하	30~40대	50대 이상	미상	
차별 표현	개쌍도	39	37	14	10	100
	전라디언	47	29	17	7	100

'개쌍도'를 쓴 사람들의 세대를 보면, 20대 이하 누리꾼이 39명, 30~40대가 37명으로 많았다. '전라디언'을 쓴 누리꾼들의 세대 분포 또한 '개쌍도'의 그것과 비슷하게 나타났는데, 20대 이하가 47명으로 거의 절반을 차지했다. 이러한 결과가 나타난 것은

---

14) 정치 트윗글을 열심히 올리는 사람들의 경우 신고를 당하거나 이용 규칙을 위반하여 계정이 정지되는 일이 많다. 대통령 선거가 끝나고 더 이상 활동 필요성이 없어 스스로 탈퇴한 '알바 계정'도 많을 것이다.
15) 한 블로그 운영자가 약 7만 명의 트위터 이용자 성별 분포를 분석한 결과를 보면, 남성이 48%, 여성이 52%로 나타나 성별 차이가 거의 없었다(www.bluebuzz.kr/927). 따라서 <표 1>에서 보이는 성별 차이는 그 자체로 지역 차별 표현 사용자들의 성별 분포를 보여 준다고 해석하는 것이 가능하다.

'개쌍도'와 '전라디언'이 만들어진 시기가 최근이기 때문에 젊은 누리꾼들의 사용이 많아서라고 해석할 수도 있고, 다른 한편으로는 20대 이하의 트위터 이용자가 많기 때문일 수도 있다. 어떤 배경에서 나온 결과든 지역 차별 현상에 대한 인식이 약하고, 따라서 그런 표현을 거의 쓰지 않을 것으로 생각되는 젊은 20대 이하 누리꾼들이 가장 높은 사용률을 보여 준 점은 주목이 필요하다. 이들 누리꾼들이 지역 차별 표현을 모두 본래의 부정적 의미 기능으로 쓴 것은 아니고 오히려 그 사용 행위를 비판하는 경우가 많아서 당장은 문제가 되지 않을 수 있다. 그러나 유의할 점은 젊은 누리꾼들이 그런 표현에 지속적으로 노출됨으로써 어느 순간에 자신도 부정적 의미 맥락에서 공격적 사용자가 될지 모른다는 것이다. 이런 과정을 거쳐 지역 차별에 대한 인식과 행위가 기성세대에 머물지 않고 아랫세대로 끊임없이 이어지고 있는 것으로 판단된다.16)

〈표 3〉 지역 차별 표현의 사용자 정치 성향별 분포

구분		사용자의 정치적 성향			합(명)
		친여	친야	중립/미상	
차별 표현	개쌍도	9	67	24	100
	전라디언	31	42	27	100

지역 차별 표현을 쓰는 사람들의 정치 성향을 분석한 결과 '개

---

16) 기본적으로는 가정에서의 교육과 사회화를 통해서 부모의 편견과 고정관념을 자녀들이 배우므로 지역감정이 계속 유지되고 다음 세대로 전이되는 것이다(김혜숙 1988:163). 그러나 인터넷 매체가 발달한 현 시대에는 부모의 영향보다는 인터넷에서 접하는 왜곡된 정보들이 지역감정의 유지와 지역 차별 표현의 사용에 더 강한 영향을 주는 것으로 판단된다.

쌍도'의 경우 친여(親與) 성향의 누리꾼이 9명, 친야(親野) 성향이 67명으로 나타났다. 연속하여 대구·경북 출신 대통령이 집권하고 있는 상황에서 경상도 지역을 비하하는 표현을 친야 성향 누리꾼들이 집중적으로 쓴 것을 알 수 있다. 이런 누리꾼들의 대다수는 경상도가 아닌 다른 지역 출신인데, 일부 경상도 출신 누리꾼은 자조적(自嘲的), 자기 비판적 태도로 이 표현을 쓰는 모습이 확인되었다.

'전라디언'은 친여 성향이 31명, 친야 성향이 42명으로 나타났다. 친여 누리꾼들이 비하적, 공격적 태도로 '전라디언'을 쓴 것은 추가 설명이 필요하지 않다. 그러나 친야 누리꾼 42명이 이 말을 쓴 것은 설명이 필요하다. 이들은 '전라디언'과 같은 지역 차별 표현을 쓰는 행위를 비판하고 스스로를 방어하는 맥락에서 '메타언어적'으로 이 말을 쓰는 모습을 보여 주었다. 그런데 친야 누리꾼들은 '개쌍도'와 같은 표현을 적극 쓰는 사람이 많으면서도 '전라디언'과 같은 차별 표현의 사용을 비판하는 사람 또한 많은 편이다. 지역 차별 표현의 사용에 대한 친야 성향 누리꾼들의 비판적 태도를 구체적으로 제시하면 다음과 같다.

(12) 지역 차별 표현에 대한 친야 성향 누리꾼들의 태도
    가. 어제 광주는 울었습니다. 앞으로 광주를 전라도를 빨갱이, 종북, 전라디언이라는 개소리한다면 아주 죽여놓겠습니다. 오직 이번선거에 민주주의를 제대로 알고 투표한곳은 전라도밖에 없었다고. 경상도 니들은 욕할자격 없다
    가-1. 전라디언이란 말 하지마라 맞고 싶지 않으면. 그런 말 쓰는 거 아니다

가-2. 지나가다 죄송합니다만 전라디언이라는 말은 전라도에 사는 사람들을 비하하는 용어로 인터넷에서 사용되고 있습니다. 그 용어의 사용을 자제해 주시길 정중히 부탁드립니다. 메리크리스마스 되세요.

나. 일베애들 그렇게 전라도 싫어하는데 내눈에서 음식 맛있네 소리하면 그자리서 멱살을 잡을테다! 걸리면....내가 전라디언이다 이 개새들아....니들 전주 콩나물 · 비빔박 · 송정떡갈비 · 목포세발낙지 처먹다가 닷있다 하고 난 일베충인데 해봐..당장 멱살 잡는다

나-1. 박정희유신독재와 전두환일당의 군부독재 내내 형극의 땅에서 살아온 전라디언으로서 김대중 · 노무현 집권으로 이익을 받은건 거의 전무했지만, 말만은 할말 다하고 살았다.

다. 친야 성향의 누리꾼들에 대한 비판

(12가~가-2)를 보면 때로는 직설적이고 강하게, 때로는 부드럽게 부탁하는 태도로 '전라디언' 등의 지역 차별 표현 사용을 비판하면서 사용을 자제할 것을 요구하고 있다. (12나, 나-1)의 누리꾼은 스스로 '전라디언'임을 당당히 밝히며 자랑스러워하는 적극적 태도를 드러냈다. 반면 (12다) 누리꾼은 전라도 사람들이 '홍어' 등의 표현에 대해 지나치게 민감한 반응을 보인다고 비판하고 있다. 경상도 사람들에 비해 언어 사용에서 자기 방어적 태도가 강하다는 점을 지적한 것으로 이해된다.

한편, <표 3>에서 정치 성향이 중립 또는 미상인 경우가 각각

24명, 27명으로 나타났는데, 이들도 지역 차별 표현의 사용 자체를 비판하는 태도를 보여 주었다. 주로 20대 이하의 젊은 누리꾼들이며, 정치적 관심이 높지 않고 정치 성향을 뚜렷하게 드러내지 않으면서도 지역 차별 표현의 사용에 대해서는 상당히 부정적으로 인식하는 모습이었다.

◈ 맺음말

이 장에서는 사회적 소통망, 구체적으로 ≪트위터≫의 언어 자료를 중심으로 지역 차별 표현의 유형과 쓰임, 분포를 살펴보았다. 1절에서 지역 차별 표현들을 대상 지역 및 발생 시기 면에서 유형을 분류하여 제시하였고, 2절에서는 지역 차별 표현의 쓰임과 사용 맥락을 살펴본 후 사회적 요인 면에서 분포를 통계적으로 파악해 보았다. 주요 분석 결과를 정리하면 다음과 같다.

첫째, 사회적 소통망에서 쓰이고 있는 지역 차별 표현을 전체적으로 살펴볼 때 '개쌍도, 문둥이, 흉노족, 매국노, 쪽발이 앞잡이, 과메기, 고담대구', '전라디언, 전라좌빨, 깽깽이, 홍어족, 슨상님, 뒤통수, 라쿤광주' 등 경상도 및 전라도를 대상으로 하는 말들이 경기도, 강원도, 충청도 등 다른 지역을 대상으로 한 것보다 훨씬 많았다.

둘째, '감자바위, 문둥이, 뺄개, 인천짠물, 하와이, 핫바지' 등은 1990년대 이전부터 쓰이던 것인 데 비해 '갱스오브부산, 과메기, 광쥐스트, 전라디언, 전라좌빨' 등은 2000년대 이후 인터넷 공간에서 젊은 세대에 의해 만들어지고 활발히 쓰이는 것이다. 세대가 바뀌어도 지역 차별 표현은 사라지지 않고 새로운 것들이 꾸준히 만들어지는 것으로 나타났다.

셋째, 지역 차별 표현들은 주르 정치적 맥락에서 해당 지역 사람들을 비하하고 공격하기 위한 부정적 의미 맥락에서 쓰이지만 일부 누리꾼들은 비하 또는 차별 의도 없이 재미를 주려거나 단순히 신분 또는 출신지 확인을 위해 중립적·긍정적 의미 맥락에서 쓰는 경우도 있었다.

넷째, 경상도와 전라도 사람들을 부정적으로 가리키는 '개쌍도'와 '전라디언'의 사회언어학적 분포를 통계적으로 살펴본 결과, '개쌍도'는 친야 성향의 20~40대 남성들이 많이 쓰고, '전라디언'은 친여 성향 20~40대 남성들의 사용이 많았지만 친야 성향 누리꾼들의 방어적 동기에서 나온 용법도 적지 않았다. 기본적으로 경상도 출신 대통령 정권에서 경상도 차별 표현은 야당 성향 사람들이, 전라도 차별 표현은 여당 성향 사람들이 상대방 비난 및 정치적 공격 수단으로 쓰는 모습이었다.

지역 차별 표현은 해당 지역민들에 대한 편견과 선입견에서 나오기도 하지만 많은 경우 정치인들이 의도적으로 지역 간 대립과 지역감정을 조성하고 조장하는 과정에서 나온 것으로 이해된다. 실제로 그것은 특정 지역에 기반을 둔 세력의 정치적 이익을 실현하기 위한 방편으로 쓰였고, 다른 지역 사람들을 공격하고 차별하는 언어적 수단의 역할을 해 왔다. 모든 종류의 차별 언어가 그렇지만 지역 차별 표현은 특히 다른 사람에 대한 적대감과 공격적인 태도를 더 강하게 드러내는 말들이다. 일반 화자들의 경우에도, 쓰는 사람은 말의 본뜻을 모르고 재미나 습관으로 쓰더라도 듣는 당사자로서는 마음의 상처를 크게 입을 수 있고, 결과적으로 대립과 충돌 등의 현실적 문제가 생길 수 있다. 인터넷 공간, 특히 수많은 사람들이 정보와 생각을 손쉽게 공유하는 트위터 등의 사회적 소통망에서 지역 차별 표현들이 많이 쓰이게 되면 지역 간의 갈등이 확산되고, 비생산적인 정치 대립이 격화되며, 나아가 한국어 화자들의 품위 있는 언어생활에도 부정적 영향이 나타날 것이다. 지역 차별 표현 사용의 전반적 실태에 대한 조사를 통하여 그 사용과 부정적 영향을 줄이기 위한 교육 및 정책 방향을 찾는 후속 연구가 필요함을 지적한다.

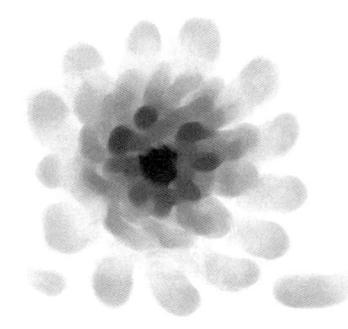

9장_ 직업의 위계와 차별

　이 장은 한국의 직업 이름을 대상으로 언어적인 면에서 위계질서가 어떻게 나타나고 있으며, 직업 이름과 관련된 차별 현상에는 무엇이 있는지를 비판적 관점에서 분석하는 것이 목적이다. 현재 한국 사회에 존재하는 직업의 종류는 거의 2만 개에 가까운 것으로 추정되며, 직업 이름은 그것만큼이나 다양하다. "직업에는 귀천이 없다"라는 말도 있지만 현실적으로는 직업에 대한 평가, 선호도, 보수 등이 다르기 때문에 직업에 대한 차별 의식이 강하게 존재한다. 무엇보다 직업을 가리키는 이름 자체에서부터 차별과 위계질서가 뚜렷하게 나타나며, 직업 이름의 사용과 관련하여 차별적 언어 사용 현상도 흔하게 관찰된다. 직업 이름에서 보이는 위계질서와 차별 현상을 살펴봄으로써 언어와 사회의 긴밀한 관련성을 드러내고, 한국어 정책 활동을 펼치는 데 도움이 되는 기초 자료를 제공할 수 있을 것이다.

　직업 이름은 사회적 선호도에 따라 언어 구성 요소에서 차이가 보인다.1) 선호도가 높은 직업인 '변호사(辯護士), 변리사(辨理士), 세무사(稅務士)'와 같은 전문직 이름에는 '선비 사'(士)를 접미사로 씀으로써 관련 종사자들을 과거의 양반 계층과 동일시하도록 만들고, '의사(醫師), 약사(藥師), 교사(教師)'의 경우는 '스승 사'(師)를 붙임으로써 사회적으로 존경의 대상이 되도록 분위기를 만들어 준다. 반면 '인부(人夫), 농부(農夫); 가정부(家政婦), 접대부(接待婦)' 등 육체적으로 힘들거나 꺼려하는 직업에는 '보통 남자', '보통 여자'를 가리키는 '부'(夫, 婦)를 붙였다. 사회 계급은 없어진 지 오래지만 직업 이름을 통해 여전히 한국 사회에 위 아래 구별이 굳게 유지되고 있다.

한국에서 쓰고 있는 직업 이름은 한자말 계통이 대부분이다. 현대에 들어 서양의 영향으로 '아나운서, 탤런트, 디자이너' 등의 서양말 이름도 많이 늘었지만 일본에서 서양말을 번역하여 한자말로 만든 것을 그대로 수입해서 쓰거나 부분적으로 바꾸어 쓰고 있는 것이 훨씬 많다. 한자 문화권인 일본에서 새로운 직업 이름을 만들면서 기존의 상하 지배 관계와 차별적 사회 질서를 반영한 결과가 오늘에 이르렀다. 사람, 조직, 지역의 이름은 그 대상

---

* 이 장의 내용은 이정복(2010나)를 부분적으로 고친 것이다.
1) 여기서 다루는 '직업 이름'에는 직위, 직급, 자격을 가리키는 말이 함께 들어 있다. 직업 이름과 직위, 직급 이름 등이 섞여 쓰이고, 포괄적인 이름 아래 다수의 하위 직업이 포함되기도 하기 때문이다. 예를 들면, '대학교수'의 경우 <고등교육법>에 나오는 공식적인 직업 이름은 '교원'이고, 그 직급으로 '교수, 부교수, 조교수'가 있지만 보통 모두를 직급 이름인 '교수' 또는 '대학교수'라고 부른다. 초중등학교의 '교원'도 '교장, 교감, 교사'가 직급 또는 자격으로 정해져 있는데 각각을 직업 이름으로 쓴다. '공무원'이라고 할 때에는 '과장, 국장, 차관, 장관, 군수, 시장, 도지사' 등의 직위가 구체적인 직업 이름으로 인식된다. '변호사, 회계사, 사회복지사' 등은 자격을 나타내는 말이면서 동시에 직업 이름으로도 쓰인다. 따라서 직업과 관련된 이름들을 묶어 논의한다.

의 정체성을 표현하는 핵심 요소로 중요하게 인식되는데, 직업 이름의 경우도 마찬가지이다. 직업 이름을 통해 그 직업이 얼마나 강한 힘과 높은 지위를 갖는지, 얼마나 크게 존경받고 선호되는지, 어떤 다른 직업들과 같은 무리를 이루는지를 알 수 있다. 따라서 부정적 인식을 담고 있거나 상대적으로 격이 낮다고 인식되는 직업 이름들은 계속 바뀌게 되고, 그 과정에서 이해 집단 사이의 대립과 갈등이 나타나기도 한다. 이 장에서 직업 이름과 관련된 이러한 사회언어학적 문제를 자세히 살펴보기로 하겠다.

다음 1절에서는 직업 이름을 구성하는 언어 요소 가운데서 접미사적 요소를 중심으로 직업 이름의 유형을 살펴본다. 직업 이름에는 직업의 성격, 종사자의 신분이나 자격, 종사자의 성별 등을 알려 주는 '장'(長), '관'(官), '감'(監), '사'(事, 士, 師), '가'(家), '인'(人), '원'(員), '공'(工), '부'(夫, 婦) 등의 접미사 또는 유사 요소가 포함되어 있는데, 비슷한 요소들을 묶어 언어적인 면에서 직업의 유형을 살펴보기로 한다. 2절에서는 한국 표준 직업 분류 체계를 대상으로 직업 서열과 언어 요소의 관련성을 분석하겠다. 직업 대분류 안의 직업 이름에는 어떤 언어 요소가 공통적으로 들어 있는지를 파악하고, 언어적인 면에서 직업 서열 체계를 재구성해 보고자 한다. 3절에서는 직업 이름과 관련하여 집단 간 대립과 갈등, 그리고 차별 현상을 대표적 의료계 종사자인 '의사'와 '간호사'를 보기로 들어 살펴본다. 이를 통하여 직업 이름이 직업에 대한 단순 정보를 표시하는 데 그치지 않고 종사자들의 정체성을 드러내고 사회적 인식과 지위를 표시하는 적극적 기능이 있음을 밝힐 것이다.

1. 직업 이름의 언어 요소와 유형

직업 이름을 나타내는 말들은 대부분 한자말로 되어 있다. '땅꾼, 구두닦이, 등대지기' 등 고유어 접사가 포함된 것도 일부 있고, '디자이너, 매니저, 엔지니어, 코치, 큐레이터' 등 서양 외래어로 된 말이 늘고 있지만 아직도 한자말 직업 이름이 대부분을 차지할 정도로 비율이 높다. '교육장(敎育長), 세무사(稅務士), 파출부(派出婦)' 등의 한자말 직업 이름에는 직업의 성격, 종사자의 신분이나 자격, 종사자의 성별 등을 알려 주는 접미사 또는 유사 요소가 포함되어 있기도 하다. 직업 이름에서 앞부분인 '교육, 세무, 파출'은 각 직업의 영역이나 업무 유형을 나타내는 반면 뒷부분인 '장, 사, 부'는 '직업 지위 표시어'로서의 역할을 맡는다. 여기서는 직업 이름을 구성하는 언어 요소 가운데서 이러한 접미사적 요소를 중심으로 직업 이름의 유형을 살펴보고자 한다.2)

직업 이름에 붙는 말 가운데서 '장(長), 감(監), 관(官)'은 조직의 우두머리이거나 관리자임을 나타낸다. 관련 직업의 보기는 다음과 같다.

(1) '장(長), 감(監), 관(官)'이 붙은 직업 이름
가. 검사장, 과장, 관장, 교육장, 교장, 국장, 법원장, 서장, 소장, 시장, 실장, 역장, 원장, 읍장, 청장, 총장, 공장장, 기장, 병원장, 부장, 사무장, 사장, 선장, 은행장, 이사장, 조합장, 주방장, 차

---

2) 여기서 제시하는 직업 이름은 국립국어원 엮음(1999) ≪표준국어대사전≫에서 가져 온 것이다. 사전에 아직 실리지 않은 새말이나 다른 말로 바뀐 과거 표현은 보기에 별표(*)를 붙여 따로 구별한다.

장, *팀장, *학원장, 회장
나. 공병감, 교감, 교육감, 사감, 원감, 의무감, 정훈감, 치안감, 헌병감
다. 검찰관, 경찰관, 관리관, 고도관, 담당관, 부이사관, 사령관, 사무관, 서기관, 소방관, 연구관, 외교관, 이사관, 장관, 장학관, 집달관, 차관

(1가)의 직업 이름에 붙은 '장'(長)은 "어떤 조직체나 부서 단위의 우두머리"를 가리키며, 이 말이 붙은 '청장, 원장, 시장' 등은 정부기관의 우두머리, '실장, 국장, 과장' 등은 정부기관 부서의 우두머리에 있는 사람을 가리킨다. 이런 표현들은 공무원의 직위 이름이면서 구체적인 직업 이름으로도 볼 수 있다. '회장, 사장, 부장' 등은 민간기관이나 그 조직의 우두머리를 가리킨다. (1나)의 '감'(監)은 신라 이후 조선 시대에 이르기까지 벼슬 이름으로 쓰였으며, "지휘하고 단속하는 직책을 맡은 사람"의 뜻을 갖는 '감독관'을 말한다. '감'이 들어간 직업 이름으로는 '교육감, 의무감, 치안감' 등이 있는데 학교, 군대, 경찰과 같이 구성원의 교육, 훈련, 지휘 감독의 필요성이 높은 조직에서 쓰이는 공통점이 보인다. (1다)의 '관'(官)은 "정부나 관청 따위를 이르는 말"로서 '경찰관, 소방관, 외교관'과 같이 공무원의 직무 부류를 나타내거나 '관리관, 서기관, 사령관, 장학관'과 같이 직위 또는 직급을 나타내는 구성에서 쓰인다.3)

'장(長), 감(監), 관(官)'은 일부를 제외하면 전반적으로 정부의

---

3) '관'(官)은 정부 기관의 공무원에게 붙이는 말로 인식되지만 최근에는 사립대학에서도 '입학사정관', '취업담당관', '이사관' 등과 같이 이 말을 붙여 쓰는 일이 늘어나고 있다. 사회적으로 공무원의 인기와 권위가 상승한 것과 관련되는 것으로 생각된다.

관직(官職) 이름에 쓰이는 언어 요소임을 알 수 있다. 이런 말에는 '사(事), 사(使), 보(補)' 등이 더 있다.

(2) '사(事), 사(使), 원(員)' 등이 붙은 직업 이름
    가. 사(事): 검사, 영사, 주사, 판사
    나. 사(使): 공사, 대사
    다. 원(員): 경호원, 공무원, 교원, 군무원, 방호원, 역무원, 연구원, 직원, (우편)집배원, (환경)미화원; 경비원, 광원, 교환원, 발파원, 배달원, 선원, 안내원, 외판원, 은행원, 임원, 접수원, 조리원, 종업원, 특파원, 판매원, 회사원
    라. 보(補): 서기보, 주사보, 차관보, 학장보; 상무보, 이사보
    마. 리(吏): 사법경찰리, *집달리
    바. 수(守): 군수
    사. 의원(議員): 국회의원, 군의원, 도의원, 시의원

(2가) 직업의 '사'(事)는 어떤 일 자체를 가리키면서 현실적으로는 그러한 일에 종사하는 사람을 가리키는 접미사적 요소이다. 다수의 관직 이름에 붙는데, '판사'와 '영사'의 경우 현재와 뜻 차이는 있지만 고려와 조선 시대부터 고위직 이름으로 쓰였다. '주사'는 신라 시대부터 관직 이름으로 쓰였고, 고려 이후 '벼슬아치'에 대응되는 하위직, 곧 '구실아치'를 가리켰다. 현재 '주사'를 제외한 나머지는 모두 고위직 공무원에 해당한다.[4] (2나)의 '사'

---

[4] 최근 공무원 조직에서 6급 주사 이하 계급에 대해 대외적으로 '주무관'을 쓰도록 했다. 대민 접촉이 많은 하위직 공무원에 대한 사기진작 차원의 조치이면서 동시에 5급 사무관 이상 고위직과의 차별 해소 차원이 동시에 고려된 결과이다. '관'(官)과 '리'(吏)의 언어적 차별을 부분적으로 없앤 것인데, 앞으로 구체적 직급 이름에서도 차별을 없애려는 노력이 계속 나올 것으로 기대된다.

(使)는 '부리는 사람', '(임금의) 심부름꾼'의 뜻을 갖는 접미사적 요소로 '목사, 부사' 등 고려 및 조선 시대의 벼슬 이름으로 쓰이던 말이다. 지금은 '대사'와 '공사'처럼 외교관 직위에만 쓰이는 것이 특징이다.

(2다)와 같은 많은 직업에 붙는 '원'(員)은 '그 일에 종사하는 사람'의 뜻을 더하는 접미사로 풀이되지만 본래 '관원'을 뜻하는 말이다. '경호원, 공무원, 집배원' 등 공무원을 가리키는 직업 이름에도 쓰이면서 '배달원, 판매원, 회사원'과 같은 민간기관 종사자를 가리키는 데에도 잘 쓰인다. (2라)의 '보'(補)는 "(관직 또는 직급을 나타내는 일부 명사 뒤에 붙어) '보좌하는 직책'의 뜻을 더하는 접미사"이다. '차관보, 주사보'처럼 관직에 주로 쓰이지만 '상무보, 이사보'처럼 민간기관의 직급에도 쓰인다. (2마)의 '리'(吏)는 역사적으로 하위 관직을 가리키는 달에 쓰였으며, 현재에는 예가 거의 없는 편이다. '집달리'는 '집달관'으로 바뀌었고, '사법경찰리'의 경우도 법률적 맥락에서만 나타날 뿐 일반적 직업 이름으로는 쓰이지 않는다. (2바)의 '수'(守)는 조선 시대 벼슬 이름이며, 그것이 결합된 '군수'는 지금까지 군의 행정 책임자를 가리킨다. (2사)에 붙은 한자말 '의원'(議員)은 '議'(의회)와 '員'(구성원)이 결합된 복합어로서 그 자체가 '국회의원, 도의원'과 같은 새로운 구성의 접미사적 요소로 쓰이고 있다.

(3) '사(士), 사(師)'가 붙은 직업 이름
　　가. 사(士): 건축사, 공인감정사, 공인중개사, 공인회계사, 기사, 물리치료사, 방사선사, 법구사, 변리사, 변호사, 설계사, 세무사, 속기사, 운전사/운전기사, 임상병리사, 조리사, 조종사

나. 사(師): 간호사, 감별사, 강사, 교사, 목사, 미용사, *보험설계사, 약사, 의사, 이용사

(3)의 보기들은 이른바 '사'가 들어가는 여러 분야의 직업 이름들이다. 그런데 '사'가 들어가더라도 (3가)와 (3나)는 차이가 있다. (3가)에는 '선비 사'(士)가 들어 있고, (3나)에는 '스승 사'(師)가 들어 있다. 이른바 '잘 나가는 사 자 직업'이라는 '변호사'(辯護士)와 '의사'(醫師)를 일반 화자들은 함께 묶어 생각하지만 두 말의 '사'는 상당히 다른 뜻의 글자인 것이다.

'사'(士)는 "조선 시대에, 양반 계층인 선비를 이르던 말"이다. 이와 함께 한자 사전에서는 '벼슬아치'를 가리키거나 칭호나 직업 이름에 붙이는 말로 풀이했다. 따라서 '법무사, 변호사, 세무사' 등 '사'(士)가 붙은 직업 이름은 관직에 준하는 중요 직업으로 인식되고, 나아가 관련 종사자들을 과거의 양반과 같은 상층 지배 계급의 사람들과 동일시하는 현상이 나타난다. '운전수'(運轉手)가 '운전사'(運轉士)나 '운전기사'(運轉技士)로 바뀌는 등 직업 이름의 구성 요소로 '사'(士)가 아직도 선호되는 것은 이러한 사회문화적 인식이 작용한 결과로 해석된다.5)

'사'(師)는 '스승' 또는 '전문적으로 기예를 닦은 사람'을 가리키는 말인데, 고려와 조선 때 세자의 스승을 가리키는 데 쓰임으

---

5) 일상생활에서는 '운전사/운전기사'가 직업 이름으로 쓰이지만 6차 개정 표준 직업 분류에는 '택시기사'를 제외하고는 '마을버스 운전원', '유조차 운전원', '대리 운전원'처럼 '운전원'으로 나온다. '택시기사'의 경우도 '택시 운전원'의 구체적 예시 직업으로 등장할 정도이다. 따라서 한국의 공식적 직업 분류에서는 '운전수'가 '운전기사'에 이르지 못하고 아직도 '운전원'에 머물러 있는 상황이다.

로써 '벼슬아치'의 뜻도 함께 갖는다. '교사(教師), 목사(牧師), 의사(醫師)'와 같이 '사'(師)가 붙은 직업 이름도 이러한 의미와 역사적 배경에서 선호되고 있다. 뒤에서 다시 살펴보겠지만 '간호사'의 경우 '간호부(看護婦)→간호원(看護員)→간호사(看護師)'로의 두 차례의 변화 과정을 보이는데, 한국의 직업 이름에서 차지하는 접미사적 요소의 중요성을 알게 된다.

(4) '인(人), 자(者), 가(家)'가 붙은 직업 이름
　가. 공증인, 군인, 문인, *손해사정인, 시인, 언론인, 연예인, *종교인,6) 지배인, 체육인
　가-1. *건축인, 관리인, 기업인, *농업인, 도매인, 문필인, 소매인, *어업인, 연기인, 예술인, 음악인, 정치인, 중개인
　나. 과학자, 관리자, 기술자, 기업자, 기자, 노동자, 도매업자, 소매업자, 연기자, 중개자, 학자
　다. 건축가, 극작가, 기업가, 만화가, 무용가, 문필가, 사진작가, 소설가, 안무가, 예술가, 작가, 작곡가, 점술가,7) 정치가, 조각가, 평론가, 화가

(4가, 나)의 '인'(人), '자'(者)는 '사람'을 가리키며 직업 이름에 붙을 때는 '어떠한 일에 종사하는 사람'의 뜻으로 쓰인다. (4다)의 '가'(家)도 '그것을 전문적으로 하는 사람' 또는 '그것을 직업으로 하는 사람'의 뜻을 더하는 접미사이다. '인'이 붙은 직업 이름에는 '군인, 시인, 정치인' 등 오래 전부터 쓰던 것이 있는 반면

---

6) '종교인'은 사전에서 '종교를 가진 사람'으로 풀이했기 때문에 직업인으로서의 '종교인'은 실리지 않은 것으로 판단했다.
7) '점술가'는 '점쟁이'와 같은 말로 사전에 나와 있다.

'건축인, 농업인, 손해사정인' 등 비교적 최근에 쓰기 시작한 것도 있다. (4가-1)의 '건축인'은 '건축가', '관리인'은 '관리자'와 함께 쓰이는데, 특히 '자'가 붙은 직업 이름들은 '놈 자'라는 뜻 해석 때문에 '인'으로 바꿔 쓰려는 경향이 높다. '농업인', '어업인'은 본래 '농부'(農夫), '어부'(漁夫)라고 했던 말에서 바꾼 말이다.8) '자'나 '부'(夫) 대신 '인'이 직업 이름을 나타내는 접미사로 선호되는 것이 유행하다 보니 '전문가'의 뜻을 가진 '가'가 붙은 말들도 덩달아 '인'으로 바뀌고 있다. '건축인, 농업인, 어업인, 종교인'은 국어사전에도 오르지 않았지만 관련 분야 사람들은 일상적으로 쓰는 말이 되었다.

(5) '공(工), 장(匠), 수(手)'가 붙은 직업 이름
　가. 도공, 도배공, 도장공, 목공, 미장공, 발파공, 배관공, 보일러공, 석공, 운전공, 인쇄공, 인장공, 전기공, 조판공, 철공
　나. 간판장, 옹기장
　다. 가수, *교환수, 기수, 목수, 무용수, 석수, 선수, 신호수, *운전수, 타자수

(5)의 직업 이름에 붙는 '공'(工), '장'(匠), '수'(手)는 사람의 신체를 직접 써서 일하는 사람을 가리키는 공통점이 있다. '공'(工)은 "손으로 물건을 만드는 일을 업으로 하는 사람"(공인, 장색, 장인)의 뜻이며, '장'(匠)은 '장인', '기술자'의 뜻이다. '수'(手)는 '솜씨'나 '재주' 특히 그 가운데서도 '손재주'가 있는 사람을 가리

---

8) '농부'와 '어부'는 각각 '농민', '어민'으로 쓰이고 함께 묶여 '농어민'으로도 나타나는데, '민'(民)이 직업 이름에 붙는 일은 아주 드물다.

킨다. '도배공, 도장공' 등은 '장(匠)+-이'가 접미사로 들어간 '도배장이, 칠장이'라고 하는 것보다 품위를 높여 전문적으로 표현하는 것이다. '목공, 석공'의 경우 '목수, 석수'와 비교하여 역시 전문적으로 표현한 말이다. (5나)의 '간판장', '옹기장'은 '간판장이', '옹기장이'와 함께 쓰이며, '옹기장'은 '도공'(陶工)과 같은 뜻이다. (5다)의 '가수, 기수, 선수'는 의미 값의 떨어짐 없이 잘 쓰이는 직업 이름인데, (4가)에서 살펴본 바와 같이 '인'(人)이 직업 이름에 유행하다 보니 '가수'는 '대중음악인', '기수, 선수'는 '체육인'으로 부르기도 한다. 그러나 전반적으로 직업 이름과 관련하여 '수'(手)에 대한 부정적 인식이 강하게 나타난 결과 '교환수, 신호수, 타자수'는 '전화 교환원, 신호원, 타자원'으로 바꾸어 쓰고 있다. '운전수'가 '운전사' 또는 '운전기사'로 바뀐 것은 앞의 보기 (3) 부분에서 설명하였다.

(6) '부(夫), 부(婦)' 등이 붙은 직업 이름
    가. 부(夫): 광부, 농부, (*)배달부,9) 어부, 우체부,10) 인부, 잠수부, 잡역부, 탄부, 청소부
    나. 부(婦): 가정부, *간호부, 잡역부, 접대부, 파출부, 청소부
    다. 부(父): 신부
    라. 모(母): 식모, 침모
    마. 희(姬): 가희, 무희

---

9) '배달부'는 사전에서 '배달원'과 같은 말로도, '우편집배원'의 '전 용어'로도 풀이했기 때문에 별표를 괄호 안에 넣었다.
10) '우체부'를 사전에서는 '우편집배원'을 일상적으로 이르는 말로 풀이했고, 아직도 농어촌의 노인층은 이 말을 많이 쓰고 있다.

(6)의 보기들은 '부'(夫), '부'(婦) 등 종사자의 성별을 나타내는 요소가 직업 이름에 접미사로 들어간 말들이다. '부'(夫)는 남성 일꾼을, '부'(婦)는 여성 일꾼을 가리킨다. '광부, 농부, 어부'와 같은 '부'가 붙은 말은 대부분 다른 표현으로 바뀌어 쓰인다. '광부'는 '광원'으로, '농부'와 '어부'는 각각 '농민/농업인', '어민/어업인'으로 부른다. '배달부'와 '우체부'는 '우편집배원'으로 부르다가 최근에 해당 기관에서 다른 말로 바꾸려는 시도가 있었다.[11] '가정부'와 '파출부'도 '가사도우미'로 바꿔 쓰는 일이 늘어나고 있으며, '청소부'도 '(환경)미화원'으로 정착된 단계다. 다른 직업과 달리 '간호부'는 업무의 전문성을 사회적으로 인정받음으로써 '간호원'을 거쳐 '간호사'로 '승격'되었다. '부'가 접미사로 붙은 직업들은 대체로 힘든 육체노동이나 꺼려하는 서비스 업무와 관련이 있다. 이 때문에 대부분의 직업 자체를 기피하고, 결과적으로 직업 이름의 값어치가 떨어져 표현 자체를 계속 바꾸는 과정이 나타나는 것이다.

(6다~마)의 '부'(父), '모'(母), '희'(姬)는 현재 직업 이름에서 전혀 생산성이 없는 접미사적 요소들이다. '식모, 침모'와 '가희'는 거의 쓰지 않는 말이고 '무희'는 '무용수'(舞踊手)나 '무용가'(舞踊家)로 바뀌었다.

---

[11] 2009년 9월에 우정사업본부에서는 '집배원'을 21세기 지식정보화 사회에 걸맞게 새 이름으로 바꾸고자 공모 절차를 밟았다. 그러나 지금도 <집배원 활용 민원·복지 서비스 효과 '톡톡'> (머니투데이, 2013-12-03), <집배원 안전운전 다짐 퍼레이드> (국민일보, 2014-01-03)처럼 이 직업 이름을 그대로 쓰고 있다.

2. 직업의 서열과 언어 요소의 관련성

학계와 정부 관련 기관에서는 지속적으로 직업의 서열을 매겨 왔다. 위계적으로 조직된 직업의 서열 구조는 직업에 대한 평판과 선호도, 보수, 진입 장벽 등을 반영한 것이다. 또 그것은 사람들이 갖고 있는 직업에 대한 위계질서 의식을 잘 반영하는 것이기도 한다. 직업 이름에서 보이는 위계질서를 언어학적 관점에서 살펴보기 전에 한국에서 직업의 서열 구조를 어떻게 매기고 있는지 보기로 한다. 다음 (7)은 2007년 통계청에서 고시한 제6차 개정 <한국 표준 직업 분류>의 내용이다.

(7) 한국 사회의 직업 서열: 한국 표준 직업 분류
　1 관리자
　2 전문가 및 관련 종사자
　3 사무 종사자
　4 서비스 종사자
　5 판매 종사자
　6 농림어업 숙련 종사자
　7 기능원 및 관련 기능 종사자
　8 장치·기계조작 및 조립종사자
　9 단순노무 종사자
　A 군인

한국 정부에서는 국제 비교를 위해 <국제 표준 직업 분류> 체계를 고려하여 직업의 유형을 10가지로 대분류했다. 'A 군인'의 경우 자료 조사상의 문제로 따로 분류하였다고 했기 때문에 이를 제외하면 9가지의 직업 대분류가 있는 셈이다. <한국 표준 직업 분류>는 주어진 직무의 '업무'와 과업을 수행하는 능력인 '직능'(skill)을 근거로 편제되었으며, 그것은 직능 수준과 직능 유형을 고려한 결과이다.

국제적으로 직능 수준을 네 가지로 분류하는데, '제1직능 수준'은 "일반적으로 단순하고 반복적이며 때로는 육체적인 힘을 요하는 과업을 수행한다"로 정의된다. '제2직능 수준'은 "일반적으로 완벽하게 읽고 쓸 수 있는 능력과 정확한 계산능력, 그리고 상당한 정도의 의사소통 능력을 필요로 한다"이며, '제3직능 수준'은 "복잡한 과업과 실제적인 업무를 수행할 정도의 전문적인 지식을 보유하고 수리계산이나 의사소통 능력이 상당히 높아야 한다"이다. '제4직능 수준'은 "매우 높은 수준의 이해력과 창의력 및 의사소통 능력이 필요하다"로 정의된다. '1 관리자'와 '2 전문가 및 관련 종사자'는 제4직능 수준 또는 제3직능 수준이 필요한 직업들이며, '3 사무 종사자'부터 '8 장치·기계조작 및 조립종사자'까지는 제2직능 수준이 필요한 직업들이다. '9 단순노무 종사자'는 제1직능 수준이 필요한 직업들이다. 직능 수준이 높은 직업일수록 진입 장벽, 보수, 선호도 등이 전반적으로 높고, 직업 지위 또는 직업 위세가 높은 이른바 '좋은 직업'으로 볼 수 있다.[12] 제2직능 수준이 필요한 '3 사무 종사자'부터 '8 장치·기계조작 및 조립종사자'까지도 직업 지위에 따라 순차적으로 배열한 것으로 이해된다. 직업 지위가 높고 정신노동의 성격이 강한 직

---

12) '직업 지위'는 직업의 순차적 서열을 뜻하는 포괄적 의미이며, '직업 위세'는 주관적 평판이나 인식에 근거한 직업의 위상을 말한다(유홍준·김월화 2006: 157-158).

업들일수록 위에 배치되고 업무 위험도가 높거나 종사하기를 꺼려함으로써 직업 지위가 낮고 육체노동이 필요한 직업들은 아래에 배치되었다. 결국 전체적으로 1번부터 9번까지 직업의 지위에 따라 순차적인 서열 구조를 매겨 놓았다고 하겠다.

이러한 직업 분류와 관련하여 해당 직업들의 위세가 실제 어떻게 나타나는지를 조사한 연구들이 나와 있다. 차종천(1998:740)이 1990년도에 한국사회과학연구협의회에서 진행한 조사 결과를 바탕으로 30개 직업의 위세 점수(100점 만점)를 계산한 것을 보면 '판사(92.98), 교수(89.16), 관공서 국장(79.52), 대회사 부장(72.31)' 등이 높은 위세 점수를 받은 직업들이며, '중학교 교사(62.63), 중소기업 과장(59.80), 동사무소 직원(41.12), 주방장(31.42)' 등이 중간 정도의 위세 점수를 받은 직업들이다. '택시운전수(29.24), 공단 공원(17.26), 광부(14.44), 막노동자(8.56)' 등은 낮은 직업 위세를 갖는 것으로 나타났다. 구체적 직업들의 위세 순위와 소속 직업 대분류의 순위가 대체로 평행 관계를 이루는데, 최근 유홍준·김월화(2006)에서 2000년 조사 자료를 이용하여 계산한 직업 위세 또한 이러한 결과와 비슷한 분포를 보여준다. 주관적으로 평가된 직업 위세와 교육 및 수입을 바탕으로 계산된 직업 지위의 상관관계가 0.870으로 두 가지가 상당히 일치하는 것으로 결론짓고 있다(유홍준·김월화 2006:174). 직업의 유형 분류가 곧 직업 지위와 위세의 서열 구조를 거의 그대로 반영하고 있음이 사회학적 조사 연구를 통해서 확인되는 것이다.

그렇다면 언어적인 면에서 (7)의 직업 서열은 직업 이름의 언어 요소와 어떤 상호관련성을 갖는 것인가? '군인'을 제외한 9가지 직업 대분류를 대상으로 직업 이름들에 들어 있는 공통의 언어 요소를 추출해 보기로 하겠다. 먼저, 한국의 '직업 대분류 1'에 해당하는 직업 이름에는 어떤 언어 요소가 들어 있는지를 살펴본다.13)

(8) '직업 대분류 1'의 직업 이름과 언어 요소
    가. 간호부장, 경찰서장, 공장장, 교도소장, 구청장, 기록보관소장, 기획실장, 농협 조합장, 대법원장, 대학 총장, 대학 학장, 도서관장, 무용단 단장, 미술관 관장, 발레단 단장, 병원 원장, 보건소장, 정당 사무총장, 소년원장, 소방서장, 스포츠운영단장, 스포츠협회장, 시장, 영업소장, 영업지점장, 예산팀장, 인사부장, 장애인의료재활원 원장, 점장, 중·고등학교 교장, 지검장, 지원장, 지점장, 취재국장, 편성국장, 편집국장, 한방병원 원장, 홍보실장, 화랑 관장
    가-1. 공사현장 관리자, 극단 관리자, 기계제품 생산계획 관리자, 농업기업 관리자, 방역서비스업체 관리자, 부동산회사 관리자, 생명보험 관리자 전력공급 관리자, 트럭회사 관리자, 판매관리자, 하드웨어회사 관리자
    나. 대통령, 국무총리, 장관, 차관, 국회의원, 시 의회 의원, 교육위원, 도지사, 군수, 정당 총재,14) 로펌 대표, 기업 대표이사, 일반 기업체 고위임원, 호텔 총지배인, 뷔페 지배인, 초등학교 교감

'직업 대분류 1'에 해당하는 직업 이름은 대부분 (8가)와 같이 '장'(長)을 접미사로 갖고 있다. 기관장인지, 부서장인지가 다르

---

13) 여기서 제시하는 직업 이름은 제6차 개정 <한국 표준 직업 분류>에서 예로 들어 놓은 것들이다.
14) 정당의 '총재'는 2000년대 이후 대부분 '대표'로 이름이 바뀌었으나 직업 분류에는 아직 반영되지 않았다.

고 기관마다의 규모와 지위에서 차이가 있지만 '장'들은 일정한 조직에서 최고 지위에 있으며, 조직을 대표하고 구성원을 지휘·관리하는 사람이다. 조사 자료에서는 (8가-1)의 보기처럼 '관리자'라는 말로 직업을 표시하기도 했지만 이러한 경우도 실제로는 '공사현장 소장'이나 '판매부장'과 같이 '장'이 구체적인 직업 이름에 들어있다고 판단된다. (8나)의 '대통령, 장관, 국회의원, 대표이사' 등 특별한 언어적 구성도 일부 있지만 '직업 대분류 1'의 직업 이름들은 전반적으로 '장'(長)의 언어 요소로 표시되는 것임을 알 수 있다.

(9) '직업 대분류 2'의 직업 이름과 언어 요소

가. 감정 평가사, 안마사, 선물 거래사, 농산물 경매사, 항해사, 관세사, 항공교통 관제사, 회계사, 조경설계사, 곡예사, 건축 제도사/전기장비 제도사/지도 제도사, 수도사, 청소년 지도사, 전도사, 마취전문 간호사, 변호사, 국어 학습지교사/물리 교사/영양교사, 물리치료사, 심리치료사, 세무사, 노무사, 간호조무사, 법무사, 소아과 전문 의사/일반 의사/정신과 전문 의사, 치과 전문 의사, 수의사, 일반 한의사, 보조기 기사/심전도기사/투시진단 기사, 바둑기사, 소음진동산업 기사/조경기사, 영사기사/조명기사/편집기사, 행사촬영기사, 변리사, 기록물관리사, 임상심리사, 사회복지사, 장학사, 약사, 한약사, 동시통역사, 목사, 건축사, 조산사, 판사, 도선사, 수색견 조련사, 마술사, 검사, 수학강사/에어로빅 강사/일본어학원 강사, 위생사, 치과위생사, 토지 측량사, 보건 영양사, 조향사, 보석 감정사, 안경사, 치과기공사, 항공기 조종사

나. 경영 분석가/증권 분석가/컴퓨터시스템 분석가, 경영 전략가,

고객자산관리 운용가, 광고문 작성가, 국악 작곡가, 국악 편곡가, 도시 설계가, 드라마 작가, 마케팅 전문가/직무분석 전문가/통계 전문가, 만담가, 만화가, 모형 조각가, 사진작가, 서예가, 성악가, 소설가, 순수 무용가, 안무가, 인물 사진가, 조각 식각가, 판소리 연주가, 평론가, 건물 건축가, 풍경화 화가

다. 가전제품 개발자/무선데이터망 개발자/선박안전시스템 개발자, 관현악단 지휘자, 건축설비 기술자/대기환경 기술자/유무선통신망운용 기술자, 도서 편집자, 목관악기 연주자, 방송 기자, 사회자, 소품 담당자, 방송 기자/신문 기자, 신문 사진기자, 신문 편집 기자, 웹 기획자, 가전기기 설계기술자/발전설비 설계기술자/전기판넬 설계기술자, 국제회의 기획자/시사회 기획자

라. 전통 무용인, 손해사정인, 전통 연극인, 국악인, 시인, 박물관 관리인, 보험계리인, 공연 대리인, 수로 안내인, 농산물 중개인/부동산 중개인/증권 중개인

마. 경영학연구원/생화학연구원/지리학연구원, 교통영향 평가원, 기록물 보관원, 대기환경 시험원/동물학 시험원/석유화학 시험원, 동화원, 도료개발원/무선전화기 개발원/하드디스크개발원, 문화재 보존원, 문화재 수리원, 보건위생 검사원, 보험인수 심사원, 선화원, 섬유 분석원, 냉동공조 설계원/승압설계원/열교환기 설계원, 신문논설위원, 라디오방송장비 조작원/영사기 조작원/유선통신장비 조작원, 응급구조원, 교환기 기술 영업원/의료장비 영업원/철강재 영업원, 의약품 판매원, 전기안전 및 보건 관리원, 임상심리상담원/직업상담원/청소년 상담원, 토목 검측 감리원, 해변 경호원, 환경 검사원

바. 판소리꾼, 집행관, 장학관, 기상예보관, 만화 데생맨, 개그맨, 경기 심판, 국가대표 감독/농구 감독/실업팀 감독, 영화감독/조명감독/텔레비전감독, 디스크자키, 야구 코치/축구 코치/대학

교 코치, 프랜차이즈컨설턴트, 네트워크 컨설턴트, 탤런트, 칼럼니스트, 쇼핑호스트, 성우, 연극배우, 영화배우, 대중업소 무용수, 운동선수, 국문학 교수/재료공학 교수/천문학 교수, 대중가요 가수, 교무, 대학 교육조교, 머천다이저, 승려, 수녀, 디지털애니메이터/클레이애니게이터, 큐레이터, 카피라이터, 멀티미디어 에디터, 웹마스터, 리포터, 앵커, 펀드매니저, 연예인 매니저, 데이터베이스 매니저, 웹 엔지니어, 아나운서, 백댄서, 사서, 프로게이머, 시스템 프로그래머, 외환 딜러, 웹 디자이너, 무대 디자이너/북 디자이너/한복 디자이너, 건축 기술공, 특수선박 선장, 태권도 사범, 패션모델, 쇼핑몰MD, 방송 PD

'직업 대분류 2'에 해당하는 직업들은 다양한 분야를 포괄하기 때문에 앞의 '직업 대분류 1'에 비해 수가 많고, 직업 이름의 언어 구성 요소도 여러 가지로 나타난다. 이 부류의 직업 이름에 붙는 대표적 접미사적 요소는 '사'(士, 師, 事), '가'(家), '인'(人), '자'(者), '원'(員)이다. 이처럼 다양한 언어 요소가 붙는 것은 '전문가' 영역이 그만큼 다양한 직업 분야를 포괄하기 때문이면서 2007년에 고시된 제6차 개정 <한국 표준 직업 분류>에서는 이전의 두 가지 대분류를 한 가지로 합쳤기 때문이다. '1 전문가'와 '2 기술공 및 준전문가'로 되어 있던 것이 '2 전문가 및 관련 종사자'로 통합되었다. '감정 평가사, 투시진단 기사, 바둑기사, 영사기사, 전기장비 제도사, 안마사, 간호조무사, 위생사, 치과위생사, 항공교통 관제사, 항공기 조종사; 배전설계원, 직업상담원, 의약품 판매원, 보건위생 검사원, 유선통신장비 조작원, 응급구조원, 동물학 시험원, 석유화학 시험원; 농산물 중개인, 부동산 중개인, 증권 중개인, 수로 안내인, 공연 대리인; 신문 사진기자' 등이 '승격'된 직업들이다.

특히 (9마)의 '연구원'을 제외하면 대부분 '원'이 붙은 직업들은 '기술공' 또는 '준전문가'에서 넓은 뜻의 '전문가'로 바뀌었다. '물리학 기술공, 천문학 기술공, 기상학 기술공'이었던 직업이 '물리학 시험원, 천문학 시험원, 기상학 시험원'이 되었는데, '공'(工)이 '원'(員)으로 대체되면서 비로소 전문가의 일원이 된 셈이다. '기술자'는 전문가 자격이 있지만 '기술공'은 그렇지 않다는 '공'(工)에 대한 한국 사회의 부정적, 차별적 인식과 관련이 있는 변화이다. '원'이 붙는 직업 이름들이 늘어남으로써 '사'(士, 師, 事), '가'(家), '자'(者) 중심의 전문가 집단이 '원'(員)까지 포괄하는 복잡한 양상을 보여 준다고 하겠다.15)

한편, 전문가 직업에는 (9바)와 같은 다양한 이름의 보기들이 포함된다. 여기에도 본래부터 전문가 직업으로 분류되던 '장학관, 영화감독, 철학 교수' 등과 제6차 개정 직업 분류에서 새롭게 합쳐진 '경기 심판, 대중가요 가수, 외환 딜러' 등이 섞여 있다. 눈에 띄는 점은 '데생맨, 디스크자키, 네트워크 컨설턴트, 쇼핑호스트, 디지털애니메이터, 카피라이터, 프로게이머, 웹 디자이너, 쇼핑몰MD'처럼 서양 외래어 이름의 직업들이 아주 많은 사실이다. 사회 및 기술 변화의 속도가 빠른 가운데 해외에서 만들어진 직업 이름들이 한국어로의 변환 과정도 거치지 않고 관련 문화와

---

15) 제6차 개정 표준 직업 분류에서 '대학교수'와의 혼란을 없애기 위해 '생화학자, 정치학자, 철학자' 등을 각각 '생화학연구원, 정치학연구원, 철학연구원' 등으로 바꾸었다. 대표적 전문직의 한 영역을 차지하는 '학자'들이 모두 '연구원'이 됨으로써 '원'(員)의 값어치를 끌어올리는 데 도움이 될 것으로 예상된다. 물론 그렇게 되더라도 '연구+원'과 '시험+원'의 선행 요소 차이가 존재하기 때문에 완전한 동급의 '원'이 되기는 어렵다.

함께 빠르게 유입되고 있다. 이러한 외래어로 된 직업 이름에는 '사', '가', '원' 등의 직업 관련 언어 요소들이 붙지 않기 때문에 그 수가 늘어날수록 직업 이름을 통하여 직업 위상이 서로 비교되거나 차별 대우를 당하는 문제는 약해질 것이며, 따라서 관련 직업 종사자들 사이에서 외래어 직업 이름이 더 선호될 수도 있을 것이다.

(10) '직업 대분류 3~5'의 직업 이름과 언어 요소
    가. 검량원, 검수원, 관세 사무원/국가행정 사무원/판매기획 사무원, 전화 상담원, 마케팅 기획원, 모니터원, 부기원, 분실물 접수원/호텔 접수원, 선거 공무원, 세관 검사원, 신용관련 추심원, 신용장 개설원, 약국 보조원, 약국 전산원, 영업통계 작성원, 인구 조사원, 자재 수불원, 자재수급 계획원, 작업시간 기록원, 데이터 입력원, 전자 조판원, 전화 교환원, 정보 검색원, 증권 창구원, 창고 관리원, 화랑 안내원

    가-1. 경리, 근로감독관, 대학 행정조교, 보험 심사자, 보험심사 간호사, 비서, 속기사, 신용대부 관리인, 인터넷정보 검색사, 전당업자, 철도운송사무 통제관, 총무, 통계조사 슈퍼바이저, 특허 사무장

    나. 경호 요원, 관광 안내원, 귀중품 수송원, 놀이기구 조작원, 놀이기구 진행요원, 무인 경비원, 물품 보관원, 보안 관제원, 복지시설 보조원, 산후조리 종사원, 선박 객실승무원, 안전 순찰원, 여객선 승무원, 여관 시중원, 응원단원, 주차 단속원, 창고감시원, 콘도 서비스원, 피부관리 상담원

    나-1. 경락마사지사, 동물 미용사, 두피관리사, 미용사, 이발사, 장례지도사, 장의사, 전문 주례사, 조주사, 초밥 조리사, 특수 분

장사, 한국음식 조리사

　나-2. 해외여행 가이드, 관상가, 점술가, 운명 철학가, 교도관, 소방관, 경찰관, 소년보호관, 웨딩플래너, 헤어디자이너, 무당, 치어리더, 바텐더, 보디가드, 스튜어드, 와인스튜어드, 캐디, 카지노딜러, 벨맨, 룸서비스맨, 도어맨, 다이어트 프로그래머, 여객 전무, 골프진행도우미, 말벗, 스튜어디스, 웨이트리스, 소믈리에, 비디오방 관리인, 간병인, 무대 가발 담당자, 객실 사무장, 중식 주방장, 객실장, 여객열차 차장, 커플매니저, 패션 어드바이저, 청원 경찰, 바리스타, 투어 컨덕터, 푸드코디네이터, 웨딩코디네이터, 패션코디네이터, 여행사 오퍼레이터, 웨이터, 스타일리스트, 메이크업 아티스트, 호스트, 화술 컨설턴트

다. 건축자재 영업원/빙과 영업원/자동차 영업원, 계산원, 광고 수주원, 광고 판매원/냉장고 판매원/항공권 판매원, 마권 발매원, 매표원, 상품 홍보원, 요금 정산원, 요금징수 사무원, 자동차 대여원, 통신 재판매원, 판매 외무원, 판촉원

　다-1. 간접투자증권 취득 권유인, 고객상담 텔레마케터, 나레이터 모델, 노점상, 라이프컨설턴트, 레이싱걸, 보험 대리인, 보험 설계사, 보험 중개인, 자동차 딜러, 카매니저, 카운터(Counter), 캐셔(Cashier), 홍보 도우미

'직업 대분류 3'에는 사무직 종사자들이 들어간다. 이 직업의 이름들에는 (10가)와 같이 대부분 '원(員)'이 붙는다. '사무원'이라는 말이 들어가는 직업이 가장 많으며, 업무의 구체적 내용에 따라 '관리원, 상담원, 입력원, 접수원' 등이 붙기도 한다. (10나)와 같이 '장(長), 사(士), 관(官), 인(人)' 등 '직업 대분류 1, 2'의 직업에 주로 붙는 접미사들이 들어간 직업들도 일부 있지만 수가

아주 적다. 따라서 '직업 대분류 3'은 '원'(員)이 붙는 직업들을 묶은 것으로 볼 수 있다.

(10나~나-2)의 직업들은 '직업 대분류 4'에 해당하는 서비스 종사자들이다. 이 경우도 '원'(員)이 붙는 직업들이 기본적으로 많다. 다만 (10나-1)의 '사'(士, 師)가 붙는 직업들이 '직업 대분류 3'에 비해 많은 편이다. (10나-2)와 같이 '가(家), 관(官), 인(人), 장(長)' 등의 언어 요소가 붙는 직업 이름들도 포함되어 있다. 특히 눈에 띄는 점은 '벨맨, 소믈리에, 스튜어디스, 웨딩플래너, 웨이트리스, 카지노 딜러, 캐디, 헤어디자이너' 등 서양 외래어로 된 직업 이름들이 높은 비중을 보이는 사실이다. 서비스 종사자들은 직업 이름 면에서 앞서 살펴본 '직업 대분류 2'의 전문가 집단과 비슷하다. 전문직과 마찬가지로 서비스 업무가 아주 다양할 뿐만 아니라 서양에서 만들어져 곧바로 들어온 직업들이 많기 때문이다. 그러나 '직업 대분류 4'도 '원'이 붙는 직업들이 다수를 차지하는 점에서 '직업 대분류 3'과 통한다.

'직업 대분류 5'에 해당하는 직업들도 '원' 중심의 이름이 대부분이다. (10다)에 '건축자재 영업원'과 '광고 판매원'만 대표로 적어 두었지만 실제로 수많은 '영업원'과 '판매원' 직업이 포함되어 있다. 다른 언어 요소가 들어간 직업 이름은 (10다-1)이 모두일 정도로 얼마 되지 않는다. 앞의 사무 종사자, 서비스 종사자와 마찬가지로 판매 종사자들의 직업은 대부분 이름에 '원'(員)을 접미사로 갖고 있음을 지적한다.

(11) '**직업 대분류 6~9**'의 직업 이름과 언어 요소

가. 고사리 채취원/더덕 채취원/수피채취원, 나무증류 추출원, 나무

타기 벌목원, 낙농 종사원, 모피동물 포획원, 목탄굽기원, 물개 잡이원, 물고기 양식원/미역 양식원/조개양식원, 배추 재배원/오이 재배원/육묘 재배원, 부화원, 산림수목 증식원/산림수종자 증식원/임업묘목 증식원, 수렵원, 영림원, 유망어선 선원, 조경원, 조림원

가-1. 관목 싹 접목자, 낙농품 생산자, 동물원 사육사, 돼지 사육자/오리 사육자/육우 사육자, 목재벌채 인부, 벌목반출 나무 절단공, 벌목반출 벌목공, 병아리감별사, 사냥터 관리인, 양돈업자, 양봉가, 양잠가, 어장 어부/연안 어부/원양 어부, 온실 정원사, 원양 어업자, 원예사, 임업재목 절단자, 조경사, 종부사, 해녀

나. 가구 검사원/식품검사원/염색 검사원, 가구용 목재 조각원, 가로등 전선 가설원, 간판 수리원/복사기 수리원/헬리콥터 날개 수리원, 간판 제작·설치원, 갑피 가봉원, 갑피 연마원/석재 연마원/유리 연마원, 갑피 접착원, 갑피 폴더원, 갱외 광원, 건물 보수원/아파트 공조기계설비 유지보수원/자동화장비유지 보수원, 건물 소독원, 건물 외벽유리 청소원, 건물 해체원, 건물외벽 모래 살포원, 건둘외벽 청결원, 건설 지주원, 건설기계 설치원/식품기계 설치원/인터넷 설치원, 건설인양기 삭구원, 건축원, 견인원, 고기 선별원/목재 선별원/채소 선별원, 고속철 전기원/선박 전기원/항공기 전기원, 관 부설원/석재 부설원/지하전력선 부설원, 광물 절단원/석재 절단원/유리 절단원, 광산천정 볼트원, 광산표본 수집원, 광학기구 제조원/모형 제조원/유리병 제조원, 구난 잠수요원, 구두 수선원, 구두창 손질원, 구두창 재단원/의복 저단원/석재 재단원, 구조강가공·건립원, 구충 및 병충해 박멸원, 귀금속 박판원, 귀금속 세공원/은 세공원/자개 세공원, 귀금속 압연원, 금속제관원, 금형 가공원/김 가공원/정육 가공원, 금형 밀링원, 금형 선반원, 금형 조립원/

자동제어 조립원/차량틀 조립원, 금형원, 기와지붕 잇기원, 김치제조 종사원, 납땜원, 단열원, 담배 등급원, 대장원, 도관 연결원, 도살원, 도자기 공예원, 도축원, 듯본 제작원/우산본 제작원/철골제작원, 디젤기관차 검수원, 라이너 보링원, 매트리스 재봉원/섬유 재봉원/의복 재봉원, 모래 주형원, 목제품 수공예원/석제품 수공예원/종이 수공예원, 목형원, 미장원, 발파원, 방수원, 방역원, 방음시설·장치원, 배관 세정원, 복사원, 분골원, 브레이커원, 비행기 엔진오일 분석원, 섀시원, 석고보드 취부원, 석재 설계원, 석재 퐁삭원, 선박윤활유 주입원, 설비 배관원, 섬유 분류원, 수동 단조원/열간 단조원/프레스 단조원, 수동스크린 날염원, 수력 사광원, 수산물 건조원, 수제 인쇄원, 수조원, 수중 작업원, 수편물원, 신변잡화 수선원/의복 수선원/한복 수선원, 아세틸렌 용접원/자동식가스 용접원/전기아크 용접원, 어류 염장원, 옷본 표시원, 용접 사상원, 유니텍스시공원, 유리 식각원, 유리 재단원, 유리 제경원, 유리 취주원, 인터넷 개통원, 자동차 경정비원, 자동차 기관 정비원/크레인 정비원/항공기 정비원, 자동차 도장원, 자동차 판금원, 잠수 펌프원, 장신구 법랑원, 장신구 주형 주조원, 전기 내선원, 전기 배선원, 전기냉방장치 설비원, 전동객차 점검원, 전선설치 보조원, 전화케이블 접속원, 점화원, 제책원, 제화원, 조명 조정원, 조명원, 조형원, 증기분사기 조작원/콘크리트 진동기 조작원/타지마자수기 조작원, 직조원, 차륜 정렬원, 채석원, 축로원, 컴퓨터 자수원, 콘크리트 완성원, 콘크리트 혼합원, 콜크타일 깔기원, 타일 부착원, 탕제원, 테라조원, 통나무집 건립원, 할석원, 합형원, 화강암 광택원

나-1. 건축석재 부설공, 금속판 방수공, 나무창호 목공/외장 목공/인테리어 목공, 내화재 조적공, 대목공, 드잡이공, 디젤엔진 배

관공/상수도관 배관공/항공기 배관공, 모자이크타일 부착공, 바닥 연마공, 보도블록 포설공, 보온공, 분사단열공, 석공, 석조 각공, 석축공, 시멘트공, 실내장식 도배공, 아스타일공, 언더코팅공, 연돌공, 온돌공, 외벽미장공, 유리 부착공, 천정 텍스공, 철골공, 철근 절단공, 초벌 도장공, 치장 벽돌공, 콘크리트 견출공, 콘크리트 바이브레타공, 콘크리트 타설공, 한식와공

나-2. 경량 철골원(천정공), 도배공 (도배기사, 도배사), 도장원(도장공, 도장기공), 바닥재 시공원(마루설치공, 타일부착원), 철근원(철공), 화공(화원)

나-3. 가전제품 A/S기사, 갓장이, 건물해체 감독, 궁시장/매듭장/유기장, 도편수, 모피 패턴사, 목수/대목수/형틀목수, 비행기 정비사, 양과 제과사, 양복사, 양장사, 잠수부, 제빵사, 조선 취부사, 조율사, 철로보수 종사자, 축가공기술자, 패터너, 화약 책임관리자, 화약수

다. 갑판원, 계측기 조립원/고무제품 조립원/자동차 조립원, 고속버스 운전원/수력발전장치 운전원/유조차 운전원, 곡유리 제작원, 과자 생산기 조작원/도정기 조작원/유리취주기 조작원, 구두창 부착원, 급전 사령원, 나전칠기 도장원, 대리 주차원, 덕트우드 제조원/유부 제조원/정밀렌즈 제조원, 등대원, 뜨개질원, 렌트카 인도원, 머시닝가공원/신발창·굽 가공원/LCD액정유리 가공원, 목재가구 완성원, 목재가구 착색원, 목재가구칠원, 무두질원, 바지선 선원, 반도체 성형원, 반도체 코팅원, 반도체금속 증착원, 방적기 도핑원, 병원전기 관리원/전기기계 관리원/전기설비 관리원, 사진 처리원, 사진 편집원, 산성 침세원, 선박조립 검사원/자동차 검사원/항공기조립 검사원, 섬유 선별원, 섬유염색 BT원, 소각장 운영원, 수동 직조(편직)원, 스크린 스텐실원, 스크린 인쇄원/잉크젯트 인쇄원/활판 인쇄원, 신발 폴리싱 작

업원, 신발창 접착원, 연속전해식세척기 희박산수원, 염색 준비원, 원피 분할원, 웨이퍼 식각원, 웨이퍼 확산원, 유리기계 면취원, 유리섬유 사출원, 유리원료 투입원, 인쇄 소부원, 인쇄필름출력원, 자동 스크린 날염원, 저수지 조절원, 전기 도금원, 전기제판원, 정단원, 철도 수송원, 철도 신호원, 철도 차량엔진 탑재원, 코일 산세원, 콘크리트제품 주형원, 펠트 세척원, 펠트 절단원, 펠트 정모원, 펠트 제육원, 폐유 재생원, 포토샵사진 수정원, 피혁 광택원, 피혁 신장원, 피혁 염색원, 활자조판원

다-1. 점토여과 프레스기 조작공, 등대지기, 고속철 기관사/디젤기관차 기관사/지하철 기관사, QSS 기사, 감량기사, 영업용 택시 기사, 화물열차 차장, 갑판장, 리치스데커

라. 가사보조원/주방 보조원/학교급식 보조원, 가사쇼핑 대행원, 가스 점검원, 가스충전원, 거리 미화원, 계기 검침원, 고리끼우기원, 공공건물 청소원/선박 청소원/호텔 청소원, 공원순찰원, 공원안전요원, 공원질서요원, 공장경비원/상가경비원/청사경비원, 과실 수확원, 구슬꿰기원, 그루터기 제거원, 극장검표원/사우나검표원/통행료검표원, 냉동물 운반원/상품운반원/쇼핑카터 운반원, 놀이시설질서유지원, 다림질원, 단순 조립원, 도로건설 단순노무원/보선 단순노무원/해체작업 단순노무원, 벽보원, 봉투만들기원, 부두노무원, 부품제품단순분류원, 분뇨 수거원/재활용품 수거원/쓰레기 수거원, 빌딩보안원, 상표부착원/스티커부착원/포스터부착원, 상품진열원, 세탁원, 수공 코일 권선원, 수동 포장원, 식재료 세척원, 신문 배달원/우편배달원/택배 배달원, 심부름원, 얼룩 빼기원, 우편물 집배원, 육상화물하역원, 인형눈붙이기원, 자동판매기 유지 및 수금원, 적재원, 정리원, 종이봉투접합원, 주유원, 주차관리원, 주차장 안내원, 패스트푸드원, 헬스클럽 탈의실 보관원, 홍보지 배포원, 환경 감시원, 휴

대품 보관소 접수원

라-1. 가정보육사, 가정부, 건물건설 적재공, 과수원 단순노무자/어업 단순노무자/채광 단순노무자, 교회 관리인, 구두닦이, 권선공, 목동, 보모, 사환, 성당지기, 시설보조 보육교사, 쓰레기 청소부, 우체부, 운하공사 인부, 유모, 잡역부, 파출부, 해초 채취자

(11가, 가-1)의 직업들은 '직업 대분류 6'의 '농림어업 숙련 종사자'에 해당하는 것이다. 각종 '채취원, 양식원, 재배원' 등 '원'(員)이 접미사로 붙은 직업 이름이 많으며, '가(家), 사(士), 자(者)' 등이 붙은 직업도 다수 보인다. 특징적인 것은 '인부(人夫), 어장어부(漁夫), 벌목반출 벌목공(伐木工)'과 같이 사회적으로 직업 이름에서 사용을 꺼리는 '부(夫)'나 '공'(工)이 붙은 직업도 여전히 들어 있는 점이다.

(11나~나-3)은 '직업 대분류 7'의 '기능원 및 관련 기능 종사자' 직업들의 보기이다. (11나)의 '원'이 들어간 다양한 직업 이름이 다수를 차지하는데, (11나-1)과 같이 '공'(工)이 들어간 직업도 다른 범주에 비해 많다. '연마원, 용접원, 정비원' 등은 예전에 '연마공, 용접공, 정비공'으로 부르던 것이다. '공'을 '원'이나 '사'로 바꾸려고 하였으나 정착되지 않아 (11나-2)의 '도장원(도장공, 도장기공)'처럼 몇 가지를 함께 적은 직업 이름도 있다. (11나-3)을 보면 '사'(士)가 붙은 '비행기 정비사, 양과 제과사'가 있는 한편 꺼려하는 언어 요소인 '부'(夫), '수'(手), '장'(匠)이 붙은 '잠수부, 목수, 궁시장'이 함께 들어 있다. '공→원'의 변동과 함께 '부'(夫), '수'(手) 등의 상승 변화도 곧 일어나리라 예상된다.

'직업 대분류 8'은 '장치·기계 조작 및 조립 종사자' 직업들로서 (11다-1)의 일부 예외를 제외하면 이름이 '○○원'으로 통일된 모습이다. 특히 각종 '조립원, 운전원, 조작원' 직업이 높은 비중을 차지한다. 이들 직업들도 이전에는 '공'이나 '수'가 접미사로 붙던 것이 많았는데, '운전수→운전원', '인쇄공→인쇄원'과 같이 이름이 바뀌었다. 앞의 '직업 대분류 7'의 직업들과 비슷하다.

끝으로 '직업 대분류 9'에 들어 있는 직업 이름들을 살펴보면, (11라)와 같이 대부분의 직업들이 '원'을 접미사로 갖고 있다. '우편배달부'가 '우편배달원'이 되고, '거리 청소부'가 '거리 청소원'을 거쳐 '거리 미화원'이 된 것처럼 이 범주에서도 다수의 직업 이름들이 언어적 지위 상승을 겪었다. 그런데 (11라-1)에 제시한 다른 유형의 직업 이름들 가운데 아직도 '부'(夫, 婦)가 붙은 직업들이 많다. '우체부, 청소부, 가정부, 파출부' 등이 그 보기인데, '잡역부'(雜役夫)라는 모욕적 느낌의 이름도 들어 있다. 이와 함께 '모'(母)가 붙는 '보모, 유모'도 보인다. 이러한 직업 이름들은 현실적으로 잘 쓰이지 않고 일부는 직업 현장에서 이미 다른 표현으로 바뀌었지만 공식적인 정부의 직업 분류에서 예시로 들어 있어 흥미롭다.

지금까지 살펴본 직업 서열과 언어 요소의 관련성을 정리하면, 9가지 직업 대분류는 언어 요소의 면에서 3단 위계 서열 체계로 재구성될 수 있는 것으로 나타났다. 그 가운데 '상위 직업 부류'는 '직업 대분류 1'로서 '장'(長)의 직업들로 이루어진다. 어떤 기관 또는 부서의 '책임자'나 '관리자' 직업들이며, 대부분 '장'이 직업 이름에 접미사로 붙는다. '중간 직업 부류'는 '사'(士, 師)로 표시되는 직업들이다. '직업 대분류 2'가 여기에 해당하며, 각종 직업 분야에서 '전문가'로 활동하는 사람들의 직업이다. '직업 대분류 3' 이하의 직업들에서도 다수가 이러한 '사'를 '직업 지위 표시어'로 붙이고 있거나 새롭게 붙이려고 시도하는 중이다. '직업 대분류 3'부터 '직업 대분류 9'까지의 직업들은 '원'(員)으로 표시되는 직업들이며, '하위 직업 부류'에 해당한다. '원'의 직업들은 '장'의 지휘를 받아 정신적, 육체적 실무를 담당하는 사람들의 직업이다. 직업 대분류 범주에 따라 얼마나 많은 '공'(工), '부'(夫, 婦), '수'(手), '장'(匠)이 붙은 직업 이름들이 아직도 남아 있고, '사'(士, 師)로 승격된 직업들이 얼마나 높은 비중을 차지하는지의 면에서 차이가 있지만 이 범주들의 직업 이름은 공식적으로 '원'으로 통일되는 모습을 보여 준다.

이와 같이, 9가지 직업 대분류가 직업 위세, 정신노동과 육체노동 여부, 업무 위험도 등의 면을 고려하여 위에서 아래로 배치한 서열 구조인 것과 마찬가지로 이러한 직업 범주들은 언어적인 면에서도 뚜렷한 서열 체계를 이루고 있음을 확인하였다. 직업 이름, 특히 그것에 붙는 접미사의 유형은 단지 직업의 종류를 나타내기보다는 직업과 관련된 사회적 위세를 드러내고, 나아가 직업 종사자들의 사회적 신분을 표시해 주는 기능까지 가질 수 있는 것이다. 공식적 신분 질서가 사라진 현대 한국 사회에서 직업 이름은 '숨겨진' 신분 질서의 표시 및 유지 기능을 수행하고 있는 셈이다. 사회적으로 평등의 가치가 중요해지면서 새로운 직업 이름 붙이기나 직업 이름 바꾸기 등의 언어적 과정에서 이런 점이 갈수록 중요하게 고려되는 추세이다.

3. 직업 이름과 관련된 대립과 차별: 의사와 간호사

직업 이름과 관련하여 집단 간 대립과 갈등, 그리고 차별이 나타나는 대표적 직업에는 '의사'와 '간호사'가 있다.16) '의사'(醫師)는 조선 시대에는 '의원'(醫員)이라고 불렸는데 서양식 의료 제도가 들어오면서 '의사'로 바뀌었다. 이름에서 '원'이 '사'로 승격된 셈이다. 그러나 의료 현장에서 의사와 함께 중요한 축을 맡고 있는 간호사들은 1907년 대한의원에 간호부양성소가 설치된 후 '간호부'(看護婦)로 불리게 되었다.17) 의사가 환자를 치료하는 '스승'의 역할을 하는 데 비해 간호사는 의사의 지시를 받아 환자를 돌보는 '여성 일꾼' 정도로 대접 받은 것이다.18)

해방 이후 직업 이름의 전반적인 변화 속에서 간호 업무의 전문성을 알리고 직업에 대한 사회적 인식을 높이기 위한 간호사들의 노력으로 '간호부'는 '간호원'(看護員)으로 바뀐다.19) 구체적으로 1951년 <국민의료령>에서 '간호원' 이름이 공식적으로 등장했다. 상당 기간 일상적으로는 '간호부'가 계속 쓰였기 때문에 간

---

16) 군대에서 '장교'와 '부사관', 대학에서 '교수'와 '직원', 법원에서 '판사'와 '직원' 사이에서도 직업 이름과 관련하여 대립과 갈등이 적지 않다. '부사관'의 경우 '하사관'에서 바뀐 것이며, 대학에서는 '교수'와 '직원'의 비대칭 구조를 바꾸기 위해 행정 부서에서 오랫동안 일상적으로 쓰던 '교수' 대신 의도적으로 법적 용어인 '교원'을 쓰는 일이 늘어나고 있다.

17) <간호사 '지위 향상'… 여권(女權) 신장 '새 바람'>, 데일리메디, 2010-01-02.

18) 조선 시대에 간호사 역할을 했던 여성들이 '의녀', '약방 기생' 등으로 불리며 천민 신분이었던 것을 생각하면 '간호부'라는 이름도 한 단계 승격된 것으로 볼 수 있다.

19) 간호사 명칭의 변화와 관련된 이후 내용은 대한간호협회 인터넷 잡지 ≪대한간호≫ 24호(2006년 3·4월호)에 실린 <간호의 역사, 잊지 못할 순간들—1987년 간호사 호칭 변경> 기사를 참조한 것이다.

호사들은 새로운 이름의 정착을 위해 많은 노력을 기울였다. 그렇지만 '간호원'은 '청소원, 안내원, 점원'과 같은 계열의 직업 이름으로서 '의사'와 비교하여 여전히 언어적 지위 차이가 있다. '여성 일꾼'에서 단지 '어떤 일을 하는 사람' 정도로 직업 이름의 의미가 바뀌었을 뿐 '의사'의 "스승" 또는 "전문적으로 기예를 닦은 사람"이라는 의미 수준에는 이르지 못했다. '간호원'은 언어적인 면에서 여전히 '의사'의 종속적 지위에 있음을 말한다.

이런 상황에서 간호사 단체에서는 의사들과 다른 독자성을 가진 업무 영역인 간호 업무를 맡은 자신들의 지위를 의사와 비슷한 지위로 올리고자 노력하였다. 업무상 의사의 지시를 받더라도 역할 수행에서는 전문 지식을 갖고 독자적으로 업무를 수행하고 있기 때문에 '의사'와 마찬가지로 '사'(師)를 붙여야 한다고 주장하였다. '의사'와 '간호사'라는 직업 이름의 언어적 구조가 비슷해짐으로써 상대적 지위 면에서 피해를 입는다고 느낀 의사 단체에서는 '간호사'로의 변경을 반대하고 나섰지만 마침내 1987년에 의료법 개정을 통해 '간호원'이 '간호사'(看護師)로 승격되었다. 의사와 간호사가 언어적으로 대등한 자리에 서게 된 것이다.

간호사 직업의 이름 변화 또는 변경 과정은 우리 사회에서 직업 이름의 선호도와 위계질서가 무엇인지를 잘 보여 준다. '부'(婦)가 붙은 직업 이름보다는 '원'(員)이 붙은 이름을, '원'보다는 '사'(師)가 붙은 직업 이름이 위계질서의 윗자리를 차지하고 있으며, 대다수 직업인들은 '사'가 붙은 이름을 갖기를 더 좋아한다고 하겠다. 직업 이름의 언어적 재포장을 통하여 해당 직업에 대한 사회적 인식 변화를 꾀하고, 관련 종사자들의 자부심을 끌어 올리려는 동기에서 나온 직업 이름의 변경 요구는 꾸준히 이어지고

있다.[20]

앞 절에서도 적은 바 있지만 '광부'는 '광원'이 되었고, '청소부'는 '(환경)미화원'으로 바뀌었다. '우체부' 또는 '우편배달부'는 '집배원' 또는 '우편배달원'으로 쓰인다. '청소부, 광부, 우체부'의 '부'(夫, 婦)가 '원'(員)으로 승격된 것이다. 다만, 이들 직업들은 '간호사'와 달리 '원'에서 더 이상 올라가지 못한 점이 차이다. '청소부'에 부정적 의미가 더해져 당사자들이 만족하지 못해도 '(환경)미화원'으로 바뀔 뿐 '청소사'(淸掃師, 淸掃士)나 '미화사'(美化師, 美化士)로의 변경은 불가능하지는 않지만 당장은 어려운 상황이다.[21] '집배원'의 경우도 해당 기관에서 이름을 바꾸기로 하여 새 이름 후보를 공모하였지만 성과가 없었고, 또 바꾸더라도 '사'를 직업 이름에 붙이기는 쉽지 않아 보인다.

---

[20] 차별 언어 관련 논문에 대한 토론에서 한 교수는 "과거 '청소부'라는 표현이 다소 비하적이라고 해서 '환경미화원'으로 바꿔 사용하고 있습니다. '부'에서 '원'으로 승격한 것일까요? 그러면 지금은 '환경미화원'이라는 표현에는 비하의 뜻이 없고, 연중들이 이 표현을 쓰면서 '청소부'라고 했던 것에 비해서 불평등한 대우를 하지 않게 된 것일까요? 멀지 않아서 우리는 '환경미화원'이라는 명칭을 또 바꿔야 할지도 모릅니다"라고 하면서 직업 이름을 바꾸는 것에 이의를 제기했다. 그러나 '청소부'를 '환경미화원'으로 바꾸고, '가정부'를 '가사도우미'로 바꾸었다고 해서 그 직업에 대한 사회적 평가가 쉽게 바뀌지는 않겠지만 해당 종사자들에게 만족감을 주는 효과가 분명 있으며, 나아가 그런 직업 종사자들이 하는 일의 가치에 대해 사람들이 재인식하도록 하는 데 도움이 된다고 본다.

[21] '청소원'에서 선행 요소를 바꾸어 '미화원'이 된 것처럼 일부 직업의 경우 이름의 접미사를 바꾸는 데 한계가 있기 때문에 선행 요소를 바꾸는 방식으로 변화를 시도하게 된다. 정부 기관에서 '경비(원)'을 '방호원'으로 부르는 것, 최근 '집배원'의 이름을 새롭게 바꾸려 한 것도 같은 이유 때문이다. 일부에서는 '화장실 미화원'을 '화장실 관리인'으로 쓰기도 하는데 이런 경우는 선행 요소와 접미사를 모두 바꾼 보기이다.

'광부, 우체부, 청소부'가 공식적으로 '원'에 머물러 있는 점을 생각하면 '간호부'가 '간호원'을 거쳐 '간호사'가 된 것은 아주 성공적이다. 물론 간호사 직업을 갖기 위해서는 '광부' 등과는 다른 높은 직능 수준의 전문 교육이 필요하고, 업무 자체도 사람을 직접 치료하고 의료적으로 지도하는 데 참여하는 것이기 때문에 '광부' 등과 달리 '사'(師)를 붙이는 데 문제가 없어 보인다. 간호사들로서는 당연한 이름을 어렵게 찾았다고 여길 것이며, 현재의 직업 이름을 통하여 전문직 종사자로서의 집단 정체성을 분명히 갖고 있을 것으로 생각된다. 나아가 환자들이 '의사 선생님'이라고 부르듯이 지위에 걸맞게 '간호사 선생님'으로 합당한 대우를 해 줄 것을 바라고 있다. 그러나 간호사들이 바라는 것과 달리 환자들은 '의사'와 '간호사'를 아직도 언어적으로 차별하고 있는 것이 현실이다.

(12) '의사'와 '간호사'에 대한 환자들의 차별

가. 종합병원 간호사 호칭 어떻게 불러요?
궁금해서 여쭤봐요..,
종합병원이나 대학병원 간호사들한데 뭐라고 불러요?
제가 얼마전 입원을 했었는데 전그냥 평소에도 나보다 어려도 언니라고 부르거든요.,
그런데 개인병원 간호사들은 별로 신경을 안쓰는거 같은데 이번에 입원했던 병원 간호사들은 기분 나빠하는거 같더라구요.,
보통 어떻게 부르나요?
간호사님, 간호사 선생님 ?
이렇게 부르기에는 왠지 어색한거 같아서 편하게 언니라고 부른 건데..,

자기들끼리는 선생님이라고 부르더라구요,
여러분들은 간호사들에게 어떤 호칭을 쓰나요?
(2009-04-27, pann.nate.com/b4017348)

나. 간호사선생님의 잘못된 호칭에 대한 일반인의 생각 ^^

[...] 근데 '저기요'가 듣기 싫은 말인지는 지금 처음 알았네요 ㅡ0ㅡ;;;

간호원이라는 말도 안좋은 말이었군요..... 지금 알았어요 ^^;;
'아가씨' 는 제가 직접 목격했거든요. 어느 지방에서 올라온 환자가족분이 간호사선생님한테 "아가씨~'라고 하니 "아가씨 아니에욧!" 하시더군요. [...]

⇒ 제가 실습하는 병원에선 언니는 기본이고..이모라고도 부르던 데요 ㅡㅡ;;그래서 선생님이 여기에 이모가 어딨냐고 그렇게 부르지 마시라고했엇는데...

⇒ '박양~'이렇게 부르시는 분들도 계십니다..- -;; 다방도 아니고.

⇒ 제가 실습할때는 "어이!!꼬마야~~"이러던 아저씨도 있었어요..T T..

(2003-03-24, cafe.daum.net/NursePaper/8fQ/23402)

다. 언니, 누나, 간호사님, 간호사 선생님

[...] nurse의 정확한 호칭은 간호사다. 아직도 나이 많으신 어른들은 간호원이라고 부르는 분이 더 많다. 그리고 간호사의 '사'자는 선비사士 가 아니라 스승사師 다.

의사는 의사선생님이라고 하면서 간호사는 언니, 누나로 불리고 간혹 가다가는 간호원, 간호부(?)라고 까지 불린다....

간호사님 이라고는 해야할텐데 잘 안도나 보다... 머 그런데는 우리한테도 책임이 없다고는 할 수 없지만.. 틀린 건 바로 잡아야 되는데 그런가 보다하고 넘어가다 브니까...

간호 조무사를 간호사라고 하고 간호사를 언니라고 하는 하여튼 이상한 상황이 대버렸다.

(2002-06-05, blog.daum.net/9830625s/152173)
라. 의사선생님과 간호사분들도 너무 친절하시고 ㅎ^ 지금은 부은 모습을 봐도 만족+흐뭇하네요^^ [...]
한 3주 정도에 쌍커플상태좀 확인할겸 방문해도 되는지요?
**의사선생님과 간호사분들도 너무 친절하시고 ㅎ^
지금은 부은 모습을 봐도 만족+흐뭇하네요^^
역시 인천에서 온 보람이 있네요!! ㅎㄷㄷ;;;
좀더 시간이 지나서 그때 또 후기 쓸게요^^
(2009-06-29, blog.daum.net/wonderfat/211)

인터넷 공간에서 가져온 위의 증언들을 보면 환자들이 간호사들을 '간호사님'이나 '간호사 선생님'으로 부르기보다는 '언니'나 '아가씨'로 쉽게 부르고 있음을 알게 된다. (12나)에는 심지어 간호사를 '이모'나 '○ 양'으로 부르기도 하는 것으로 나온다. (12다)를 보면, 주로 나이든 환자들이겠지만 아직도 '간호원, 간호부'를 쓰는 사람도 있다고 한다. 의사를 '오빠'나 '형', '삼촌'으로 부르는 사람이 없음을 생각하면 환자들의 이러한 간호사에 대한 호칭어 사용은 의사에 대한 용법과 비교하여 분명히 차별적이다.22) 이에 대해 당사자들은 불쾌감을 느끼고 호칭을 바로잡기 위해 일부 직접적으로 대응하기도 하지만 다수는 불만을 마음속으로 삭이는 일이 많아 보인다.

---

22) 의사에게 '아저씨'라고 하는 사람들이 늘어난다는 보고도 있지만 어른들이 진료실이나 병실에서 담당 의사에게 그렇게 부른 것이 아니라 주로 어린이나 청소년들이 병원 복도 등에서 길을 묻는다든지 하는 등의 비업무적 상황에서 쓴 용법일 것으로 생각된다. 청소년들은 간호사에게 '언니, 누나, 아줌마' 등을 더 쉽게 쓰며, 업무 상황에서도 마찬가지이다.

(13) 호칭과 관련한 '의사'와 '간호사'의 대립과 차별

가. 의사들이 부르는 간호사 라는 호칭에 대해서..
   병원에서 지내다보니 -_- 이래저래 미흡한점이 보이긴하지만..
   상당히 기분나쁘게 하나 있더군요..
   바로 간호사는 의사에게 존칭을 하면서..
   의사는 간호사에게 존칭대신.. 간호사 라고 부르더군요.--a
   아무리 오더를 내리고 받는 관계지만...
   서로간의 존칭은 예의가 아닌지..-_-;
   쩝.. 파업할때...
   이점도 했으면 진짜 좋았었는데...
   상당히 간호사~ 라고 부르는 호칭이 마음에 걸리더군요.
   그렇다고 간호사가 xxx의사~ 라고 부를수도 없는 노릇이고.--;;
   (2004-11-26, cafe.daum.net/NursePaper/8fQ/26242)

나. [직장문제] 간만에 나한테 아는 척 한다는 놈이..
   그려,,
   버젓한 간호사 호칭을 놔두고
   의사란 놈이
   아가씨도 빨리 하고 가세요~
   이러고 자빠졌냐~~!!!!!!!'!!
   무개념인.. ㅅㄲ
   스스로 지 얼굴에 침뱉는 의사들,,
   정말 씨밤바 니조랄이야./
   (2008-07-15, cafe.daum.net/jjangnandaya/18a1/5510)

다. 써비스 꽝인 병원 의료원
   [...] 어느 과라고는 밝히지 않겠습니다
   의사선생님도 인권이 있으니
   간호사를 부를 때 미스 * 라고 부르더라구요
   남을 높이는 만큼 그 사람의 가치도 높아진다는 것을 아셨으면
   합니다

같은 직원을 사랑스런 존칭으로 대한다면 미스 *이면 어떻고 아무렴 어떻습니까만
환자들이 듣기엔 까칠하드라구요
(2006-10-04, www.sokchoomc.co.kr/bbs)

상호 호칭과 관련하여 의사와 간호사들은 대립을 겪으며, 간호사에 대한 의사의 무시와 호칭 차별이 나타나기도 한다. (13가)를 쓴 간호사는 의사들을 '존칭'으로 부르는 반면 의사들은 자신들을 그냥 '간호사'로 부르는 차별이 있음을 지적했다. 여기서 '존칭'이란 의사를 '(○○○) 선생님'으로 부르는 것으로 생각되는데, 의사들은 간호사에게 '존칭' 없이, 곧 '님'이나 '선생님'을 붙이지 않고 '(○○○) 간호사'로 부른다고 보고하였다. 간호사 단체의 꾸준한 노력으로 '의사'와 '간호사'가 마침내 언어적으로는 같은 '사'(師)가 되었지만 아직도 의사들은 호칭어 사용을 통해 간호사를 대등한 전문 직업인이 아니라 자신들의 명령과 지시를 따르는 종속적 하위자로 다루고 있는 것이다. 의사들의 간호사에 대한 비대칭적 호칭어 사용이 집단 파업의 의제로까지 여겨질 정도로 심각한 문제임이 드러난다.

(13나)에서는 의사로부터 '아가씨'라고 불린 간호사가 인터넷 게시판에서 비속어를 섞어 강하게 비난하고 있다. (13다)는 환자가 간호사에 대한 의사의 호칭을 문제 삼는 것이라 눈에 띈다. 의사가 환자들 앞에서 간호사를 '미스 ○'라고 부른 것을 좋지 않게 평가했다. 간호사는 의사에게 '총각/아저씨'나 '미스터 ○'라 부를 수 없는 상황에서 의사가 간호사를 일방적으로 '아가씨'나 '미스 ○'로 부름으로써 당사자는 물론 옆에서 듣고 있는 환자들조

차 거북한 느낌을 갖게 됨을 알려 준다.

　최근에는 의사들에 대한 간호사나 환자들의 호칭이 '의사 선생님'에서 '원장님'으로 바뀌고 있다. 특히 같은 분야의 의사들이 모여 병원을 함께 운영하는 개인 병원에서 이러한 현상이 두드러진다. 한 병원에 여러 의사들이 근무할 때 한 사람만 '원장'이 되는 것이 아니라 모든 의사가 '원장'으로 불리고, 그 가운데서 한두 사람은 다시 '대표 원장'이 된다. 동업자에 대한 배려와 사회 전반적인 호칭 상승 현상이 부분적 원인으로 작용했겠지만 간호사와의 지위 대립 문제도 '원장, 대표 원장' 사용의 중요한 원인이라고 본다. 곧 이전에 환자들과의 관계에서 '의사 선생님'과 '간호원 (언니/아가씨/아줌마)'으로 차별적 대우를 받는 것이 당연시되다가 '의사 선생님'과 '간호사님/간호사 선생님'의 대등한 대우를 받을 수 있는 상황으로 바뀌다 보니 '간호사'와의 대등한 지위 관계를 넘어서는 새로운 호칭으로서 '원장'을 적극적으로 쓰게 되었다는 것이다.

(14) '의사'를 대신하는 '원장' 호칭의 쓰임

　가. 뉴**치과 원장들을 소개합니다. (선릉역치과/대치동치과/삼성역치과/강남역치과) [...]
　　10년이 흐른 지금은 저와 뜻을 함께하는 대학동문들이 하나둘 모이다 보니, 어느덧 보라매공원, 돈암동, 용인 동백, 강남 대치동 등 4개 치과가 하나의 치과로 뭉친 원장만 7명이 된 규모가 되었습니다. [...]
　　저를 중심으로 해서 (제가 대표성을 띠다 보니 원장들도 저를 중심에 앉히더군요 ^^;;;) 좌측부터 김**, 김**, 노**, 우**, 류**, 박** 원장입니다. [...]

(2010-02-04, place.daum.net/place/NetizenView.do? reviewid=128294)

나. 가슴성형 가격,좋은병원 소개시켜주세요.
나이가 28살인데요..
키가 160정도 되구요, 가슴이 정말 없습니다. 75A 해도 속옷이 크네요.. ㅜㅜ
가슴성형 하고 싶은데, 가격이랑 좋은병원을 알고 싶어요. [...]
⇒ 간호사 언니들 넘 친절하고이쁘고요 대표원장님도 잘생겨서 인지인기짱인거 같아요 사실 대기하는라 힘들었어요.
아무튼 성형수술중가슴성형만족도가 최고라하는데 그래서인지 전 지금 넘행복하고 좋아요
올여름이 기대대요 ㅎ ㅎ ㅎ (2006-06-22, k.daum.net/qna)

(14가)를 보면, 4개의 치과 병원이 연합하여 운영되고 있는데 의사 7명이 모두 '원장'으로 불린다. (14나)에서는 환자가 '대표원장'이라는 말을 쓰고 있다. '의사'가 '원장'으로, '원장'이 '대표원장'으로 승격된 상황이다. 앞에서 설명한 것처럼 '원장'은 구성원을 지도·감독하는 최상위 '장'(長)의 지위인 반면 '간호사'는 부서장이나 기관장의 지휘를 받아 자신의 직분을 수행하는 중간 지위의 '사'(師)로서 위계 서열의 뚜렷한 차이가 느껴진다. '간호원'이 '간호사'로 바뀐 지 오래지만 의사들은 간호사들을 최소한 언어적인 면에서도 대등한 지위의 의료인으로 인정하지 않으려 하는 내면적 태도를 드러낸 표현으로 해석된다.
　이상의 논의를 통하여 '간호부'가 '간호원'을 거쳐 어렵게 '간호사'가 되었지만 환자들이나 의사들로부터 기대한 대접을 아직은 충분히 받지 못함을 알 수 있다. 환자들은 '의사 선생님'과 '간

호사 아가씨'로 차별하고, 의사들 또한 간호사들을 '간호사 선생님'이 아니라 '간호사'나 '미스 ○'로 부름으로써 종속적 지위자로 묶어두고 있다. 의사들은 또 '원장', '대표 원장'이라는 새로운 호칭어 기능의 직업 이름을 적극적으로 씀으로써 '원장'과 '간호사'의 위계 차이를 계속 유지하려는 사실을 확인할 수 있었다.

◆ **맺음말**

이 장에서는 한국의 직업 이름을 대상으로 언어적인 면에서 위계질서가 어떻게 나타나고 있으며, 직업 이름과 관련된 차별 현상에는 무엇이 있는지를 비판적 관점에서 분석하였다. 직업 이름에서 보이는 위계질서와 차별, 관련 집단 간 대립 현상을 살펴봄으로써 언어와 사회의 긴밀한 관련성을 드러내고, 한국어 정책적 활동을 위한 기초 자료를 제공하고자 하였다.

구체적으로 1절에서는 직업 이름을 구성하는 언어 요소 가운데서 접미사적 요소를 중심으로 직업 이름의 유형을 살펴보았다. 직업의 성격, 종사자의 신분이나 자격, 종사자의 성별을 알려 주는 '장'(長), '관'(官), '감'(監), '사'(事, 士, 師), '가'(家), '인'(人), '원'(員), '공'(工), '부'(夫, 婦) 등이 '직업 지위 표시어'로 쓰이고 있었다.

2절에서는 한국 표준 직업 분류 체계를 대상으로 직업 서열과 언어 요소의 관련성을 분석했다. 9가지 직업 대분류는 언어 요소 면에서 3가지로 재구성되었다. 상위 직업 부류는 '장'(長)의 직업들로 이루어진다. 어떤 기관 또는 부서의 '책임자' 또는 '관리자'

직업들이며, 대부분 '장'이 직업 이름에 접미사로 붙는다. 중간 직업 부류는 '사'(士, 師)로 표시되는 직업들이다. 각종 분야에서 '전문가'로 활동하는 사람들의 직업이다. 하위 직업 부류는 '원'(員)으로 표시되는 직업들이다. '장'의 지휘를 받아 구체적 실무를 담당하는 사람들의 직업이다. 공식적 신분 체계가 사라진 현대 한국 사회에서 이러한 직업 이름은 '숨겨진' 신분 질서의 표시 및 유지 기능을 수행하고 있다.

 3절에서는 직업 이름과 관련하여 생기는 집단 간 대립과 갈등, 그리고 차별 현상을 '의사'와 '간호사'를 보기로 들어 분석하였다. '간호부'가 '간호원'을 거쳐 어렵게 '간호사'가 되었지만 환자들이나 의사들로부터 아직은 언어적으로 충분한 대접을 받지 못함을 알 수 있었다. 환자들은 간호사들을 '간호사 선생님'이 아니라 '간호사 언니'나 '아가씨'로 부르고, 의사들은 간호사들을 종속적 지위자로 대하고 있는 모습이었다. 이러한 논의를 통하여 직업 이름이 직업에 대한 단순한 정보 표시에 머물지 않고 종사자들의 정체성과 자부심을 드러내고 해당 직업에 대한 사회적 인식과 지위를 표시해 주는 적극적 기능이 있음을 알게 되었다.

 문화체육관광부와 국립국어원 등의 기관에서는 한국어 순화의 면에서 사회적으로 꺼리거나 인식이 좋지 않은, 차별성이 강한 직업 이름들을 바꾸어 왔다. 예를 들어 '접대부'는 '접객원'으로 바꾸었고, '차장'은 '안내원'으로, '노가다'는 '인부'로 바꾸었다. '인부' 또한 부정적 인식이 강하기 때문에 다시 '근로자'로 바뀌게 되었다. 노동 관련 업무를 맡고 있는 노동부와 관련 기관에서도 부정적 의미를 갖고 있거나 사회적으로 논란이 되는 직업 이름들을 표준 직업 분류 작업을 통하여 꾸준히 바꾸어 왔다. 비슷한 유형의 직업 이름들은 접미사를 통일하는 작업도 진행했다.

한국어 순화 등의 언어 정책적 활동이나 표준 직업 분류 등의 직업 이름 분류·변경 작업에서는 직업 이름의 서열 체계를 종합적으로 고려하는 것이 필요하다. 언어 정책적 관점에서 바꾸어 놓은 직업 이름이 얼마 지나지 않아 관련 종사자들의 불만으로 다시 다른 이름으로 바뀌는 경우가 많고, 노동 정책의 면에서 새롭게 붙인 직업 이름도 바뀌는 일이 흔하다. 직업 이름 붙이기나 바꾸기 과정에서 좀 더 미래지향적인 시각을 가질 필요가 있으며, 전체 체계와 사회 변화 과정을 깊이 있게 고려할 필요가 있다. 현재 한국 표준 직업 분류 체계의 직업 이름들은 앞서 살펴본 바와 같이 '장, 사, 원'으로 크게 구별되며, 서로 위계질서를 이루고 있는 상황이다. 직업에 대한 차별을 없애고 사회 통합에 도움이 되도록 하기 위해서는 노동 및 언어 정칙 과정에서 직업 이름의 접미사를 '원'(員)이나 '인'(人)으로 통일하는 것도 한 방법이라고 본다. 직업 이름의 체계적 변화를 통해 모든 직업 종사자들이 차별을 넘어 평등함과 자부심을 느끼고, 서로 협력하는 관계를 유지할 수 있다면 직업 이름 바꾸기가 결코 사소한 일이 아닐 것이다. 이런 문제에 대한 관련 분야 및 기관의 구체적 후속 논의가 있기를 바란다.

10장_ 토론 게시판의 종교 차별 표현

한국 사회에는 다양한 종교를 믿는 신자들이 함께 살아간다. 통계청 자료에 따르면 2005년의 경우 전체 국민의 절반이 넘는 53.1%의 사람들이 특정 종교를 갖고 있는 것으로 나타났다. 종교를 가진 인구 약 2,500만 명 가운데 불교 신자가 가장 많고(43%), 그 다음으로는 기독교의 개신교(34.5%), 천주교(20.5%) 순이다. 유교, 원불교, 증산교 등을 믿는 국민도 있지만 종교인 비율에서 모두 1% 미만이다(김정수 2013:170).

이처럼 한 사회에 종교가 다양하게 분포하기 때문에 종교가 다름에 따른 대립과 갈등이 심한 편이다. 특히 한국에 전래된 지 오래된 동양 문화를 배경으로 한 불교와 근대 시기에 전파된 서양 문화 배경의 기독교 신자들 사이에서 심리적 대립과 공격적 태도가 강하게 나타난다. 또한 종교가 없는 국민들이 특정 종교를 가진 신자들에 대해 갖는 부정적 태도도 무시할 수 없는 상황이다. 다른 사람들이 믿는 종교와 관련된 부정적이거나 공격적인 태도 표출과 행동을 '종교 차별'로 정의할 수 있다. 그런 과정에서 수단으로 동원되는 언어 형식이 종교 차별 표현이다. 종교 차별은 종교 간 갈등의 결과일 수도 있고 새로운 갈등의 원인이 되기도 하는데, 종교적 갈등은 다른 것에 비해 더욱 감정적이고 과격해지기 쉬우며 그 파장 또한 엄청나게 증폭될 위험이 있다(유승무 2009:104, 김정수 2013:168)[1]

이 장에서는 '다종교 사회'라고 할 수 있는 한국 사회에서 관찰되는 종교 차별 표현의 쓰임을 살펴보고, 그것이 어떤 맥락에서 쓰이는지를 파악해 보고자 한다. 여기서 분석 대상으로 삼은 자료는 대문형 사이트 ≪다음≫의 '아고라' 토론 게시판에서 수집한 것이다. 1절에서는 종교 차별 표현의 쓰임을 기독교, 불교, 무속(巫俗), 기타 종교로 나누어 분석한다. 2절에서는 종교 차별 표현의 구체적 쓰임 맥락을 검토함으로써 종교 차별 표현의 쓰임을 줄이거나 막기 위한 방안을 모색하는 토대로 삼을 수 있다.

1. 종교별 차별 표현의 쓰임

토론 게시판에서 누리꾼들이 쓴 각종 종교 차별 표현의 쓰임 사례를 들어 보기로 한다. 기독교 차별, 불교 차별, 무속 종교 차

---

[1] 다만, 한국에서 종교 갈등이 많지만 해외 사례와 비교할 때 심각한 전쟁과 분쟁으로까지 이어진 사례가 없는 점에 대해 안국진·유요한(2010:198)은 "역사적으로 여러 종교를 수용해 오면서 형성된 중층다원적인 한국인의 종교심성이 상생과 조화를 추구해왔기 때문"으로 설명한 바 있다.

별,2) 기타 종교 차별로 나누어 각 경우 어떤 표현들이 쓰이고 있는지를 정리하겠다.

1.1 기독교 차별

기독교와 관련하여 쓰이는 차별 표현들이 최근 많이 쓰이고 있다. 기독교 자체를 비하하거나 관련 성직자 및 신자를 비하하는 표현들이 두루 나타난다. 먼저 (1)은 기독교와 그 신자를 비하함으로써 차별하는 표현이다.

(1) 기독교 차별 표현의 쓰임 ①
  가. 난 가장 종교중에 가장 밑바닥이 **개독교**라고 보고 그다음이 불교정도....
  가-1. **개독**이 인과응보를 **개독식**으로 해석 했뿐네
  가-2. **개독신**과 별 상관없는 안티들은 심판당할 하등의 이유가 없습니다.
  나. 솔직히 **개독남**들보단 **개독녀**들이 더 연구대상 이라오....
  나-1. 똥비라는 **개독년** 하는짓이 뻔한거 아니유
  나-2. 승가에 대한 기본도 모르는 **개독이년**이 비구니 흉내내는 꼬라지가 가관이다!!!
  나-3. **개독네티즌**...이머저리야...
  나-4. **개티**들의 칼춤도 수준급이야!

---

2) 무속 종교는 통계 조사에서는 존재가 무시되고 있지만 한민족의 삶과 함께 해 온 오랜 기층 종교로서 아직도 관련 종사자와 신도가 적지 않은 점에서 함께 다룬다. 무속 종교가 통계 조사에서 빠진 것은 국가의 공인을 받지 못한 점 때문인데, 한국의 '공인교주의'(고병철 2009:23-25) 종교 정책은 국민들의 신앙의 자유를 해치기도 하고, 다른 한편으로는 종교 차별을 낳기도 한다.

나-5. 물론 당연히 1960년대판 **개독경**을 보면 괄호가 남아있죠.
다. 그런 **개독질**이었으면 벌써 통일되고도 남았을 법합니다.
다-1. 무슨 개불이 **개독짓** 하니..??/
다-2. 잡고 보니 역시 게임을 좋아하는 **개독스러운** 넘이었구만!
라. ㅎ역사상 개독이 한짓보다 **개털릭**이 한짓이더만은디 말이여
라-1. 사회악을 조장하는 **개털릭 개종자**들아~

 (1가)의 '개독교'는 '기독교'를 부정적 의미의 접두사 '개-'를 이용하여 변형한 것으로 기독교를 비하하는 가장 대표적 표현으로 쓰이고 있다. '기'와 '개'의 발음 유사성을 이용한 것인데, '개독교'를 줄인 것이 '개독'이고, (1가-2)의 '개독신'은 기독교의 신을 비하한 것이다. '개독'의 경우 기독교 자체를 비하하기도 하지만 그것을 믿는 종교인들을 전체적으로 비하하고 차별하는 표현으로 쓰이기도 한다. (1가-1)의 '개독'도 기독교 교인을 가리킨다.

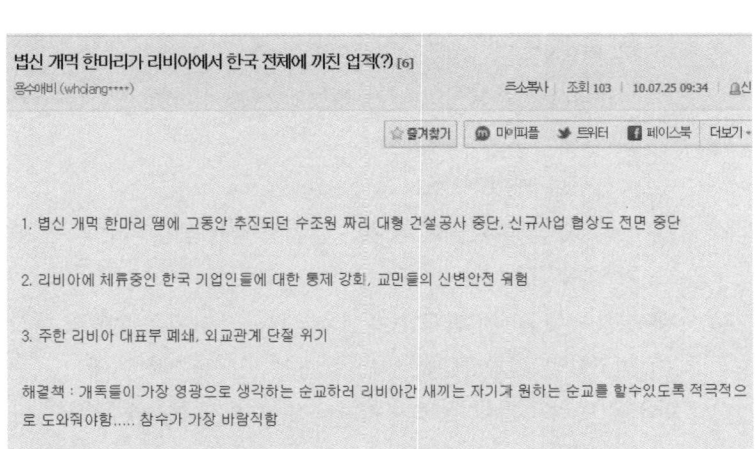

[그림 1] 기독교 차별 언어의 쓰임

(1나~나-5)의 표현들은 '개독'을 어근으로 하여 새로 만들어낸 복합어들로서 기독교 신자들을 비하 대상으로 삼고 있다. '개독네티즌'을 줄여 '개티'로 가리키기도 한다. '개독경'은 '개독교+경전'을 줄인 말로 볼 수 있다. (1다~다-2)는 기독교 신자들의 행위를 문제 삼은 것이다. '개독질', '개독짓', '개독스럽다' 모두 강한 부정적 뜻을 담고 있어 기독교에 대한 비하와 차별 표현으로 쓰인다.

한편, (1라, 라-1)의 '개털릭'은 기독교 가운데 특별히 가톨릭교를 비하하는 말이다. '가톨릭'의 '가톨'을 비슷한 발음의 낱말 '개털'(개의 털, 쓸데없는 일이나 행동을 비유적으로 이르는 말)로 바꿈으로써 가톨릭교에 대한 화자의 부정적 태도를 드러낸다.

(2) 기독교 차별 표현의 쓰임 ②

가. **먹사** 직업을 가진 자식들도 안 믿는 주제에 누굴 더러 지옥 간다 만다야...

가-1. **개먹사**는 우빨이고 니가 뻥뜯어 먹는 신자들은 좌빨이라 부르니????

가-2. 신성한 **개먹** 오늘도 물총으로 한건

가-3. 신도들의 피와땀을 산물인 십일조를 뻥뜯어 먹고 사는 애벌이 **개목사**들!!

가-4. 제주 해군기지 반대하는, 매국노 예수 간음교의 **신부놈**, **목사놈**

나. 먹고살려고 **목사질**한 아비나 새끼나 도낀 개낀이네

나-1. 그따위로 하니 신도는 하나도 없고 혼자 **목사짓**을 하며 나를 괴롭힙니다.

나-2. 먹사놈은 징역 7년 받고 나온게 유머 지금도 **먹사질** 하고 있을거 같음

나-3. 개먹사들 **먹사짓** 안하겠다고 하는 종자들이 대반 일 것이여 ! ㅋㅋㅋ
다. 나 **예수쟁이** 여러번 봤지만 진심 이런 타입은 첨봄.
다-1. 난 그래서 광적인 **예수쟁이년**은 절대 맘안주고 몸만 즐겨줘 욕하려면 욕해
다-2. **교회쟁이**는 교회 안다니는 사람은 무조건 사탄이고 때려 죽여야한다는 말을 서슴없이 한다.
라. 이 **교배당**의 먹사놈이 한다는 말이 주위의 **교배당**들이 너무 이단들이 많다는거야..

  (2)의 보기는 기독교 성직자, 신자 등을 비하한 표현들이다. (2가)의 '먹사'는 '목사'의 첫 음절을 비슷한 소리로 바꾼 것인데, '먹-'은 '먹다'의 어간이다. '돈/여자를 먹는 (남성) 목사'라는 구성에서 만들어 낸 말이며, 부정적 의미를 더 강화한 표현이 (2가-1)의 '개먹사'이고 그것을 줄여서 '개먹'으로 부른다. 단순히 '목사'에 접두사 '개-'를 붙여 '개목사'를 쓰기도 한다. '목사'와 '신부'에 '놈'을 붙여 '목사놈', '신부놈'으로 기독교 성직자들을 비하하는 누리꾼들도 있다. (2나~나-3)은 기독교 성직자의 행위를 비하한 표현들의 쓰임이다. '목사질', '먹사질', '목사짓', '먹사짓'이 쓰이는데 모두 부정적 행동을 가리키는 접미사 '-질', '-짓'을 붙인 말이다.
  (2다~다-2)의 '예수쟁이'와 '예수쟁이년', '교회쟁이'는 기독교 종교인들을 싸잡아 비하하는 표현이다. '예수쟁이'는 "예수를 믿는 사람을 얕잡아 이르는 말"로 사전에서 풀이하고 있을 정도로 기독교가 한국에 전파된 이후 오래 전부터 쓰였다. 요즘은 이 말

이 앞서 제시한 '개독'으로 대체되어 가는 경향이다. (2라)의 '교배당'은 '교회당'을 변형한 말이다. 교회에서 성 추문이 많이 나타나는 것을 꼬집으면서 교회를 남녀가 '교배'하는 공간인 것으로 비난하는 표현이다.

기독교를 무시하고 차별하는 이러한 표현들을 보면, 천주교보다는 개신교와 관련된 표현이 절대적으로 많다. 개신교의 신자 수가 더 많고, 일반인들에게 활동이 더 노출되어 있기 때문에 문제적 상황의 발생이 많을 뿐더러 사회적으로 더 널리 알려지기 때문인 것으로 보인다. '개독교, 개독'이라는 말은 주로 개신교에서 발생하는 목사들의 성 추문 및 금품 비리, 교회 세습, 공격적인 전도 활동, 다른 종교에 대한 배타적 태도, 정치적 보수주의 등에 대한 반발과 비판적 태도에서 나온 것이다.3) 특히 성 추문과 금품 비리 등을 저지르는 목사를 '먹사, 개먹사, 개목사' 등으로 가리키는 것이 그 뚜렷한 보기이다.

그런데 누리꾼들은 기독교의 문제가 되는 특정 행위자뿐만 아니라 이러한 표현을 씀으로써 기독교 및 기독교 교인들 전체를 비하하고 비난하는 등의 차별 행위를 하는 데 문제가 있다. 기독교의 배타성을 지적하면서 기독교를 공존할 수 없는 비정상적 종교인 것처럼 매도하는 이율배반적 태도가 드러나기도 한다. 처음

---

3) 박광서(2009:178-181)은 한국의 다종교 사회에서 공존과 평화를 위협하는 것은 개신교의 근본주의를 바탕으로 한 종교적 배타주의가 그 원인이자 배경이라고 지적하고, 구체적으로 기독교에서 "사찰 방화, 불상 파괴, 부처님오신날 조계사 앞 찬송 예배, 스토커 수준의 선교, 길거리에서 '예수천국 불신지옥'이란 밀착 협박, 단군상·장승·제단 파괴, 문화 이질감으로 인한 가정 분란 등 무례하고 폭력적인 종교 행위"(181쪽)를 함으로써 종교 갈등을 일으키고 사회 불안을 조장한다고 비판하였다.

에는 특정 개인들의 문제적 행위를 비판하는 단계에서 시작해 지금은 기독교 신자의 모든 면을 부정적으로 보고 적대적, 공격적 자세를 취하는 누리꾼들의 비이성적 모습을 인터넷 게시판에서 쉽게 찾을 수 있다.

1.2 불교 차별

불교에 대한 멸시와 비하 태도는 조선 시대부터 강하게 내려왔다. 불교와 관련된 차별 표현들은 만들어진 역사가 오래인 것이 많지만 여전히 활발히 쓰인다. 먼저, 다음은 불교 자체를 차별 대상으로 삼은 표현들이다.

(3) 불교 차별 표현의 쓰임 ①
가. 요번 대선을 보면서 느낀건데 역시 **개불교**땜에 나라 거덜 나겠다
가-1. 이런거 쳐 믿으면서 개독을 비방하는 **개불**들 참 한심하도다,,
나. 개무식헌 주제에 알지두 몬허는 잡소리 마구 줏어다 주절대는 **개불질** 헛소리 정돈 약과이고...
나-1. 어이 개불탱이들 **개불짓** 하더래도 이 정도는 숙지 하거라
다. 무상 중노무색희는 **개불밥버러지**들의 삥을 뜯어 , 주거와 사치를 무상 으로 사용하겠다 .
라. 이렇게 짖어 대는데 개불들도 **개불경** 들먹이면 저런 이야기가 있나요?

(3가)의 '개불교'는 '개독교'에 대응되는 말인데, '개독교'가 먼저 만들어지고 이 말의 사용에 반격하는 차원에서 최근 '개불교'가 만들어진 것으로 판단된다. '개불교'를 줄여 '개불'이라고 하

는데 이때는 불교 자체를 가리키기보다는 불교 신자들을 부정적으로 가리키는 기능을 갖는다. (3나, 나-1)의 '개불질', '개불짓'은 앞서 본 기독교를 대상으로 한 '개독질', '개독짓'에 각각 대응되는 표현이다. (3다)의 '개불밥버러지'라는 더 심한 비하 표현도 쓰였다. (3라)의 '개불경'은 '개독경'에 대응되며, '개불교+경전' 또는 '개+불경'으로 해석할 수 있다.

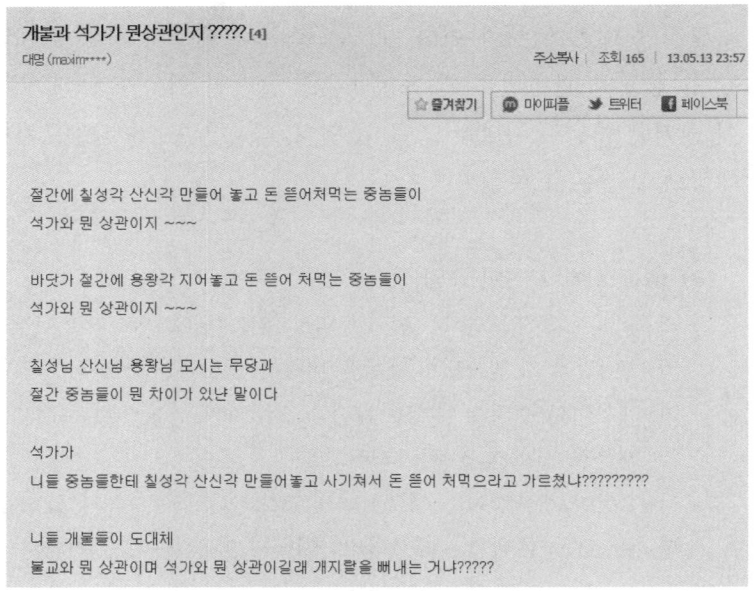

[그림 2] 불교 차별 표현의 쓰임

그런데 부정적 의미의 접두사 '개-'가 결합된 기독교에 대한 비하, 차별 표현이 '개독남, 개독녀, 개독년, 개독네티즌, 개독스럽다' 등 다양하게 나타났음에 비해 불교를 대상으로 한 대응 표현은 수가 많지 않다. 기독교에 비해 불교 성직자나 신자들의 정

치적, 사회적 활동이 적고, 다른 종교에 대한 배타성이 낮기 때문에 공격을 덜 받은 결과로 해석된다.4)

(4) 불교 차별 표현의 쓰임 ②

가. 너희 **중놈**들 수행에 전념 하므로 그 마음를 보고 싶으니...가져 와라.

가-1. 이 **중대가리**들은 말을 할때.. 한자를 섞어서 뭐 대단한 말인 양 떠들어 댄단 말이지요..

가-2. 이제 그는 **땡중**이라 해도 최고의 존대를 받는다는 걸 알아야 한다.

가-3. 이제 와서 명분도 없이 개독이 개박이팀과 짝짝쿵 하겠다는 미친 개시끼 **땡초**!!!!

나. 중이 **중질**을 잘 하려면 중의 본분을 잊어서는 안된다는 것이다!!!

다. 촛불플러스 극렬 **불교쟁이**들에게 모처럼 개념글 하나 올려본다

다-1. 예수쟁이들은 저런 사건에 오르락거려도 별로 반응이 없는데 **불탱이**들은 자기가 그런 사기꾼들갈이 변명하는것 보면은 재미있어

---

4) 불교 승려들이 기독교에 대한 배타적 발언을 한 경우는 별로 없지만 기독교 목사들 가운데서는 불교를 비하하고 조롱한 사람이 많다. 장경동 목사의 경우 "내가 경동교(장경동교)를 만들면 안 되듯이 석가모니도 불교를 만들면 안 되는 것이었다", "스님들이 쓸 데 없는 짓 하지 말고 빨리 예수를 믿어야 한다. 불교가 들어간 나라는 다 못산다"고 했다. 신일수 목사는 "내가 대놓고 이명박 찍으라고는 못하고, 그래서 뽑힌 대통령인데 어떤 사람들이 지금 막 퇴진하라고 그런 싸가지 없는 사람들이 있는데 말 같은 소리를 해야죠. 더구나 머리를 밀은 사람들이, 정신 나간 사람들이여"라고 하여 불교 승려들을 공격하여 종교 갈등을 부추긴 바 있다(장경동 목사 불교 비하 발언 불교계 반발, 연합뉴스, 2008-08-26; "머리 밀은 정신 나간 사람들..." 목사가 또 막말, 서울신문, 2008-09-12 기사 참조).

(4)의 보기들은 불교 성직자나 신도들에 대한 비하 표현의 쓰임이다. (4가~가-3)의 '중놈', '중대가리', '땡중' 등은 불교 승려들을 비하하는 말인데,5) 모두 쓰임이 아주 오래된 것이다. '땡중'과 '땡초'는 조선 시대 승복을 입고 몰려다니며 도둑질을 하던 사이비 승려들을 가리키던 '당취'(黨取)에서 변한 말이다.6)

(4나)의 '중질'은 '목사질'과 비슷한 구성으로 불교 성직자를 낮잡는 말로 쓰인다. 사전에서 "중으로 처신하며 행동하는 일"로 풀이되어 비하의 뜻이 없다고 생각할 수도 있으나 '서방질, 선생질, 도둑질' 등에 쓰이는 접미사 '-질'이 부정적 뜻을 강하게 갖는 점을 고려하면 '중질'도 승려들에 대한 비하 태도를 드러내는 차별 표현으로 해석하는 것이 옳다.7)

(4다, 다-1)의 '불교쟁이', '불탱이'는 불교 신자들을 비하하는 말인데, 때로는 성직자를 가리키는 맥락에도 쓰인다. '불교쟁이'는 '예수쟁이'를 참조하여 만들어 낸 말이다. '불탱이'는 불교를 나타내는 '불'(佛)과 '영감탱이', '할망탱이'에서와 같이 비속한 뜻을 더하는 접미사적 요소 '-탱이'가 결합된 것이다.

이상에서 살펴본 불교 관련 차별 표현은 기독교에 비해 수가

---

5) '중대가리', '땡중'이 지시 대상의 성별 차이 없이 쓰인다면 '중놈'은 남자 승려인 비구를 주로 가리키면서 때로는 여자 승려인 비구니까지 포함하기도 한다. '중놈'에 대응되는 '중년'도 있지만 쓰임은 많지 않다.
6) 본래 '黨取'(당취, 땡초)는 신돈 이후 금강산, 지리산에서 조직된 하급 승려들의 비밀 조직에서 출발한 것이라고 한다(김지하, 핏빛 무인과 후천개벽, 원불교신문, 2005-04-22).
7) 한 스님의 말에 따르면, 절에서 승려들은 최근까지도 "중질 잘 해야 한다"와 같이 비하 의미 없이 '중질'을 자연스럽게 써 왔다고 한다. 그러나 접미사 '-질'의 부정적 의미와 관련 파생어들에서 느껴지는 비속하고 비하적인 뜻 때문에 요즘에는 '중노릇'으로 바꿔 쓰는 경향이 있음을 알려 주었다.

적고, 그 가운데 다수 어휘는 생성 시기도 아주 오래된 것임을 알 수 있다. 한국 사회에서 차지하는 기독교와 불교의 역사적, 사회적 위치가 다르기 때문이라고 하겠다. 그렇지만 불교 및 관련 성직자, 신도들에 대한 비하와 차별의 태도는 강하게 느껴진다.

1.3 무속 종교 차별

한국 전래의 종교인 무속과 관련하여 쓰이는 차별 표현이 적지 않다. 무속은 역사적으로 지배층의 종교였던 불교나 유교에 밀려 하층 민중들 사이에서 겨우 생명을 유지해 왔고, 사회적으로 멸시를 강하게 받았다. 과거나 현대 모두 정상적 종교로 국가의 인정을 받지 못했고, 버려야 할 미신(迷信)으로 다루어졌다.

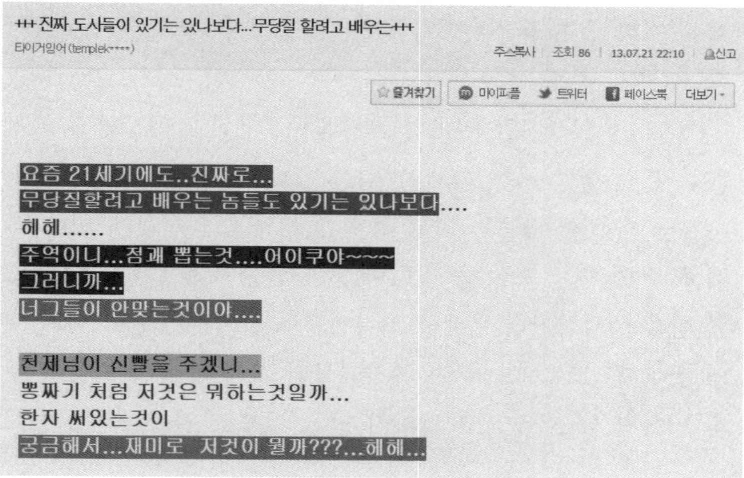

[그림 3] 무속 종교 차별 표현의 쓰임

(5) 무속 종교 차별 표현의 쓰임

가. 늙은 **무당년**이 작두에 다시 올라 간다.

가-1. 뭐 말같은 말들을 씨불거리그라 혹세무민하는 **무당놈**들도 아니고..

나. 직업은 관악산에서 **무당질**도하고 불쌍한 사람들 다단계로 등쳐먹는 짓도 한답니다.

나-1. 그러니 자기 정신 담보로 잡히고 **무당짓**을 하면서 돈버는 사람들이 오히려 신통력이 있다고 하지..

다. 사이비 **점쟁이**가 판을 치는 세상입니다..

(5가, 가-1)은 무속인을 가리키는 비하 표현이다. 무속 종사자들의 행위를 (5나, 나-1)과 같이 '무당질', '무당짓'으로 표현하는데, 이는 기독교와 불교에 대한 차별 표현에도 나타났던 구성이다. (5다)의 '점쟁이'는 국어사전에도 정식으로 나와 있지만 부정적 의미의 접미사 '-쟁이'가 붙은 점에서 종사자들을 비하, 차별하는 것이 분명하다. 무당으로서의 '점쟁이'와 '역술가'로서의 '점쟁이'가 있겠지만 일반인들은 모두 '미신을 따르는', '하찮은 직업의' 존재로 보는 느낌이다.

무속 종교와 관련된 차별 표현은 기독교나 불교에 비해 수가 적고, 쓰임 빈도 또한 높지 않다. 무속인들이 정치적, 사회적으로 큰 힘을 행사하거나 문제를 조직적으로 일으키는 일이 적기 때문일 것이다. 그럼에도 무속 종사자들과 그들의 행위에 대한 무시와 비하적 태도는 결코 약하지 않은 것으로 판단된다.

1.4 기타 종교 차별

　다른 문화와의 교류가 늘어남으로써 기독교, 불교, 무속 종교 이외의 종교에 대한 차별 표현의 쓰임이 자주 보인다. 주로 동남아 이슬람 국가 출신의 이주 노동자들에 대한 차별 의식이 종교에 대한 부정적 태도로 동시에 표출되는 것으로 보인다.

(6) 기타 종교 차별 표현의 쓰임
　가. 세레머니 가지고 ㅈㄹ 하는 것은 한국이랑 **이슬람 놈들** 뿐인 거 같다
　가-1. **이슬람 애들**은 왜 자살 폭탄 테러를 자행할까?
　나. 뭐, 불교쟁이는 없고 **힌두쟁이**들만 바글바글???ㅋㅋㅋ
　다. 특히 여기서 찌질 거리며 천부경 들먹이는 **증산교 빠돌이** 영이 같은 등신들. ㅋ
　라. 그런데 이런 깡촌에도 신기하게 **종교쟁이**들이 돌아다님.ㄷㄷ

　(6가, 가-1)은 '놈들'이나 '애들'을 접미사처럼 붙여 이슬람 신자 또는 이슬람 국가 출신자들을 비하하는 표현들이다. (6나)에서는 힌두교 신자들을 '힌두쟁이'라고 하여 부정적 태도를 드러냈다. (6다)의 "증산교 빠돌이"는 '증산교어 지나치게 빠진 사람'이라는 뜻을 가지며, 증산교 신자들을 낮잡아 표현한 말이다. (6라)의 '종교쟁이'는 종교의 종류를 가리지 않고 부정적으로 평가한 말인 점에서 차별 표현으로 볼 수 있겠다. 쓰임이 오래인 '예수쟁이'를 바탕으로 새로 파생해 낸 말이다.

2. 종교 차별 표현의 쓰임 맥락

앞 절에서 살펴본 종교 차별 표현들이 어떤 맥락에서 쓰이는지에 대해 살펴보고자 한다. 종교 차별 표현들의 쓰임 맥락을 파악함으로써 그러한 말의 사용을 줄일 수 있는 방법을 생각할 수 있을 것이다.

다음 (7)은 대표적인 기독교 차별 표현의 하나인 '개독교'의 쓰임 맥락을 보여 주는 보기들이다.

(7) '개독교'의 쓰임 맥락
    가. 카톨릭(천주교)는 이미 성서무오설을 포기했씁니다 ! / 성서무오설 : 성경은 글자하나 틀린 것이 없다는 주장 !
    즉, 성경을 글자 그대로 믿지를 않습니다 !
    의역을 해서 믿죠 !
    그래서, 외골수도 아니고, 타 종교를 배타적으로 보지도 않습니다 ! 그래서, 진화론도 받아들이고, 과학도 받아 드리죠 !
    물론, 과거에는 안그랬씁니다 !
    과거에는, 현재 한국 개독교(개신교, 교회)처럼, 타 종교는 다 악마라고 하고 다 죽여버리는 짓을 고대로 카톨릭/천주교가 했었죠 !
    지동설을 주장한 코페니쿠스를 도시 광장에서 많은 사람들이 보는 앞에서 불태워 죽인 곳이 바로 로마 카톨릭/천주교 입니다 ! ㅋㅋ
    이에 비해, 한국 개독교(교회, 개신교)는 아직도 성서무오설을 주장합니다 !
    가-1. ⊙ 들어가기에 앞서...
    이 글을 쓴 저도 한때는 독실한 크리스찬이였습니다. 교리공부도 마치고 심지어 세례까지 받았지요... 하지만 지금은 신앙은 있으나 교회를 나가지 않습니다.

원죄의식, 강제 통곡... 거기에 목사와 성도들의 타락과 지나친 세속주의... 심지어 좋은 목사님을 기대하고 교회도 7번정도 옮겨봤으나 다 부질없는 짓 이더군요.

한국 개독교는 기독교의 왜곡된 논리+성서무오설(聖書無誤說), 그리고 한국 특유의 토속신앙과 결합된 모습을 보입니다.

고로 성서에 있는 모습 그대로를 여과없이 받아들이고 거기에 심령부흥성회와 같은 해괴한 집회를 자주하지요.

아무튼 한국 개독교... 정말 시끄럽습니다. 한국의 토속 & 무속 신앙이 결합되서 그런지...

나. 독실한 **개독교** 신자 ○○○ 새누리 양아치야...

게임세금 걷는것도 좋지만

개독교 세금도좀 걷어라

개독교인은

대한민국 국민 아니냐?

대한민국 국민이라면 누구나 세금을 내야지..

혹시 하느님의 백성이라 안내냐?

그럼 거기가서 살던가....

다. 나는 여기에서 그들의 구체적 대상이 무엇인지 말하고 싶다. ○○○는 바로 '돈'이다. 최고의 대상은 '돈을 많이 버는 자'이며 그는 선생이요, 신이요, 추앙의 대상이다. **개독교**에서 우리는 자기들만의 독선적 '신'에게 다 주고 -허나 그것도 외부에서 주입된-오로지 '신'의 이름으로 무엇인가를 하는 이들을 본다. 물론 개중에는 훌륭한 일을 하는 사람도 있다. 그러나 여기 '나'라는 사람이 없는 이 광 신 도들은 물신주의와 독선적신에 빠져 헤어날 수가 없다.

(7가, 가-1)에서 '개독교'는 기독교 자체를 반대하거나 비판하는 글에서 쓰였다. 내용을 보면 기독교 신자였거나 기독교의 교리, 역사 등에 대한 지식이 많은 사람들이 어떤 계기를 통하여 반기독교 대열에 합류한 후 '개독교'라는 비하 표현을 쓰면서 기독교를 배타적이고 독선적이라고 강하게 공격하는 모습이다.

반면 (7나, 다)는 기독교 자체에 대한 비판과 공격이 아니라 정치 및 경제 문제와 관련하여 '개독교'를 쓴 면에서 차이가 있다. (7나)에서는 여당에서 '게임세' 도입을 논의하는 것과 관련하여 반발하면서 여당 인사들 가운데 기독교 신자들이 많다는 점에 착안하여 기독교에 대한 정치적 공격을 함께 하고 있다. (7다)의 경우 한 다단계 회사의 행위를 비판하면서 그것을 기독교에 비유하는 내용이다. 다단계 회사와 기독교가 '물신주의'와 '독선적 신'에 의존하는 점에서 아주 닮았다고 주장한다. 기독교에 대한 부정적 태도가 어디에서 나온 것인지 알 수 없지만 비종교적 이유로 특정 종교에 대한 부정적이고 공격적인 태도를 드러내고 있음은 분명하다.

다음 (8)은 '개독교'에 대응해서 만든 '개불교'라는 불교 차별 표현의 쓰임 맥락을 보여 준다.

(8) '개불교'의 쓰임 맥락
    가. 한국 **개불교**에서 개지랄 한다 ㅎㅎㅎㅎㅎㅎㅎㅎㅎㅎㅎ
       가사란 옷이 떨어지면 기어 입기 위하여 버려진 천조각을 미리 주워서 차고 다녀던 것이다 ㅎㅎㅎ 그런데 한국 개불교 가사는 완전 쇼 하는 짖거리다
       대가사 중가사 소가사 지럴한다 ㅎㅎㅎ 색상도 개지럴이다

황금 가사 적가사 밤색가사 이래서 종교는 개 코매디이다 ㅎㅎㅎㅎㅎㅎㅎㅎㅎㅎ

가사 하나에 값이 수십만원 또는 수백만원 개지랄이다 ㅎㅎㅎㅎㅎ

가사가 사치품이 되었다 티싼 가사가 깨달음에 증표가 될수 없다

개도 가사를 입을 수 있다 개들아 ㅎㅎㅎㅎㅎㅎㅎㅎㅎㅎㅎㅎㅎ

가-1. 예의바르게 상대방을 존대하면서도 한편으론 끊임없이 자기 신앙을 강요하며 민폐질 하는 건 여기 개독교신자들이나 실생활에서 접하는 개독교신자들이 똑같다

즉 개독교신자들은 오프나 온이나 그다지 간극이 없다.

반면 개불빠들은 그 간극이 열라 크다.

실생활에서 만나는 개불교신자들은 그다지 남의 종교에 관심이 없다. 자기들 종교에 신경쓰기 바쁠 뿐더러 아예 자기가 불교도라는 것도 염두해두지 않듯, 그냥 그렇게 사는 분들이 대부분이다. 아고라의 개불빠들은 기독교는 물론, 종교 없는 사람들에 대한 간섭도 어마어마하다. 지들이 오로지 최고니 닥치고 믿어야한댄다. 그래놓고 개독교인들과는 끝끝내 다르다고 우기기는 또 존나게 우긴다.

다르긴 개뿔이나~

나. 불교가 잘한다고 생각하는거보니 **개불교**광신도거나 불교와 친분있는 좌빨이거나 땡중장본인이겠군

과연 불교가 바른길로 가는가? 이물음에 대한 답은 밑을 통해 얻길바란다

땡 중들 요즘 bmw,아우디는 기본에

1억6천 포르쉐타고 다닌다 ㅉㅉ

땡 중들이 논문조작범 황우석 비호하고있음

무식한 불 자는 여기에 낚임

>   지관이 검문했다고 종교편향이라고 ㅈㄹ하고있음
>   절깐가면 노 인 네들밖에 없음 ㅋㅋ
>   그게바로 무식한 땡 중들때문임
>   좌빨들과 결탁한 불 교는 국민앞에서 석고대죄하라!

 불교에 대한 차별 표현의 쓰임도 기독교와 비슷하게 나타났다. (8가, 가-1)에서는 불교 또는 불교 성직자와 신자들의 행위를 비판하는 맥락에서 비하 및 차별 표현 '개불교'를 쓰고 있다. (8가)에서 승려들이 비싼 가사를 입는 것이 불교의 본래 전통과는 맞지 않음을 비판하였고, (8가-1)의 누리꾼은 인터넷 토론 게시판에서 불교 신자들이 기독교 신자들과 마찬가지로 독선적이고 배타적인 모습을 드러내고 있다고 지적했다.

 (8나)는 정치적 맥락에서 불교 차별 표현이 쓰인 것이다. '좌빨'이라는 말을 쓰면서 불교 성직자와 신자들을 공격하는 것을 보면 글쓴이는 보수 성향의 정치적 태도를 갖고 있는 것으로 보인다. 곧 자신과 반대되는 정치적 입장을 가진 사람들이 불교와 연결된다는 생각에서 '개불교' 등의 비하, 차별 표현을 쓰면서 부정적이고 공격적인 태도를 드러내었다고 하겠다.

◈ **맺음말**

 지금까지 한국 사회에서 관찰되는 종교 차별 표현의 유형과 쓰임을 살펴보고, 그것이 어떤 맥락에서 쓰이는지를 대문형 사이트 ≪다음≫의 '아고라' 토론 게시판 자료를 대상으로 분석해 보

았다. 1절에서는 종교 차별 표현의 쓰임을 기독교, 불교, 무속, 기타 종교로 나누어 분석했고, 2절에서는 종교 차별 표현의 구체적 쓰임 맥락을 검토했다.

기독교 차별 표현으로는 '개독교, 개독녀, 개독신, 개먹사, 먹사질, 교배당' 등이 있었다. 부정적 의미를 갖는 접두사 '개-'를 이용한 차별 표현이 특히 많았다. 기독교를 무시하고 차별하는 이러한 표현들을 보면, 천주교보다는 개신교와 관련된 표현이 절대적으로 많다. 개신교의 신자 수가 더 많고, 일반인들에게 활동이 더 노출되어 있기 때문에 문제적 상황의 발생이 많을 뿐더러 사회적으로 더 널리 알려지기 때문인 것으로 해석하였다. 이러한 표현을 씀으로써 문제가 있는 특정 행위자에 대한 비판을 넘어 기독교 및 기독교 교인 전체를 비하하고 비난하며 공격하게 되는 점에서 차별 표현 사용의 문제가 큰 것으로 보인다.

불교 차별 표현에는 '개불교, 개불질, 중놈, 중질, 땡중' 등이 쓰이고 있었다. 불교 관련 차별 표현은 기독교에 비해 수가 적고, 대다수 어휘의 생성 시기도 아주 오래된 것으로 나타났다. 그런 차이가 생긴 것은 한국 사회에서 차지하는 기독교와 불교의 역사적, 사회적 위치가 다르기 때문이다. '무당년, 무당질, 점쟁이' 등 무속 종교와 관련된 차별 표현은 기독교나 불교에 비해 수가 적고, 쓰임 빈도가 높지 않았다. 그럼에도 무속 종사자들과 그들의 행위에 대한 무시와 비하 태도는 결코 약하지 않은 것으로 판단된다. 이밖에도 증산교, 이슬람교, 힌두교 등의 종교에 대한 차별 표현도 확인되었다.

기독교 및 불교에 대한 대표적 차별 표현인 '개독교'와 '개불교'의 쓰임 맥락을 간단히 살펴본 결과, 특정 종교에 대한 차별 표현의 쓰임이 단순히 그 종교 자체에 대한 비판이나 비난 맥락에서만 쓰이는 것이 아님을 확인할 수 있었다. 정치적 목적이나 경제적 문제와 관련해서도 관련자들이 가진 종교에 초점을 맞추어 부정적 태도를 드러내고 공격하는 모습이 나타났다. 따라서 이런 점을 고려할 때 종교 차별 표현의 쓰임을 막거나 줄이기 위해서는 종교인들 스스로 다른 종교에 대한 배타적 태도를 버리는 것이 필요함을 지적한다. 또한, 종교인으로서의 높은 도덕성을 유지하는 것과 함께 현실 정치와 관련해서 특정 정파와 이해관계로 연결되지 않도록 하는 균형 잡힌 자세가 있어야 하겠다. 안국진・유요한(2010:199-200)에서 지적한 바와 같이 여러 가지 종교가 공존하는 한국의 다종교 사회에서 종교 간 대화 및 상생을 위한 노력은 선택이 아닌 필수의 문제이다. 다른 사람의 종교를 존중하고 이해하며 배려할 때 나 자신의 종교도 존중받을 수 있음을 생각해야 한다. 그런 노력을 통해서만이 다원적 종교 상황의 한국 사회가 평화적 공존을 유지해 나갈 수 있다.

3부·· 차별 언어 사용의 문제점과 해결 방안

11장 **차별 언어 사용의 문제점**
12장 **차별 언어 사용 문제의 해결 방안**

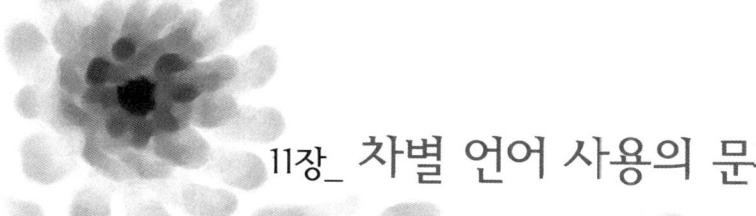

11장_ 차별 언어 사용의 문제점

지은이가 2013년 11월에 한 학술대회에서 차별 언어 관련 논문을 발표했을 때 토론을 맡은 어떤 젊은 교수는 "절름발이, 벙어리, 동성애자, 변태성욕자와 같은 말은 객관적 사실을 지적하는 말인데 왜 차별 표현이냐"고 이의제기를 했다. 객관적 사실을 가리키는 말로 보기도 어렵지만 그렇다고 하더라도 그런 표현을 씀으로써 당사자들이 받게 될 마음의 상처와 울분에 대해서는 조금도 공감하지 못하는 태도를 보여 준 것이라고 하겠다. 언어를 연구하는 젊은 교수가 이 정도라면 한국 사회 일반인들의 차별 언어에 대한 지식 및 이해 수준과, 무시당하고 차별받는 사람들에 대한 공감 의식이 어느 정도일지 충분히 짐작이 되었다.

"언어는 행위와 같기 때문에 '나쁜 언어'는 '나쁜 행동'처럼 세상과 타인에게 해를 가할 수 있고 그렇게 해를 가하면 '언어 범죄'가 된다"(박금자 2012:124)는 관점에서 볼 때 나쁜 언어의 하나인 '차별 언어'의 사용은 사회적 범죄 행위가 될 수 있다. 차별 언어는 다른 사람과 사회에 직접적인 해를 끼칠 수 있는 점에서 화자 스스로 말장난처럼 썼다고 주장해도 그것은 단순한 말장난으로 넘길 수 없다. 본인은 장난으로 쉽게 한 말이 장애인, 외국인, 성소수자들에게는 돌이킬 수 없는 심각한 상처와 절망감을 안겨 주는 불화살이 되어 버린다.

이 장에서는 개인 및 가정, 사회 및 국가, 인류 공동체 차원에서 차별 언어 또는 그것의 사용이 가진 문제점들이 무엇인지를 구체적 사례 및 기존 연구 결과들을 통해서 정리해 보고자 한다. 이를 바탕으로 다음 장에서 차별 언어 사용과 관련된 문제를 풀기 위한 해결 방안을 찾아보도록 할 것이다.

1. 개인 및 가정의 문제

사람들의 개인적 삶에서 각종 차별 언어 사용이 어떤 문제를 일으키는지 구체적 사례를 통해 살펴본다. 여러 가지 유형의 차별 언어 가운데서 가장 심하고, 장애인 당사자나 비장애인이 일상적으로 경험하기 쉬웠던 장애 차별 언어의 사용 보기를 제시한다. 그러한 차별 언어가 개인적 차원에서, 그리고 가정 안에서 어떤 문제를 일으키는지 생각해 보겠다.

(1) 장애인에 대한 차별 언어 사용 ①
가. 김량일(金亮一) 공은 애꾸눈이요 성질도 조급했다. 남이 애꾸눈이라는 말만 해도 문득 화를 내니, 당시 함께 놀던 사람들이 장난으로 우스갯소리를 하다가도 사팔뜨기나 애꾸눈이라는

말만은 함부로 못하였으므로, 홍문 정휘가 김에게 말하기를 "사람은 도량이 있어야 하는데 공은 어찌 남의 장난삼아 하는 말을 들어도 화를 내는가? 아마 남들은 공이 부귀하여도 도량이 모자란다 할 것이다." [...]
"애꾸눈 이 병신 놈아, 너는 반 조각 사람이요, 온전한 사람은 되지 못한다. 너도 사람이냐, 왜 죽지드 않느냐."
하니, 김은 참지 못하여 성낸 빛이 발칼하나 이미 성을 내지 않기로 하였는지라 한마디도 소리를 내어 힐난하지 못하였다. (정창권 2011:59)
나. 김량일은 한쪽 눈이 보이지 않는 시각장애인이었는데, 평소 자신을 놀리는 사람들에게 화를 잘 냈다. 그래서 벗들이 장난을 쳐서 그의 도량을 넓게 해주었다. (정창권 2011:61)

(1가)는 조선 시대 초기 이육(李陸)의 ≪청파극담≫에 나오는 〈벗들의 장난〉 이야기의 일부이다. 시각 장애인에게 '애꾸눈이'라고 놀리는 것에 당사자가 화를 내고, 친구들은 '장난삼아 하는 말'에 화를 낸다고 속이 좁은 사람으로 여긴다. 화를 내면서 싫어해도 다른 사람들은 자신들의 언어 사용을 되돌아보는 것이 아니라 '애꾸눈이에게 애꾸눈이라고 부르는 것'을 왜 받아들이지 못하냐고 힐난하고 윽박지르는 모습이다. '애꾸눈이'가 사실이기 때문에 남들이 사실을 말하는 것을 당사자가 탓해서는 안 된다는 뜻이 느껴진다. 자신들의 말 때문에 상대방이 얼마나 깊은 마음의 상처를 입고 있는지 생각할 뜻이 전혀 없다. 이것이 조선 시대에 장애인을 대하는 비장애인들의 일반적 태도였던 것이다.
그런데 흥미로우면서도 안타까운 점은 앞서 소개한 한 젊은 언어학자와 마찬가지로, 이 내용을 해제한 21세기 문학자 또한 장애 차별 표현 사용의 문제점에 대한 인식이 없는 점이다. "애꾸눈 이 병신 놈아, 너는 반 조각 사람이요, 온전한 사람은 되지 못한다. 너도 사람이냐, 왜 죽지도 않느냐"라고 하며 장애인 친구를 사람 취급하지 않는 심한 인격 비하 발언을 두고서 편저자는 (1나)와 같이 "벗들이 장난을 쳐서 그의 도량을 넓게 해주었다"고 긍정적으로 적었다.[1] 아무리 인권 의식이 약하던 옛날 시대라고 해도 한 쪽 눈 장애를 가진 사람을 "반 조각 사람"이라고 하면서 왜 죽지 않느냐고 윽박지르는 것에 대한 어떤 이의 제기도 없다. 정창권(2011)이 전체적으로 장애인의 역사적 모습을 집대성한 의의는 있지만 장애인들의 마음을 살피고 보듬으려는 의식이 부족하기 때문에 나온 결과이다. 장애인들의 아픈 역사를 공감하기는 커녕 오늘날 한국인들이 먹고 살 '문화콘텐츠 스토리텔링' 발굴이라는 경제적 시각에서 접근함으로써 그들의 힘들었던 삶을 감상적, 낭만적 이야깃거리 정도로 가볍게 다룬 잘못이 크다.

(2) 장애인에 대한 차별 언어 사용 ②

가. 나이와 함께 하나씩 따라붙고 있는 말도 있다. '나이 들어 혼자 살면 고생이다.' 라든지 '갖고 있는 돈이라도 많아야 부모님 돌아가시면 좋은 시설에 들어가지'라는 말이라든지. 심지어 '이도 저도 아님 더 쓸모 없어지기 전에 나한테 시집이나 오라'는 말도 들었고, '더 나이 들면 장애도 심해질 테니 지금 아무나

---

[1] 더욱이 이 이야기를 '폭넓은 사회생활/자유로운 생활상'이라는 영역으로 분류한 것도 문제다. 장애 차별 표현 사용을 두고 다루는 것을 "과거의 장애인은 비록 과학기술이 발달하지 못해 몸은 좀 불편했을지라도, 장애에 대한 편견은 훨씬 덜하여 사회에서 비교적 자유롭게 살아갔다"거나 "일반 사람들과 스스럼없이 장난치고 여행을 다녔으며, 심지어는 살인사건이나 간통사건을 일으키기도 하였다"(정창권 2011:33)의 보기로 들었다.

붙잡고 결혼해 안정감 있게 살라'는말도 2~3년 동안 많이 들었다.

　　이런 말을 들으면 마치 내가 시한폭탄이라도 된 듯한 기분이 든다. 나이가 차고 결혼하지 않은 여성들이라면 가혹하게 느껴질 사회의 시선이, 장애를 가진 비혼여성들에겐 또 하나의 화살이 덧붙어 날아온다. '쟤를 어찌 처리하나'라는 것, 장애를 가진 여성들이 짐짝이라도 되는 것처럼 사람들은 처리를 고민한다. 정작 자기 삶을 책임지고 살고 있는 장애여성에겐 물어보지도 않고 말이다. (이희연, 남의 '짐짝'이 아닌 내 삶의 주체로…, 일다, 2013-12-02)

가-1. 장애를 가진 여성이 일을 한다고 했을 때 오는 반응들은 "남자도 벌어먹고 살기 힘든 세상에 몸 불편한 여자가 무슨 일을 한다고?" "몸 성성한 비장애인 남자 만나서 결혼하고 애 낳고 살면 모든 것이 다 해결될 텐데……", 아니면 "여자 몸으로 힘든 세상에 나와서 무슨 험한 꼴을 당하려고 하느냐? 그 몸을 가지고 벌면 몇 푼이나 번다고?" 등이다. 반면 장애 남성은 취업에 있어서 장애 여성의 경우보다 좀 더 적극적인 지원을 받는 경우가 많다. (안은자 2002:298)

나. 그에게 지난 10년 동안 장애인들의 현실이 어떻게 바뀌었는지 물었습니다. 그는 먼저 '병신'이란 말이 없어졌다고 했습니다. 어린 시절, 그런 말을 들으면 무척이나 화가 났다고 합니다. '장애우'란 말이 쓰이기도 했지만, 장애인의 입장에서 볼 때 주체성이 없는 호칭이라고, 공식 호칭은 '장애인'으로 불러달라고 옆에 있던 박경석 노들장애인학교 교장이 거들었습니다. 장애인을 비하하거나 동정하는 태도가 아니라 동등한 인격체로 대우해달라는 말이겠지요. (여균동 2012:50)

11장 · 차별 언어 사용의 문제점

(2가)의 제보자는 장애를 겪고 있는 여성으로서 '여성'과 '장애인'이라는 이중 차별을 겪고 있음을 보여 준다.2) 관심과 걱정, 동정의 마음으로 말하는 것이겠지만 결과적으로는 "장애를 가진 여성들이 짐짝이라도 되는 것처럼 사람들은 처리를 고민"하는 태도를 갖고 있음을 고발한다. 장애 여성이 나이 들어 혼자 살면 고생이라거나 "더 쓸모없어지기 전에 나한테 시집이나 오라"는 말로써 해당 여성의 인격과 삶의 주체성을 깡그리 무시하는 사람들이 많다는 것이다. 어렵고 힘들더라도 스스로 삶의 방향을 정해서 일을 찾고 미래를 준비해 가려는 태도를 장애인 여성이 분명히 갖고 있음에도 주위에서 이렇게 의존적이고 비주체적 존재로 대하는 모습이다. 그런 상황에서 장애인 당사자는 자존감과 일에 대한 의욕을 상실하게 되고, 다른 사람에 대한 반발심과 증오심이 더 늘어날 수도 있을 것이다. 특히 부모, 형제 등 가까운 사람이 그러한 무시 발언을 할 때는 부정적 반응이 더 클 것으로 생각된다. 장애인에 대한 동정 위주의 무신경한 언어 사용이 가족 안에서도 갈등과 불신, 불화로 연결된다고 하겠다. (2가-1)의 제보자 또한 장애인 여성에 대한 사회의 이중 차별과 무시의 경험을 보고하고 있다. 장애인 여성은 사회의 주체적 구성원에서 철저히 배제되고 있는 모습이다.

(2나)를 보면, 장애인이 어릴 때 주위에서 '병신'이라는 말을 듣고 무척이나 화가 났다는 말이 나온다. 최근에는 장애인들에게 대놓고 '병신'이라고 말하는 사람이 없어진 점에서 장애인들에 대한 인식이 긍정적으로 바뀌고 있다는 경험적 판단을 드러내기

---

2) 두 가지 이상의 면에서 차별받는 현상을 '복합 차별'로 부르기도 한다(나영정 2013:272).

도 했다. 장애인을 의도적으로 공격하기 위해 '병신'이라고 말하는 경우도 있겠지만 때로는 장난처럼 또 때로는 무신경하게 내뱉는 한 마디 차별 표현이 당사자들에게는 큰 고통이 되어 다가오는 것을 느끼게 된다.

김일란(2013:115-116)은 차별이 경제적 불평등이나 사회적 권리의 제한으로 이해되고, 차별 행위에 대한 인식도 육체적, 가시적인 폭력처럼 피해 사실이 분명하고도 객관적으로 증명될 수 있는 것으로 제한되기 때문에 인격을 파괴할 수 있는 위력을 지닌 인간적 멸시나 모멸의 경험들을 차별로서 인식하기 어려움을 지적했다. 또한 이런 명시적 차별 못지않게 '자존감의 훼손'이 중요한 차별의 하나임을 언급하고 있는데, 차별 언어가 차별받는 사람들의 마음에 큰 상처를 남기고 자존감을 떨어뜨리는 핵심 원인으로 작용한다고 볼 수 있다.

성소수자나 장애인 등 차별받는 사람들은 "자신의 생애 과정에서 타인들에게 자신의 특정한 속성이 열등한 것으로 간주되는 경험을 반복적으로 겪어왔을 것이고, 그 과정에서 자신의 열등한 속성에 대해 민감하게 신경 쓰도록 훈련되어 왔으며, 동시에 자신이 열등한 존재라는 사실을 시인해야만 하는 경험을 강요받아 왔을 것"(김일란 2013:116)이다. 한 마디로 차별받는 사람들은 다른 사람들의 명시적 또는 암묵적 강요에 의해 스스로를 열등하거나 한 차원 모자라는 존재로 낮춤으로써 다른 사람들과의 완전하고 대등한 인격적 만남이 어려워진다. 차별받는 소수자들은 사회경제적 차별 이전에 그들의 존재를 철저하지 무시당하는 차별 언어 사용에서 인격적으로 더 심한 차별을 받고 있다. 장애인 등에게는 꼭 필요한 경제적 도움이나 복지 혜택 못지않게 인격적인 대우와 적절한 언어 사용이 더 절박하게 필요하고, 마음으로 진정 고맙게 느끼는 것이 되리라는 생각을 해 본다.

2. 사회 및 국가의 문제

모든 차별 언어 사용이 개인적 문제 발생에 그치지 않고 사회 및 국가적 문제까지 일으킨다. 여기서는 지역 차별과 나이 차별 표현의 쓰임을 통해서 어떤 문제점이 나타나고 있는지를 살펴보기로 하겠다.

(3) 지역 차별 표현의 사용
가. 거기 상인들 모조리 핵디징이가 심어놓은 장사꾼들이다.
　　물건을 안좋고 상인들 매너도 완전 개판이다.
　　송파구의 홍어구역이 가락시장 주변이다.
　　홍어구역이라서 그런지는 몰라도 유흥업소들도 개판이다.
　　노래방에서 빠구리도 한단다.
　　더티한 홍어새끼들이 노래방문화를 그렇게 만들어났다고 하더라.
　　내말 거짓말 같으면 가서 확인해 봐라.
　　(일베충들아 가능하면 가락시장가서 물건 사지말아라 !, 2013-03-20, www.ilbe.com/966733156)
나. 사방천지가 홍어 홍어 홍어 홍어 씨발. 사진만 봐도 냄새난다 개쉐이들! .
　　홍어국!... 어디까지 가봤니?
　　(전라도! 어디까지 가봤니?? 날자!!, 2013-01-01, www.ilbe.com/

1584804576)
나-1. 특히 통수의고장 호남에서는 100%가오리랑께 진짜 홍어는 어디에도 없지라잉
나-2. 으따 성님 섭하게 뭔 소리를... 사방천지 널린 게 홍어인디 고것이 안 보여부렀으라?
다. 원래부터 지역차별은 안 좋아했지만 지역 차별 한번 하게 되면 다른 지역도 같이 차별 할 수 있다는 거야.
전라도가 주로 홍어라고 까이는데 요즘 대구가 통괴 (대구 지하철 참사 비하)로 불리는거 알고 디씨질 하냐??
아직 부산은 안 나온거 같은데 ㅇㅂ 하는 동기 놈이 "전라도는 홍어, 대구는 통괴, 울산은 괴메기, 부산은 고리 발전소지." 하는 거 보고 욕 나오더라.
우리 외가집이 근처에 있어서 죽을 맛인데 ㅋㅋㅋㅋㅋ ㅅㅂ ㅋㅋㅋㅋㅋ
하지말라니깐 선비질 그만하라네 ㅋㅋㅋㅋㅋㅋ 이래서 ㅇㅂㅊ들이 싫다니깐.ㅋㅋㅋㅋ언젠가 부산이랑 발전소랑 엮어서 욕할거 같아서 엿 같네.
(지역 차별은 앵간해서 안 했으면 좋겠네., 2012-12-25, gall.dcinside.com/board/view/?id=33&no=31884)

　(3가~나-2)는 각종 차별 언어 사용이 많은 ≪일간베스트저장소≫ 사이트 게시판에서 가져온 것이다. (3가)의 누리꾼은 '핵대징', '홍어구역', '홍어새끼'와 같은 지역 차별 표현을 쓰면서 전라도 지역민들을 간접적으로 비난하고 있다. (3나) 게시글 작성자 또한 '홍어', '홍어국'이란 말로 같은 지역 사람들을 공격하고 있는데, 댓글로 올라온 (3나-1, 2)를 보면 '가오리랑께', '없지라

잉', '으따 성님', '고것이' 등 전형적인 전라 방언 형식들을 일부러 씀으로써 공격의 강도를 더한다. (3다)는 지역 차별 표현을 쓰는 '일베충'3) 친구를 둔 누리꾼이 지역 차별 표현 때문에 생긴 친구와의 불편한 상황을 적은 글이다. 지역 차별 표현을 쓰지 말라고 했더니 오히려 비난을 해서 서로 거리감을 느끼게 되었음을 말하고 있다.

지역 차별 언어의 사용은 출신 지역, 부모 등 주위 사람들의 영향, 정치적 견해, 개인적 경험 등과 같은 여러 가지 요인이 반영된 결과일 것인데, 그것 때문에 사회가 나뉘어 대립과 갈등을 겪게 되고 나아가 국가적 혼란의 한 원인이 되고 있는 것이 사실이다. 특히 국회의원이나 대통령 선거 등 대규모의 국가적 정치 행사를 전후해서는 그 대립과 갈등이 극도에 달하고, 후유증도 심각하다. 인터넷과 휴대 인터넷 매체의 발달로 다른 지역에 대한 차별과 증오 표현들이 시시각각 일상적으로 생산되고 실시간으로 널리 퍼져나가면서 사회와 국가에 끼치는 부정적 영향력이 확산되고 있다.

사회 및 국가 차원에서 문제가 되는 또 다른 차별 언어 사용 영역은 나이 차별이다. 고령화 사회가 심화되면서 사회의 중심에서 밀려난 노년층이 늘어나고, 일자리 및 복지 혜택 등을 두고 젊은층과 노년층의 이해관계가 충돌하는 경우가 많아지면서 나이 차별 현상이 사회 갈등의 중요한 원인으로 작용한다. 나이 차별 표현의 사용의 보기를 들면 (4)와 같다.

---

3) '일베충'은 '일베(←일간베스트저장소)+충(蟲)'의 구성으로, 우파 성향의 ≪일간베스트저장소≫ 사이트 이용자를 비하하는 표현이다.

(4) 나이 차별 표현의 사용

가. 법정에서 고령의 증인에게 '늙으면 빨리 죽어야 된다'고 막말을 한 서울동부지법 A판사에게 대법원이 '견책' 결정을 내렸다.
　　대법원은 11일 법관징계위원회를 열어, 증인신문 과정에서 "늙으면 빨리 죽어야 돼요"라는 부적절한 언행을 한 A판사에게 견책 결정을 내렸다고 이날 밝혔다.
　　견책은 앞으로 그런 일이 없도록 주의를 주는 가벼운 징계처분이다. 법관징계법에 규정된 처분 가운데 가장 중한 것은 정직이고 이어 감봉, 견책 순이다.
　　A판사는 지난해 10월 사기사건 피해자 B씨(66·여)를 증인으로 불러 심문하던 중 B씨 진술이 불명확하게 들리자 "늙으면 죽어야 해요"라고 말해 파문을 일으켰다.
　　(대법, "늙으면 죽어야…" 막말 판사에 '견책' 징계, 머니투데이, 2013-01-11)

나. "내가 안 들려서 그런지 항상 소리를 질러요. 퉁명스럽게 윽박지르기도 하고.. 그럼 더 못 알아듣겠어, 야단맞는 느낌도 들고.. 그러면서도 지가 잘하는 줄 아니 원." (이순희·정승은 2010:58)

나-1. "새파랗게 젊은 것들이 아이고 할머니 잘하네.. 어유.. 상 줘야겠네.. 하면서 반말을 하면.. 기분이 나빠.." (이순희·정승은 2010:59)

(4가)의 기사에 나온 판사는 재판의 증인 여성에게 "늙으면 빨리 죽어야 돼요"라고 차별 표현을 사용했다고 한다. 판사라는 지위를 마치 왕이라도 된 듯이 생각하여 남을 함부로 대하는 개인 인성이 기본적으로 문제겠지만 '늙으면 죽어야 한다'와 같은 노인 차별 발언이 비단 이 판사만의 것은 아닐 것이다. (4나, 나-1)

의 제보자 노인들은 가족이나 사회 구성원들이 자신들에게 예의를 갖추어 말하지 않고 어린 아이 대하듯 함부로 말하는 점을 섭섭하고 기분 나쁘게 생각하고 있음을 알 수 있다.[4]

　나이가 듦에 따라 신체 기능이 떨어지면서 자연스럽게 겪게 되는 노인들의 '소통 장애' 등의 문제를 젊은 사람들이 이해하려는 노력 없이 구박하고 무시하는 태도가 사회 전반에 퍼져 있다. 의도적으로 또는 은연중에 그런 말들이 표출됨으로써 가족이든 아니든 노인들에게 마음의 상처를 크게 준다. 이런 문제가 쌓이면 오랫동안 가족과 사회를 위해 헌신한 노인들이 자식 세대로부터 소외감과 배신감을 느끼게 되고, 나아가 세대 간의 갈등 관계가 심화될 우려가 있다.

　이상돈·손유미·김미란(2004:17-18)은 "연령차별은 사회경제적 측면에서뿐 아니라 도덕적으로도 해소해야 할 중요한 문제"라고 보면서 그 문제점을 두 가지로 요약했다. 규범적 측면에서 나이 차별은 사람을 개성과 장점에 근거하여 대우하지 않고, 연령에 따라 대우한다는 점에서 개인의 선택과 사회적 참여 및 통합을 해친다고 한다. 노인들이 신체적으로는 기능이 약화되었다고 해도 오랜 삶의 경험을 바탕으로 여전히 정신적으로는 젊은 사람보다 더 지혜롭고 이성적일 수 있음에도 모든 노인을 모자라는 존재로 대하고 사회에서 격리하려는 태도를 비판한 것으로 보인다. 또한 나이 차별은 개인의 삶의 질을 떨어뜨릴 뿐만 아니라 정신적 건강에도 악영향을 끼쳐 건강하고 긍정적인 자아의식을

---

[4] 김기경(2009:87)은 노인에 대한 "함부로 말하기, 반말 사용, 야단치기, 어린아이 취급하기"와 같은 말하기가 '언어·정서적 학대'에 해당한다고 보았다. 이러한 언어 사용은 곧 노인에 대한 나이 차별 언어의 사용이라고 하겠다.

갖기 어렵게 만든다고 평가하였다. 이러한 문제가 축적되고 증폭되면 사회 구성원들 간에 갈등과 불평등이 심화되고, 결국은 사회 안정과 통합을 저해하는 결과를 가져올 것으로 보았다. 나이 차별이 고용이나 복지 면에서도 문제가 되겠지만 노인들을 무시하고 차별하는 젊은 사람들의 자기중심적 태도와 언어 사용이 '세대 간 갈등'이라는 더 심각한 사회 문제로 확대될 수 있다고 하겠다.

3. 인류 공동체의 문제

한국 사회는 이미 초기 단계의 다민족·다문화 사회로 진입했다. 앞에서 제시한 바와 같이, 안전행정부에서 2013년 1월 1일 기준 지방자치단체 외국인 주민 현황을 조사한 결과 외국인 주민수가 약 145만 명으로 전체 인구의 2.8%를 차지하는 것으로 나타났다. 중국, 필리핀, 베트남, 파키스탄 등 여러 나라에서 많은 외국인들이 취업이나 결혼을 위해 이주해 왔고, 계속 그 숫자는 늘어나고 있다. 그 결과 한국 사회의 동일성보다는 다양성(다름, 차이)이 점차 커지면서 "어떻게 하면 나와 다른 사람들(피부색, 종교, 나이, 성별, 계급, 기호 등)과 함께 잘 살아갈 수 있을까?"하는 문제가 결국 앞으로 한국 다문화 사회가 해결해야 할 중요한 과제가 될 것이다(권순희 외 4인 2010:63).

그런데 우리 사회에서는 이러한 외국인 또는 외국 출신 한국인에 대한 차별과 차별 언어 사용이 상당히 심한 편이다. 다음 보기는 이주 노동자에 대한 차별 언어 사용 실태가 어떤지를 단적으로 잘 보여 준다.

(5) 외국인에 대한 차별 언어 사용 ①
　가. 얼마 전 꽤나 충격적인 경험을 하게 되었다. 그 충격적 경험이란 것은 이전에도 짐작하고서 어느 정도 예상했던 것이지만 생활에서 맞닥뜨리니 보다 충격적인 분노로 느끼게 되었다.
　　　사건의 경위는 이러하다.
　　　그날 역시 늦은 밤이지만 요즘 여름이 그러하듯이 열대야로 곤욕을 치루고 있었다. 그리고 난 한 여름의 모든 짜증을 뒤집어 쓴 138버스에 몸을 맡기고 집으로 가고 있었다.
　　　두 번째 정류장, 동남 아시아계 외국인으로 보이는 한 무리의 사람들이 버스에 오르려하고 있었다.
　　　기사: "야! 빨리빨리! 빨리 타!"
　　　버스 안의 대부분의 사람들도 느꼈을 그의 목소리에 외국인들 역시 놀란 기색으로 후다닥 버스에 올랐다. 그리고는 미처 차비를 준비하지 못 했는지 가방을 앞으로 메고 동전을 찾는듯했다. 이에 ..
　　　기사: "뒤에 사람! 사람! 빨리 들어가!"
　　　물론 그 뒤에 승객들이 기다리는 통에 외국인 승객이 빈 공간으로 재빨리 가야했다. 헌데 내 생각에 이 기사는 너무나 당당하고 망설임 없이 단호한 어조와 반말로 외국인 승객들을 대하고 있었다. 마치 뒤에 사람들만 사람으로 치는 것처럼 말이다.
　　　하지만 외국인들한테만 어서 타라고 종용한 것은 아니다. 뒤에 있던 사람인 여성(한국인)승객에게는 "빨리 타세요." 라고 하지 않는가! 비록 그 억양에서도 친절은 없었지만 '타세요' 라니? 그 여성분은 분명 그 기사님보다 나이 들어 보이지도, 그 여성 역시 앞에 있던 외국인들보다 나이 있어보이진 않았다. 그러한 기사의 태도는 명백하게 그저 사람이냐가 아니라 어느 나라 출신이냐 일 것 이였다. (외국인 이주 노동자에 대한 차별―언어사용을 중심으로, 기정, 인권운동사랑방 반차별 프로젝트 1, 2009-08-17, blog.jinbo. net/banchabyul/23)
나. 이주 노동자들은 각종 차별에 시달립니다. 피부색이 우리와 다르다는 이유로 멸시의 대상이 되기도 합니다. <잠수왕 무하마드>에 등장하는 한국인 관리자는 무하마드의 까무잡잡한 피부색을 가지고 그를 조롱합니다. "목욕탕 가서 때나 밀다 와. 빡빡 좀 밀어, 하얘지게.", "넌 씻으나 안 씻으나 똑같냐." (조윤호 2012:32)

(5가)의 이야기에 나오는 버스 기사는 기존 한국인 승객과 달리 외국인들에게는 반말 사용은 기본이고 강한 명령문을 쓰고 있다. 한 나라에서 함께 살고 있는 사람이라도 외모로 쉽게 구별되는, 외국 출신 노동자들에게는 나이든 성인이고 처음 본 사이라도 높임말을 쓰지 않는 것이다. 특히 동남아 국가 등 가난한 나라 출신의 외국인들에게는 성인으로서 마땅히 받아야 할 정상적이고 인격적인 대우를 하지 않아도 된다는 차별적 태도가 드러난다. 이런 언어 사용은 미국이나 영국 등 서양 선진국 출신의 백인들에 대한 친절하면서도 비굴한 태도와는 너무 큰 차이를 보이는 것이 사실이다. 이들 백인들에게는 짧은 영어를 쓰거나 한국말을 쓰더라도 높임말로 더 공손하게 말하는 경우가 일반적이다.

(5나)는 이주 노동자를 주인공으로 한 영화의 내용을 소개한 것인데, 외국인 '무하마드' 씨가 일하는 회사의 한국인 관리자가 앞의 버스 기사와 마찬가지로 반말을 쓰면서 상대방의 피부색을 조롱과 멸시의 대상으로 삼고 있다. 동남아 출신 이주 노동자들은 자신의 나라에서는 겪지 않아도 될 것을 한국에서는 피부색이 다수와 조금 다르다는 이유로 일상적으로 차별 대우를 받고 있는

것이다. 이러한 언어 및 대인 관계에서의 차별은 이주 노동자들이 처한 불리한 지위를 이용해서 약자를 괴롭히고 인격적으로 무시하는 부적절한 행위라고 하겠다.

한편, 외국 출신의 결혼 이주 여성들에 대해서도 반말을 쉽게 쓰는 사람들이 많다. 한국에 거주하고 있는 흑인에 대한 차별 또한 아주 심한 편이다.

(6) 외국인에 대한 차별 언어 사용 ②

가. "그럼 240짜리 구두 보여주세요."
"아니! 나 235 신어요."
그분이 어색하게 손사래를 치며 말했다.
"굽 좀 있는 걸로 보여주세요. 저렇게 납작한 거 말고."
"저짝 사람 같은데, 학생하고 많이 닮았네."
주인아주머니는 그분을 저짝 사람이라고 했다.
나는 반짝거리는 작은 리본이 달린 검정 구두를 집었다. 굽도 7센티미터는 될 같다.
"신어보세요"
그분은 머뭇거렸다.
"사준다고 할 때 신어. 좋은 걸로 골랐네. 근데 둘이 무슨 사이야?" (김려령, 완득이, 131-132쪽)

나. <험난한 인생>에도 같은 대사가 나와요. "쟤 색맹인가봐." 영화에 나오는 한국인 소녀가 주인공 경수를 두고 하는 말이에요. <험난한 인생>의 주인공은 초등학생들이에요. 이날 소녀를 경수의 생일잔치에 초대되어 갔습니다. 그런데 경수가 여자 친구라며 데려온 '제인'이 흑인이었던 거지요. 경수에게 은근히 관심이 있던 소녀는 비꼬는 말투로 "경수 쟤 미친 거 아냐. 색명도 아니고"라고 말하지요. (신윤동욱 2012나:64)

(6가)는 영화로도 제작된 소설 ≪완득이≫에서 가져 온 것으로 결혼 이주 여성에 대한 차별 언어 사용의 실태를 잘 보여 준다. 신발 가게 주인은 처음 보는 동남아 출신의 성인 여성에게 '우리'와 구별 지어 "저짝 사람"으로 가리키며, 일관되게 반말을 쓰고 있다. '외국인', '동남아인', '여성'이라는 3중 차별 구조가 복합적으로 작용한 차별 언어 사용의 흥미로운 보기이다.

　　(6나)는 영화 〈험난한 인생〉에 나오는 흑인 소녀에 대한 한국인의 차별적 태도와 문제적 언어 사용을 지적하는 내용이다. '흑인'을 제대로 보지 못하고 생일잔치에 데려온 것이 아니냐는 투로 주인공 '경수'를 '색명'이라고 한국인 소녀는 비꼬아 말하고 있다. 상대방이 어떤 성격과 인품, 능력을 가졌는지에 대해서는 전혀 관심이 없고 오직 피부 색깔이 '우리'와 다르다는 이유 하나로 피해야 할 물건처럼 대하는 한국인들의 인종 차별적 태도를 잘 보여 준다.5)

　　한국인들의 일상에서 보이는 이러한 인종 차별적 언어문화는 다민족, 다문화 시대에 접어든 한국 사회에서 더 이상 방치해서는 곤란한 인류 정의의 문제이다. 국제결혼 이주 여성들뿐만 아니라 외국 출신의 이주 노동자, 유학생, 운동선수들도 한국 사회에 뿌리를 내리고 정착하는 비율이 높다. 기존의 한국인과 이들 사이의 국제결혼으로 태어난 다문화 가정 자녀들 수가 급격히 늘고 있다. "오랫동안 단일민족이 강조되고 단일한 문화와 문화 정

---

5) 피부색이 다르다는 이유에서 다문화 가정 자녀들을 차별하는 일도 적지 않다. 베트남 출신 결혼 이주 여성의 증언에 따르면 자신의 딸이 놀이터에 가자 12살 정도의 여자 아이가 "너는 외국사람이잖아. 너희 엄마가 외국사람이잖아. 그러니까 너네 집에 가서 놀아!"라고 하면서 딸을 밀었다고 한다(김안나・이숙진・김양미・김민지 2011:107).

체성을 유지해 온 우리나라의 경우, 급격한 다문화 사회로의 변화와 함께 다양하고 낯선 문화와 접촉하게 되면서 문화 충돌이나 사회적 갈등이 일어날 가능성은 점점 증가하게 된다"(권순희 외 4인 2010:23). 김순양(2013:69-72)도 한국 사회가 결혼 이주 여성, 이주 노동자, 북한 이탈 주민 등의 대량 유입으로 급속한 다문화 사회로 진행되면서 몇 가지 문제점이 발생하는데, 그 가운데 "이주민의 상당수가 차별과 편견을 경험하고 있는 현실이 존속되는 한 이들을 한국 사회에 통합하는 것은 쉽지 않을 것"으로 보았다.

국내 거주 외국인들이나 그 자녀들을 출신 국가, 민족, 피부 색깔 등이 다르다는 이유로 차별하고 낮잡아 보는 태도는 도덕적으로나 현실적으로 결코 옳지 않다. 모두가 한국 사회를 구성하는 소중한 이웃이며, 존중 받아야 할 인격을 지닌 동등한 사람들이기 때문이다. 현실적으로도, 이들이 기존의 한국인들로부터 차별을 받게 되면 한국 사회의 통합이 어려워지고 사회 갈등과 혼란이 심화될 수 있다. 그러한 "인종차별주의는 차별을 당하는 사람이나 집단으로부터의 보복 행위를 유발하여 사회적 갈등을 유발하기 쉽다"(추병완 2012:263). 또한 한국에서 차별받고 멸시를 받은 외국인들이 자신의 나라로 되돌아갔을 때 한국에서의 부정적 경험은 거꾸로 그 나라를 방문하는 한국인들에게 부메랑이 되어 돌아올 수 있다. 한국에 살지 않는 외국인이라고 하더라도 온 세계가 한 나라처럼 일상적으로 접촉하며 살아가는 인류 공동체 시대에 이들에게 비하 및 차별 표현을 쓰는 것은 불필요한 오해와 마찰을 일으킬 수 있고, 인류 공동체의 평화와 번영에 부정적으로 작용하는 요인 점에서 하루 빨리 고쳐야 할 문제이다.

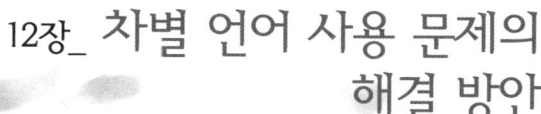

12장_ 차별 언어 사용 문제의 해결 방안

앞의 11장에서 차별 언어의 존재 또는 그것의 사용 때문에 개인 및 가정, 사회 및 국가, 인류 공동체 차원에서 여러 가지 심각한 문제들이 나타남을 확인하였다. 모든 개인들이 평등과 인권의 가치 위에서 행복을 누리고, 나아가 사회, 국가, 인류 공동체가 평화와 조화로운 상태를 유지하기 위해서는 소수자에 대한 차별 행위를 줄이고, 차별 언어 사용을 막기 위해 노력할 필요가 있다. 여기서는 지금까지 이 책에서 기술한 전체 논의 내용을 마무리하는 차원에서 차별 언어 사용을 줄이거나 막기 위해 어떤 구체적 노력을 기울여야 할 것인지를 생각해 보기로 한다. 노력 주체를 기준으로 '국가 차원, 언론 및 사회 차원, 개인 차원'으로 나누어 문제 해결 방안을 제시하고자 한다.

장애, 성별, 국적, 인종, 국가, 지역, 직업, 종교 등의 다양한 차이를 넘어 지구 위의 모든 사람들이 '사랑', '자유', '행복', '존중',

'책임', '평등'과 같은 인류의 보편적 가치를 누리는 것은 한 사람 한 사람의 권리이다. 그러한 '사람다움'의 가치를 누릴 권리 실현을 위한 적절한 환경을 마련하려는 노력은 모든 사람들의 의무이자 책임이기도 하다. '차별 금지'와 '평등'이라는 인류 보편적 가치의 실현은 사람으로서 누구나 가지고 있다고 생각되는 다른 사람에 대한 관심과 따뜻한 마음을 바탕으로 하고, 그 위에 법과 도덕으로 다른 사람을 차별하지 않으려는 의식적 노력을 강화할 때 가능할 것이다. "나와 다른 타자를 수용하기보다는 일단 배척부터 하는 야비한 측면의 인간 본성"(박금자 2012:216-217)을 바꾸려는 근본적 자기 혁신의 노력이 있다면 차별 없는 평등한 사회와 조화로운 인류 공동체 실현이 결코 어렵지만은 않다는 믿음이 필요한 때이다.

1. 정부 차원의 노력

한국 사회 소수자들이 겪고 있는 차별을 줄이고 평등한 사회를 이루기 위해서는 현실적으로 정부의 역할이 중요한 것처럼 차별 언어 사용 문제를 풀기 위해서도 정부에서 적극적으로 나서야 한다. 차별 언어 문제 해결을 위해 정부에서 구체적으로 어떤 노력을 기울여야 하는지를 몇 가지 제시하면 다음과 같다.

(1) **차별 언어 문제 해결을 위한 정부 차원의 노력**
    가. 차별 금지법 제정을 통해 각종 차별 행위와 차별 언어 사용을 법적으로 금지한다.

나. 정부기관, 교육 및 언론 분야 등 공공 언어 영역에서 차별 언어를 쓰지 않도록 하고, 차별 언어 대신 쓸 수 있는 대안 용어를 찾거나 만들어서 <평등 언어 사용 지침>을 널리 보급한다.
다. 국가에서 발행하거나 지원하는 국어사전에 차별 언어 등재를 최소화하고, 등재가 꼭 필요한 경우는 사용에 적절치 않은 차별 언어임을 명시하도록 한다.
라. 각급 학교의 교과 과정에서 소수자들에 대한 왜곡된 모습이나 편견 및 차별의 내용이 나오지 않도록 하고, 학생들에게 차별 언어 사용의 문제점에 대해 적극 교육한다.
마. 공무원 및 일반 국민들을 대상으로 사회적 소수자에 대한 편견 감소 교육을 실시하고, 차별에 대한 인식 또는 차별 감수성을 높일 수 있도록 지원한다.

김진국(1988:248)은 "편견적 태도를 바꾸는 최선책은 행동을 바꾸는 것이며, 행동을 바꾸는 최선책은 법으로 금지시키는 것"이라고 했다. 과거에 사회심리학자들은 집단 적대감은 사람들이 갖고 있는 다양한 태도의 한 종류이고, 태도를 변화시키는 최선의 방법은 논리적 설득이라고 믿었다. 집단 간 태도를 변화시키면 차별 행동은 자연히 없어질 것이라고 믿었고, 그것을 위해 노력했으나 그러한 시도들은 철저히 실패했다(Aronson 1980). 오히려 이들이 발견한 것은 행동의 변화가 태도에 영향을 준다는 것이었다. 즉, 차별을 못하게 하면 적대적 태도가 감소하고, 차별을 못하게 하는 최선의 방법은 법으로 금지시키는 것(Schaefer 1979)이라는 것이다(김진국 1988:245에서 재인용).

정부에서는 집단 간 대립으로 <차별 금지법> 제정이 미루어지고 있는 상황에서 사회 각계각층의 의견을 수렴하고 절충하여 빠른 시기에 포괄적 차별 금지법이 제정될 수 있도록 노력하는 것이 필요하다. 차별 금지법을 통해 소수자 집단에 대한 각종 차별 행위를 법으로 분명히 금지하고, 나아가 문제가 있는 차별 언어의 사용 또한 금지하도록 하는 것이 필요하다. 정인섭 엮고 지음 (2004:머리말)에서는 "과거에는 미처 차별이라고 생각하지 못하던 것을 이제는 차별이라고 판단하는 사람이 많아졌으나, 법률과 판례가 미처 이를 뒤따르지 못하는 경우"가 있음을 지적했다. 다수의 구성원들이 차별로 인식하는 문제와 관련해서 차별 금지법 등을 통해 법적으로 차별 행위를 엄격히 금지하고, 국민들이 그러한 내용을 분명하게 알고 행위 및 언어 사용에서 참조할 수 있도록 해야 한다.

현재 우리나라에는 〈장애인 차별금지 및 권리구제 등에 관한 법률〉, 〈여성발전기본법〉, 〈남녀고용평등과 일·가정 양립 지원에 관한 법률〉, 〈재한외국인 처우 기본법〉 등 개별적인 차별 금지법이 제정되어 시행되고 있지만 차별 전반적인 내용을 다루는 통합적인 차별 금지법은 아직 제정이 미루어지고 있다. "다양한 차별 사유에 따른 개별적 차별 금지법을 모두 제정하는 것은 현실적으로 어렵고", "차별의 정의, 판단 기준과 구제는 모든 차별에 적용할 수 있는 구체적이고 통일된 것이어야 하기 때문에"(정강자 2010:101) 포괄적이고 일반적인 차별 금지법이 하루 빨리 제정될 필요가 있는 것이다. 차별 금지법을 통해 사회적으로 반차별주의를 확산시키는 것이 다양한 차별 문제를 해결하고, 사회 통합을 이루며, 국제 사회의 차별 시정 노력에도 동참하는 최선의 길이라고 하겠다.

한편, 현재 국민들의 "국어 사용을 촉진하고 국어의 발전과 보전의 기반을 마련하여 국민의 창조적 사고력의 증진을 도모함으로써 국민의 문화적 삶의 질을 향상하고 민족문화의 발전에 이바지함을 목적으로" 하여 2005년 1월에 제정된 <국어기본법>을 시행하고 있다. 이 법의 제4조 2항에서는 "국가와 지방자치단체는 정신상·신체상의 장애로 언어 사용에 어려움을 겪고 있는 국민이 불편 없이 국어를 사용할 수 있도록 필요한 정책을 수립하여 시행하여야 한다"고 규정했다. 장애인이 한국어 사용에서 겪는 어려움을 국가에서 해결해야 한다는 것을 법적으로 명시한 것이다. 그러나 한국어 사용에 관련된 기본 법률에서 차별 언어에 대한 규정은 전혀 찾을 수 없다. 한국어에 수많은 차별 언어가 들어 있고, 차별 언어가 쉽게 쓰임으로써 여러 가지 개인적, 사회 및 국가적 문제를 일으키고 있는 현실에서 <국어기본법>은 그런 문제에 대해서는 아무런 관심을 기울이지 않는다. 장애인들은 언어 소통의 어려움 못지않게 차별 언어 때문에 더 고통 받고 있는 점을 무시해서는 안 된다. <차별 금지법>을 빠른 시일 안에 만들어 차별 언어 사용을 명시적으로 금지하는 내용을 담아야 하겠지만 이미 시행되고 있는 <국어기본법> 속에 차별 언어 사용을 금지하는 규정을 담는 것이 우선적으로 필요하다.

　차별 언어 사용을 막기 위해서는 <차별 금지법>이나 <국어기본법>에서 차별 언어 사용을 금지하는 내용을 두는 것으로 만족해서는 성과를 거두기 어렵다. 국민 언어생활의 규범이 되고, 기준을 제공하는 공공 언어 영역에서 차별 언어가 쓰이지 않도록 해야 한다. 그동안 써 오던 차별 언어에 대해서는 문제가 없는 대안 용어를 만들어 보급함으로써 국민들이 안심하고 언어생활을 할 수 있도록 돕는 노력이 필요하다. '불구자'(不具者)나 '폐질자'(廢疾者)라고 하던 표현을 '장애인'으로, '탈북자'(脫北者)를 '북한 이탈 주민'으로, '편부모'(偏父母)와 '학부형'(學父兄)을 각각 '한부모'와 '학부모'로, '운전수', '청소원', '가정부'(家政婦)를 각각 '운전기사/운전원', '환경미화원', '가사도우미'로, '살색'을 '살구색'으로 순화하여 비교적 성공적으로 정착시켰다.[1] '접대부'(接待婦)는 일부 법령에서 '접객원'으로 고쳤으나 아직 고쳐지지 않은 경우도 있어 변화 과정에 있다. 박금자(2012:119)는 차별 언어 등의 '바꿔 쓰기'와 관련하여 "언어 바꿔 쓰기가 실천되면, 더구나 사회에서 공적 규준으로 자리 잡기 시작하면, 사람들은 언어 바꿔 쓰기 안에 숨어 있는 이슈를 생각해 보기 마련이다. 그리고 시간이 걸리지만 생각과 태도도 변하기 마련이다"라고 적었다. 이러한 차별 표현들을 바꾼다고 해서 바로 사회에서 차별이 사라지지는 않겠지만 차별 표현 바꾸어 쓰기는 느리더라도 한국 사회에서 차별 행위를 조금씩 줄여 나가고, 차별을 하지 않아야 하겠다는 사람들의 생각을 강화하는 데는 확실히 도움이 된다는 판단이다.

차별 언어에 대한 말 바꾸기 작업이 성공하기 위해서는 공문서, 방송이나 신문, 교과서 등의 광범위한 공공 언어 영역에서 문제가 되는 차별 표현들을 쓰지 않도록 하는 구체적이고 지속적인

---

1) 미국에서 1970년대부터 일어난 '정치적 올바름 언어 운동'(political correctness movement)의 결과 'negro'(검둥이)를 'African-American'(아프리카계 미국인)으로, 'disability'(장애가 있는 사람)를 'physically challenged'(신체적 결함에 도전하는 사람)로 바꾸어 쓰고 있다. 이러한 말 바꾸기의 제일 원칙은 당사자들이 불러 달라고 요구하는 말로 바꾸는 것이다. 곧 소수자들 스스로의 '이름 붙이기 권리'를 존중하는 것이 이 운동의 핵심 방향이라고 할 수 있다(박금자 2012:46-47 참조).

계도 및 실천 노력이 무엇보다 중요하다. 이를 위해서는 공공 언어 전반에 대한 철저한 검토와 심층적인 연구를 통해 어떤 차별 표현들이 쓰이고 있는지를 찾아내고, 적절한 대안 용어를 마련하여 <평등 언어 사용 지침>을 만들어 적극 브급하는 작업이 이루어져야 한다.2) 이러한 공공 언어, 나아가 국민들의 언어에 정부가 개입하는 것에 대한 비판이나 이의를 저기할 수도 있겠지만 언어는 인간을 위한 중요한 사회적 도구이며, 사람들의 삶과 사회 체계에서 차지하는 중요성이 높음을 고려할 때 언어에 대한 최소한의 적극적 개입이 없을 수 없다는 생각이다. 여기서 고려할 중요한 점은 언어에 대한 조치가 얼마나 타당하고 화자들의 공감을 받을 수 있는지의 문제인데, 장애인 차별이나 성차별, 인종 차별, 직업 차별, 지역 차별. 종교 차별 등 주요 차별 현상과 관련해서는 차별 해소에 적극적인 현재의 사회 분위기를 고려할 때 다수의 한국어 화자들이 차별 언어 사용을 줄이는 방향의 정부 노력에 충분히 동의할 수 있다고 본다.

차별 언어 사용과 관련해서 국어사전 또한 아주 중요한 위치를 차지한다. 현재 한국 사회에서 쓰이는 가장 대표적이고 영향력이 큰 국어사전은 국립국어원의 ≪표준국어대사전≫이다. 그러나 앞의 여러 장에서 지적한 바와 같이 이 사전은 그 이름에

---

2) 독일에서는 1990년에 <법률언어에서 남성과 여성의 인지칭 명칭> 법안을 연방의회에서 제정하여 행정 및 법규 언어에 적용하도록 했고, 스위스의 경우도 연방행정 공무원들을 위한 <독일어에서 언어적 동등대우에 관한 지침서>를 1996년에 만들어 보급한 점(잉그리트 자멜 지음/권영수·김종수 옮김 2003:184-188)을 참조할 수 있다. 한편, 미국 워싱턴 주에서는 한국계 신호범 상원의원이 정부의 공식 문서에서 '오리엔탈(oriental)'이라는 아시아인을 업신여기는 용어 사용을 금지하는 법안을 상정해 2002년에 통과시켰다고 한다(장태한 2004:34-35).

걸맞지 않게 사회 규범적인 면에서 수많은 문제점을 안고 있다. 성차별, 인종 차별, 장애 차별 등의 면에서 강한 차별적 의미를 가진 올림말이 여기 저기 아무런 생각 없이 실려 있고, 뜻풀이나 용례에서도 그런 차별적 요소가 많다. "난쟁이 허리춤 추키듯", "귀머거리 귀 있으나 마나" 등의 장애인 차별 속담이 민족과 민중의 삶의 지혜를 담은 유산이라고 해서 수 백 개나 실려 있다. 사전의 기획 및 집필 단계에서 차별 언어 문제에 대한 인식이 전혀 없었고, 이후 수정 작업에서도 그런 의식과 반성의 기미가 보이지 않는다. 한국어에 들어 있는 수많은 차별 언어들이 생생하게 그대로 실려 있는, 국가기관에서 만든 ≪표준국어대사전≫이 국민들의 바람직한 언어생활을 이끌기보다는 오히려 방해하는 '차별 언어 대사전'이 되고 있는 것이 현실이다.

앞으로 우리 사회에서 차별 언어 사용을 줄이고, 차별이 없는 조화롭고 평등한 사람들 관계를 열어 나가기 위해서는 적어도 국가에서 발행하거나 지원하는 국어사전에서 차별 언어 등재를 최소화하고, 등재가 꼭 필요한 경우에도 반드시 '쓰기에 적절하지 않은 차별 언어'임을 명시하도록 하는 것이 필요하다. 실제로 북한에서 나온 ≪조선말대사전≫의 경우 문제가 되는 표현에 '낡은 사회에서', '낡은 생활양식에서'와 같은 주의 표시를 붙이고 있다. 차별 언어와 관련된 이런 방식의 설명 장치들이 적절히, 충실하게 마련된다면 화자들의 올바른 언어 사용과 원만한 대인 관계 발전에 도움이 될 것이다. 1990년대 간행된 일본 사전 또한 '여자 주제에'의 뜻풀이에서 "남자의 입장에서 여자를 비난하여 사용하는 말", "여성을 좁은 틀 안에 집어넣고 그 틀에서 나오려고 하는 행동을 비웃거나 경멸하는 데 사용한다"와 같이 올림말의 문제점을 구체적으로 적었다. "사전에 차별성을 기술하지 않는 것은 차별어 사용의 정당화의 근거가 되어 버린다는 것을 생각한다면, 사전의 차별어에 대한 자세는 책임이 중대하다"(엔도 오리에 엮음/이경수·이미숙·정상철·한선희 옮김 2006:261-263).

그런데 국어사전에 차별 언어라고 해서 올리지 말아야 한다는 것은 문제가 있다는 인식이 일반 화자는 물론이고 국어학자들 사이에서도 적지 않은 것으로 보인다. "일반적으로 국어사전에는 국어가 사용되는 모습을 그대로 싣는 것이 원칙인데, 국어사전에 실린 그 모습이 윤리적으로 맞아야 한다는 주장은 타당성이 떨어진다", "속담에 현대적 시각으로 볼 때 부정적인 측면이 있다고 해서 그것을 사전에서 제외한다면 언어 현실을 왜곡하는 것이다"라는 국어학자들의 이의 제기가 있었지만 지은이로서는 동의하기 어렵다. 어떤 언어 사전도 그 사회에서 쓰이는 모든 언어 자료를 있는 그대로 담기가 어렵고, 객관적 또는 중립적으로 기술한다는 것도 불가능하다. 결국 사전 편찬자의 철학이 반영된 '올림말, 뜻풀이, 용례의 선정 또는 작성 기준'에 따라 사전이 기술될 수밖에 없다. 정도 차이는 있겠지만 현실적으로 존재하는 사전이란 편찬자가 일정한 이념이나 기준을 가지고 언어 자료를 선택한 결과이다. 이런 점에서, 사회 규범적인 면에서 심하게 문제가 되는 요소를 제거하고, 차별성이 상대적으로 약하면서 꼭 실을 필요가 있다고 판단되는 것은 차별 의미가 드러나지 않도록 기술 방식을 조정할 수 있다. 차별을 심화하고 조화로운 사회적 관계를 해치는 언어 표현을 사전에서 제외하거나 뜻풀이 보조 표현을 덧붙임으로써 차별 언어의 부작용을 줄일 수 있을 것이다.

사전 편찬과 관련한 이러한 적극적 조치는 언어 현실을 왜곡하는 것이 아니라 왜곡된 사람들 관계와 오랫동안 지속되어 온 부끄럽고 잘못된 언어문화를 바로잡는 작업인 점에서 타당성이 충분하다. 화자들에게 언어 사용의 규범을 제시하려는 목적의 국어사전에서는 더욱 더 이런 점을 중요하게 고려해야 할 것이다. 또한 "한국어학 또는 언어학은 형식적 차원의 언어 현상 기술에 머물러야 하고 실천은 다른 학문의 영역으로 넘겨야 한다"는 생각은 한국어 학계가 하루 빨리 벗어나야 할 학문적 '자기 구속'이자 '방어막'이며, '책임 회피'의 태도라고 본다. 어떤 학문이든지 사람과 사회 현실에서 괴리되어 존재할 수 없기 때문이다.

차별 언어 사용의 문제를 해결하기 위해서는 각급 학교 교과서에서 소수자들에 대한 왜곡된 모습, 편견과 차별의 내용이 나오지 않도록 유의해야 한다. 교과서에 나오는 성차별적 남녀 관계, 장애인에 대한 비하 태도, 외국인에 대한 무시와 증오의 시각이 표출되지 않도록 교과서의 내용과 그림 등을 전면적으로 재검토하고, 새로운 교과서 제작 과정에서도 이런 점을 중요하게 점검하는 절차가 필요하다.3) 또 정규 교과 과정을 통해 학생들에게 차별 언어 사용의 문제점에 대해 교육하는 것이 차별을 줄이는 데 도움이 된다. 차별 표현을 쓰는 사람들 가운데는 그것이 왜 차별 언어인지, 당사자가 들었을 때 어떤 마음의 상처와 피해를 입

---

3) 미국에서는 학생들에게 부정적인 영향을 줄 수 있는 책을 도서관에 두지 못하도록 하는 이의 제기가 많다. 한 보기로 1999년과 2000년에 텍사스 주의 학교에서 책에 대한 이의 제기가 152건이 들어왔고 이 가운데 42건의 책이 금지 서적이 되어 학교 도서관에서 퇴출되었다. 이의 제기 유형 가운데 '불쾌감을 주는 언어', '노골적인 성적 묘사', '폭력과 잔인성을 보이는 사건들' 등이 상위 비율을 차지했으며, '인종차별주의', '반여성주의나 성차별주의', '신체장애인을 비하하는 이미지' 등을 다룬 책들이 포함된 것으로 나타났다(돈나 나폴리 지음/김종복·이성하 옮김 2007:226-227).

을 수 있는지를 모르는 경우가 많기 때문이다. 차별받고 있는 다양한 대상들에 대한 "정확한 인지적 정보와 지식은 학생들이 이미 가지고 있을지도 모르는 고정관념과 오개념을 대체하는 데 효과적이다"(추병완 2012:286).

김성희·변용찬·박성민(2004:194)에 따르면, 장애 차별과 관련하여 현재 가장 필요한 것이 장애인에 대한 인식 개선이라고 한다. 김혜숙(1988:163)은 지역감정 또는 다른 지역민에 대한 편견이 가정에서의 간접 경험을 통해 어렸을 때 획득되는 것이라면, 학교에서의 교과 과정을 통해 각 지역민에 대한 긍정적인 면을 배우도록 하고 또한 각 지역민 간의 조화와 화목한 관계를 보이는 사례들을 접하도록 할 필요가 있을 것이라고 지적한 바 있다. 권순희 외 4인(2010:308)은 문화적 다양성을 인정하고 서로 다름과 차이를 인정하는 바탕 위에서 사회에 존재하는 모든 차별에 도전함으로써 사회 정의를 실현하는 '다문화 교육'의 필요성을 강조했다.

이처럼 한국 사회에서 나타나는 차별 행위를 줄이고 차별 언어 사용을 막기 위해서는 학교 교육을 통해 장애인, 외국인 또는 외국 출신 이주자, 특정 지역민 등 차별 대상에 대한 이해와 인식 개선부터 이루어져야 한다. 차별 금지와 인권에 대한 교육은 어릴 때부터 이루어져야 효과가 클 것이다. 장애인이든 외국인이든 특정 지역민이든 직접적, 간접적으로 자주 접할 수 있는 환경을 마련하는 것이 고정관념 및 편견을 줄이고 차별 행위를 자제하는 데 도움이 된다. "병리적 고정관념을 해소하기 위한 개인적 통로로서는 갈등 대상이 되는 집단의 직접 체험에 의한 정보의 양을 증가시키는 방안이 있다"[4](민경환 1988:111)고 한 바와 같이 학교 교육에서 장애인과 비장애인, 기존 한국인과 외국 출신 이주민 및 그 2세, 지역감정을 강하게 갖고 있는 대립 지역민들이 자연스럽게 만나서 서로의 다름을 이해하고, 서로 익숙해지며 상대방에 대한 긍정적 태도를 갖도록 이끄는 정책적 노력이 더 적극적으로 나와야 한다.

학생들뿐만 아니라 공무원 및 일반 국민들을 대상으로 사회적 소수자에 대한 편견 감소 교육을 실시하고, 차별에 대한 인식 또는 '차별 감수성', 나아가 '인권 감수성'을 높일 수 있도록 노력해야 한다. 공무원 또는 직장인 등을 대상으로 실시하는 성희롱 및 성매매 예방 교육, 종교 편향·차별 예방 교육을 모든 차별 영역으로 확대하여 '차별 금지 및 인권 교육'을 실시하는 것이 필요하다.5) 나아가 국민들에 대한 언어 교육과 홍보를 통하여 다른 민족이나 인종의 '다름을 포용하는 관대함'(앨런 지브 지음/윤재석 옮김 2006:180)을 가질 수 있도록 '순수'와 '단일'에 묶여 있는 의식의 단단한 벽에서 변화를 이끌어 내어야 한다. 그럼으로써 "세계화, 지구촌화 시대라고 불리어지고 있는 오늘날에는 국가, 인

---

4) 이러한 생각은 갈등 관계에 있는 두 집단의 개인들이 접촉을 많이 하게 되면 상대방에 대한 편견이 감소할 것이라는 '접촉 가설'(contact hypothesis)에 근거한 것이다. 접촉 가설에 대한 자세한 내용은 추병완(2010)의 7장을 참조할 수 있다.
5) 안국진·유요한(2010:195)는 "국민 전체에 대해 봉사의 책임을 지니고 있는 공직자의 경우, 직무수행에 있어서 공공성, 공정성을 유지하기 위해 일반 국민보다 고양된 종교적 중립성이 요청된다"고 하면서 "특히 사회적 권위와 영향력이 큰 공직자가 종교적 중립성을 유지하지 못하는 경우 사회적 갈등을 가져오는 원인이 된다"고 지적했다. 국민에 대한 공무원의 강한 영향력을 생각할 때 그들의 잘못된 언행은 비단 종교 차별뿐만 아니라 성차별, 장애 차별, 인종 차별 등 다양한 차별을 유발할 수 있는 점에서 공무원에 대한 반차별 및 인권 교육이 더 강조되어야 할 것이다.

종, 민족의 틀을 벗어나 전 지구적이고 세계적인 관점에서 함께 문제를 해결하고 공유할 수 있는 세계시민성(global citizenship)"(권순희 외 4인 2010:25)을 기르는 것이 한국 사회에 퍼져 있는 다양한 종류의 차별 행위와 차별 언어 사용을 줄이는 지름길이라고 하겠다.

2. 언론 및 사회 차원의 노력

한국 사회에서 차별 언어 사용을 막기 위해 국가 차원의 노력과 함께 언론과 사회에서도 보조를 맞추어 나가야 한다. 국민들이 텔레비전, 신문 등의 대중매체를 통해 다른 사람들에 대한 차별 의식을 배우고 잘못된 고정관념과 편견을 얻거나 강화하는 일이 많기 때문이다. 언론 및 사회 차원에서 노력할 수 있는 일이 무엇인지 적으면 다음과 같다.

(2) 차별 언어 문제 해결을 위한 언론 및 사회 차원의 노력
    가. 소수자 집단에 대한 편견과 부정적 인식 및 태도가 강화되지 않도록 언론에서 소수자들을 균형 있고 긍정적으로 다룬다.
    나. <평등 언어 사용 지침>과 같이 차별 언어 사용을 막기 위한 구체적 기준을 언론계에서 정부와의 협조를 통해 공동으로 마련하여 전체 언론 차원에서 일관성 있게 적용한다.
    다. 정부 차원의 언어 정책적 노력이 성공할 수 있도록 국민 홍보 활동에 앞장서고, 차별 해소를 위한 사회 운동에 나선다.

정보통신 기술의 발달과 함께 대중화된 텔레비전, 라디오, 신

문, 인터넷 등 대중매체는 현대인의 삶과 정신을 지배하고 있다. 이런 대중매체에서 전달하는 내용들은 강한 권위를 갖고 사람들의 지식과 신념 체계에 자리 잡는다. 그런 과정에서 소수자 집단에 대한 편견과 부정적 인식 및 태도를 무비판적으로 심어 줄 수 있는 내용이 노출되면 많은 사람들이 그것을 자기 것으로 만들어 소수자들에게 부정적 태도를 드러내게 된다. 여성을 남성의 하위자나 보조자로 다루는 시각, 장애인은 의존적이고 무능력한 사람이라는 편견, 흑인이나 동남아 출신의 외국인을 위험한 잠재적 범죄자처럼 보게 만드는 범죄 관련 과장 보도, 특정 지역민들을 드라마 등에서 사회 소외 계층으로 고정시키기, 성소수자는 성적으로 타락하여 변태적 행위를 일삼는 사람들이라는 왜곡된 인상을 심어 줄 수 있는 잘못된 내용이 언론 매체에 나오지 않도록 유의해야 한다. 언론에서는 사회를 구성하는 다양한 집단의 삶을 균형적, 긍정적으로 다루려는 노력을 기울이는 것이 필요하다.

차별과 편견을 줄이기 위한 노력으로 '인지적 교수 전략'이 효과적이라고 하는데, 언론을 통해 국민들에게 여러 소수자 집단의 구성원들에 대한 정확한 정보를 전달함으로써 다른 사람에 대한 무지와 편견에서 오는 차별 행위를 줄일 수 있을 것이다. 추병완(2012:164-167)에서는 "외집단에 대한 정확한 인지적 정보의 제공이나 범주화 과정의 변화를 통해 편견을 감소시키는 전략"을 '인지적 교수 전략'이라고 하면서, 그 구체적 내용으로 '외집단에 대한 정확한 인지적 정보 제공', '긍정적 맥락에서 집단 간의 유사성 강조', '문화적 다양성에 대한 진정한 이해', '범주화 과정을 변화시키기 위한 다양한 방법 활용'을 들었다. 효과적인 전달 및 소통 매체인 방송, 신문, 인터넷 등의 대중매체를 활용하여 우리

사회에 존재하는 다양한 소수자들에 대한 바른 정보를 제공하고, 결과적으로 소수자들과 자주 접할 수 있도록 하면 이들을 더 잘 이해하고 차별을 줄이는 데 도움이 될 것이다.

언론계에서는 차별 언어 사용을 막기 위한 구체적 기준을 정부와 함께 마련하여 전체 언론 차원에서 일관성 있게 적용하도록 해야 한다. 현재도 개별 언론사 차원에서 언어 사용 기준을 마련해서 적용하기는 하겠지만 언론사에 따른 차이가 크고, 적용 정도가 철저하지 못하다. 어떤 언론사든 장애인 차별을 반대하지는 않겠지만 차별 감수성이 약하기 때문에 언론 기사에서 "어린이집 집단 결핵에도 부모는 벙어리 냉가슴", "앉은뱅이 걸인이 벌떡 일어서는 영상", "외눈박이 언론, 두눈박이를 가르치다"와 같은 차별 언어가 들어 간 제목이 넘쳐 난다. 언론에서 장애인 차별을 막기는커녕 오히려 조장하고 있다고 해도 지나친 말이 아니다. 최근 한 예능 방송에서는 장애인을 비하하는 "벙어리 냉가슴 앓듯", "꿀 먹은 벙어리"라는 자막을 사용해서 한국농아인협회의 강력한 항의를 받기도 했다.6) 이 단체에서 낸 성명서의 내용 일부를 보면 다음과 같다.

> 일반 대중들에게 막대한 영향력을 미칠 수 있는 매스미디어를 제작하는 방송관계자는 용어의 사용에 있어 민감성을 가져야 하고 문제가 있는 용어는 순화하여 표현하거나 다른 표현으로 대체하고자 노력해야한다. 이와 같은 노력이 바로 매스미디어의 책임성이다.
>
> 언어는 시대의 가치와 사고와 문화와 관점을 반영한다. 현대사

---

6) <SBS는 농아인들을 비하하는 "벙어리" 용어사용을 즉각 중지하고 사과하라!>, 웰페어뉴스, 2013-11-26.

회는 장애인을 무능력한 존재가 아니라 또 다른 가능성을 가진 존재로 바라보고 있다. 이와 같은 시대적 변화에 발맞춰 우리가 사용하는 언어도 변화되어야 하고 그 선두에 매스미디어가 앞장서야 한다.

성명서 내용을 보면, 대중들에게 영향력을 주는 언론 매체 제작에서 차별 언어를 순화하여 쓰거나 다른 표현으로 대체하려는 노력을 해야 하며, 장애인을 무능력한 존재가 아니라 다른 가능성을 가진 존재로 보아 주기를 요구하고 있다. 언론의 언어 사용이 어때야 하는지를 잘 밝힌 것으로 평가된다. 앞으로 언론 언어에서는 어떤 형식이든 장애인, 이주 노동자, 성소수자 등에 대한 비하와 멸시, 차별과 배제의 태도가 들어간 차별 언어가 노출되지 않도록 정부와 공동으로 마련한 <평등 언어 사용 지침>을 두루, 일관되게 적용하도록 노력할 필요가 있다.

언론에서는 스스로 차별 언어를 쓰지 않도록 유의하면서 정부 차원의 언어 정책적 노력이 성공할 수 있도록 국민 홍보 활동에 나서고, 차별 해소를 위한 사회 운동을 전개하는 것이 요구된다. 미국 사회에서 흑인과 백인 사이의 차별이 없어지거나 아주 약화된 주된 원동력은 크게 두 가지로 집약할 수 있는데, 하나는 집단 적대감에 근거한 사회적, 제도적 차별에 항거하는 민간단체의 사회 운동이고, 다른 하나는 제도적으로 차별을 못하게 하는 것이다(김진국 1988:244). 지역감정을 해소하고 지역 차별 언어의 사용을 줄이기 위해서는 경제적·정치적 불공평의 시정뿐만 아니라 대중매체를 이용하는 대중 교육, 학교 교육, 범국민운동 등을 통해 사회문화적 규범을 재확립하려는 노력이 필요하다(김혜숙

1988: 163-164). 개인과 개인, 지역과 지역, 국가와 국가 사이에서 상호 호혜적이고 평등한 관계를 유지하며 조화롭고 평화롭게 살아가고자 하는 긍정적 의식을 높이기 위한 국민운동에 언론계가 앞장서는 것이 좋겠다.

3. 개인 차원의 노력

국가와 언론에서 차별 해소와 차별 언어 사용을 막기 위해 노력하더라도 결국 그것을 실천하는 데서는 사회 구성원 한 사람 한 사람의 의지가 중요하게 작용한다. 개인적 차원에서 기울여야 할, 차별 언어 문제의 해결을 위한 노력을 세 가지로 정리한다.

(3) 차별 언어 문제 해결을 위한 개인 차원의 노력
  가. 차이와 다양성에 대한 수용 태도를 갖고, 차별 표현들이 갖는 문제점을 역지사지의 자세로 분명히 이해함으로써 차별 언어를 쓰지 않도록 노력한다.
  나. 모든 인간의 존엄성과 보편적 인권의 가치를 존중하는 태도를 갖춤으로써 다른 사람들을 무시하거나 미워하는 부정적 태도를 버리고, 모두가 함께 어울려 사는 다문화 시대임을 인정하는 열린 자세를 갖는다.
  다. 다른 사람을 향한 차별 행위가 언젠가는 나에게 되돌아올 수 있다는 생각으로 사회에서 벌어지고 있는 각종 차별 행위 및 차별 언어 사용에 관심을 갖고, 그것을 비판적으로 인식하는 차별 감수성과 인권 감수성을 높인다.

개인적 차원에서 차별 언어 사용 문제를 풀기 위해서는 우리 사회를 구성하고 있는 다양한 사람들이 가진 '차이'를 있는 그대로 수용하고, 다른 사람을 차별하는 표현이 갖는 문제점을 차별 대상의 처지가 되어 생각해 봄으로써 차별 언어를 쓰지 않으려는 자세를 갖는 것이 필요하다. 장애인을 재미삼아 놀리고, 다른 종교를 가진 사람을 비난하고 비하하며, 피부 색깔이나 출신 국가 등이 다르다는 이유로 무시하고 미워하게 되면 서로 갈등과 대립 관계에 빠지고, 갈수록 사회는 위험하고 거칠어질 수밖에 없다. '키 작고 피부가 검은' 동남아시아 사람들은 무시하고 차별하면서 '키 크고 피부 하얀' 서양 사람들은 우러러 보는 이중적, 차별적 태도를 갖고 있으면서도 때로는 한국인을 무시하고 차별하는 서양인들에게 분노하는 자기모순 상태에서 벗어나야 한다.

  개인 한 사람 한 사람이 인간의 존엄성과 보편적 인권의 가치를 존중하는 태도를 갖춤으로써 다른 사람들을 무시하거나 미워하는 부정적 태도를 버려야 한다. 현 사회는 성별, 계층, 인종, 종교, 지위 등의 면에서 다양한 사람들이 모두가 함께 어울리고 협력함으로써 유지되는 '다문화 공동체'임을 인정하는 열린 자세를 가져야 한다. 신체적으로 장애가 있든 없든, 피부 색깔이 무엇이든, 어떤 종교를 갖고 있든 모든 사람은 존엄성과 행복할 권리를 가진 평등한 존재라는 사실부터 분명히 받아들여야 한다. 특히 "언제나 불쌍하고 눈살을 찌푸리게 만드는 모습으로 비쳐지던 장애인들이 이제 동등한 인간으로서 동등한 삶의 질을 누리고 살아야 할, 동등한 인권을 가진 사람"(김은정 2002:278)이라는 인식을 분명히 해야 한다. 차이는 있어도 사람으로서 느끼는 행복, 기쁨, 슬픔, 아픔을 모두 느끼는 다 같은 인격을 가진 존재임을 잊지 않는 태도가 차별 없는 세상을 향한 첫걸음이라고 하겠다.

또한 내가 다른 사람에게 행한 차별과 다른 사람에게 쓴 차별 언어가 언젠가는 나에게도 되돌아올 수 있다는 생각으로 사회에서 벌어지고 있는 각종 차별 행위 및 차별 언어 사용에 적극 관심을 갖고, 그것을 비판적으로 인식하는 '차별 감수성'과 '인권 감수성'을 높이도록 노력하는 것이 중요하다. 한국 사회에서 가장 오랫동안 이어져 왔고 누구나 경험이 있는 대표적 차별 영역인 장애 차별을 중심으로, 소수자에 대한 차별 행위를 없애고 차별 언어 사용을 막기 위해 우리는 어떤 태도를 갖고 어떻게 노력해야 하는지에 대한 몇 가지 생각을 선행 연구에서 가져 오면서 지금까지의 논의를 마무리하기로 하겠다.

(4) 차별과 차별 행위를 없애기 위한 태도와 실천 노력

가. 일시적인가 지속되는 것인가 하는 차이는 있지만 누구도 아무런 장애 없이 평생을 살기 어렵다. 우리 주위에서 흔히 볼 수 있는 근시나 노안은 일상 생활에 많은 불편을 주는 장애이고, 심각한 위장 장애가 있어 계속 약을 먹고 음식을 조절해야 하는 사람도 마찬가지이다 무릎이 아파서 오래 걷지 못하는 사람, 이가 성치 못해 음식을 먹는 데 불편한 사람, 비만이나 고지혈증으로 음식을 가려먹는 사람도 생활의 불편이라는 점에서는 장애의 범주에서 벗어나지 않는다. 우리 주위에 이런 일은 얼마나 흔한가. 결국 장애는 정상에서 벗어난(일탈) 상태가 아니라 다양한 삶의 한 측면으로 이해해야 한다. (김창엽 2002: 12-13)

나. 인간의 신체에 표준이 없는 것처럼, 장애가 비정상이 아닌 것처럼, 인간의 취향에도 표준은 없습니다. 그러나 다수이기 때

문에 권력을 휘두르고, 소수이기 때문에 차별을 당하는 일이 자주 생깁니다. 다수와 다른 취향, 정체성, 생각을 가진 사람들이 낯설게 보일 수 있지요. 낯서니까 때로 거부감도 생기죠. 하지만 잘 몰라서 생기는 오해도 큽니다. 그들을 이해하려는 자세가 있다면, 공존은 충분히 가능합니다. (신윤동욱 2012가:23)

다. 활동가들은 말합니다. 지금까지의 장애인 인권 교육은 장애인을 이해하기 위한 교육과 장애인을 대하는 에티켓 교육, 아니면 장애 체험 교육이 전부였다고. 하지만 우리가 노인 공경이나 예절을 책으로 배우는 것이 아니라 생활 속에서 은연중에 보고 배우듯이, 장애인 문제도 자주 만나고 부딪히고 함께 살아가면서 저절로 익히는 것이라고. (여균동 2012:53)

(4가)에서는 장애를 누구나 경험하게 되는 삶의 다양한 한 측면으로 이해할 것을 요구하고 있다. 정도 차이는 있지만 평생 기능적으로 완벽한 사람은 없으며, 모든 사람은 일정한 장애를 가진 존재임을 의식할 때 장애인에 대해 갖는 비하와 무시의 태도를 더 이상 갖기 어려울 것이다.[7] 인간 존재의 본질에 대한 겸허한 인식을 통해 장애인에게 더 이상 동정을 보낼 필요도 우쭐할 이유도 없이 그저 있는 그대로 보면서 함께 어울려 살아가려는 자세가 필요할 뿐이다.

(4나)는 인간의 신체에 표준이 없는 것처럼 취향에도 표준이 없음을 지적하고, 낯선 소수자들을 이해하려는 노력을 통해 공존할 수 있음을 말한다. '차별 감수성'은 "다양한 차별들에 대한 감

---

[7] 안경환(2013:91)도 "이 세상에는 두 종류의 사람이 있다. 장애가 드러난 사람과 감추어진 사람이다. 엄밀하게 말하자면 사람은 너나 할 것 없이 모두 장애인이다. 그 누구도 완전한 사람은 없다"고 적은 바 있다.

각을 예민하게 갖게 됨으로써, 그에 대한 문제의식이 자신의 삶 가까이에서 만들어지는 것을 의미한다"(최수연 2009:90). 소수자에 대한 따뜻하고 진지한 관심을 통해 그들을 이해하고, 소수자들이 겪고 있는 불합리한 차별의 과정과 고통스러운 결과를 예민한 감각으로 들여다 볼 때 우리는 차이와 다름보다는 같은 사람으로서의 공통점에 더 주목할 수 있다.

(4다)에서는 자주 만나고 부딪히고 함께 살아가면서 저절로 익히는 방식으로 장애 차별 문제를 풀어나갈 것을 제안하고 있다. 유홍림(2005:100)이 지적한 바와 같이, 인권 문화 형성에서 가장 중요한 역할을 하는 것은 사랑, 우정, 신뢰, 관심, 사회적 연대 등과 같은 감정이다. 도덕철학이 강조하는 도덕률에 의해서가 아니라 감정 교육의 결과물인 '감정의 진보'에 의해서 인권 문화가 확산된다는 것이다. "이러한 진보에 의해 우리는 타자와의 차이보다는 유사성을 중시하게 되고, 타자에 대한 애정과 관심을 가지고 선량한 태도를 취하게 된다." 장애인과 가까이서 접하면서 이해하고 연대할 수 있는 것처럼 우리 사회의 다양한 소수자들을 멀리하지 않고, 일상에서 편하게 마주하려는 열린 마음의 자세를 가질 때 한국 사회는 차별 대신 평등과 조화, 대동의 아름다운 새 마당을 열어갈 수 있다고 믿는다.

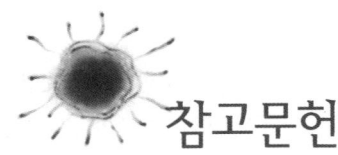
참고문헌

강서재(2004) ≪나는 남자보다 적금통장이 좋다≫, 위즈덤하우스.
강소영(2013) ≪언어와 여성≫, 지식과교양.
강수균・이영철・조홍중(2000) <장애관련 용어와 분류의 동향에 관한 연구>, ≪난청과 언어장애≫ 23-3, 175-191, 한국재활과학회.
강신주(2004) ≪나는 튀기가 좋다—영문학박사 페미의 좌충우돌 국제결혼기≫, 금토.
강신항(1991) ≪현대 국어 어휘사용의 양상≫, 태학사.
강유한(2007) ≪리턴1979 (2)≫, 스카이미디어.
강재철(2002) <오랑캐(兀良哈)어원설화 연구>, ≪비교민속학≫ 22, 181-218, 비교민속학회.
강준만(2000) ≪인물과 사상 14—지역감정 예찬론≫, 개마고원.
강준만(2013) ≪증오 상업주의—정치적 소통의 문화정치학≫, 인물과사상사.
강희철(2004) <노인차별에 대한 노인의 경험과 인식>, 성공회대 시민사회복지대학원 석사학위논문.
강희호(2006) <고등학교 사회「정치생활과 국가」단원에 나타난 성차별 내용 분석>, 대구대 교육대학원 석사학위논문.
고대민족문화연구원 중국어대사전편찬실 엮음(2002) ≪중한사전≫, 고려대 민족문화연구원.
고병철(2009) <공직자의 종교 편향・차별 예방 교육의 방향>, ≪종교교육학연구≫ 31, 191-213, 한국종교교육학회.

구본권 외 5인(2012) ≪별별차별—영화 속 인권 이야기≫, 한겨레출판.
국립국어원 엮음(1999) ≪표준국어대사전≫, 두산동아.
국립국어원(1992~2002) ≪국어 순화 자료집≫.
국립국어원(2011) ≪표준 언어 예절≫, 국립국어원.
국립국어원・한국어문교열기자협회(2009) ≪이런 말에 그런 뜻이?—차별과 편견을 낳는 말들≫, 국립국어원.
국어학회 엮음(1993) ≪세계의 언어정책≫, 태학사.
권순희 외 4인(2010) ≪다문화사회와 다문화교육≫, 교육과학사.
권영문(1996) <언어에서의 성의 차별과 그 해소>, ≪동서문화≫ 28, 287-306, 계명대 인문과학연구소.
권용혁(2004) <동아시아 3국의 의사소통 구조 비교—가족을 중심으로>, ≪한・중・일 3국 가족의 의사소통 구조 비교≫ (권용혁 외 13인), 23-63, 이학사.
권정생(2000) ≪몽실 언니≫, 창비.
권택환(2007) <교과용도서의 장애 관련 내용 적합화 과정 연구>, 단국대 박사학위논문.
권택환・김수연・박은영・이유훈(2003) ≪유・초등학교 교과용도서 장애관련 내용 분석≫, 연구 보고서, 국립특수교육원.
권혁범(2006) ≪여성주의, 남자를 살리다≫, 또하나의문화.
권희린(2013) ≪B급 언어—비속어, 세상에 딴지 걸다≫, 네시간.
김경석(1998) <고등학교 영어교과서에 나타난 언어적 성차별 정도에 관한 연구>, ≪Studies in English education≫ 3-1, 29-44, 글로벌영어교육학회.
김경재(2001) <종교간의 갈등 현황과 그 해소 방안에 대한 연구—한국 개신교와 불교의 상호관계성을 중심으로>, ≪신학연구≫ 42, 219-257, 한신대 신학연구소.
김경진(1999) ≪남북 (1)≫, 들녘.
김광억 외 10인(2005) ≪종족과 민족—그 단일과 보편의 신화를 넘어서≫, 아카넷.
김귀순(1999) <영어 명사의 성차별 지양을 위한 작문 사례 연구>, ≪영어교육연구》 11, 29-52, 영남영어교육학회.
김귀순(2011) 《젠더와 언어―평화로운 공동체 회복을 위한 남녀의 소통 전략》, 한국문화사.
김기경(2009) <노인의 존엄성에 대한 노인요양시설 간호사의 인식과 경험>, 《간호행정학회지》 15-1, 81-90, 간호행정학회.
김기선(2001) <오랑캐(兀良哈)의 어원과 민속학적 고찰>, 《몽골학》 11, 217-232, 한국몽골학회.
김기현(2010) <국제결혼 다문화 이주여성의 인권 보호 방안>, 《인권복지연구》 7, 1-37, 한국인권사회복지학회.
김다워(2001) <총칭 대명사의 성 중립성에 관한 교사 인식 및 현대 영어에서의 코퍼스 연구>, 한국외대 교육대학원 석사학위논문.
김대균(2011) <다문화사회에서 소수자 배려윤리>, 《윤리교육연구》 24, 185-198, 한국윤리교육학회.
김동언 엮음(1999) 《국어 비속어 사전》, 프리미엄북스.
김려령(2008) 《완득이》, 창비.
김명식(2008) <'오랑캐'라는 말은 이제 없애야 한다>, 《한글한자문화》 108, 42-43, 전국한자교육추진총연합회.
김명희(1990) <속담을 통해서 본 성차별>, 경북대 석사학위논문.
김미혜(1983) <혼혈청소년의 자아정체감에 관한 연구>, 이화여대 석사학위논문.
김민수・최호철・김무림 엮음(1997) 《우리말 어원 사전》, 태학사.
김병숙(2007) 《한국직업발달사》, 시그마프레스.
김병호(1999) 《치앙마이 (상)》, 매일경제신문사.
김봉철(1997) <지역갈등 및 지역감정의 해소방안>, 동의대 행정대학원 석사학위논문.
김상섭(2013) 《인종주의 민족차별》, 삶과지식.
김상학(2004) <소수자 집단에 대한 태도와 사회적 거리감>, 《사회연구》 7, 169-206, 대구대 사회조사연구소.
김선민(2002) <장애와 인권>, 《나는 '나쁜' 장애인이고 싶다―다양한 몸의 평등한 삶을 꿈꾸며》 (김창엽 외 13인), 83-101, 삼인.

김선영(1999) ≪술에 취한 영어≫, 그린비.
김성희·변용찬·박성민(2004) ≪장애인의 사회통합을 위한 차별해소방안≫, 연구 보고서, 한국여성개발원·한국보건사회연구원.
김수연(2012) <대학수학능력시험 외국어영역 대화문의 성차별 연구>, 서강대 교육대학원 석사학위논문.
김수진(2005) <한일 양언어에 있어서의 속담대조연구—비속어를 중심으로 살펴 본 차별양상>, ≪일본어교육연구≫ 33, 97-114, 한국일본어교육학회.
김순양(2013) ≪한국 다문화사회의 이방인—사회적 배제와 정책적 대응≫, 집문당.
김안나·이숙진·김양미·김민지(2011) ≪이주여성이 말하다≫, 문예미디어.
김애경·이윤철(2007) ≪행복빌라 301호의 연인≫, 눈과마음.
김애희(2004) <중학교 1학년 국어 교과서의 성차별적 내용 분석>, 부산대 교육대학원 석사학위논문.
김우영(2002) ≪라이따이한≫, 푸른사상.
김은정(2002) <다양한 몸의 평등한 삶을 꿈꾸며>. ≪나는 '나쁜' 장애인이고 싶다—다양한 몸의 평등한 삶을 꿈꾸며≫ (김창엽 외 13인), 259-279, 삼인.
김일란(2013) <찰나의 풍경>, ≪수신확인, 차별이 내게로 왔다≫ (인권운동사랑방 엮음), 108-117, 오월의봄.
김정남·서미경(2004) <정신장애인에 대한 편견과 차별에 관한 연구>, ≪한국심리학회지 건강≫ 9-3, 589-607, 한국심리학회.
김정수(2013) <우리나라 종교정책의 문제점과 개혁방향에 관한 고찰>, ≪문화정책논총≫ 27-2, 165-190, 한국문화관광연구원.
김정환(2000) ≪파경과 광경≫, 푸른숲.
김종수(2000) <언어에 남성과 여성의 동등권에 대한 방안>, ≪독일언어문학≫ 14, 89-109, 독일언어문학연구회.
김종수(2001가) <언어에 의한 성차별과 언어폭력>, ≪독어교육≫ 22, 1-21, 한국독어독문학교육학회.

김종수(2001나) ≪페미니즘 언어학≫, 부산대 출판부.
김종철(1995) ≪아픈 다리 서로 기대며≫, 창비.
김종호(1993) <현대 한국에서의 지역감정에 관한 사회학적 고찰―서울시 거주 지역출신 주민에 대한 경험적 연구를 중심으로>, 고려대 석사학위논문.
김진국(1988) <지역감정의 실상과 그 해소방안>, ≪심리학에서 본 지역감정―지역간 고정관념과 그 해소방안≫ (한국심리학회 엮음), 221-253, 성원사.
김진원(2001) <독일어에 나타난 성차별 연구>, 동아대 석사학위논문.
김진혁(1989) <호남인의 영남인에 대한 지역감정연구>, 연세대 석사학위논문.
김창섭(1999) <국어 어휘체계에서의 남성항과 여성항>, ≪언어와 여성의 사회적 위치≫ (박창원 외 3인), 85-108, 태학사.
김창수(2007) <속담을 통해본 한국인의 시각장애인관>, 대구대 석사학위논문.
김창엽 외 13인(2002) ≪나는 '나쁜' 장애인이고 싶다―다양한 몸의 평등한 삶을 꿈꾸며≫, 삼인.
김창엽(2002) <서론―장애와 차별 논의의 의미>, ≪나는 '나쁜' 장애인이고 싶다―다양한 몸의 평등한 삶을 꿈꾸며≫ (김창엽 외 13인), 5-17, 삼인.
김하수(2008) ≪문제로서의 언어 1―사회와 언어≫, 커뮤니케이션북스.
김한샘(2005) ≪2005년 신어≫, 연구 보고서, 국립국어원.
김현미(2005) ≪글로벌 시대의 문화 번역―젠더, 인종, 계층을 넘어≫, 또하나의문화.
김형배(2007) <한국어의 불평등한 언어문화에 관한 연구―방송 언어를 대상으로>, ≪한민족문화연구≫ 20, 157-186, 한민족문화학회.
김혜미·원서진·최선희(2011) <다문화가정 자녀들의 차별경험과 심리적 적응―사회적 지지의 매개효과 검증을 중심으로>, ≪사회복지연구≫ 42-1, 117-149, 한국사회복지연구회.
김혜숙(1988) <지역간 고정관념과 편견의 실상―세대간 전이가 존재하

는가?≫, ≪심리학에서 본 지역감정―지역간 고정관념과 그 해소방안≫ (한국심리학회 엮음), 123-169, 성원사.
김혜숙(2000) ≪현대 국어의 사회적 모습과 쓰임≫, 월인.
김혜숙(2004) <한국인 부부의 관계 변화에 따른 호칭어 사용 변화>, ≪사회언어학≫ 12-2, 131-156, 한국사회언어학회.
김혜숙(2007) <우리나라 사람들이 가지는 가치가 소수 집단에 대한 편견적 태도에 미치는 영향>, ≪한국심리학회지: 사회 및 성격≫ 21-4, 91-104, 한국심리학회.
김희경(2004) ≪죽도 밥도 안된 조기유학≫, 새로운사람들.
나스디지 지음/조병준 옮김(2004) ≪나의 피는 나의 꿈속을 가로지르는 강물과 같다≫, 푸른숲.
나영정(2013) <반차별운동은 정체성을 어떻게 다룰 수 있을까>, ≪수신확인, 차별이 내게로 왔다≫ (인권운동사랑방 엮음), 265-278, 오월의봄.
노경란·방희정(2008) <한국대학생과 국내체류 외국대학생 간에 인종에 대한 명시적 및 암묵적 태도의 차이>, ≪한국심리학회지: 사회 및 성격≫ 22-4, 75-92, 한국심리학회.
노미영(2005) <교사 언어 속에 나타나는 성차별 연구―성역할 고정관념을 중심으로, C초등학교 사례>, 성공회대 교육대학원 석사학위논문.
데릭 젠슨 지음/이현정 옮김(2008) ≪거짓된 진실―계급·인종·젠더를 관통하는 증오의 문화≫, 아고라.
돈나 나폴리 지음/김종복·이성하 옮김(2007) ≪언어의 신비―그 비밀을 찾아서≫, 태학사.
두산동아 사전 편찬실 엮음(2007) ≪정겨운 우리 속담 4300≫, 두산동아.
매일경제신문사 증권부(2003) ≪주식투자 IQ 확 높이기≫, 매일경제신문사.
문금현(1999) ≪국어의 관용 표현 연구≫, 태학사.
민경환(1988) <집단간 갈등―그 병리의 이해와 처방>, ≪심리학에서 본 지역감정―지역간 고정관념과 그 해소방안≫ (한국심리학회 엮음), 91-121, 성원사.
민무숙·이수연·박영도·이준일(2004) ≪국민통합을 위한 차별해소 방안≫, 연구 보고서, 한국여성개발원.

박경태(1999) <한국사회의 인종차별―외국인 노동자, 화교, 혼혈인>, ≪역사비평≫ 48, 189-208, 역사문제연구소.

박경태(2007) ≪인권과 소수자 이야기≫, 책세상.

박경태(2008) ≪소수자와 한국 사회―이주노동자, 화교, 혼혈인≫, 후마니타스.

박광서(2009) <불교 입장에서 본 종교차별 실태와 해법>, ≪종교문화학보≫ 6, 177-197, 한국종교문화학회.

박금자(2012) ≪폴리티컬 코렉트니스Political Correctness, 정의롭게 말하기≫, 커뮤니케이션북스.

박나원(2010) <우리나라 장애인차별금지법의 제정과정과 개선방안에 관한 연구>, 서울시립대 도시과학대학원 석사학위논문.

박노자(2001/2006) ≪당신들의 대한민국01≫ (2판), 한겨레출판.

박노자(2002) ≪좌우는 있어도 위아래는 없다≫, 한겨레출판.

박노자(2003) ≪하얀 가면의 제국≫, 한겨레출판.

박노자(2007) ≪우리가 몰랐던 동아시아≫, 한겨레출판.

박대성(2004) ≪1904 대한민국 (4)≫, 자음과모음.

박동근(2010) <공공언어의 차별적 표현에 대한 차별 의식 연구>, ≪입법정책≫ 4-1, 57-88, 한국입법정책학회.

박동근(2013) <매체 변화에 따른 언어 사용 방식의 변화>, ≪새국어생활≫ 23-1, 18-33, 국립국어원.

박성진(2008) <한국 속담과 일본 속담에 나타난 여성 차별 표현의 비교>, 계명대 교육대학원 석사학위논문.

박수미・정기선・김혜숙・박건(2004) ≪차별에 대한 국민의식 및 수용성 연구≫, 연구 보고서, 한국여성개발원.

박영균・김영지・강순원(2004) ≪청소년 대상 차별개선 교육프로그램개발≫, 연구 보고서, 한국청소년개발원.

박은경(1981) <화교의 정착과 이동―한국의 경우>, 이화여대 박사학위논문.

박은하(2008) <텔레비전 광고에 나타난 성차이어와 성차별어 연구>, 대구대 박사학위논문.

박은하(2009가) ≪광고 속의 성차별≫, 소통.
박은하(2009나) <한국 전래 동화에 표현된 성차별 언어>, ≪아시아여성연구≫ 48-1, 7-29, 숙명여대 아시아여성연구소.
박재현·이승희(2009) ≪사회적 의사소통 연구—지역·민족·인종에 대한 차별적 언어 표현 개선 연구≫, 연구 보고서, 국립국어원.
박정일(2004) ≪차별어의 언어학적 연구≫, 부산외국어대 출판부.
박진완(2009) <유럽의 다문화사회에서의 평등실현과 문화적, 종교적 그리고 언어적 다양성의 보호>, ≪세계헌법연구≫ 15-1, 123-152, 국제헌법학회 한국학회.
박찬인(1997) <프랑스어에 나타난 성차별>, ≪언어≫ 18, 215-237, 충남대 어학연구소.
박창원·김창섭·전혜영·차현실(1999) ≪언어와 여성의 사회적 위치≫, 태학사.
박형익(2004) ≪한국의 사전과 사전학≫, 월인.
박혜경(2009) <차별적 언어 표현에 대한 비판적 국어인식 교육 연구>, 서울대 석사학위논문.
박혜미·기선정·나두경(2005) ≪미디어 대화, 차별의 언어를 넘어서≫, 영상미디어센터 미디액트.
박호관·이정복(2012) <다문화인에 대한 한국인들의 언어 차별>, ≪인문과학연구≫ 39, 193-215, 대구대 인문과학연구소.
방송문화진흥회 엮음(2006) ≪'차이'를 '차별'로 학습하는 아이들≫, 한울.
배병호(1988) <멜로드라마 영화의 성차별의 의미작용 과정에 관한 일연구—영화 '별들의 고향'을 중심으로>, 서강대 석사학위논문.
보양 지음/김영수 옮김(2005) ≪추악한 중국인≫, 창해.
사회과학원 언어연구소 엮음(1992) ≪조선말대사전≫, 동광출판사.
서동래(2003) <한일 양국의 속담에 나타난 여성에 대한 성차별 의식 고찰>, 경상대 교육대학원 석사학위논문.
서혁(1993) <언어사용으로서의 속담 표현의 특성>, ≪선청어문≫ 21, 233-259, 서울대 국어교육과.
선우현(2004) <남북한 사회체제의 '가족 내 의사소통 구조'의 양상 비

교>, ≪한·중·일 3국 가족의 의사소통 구조 비교≫ (권용혁 외 13인), 267-292, 이학사.
설동훈(1999) ≪외국인노동자와 한국사회≫, 서울대 출판부.
성균관대 동아시아 유교문화권 교육연구단 엮음(2004) ≪동아시아 유교문화의 새로운 지향≫, 청어람미디어.
송승희(2012) <영어 교과서에 나타난 차별과 차별적 언어에 대한 고등학생들의 인식에 관한 연구>, 한국외대 교육대학원 석사학위논문.
송천식(1993) <'조선말대사전'(1992)의 성격>, ≪새국어생활≫ 3-4, 13-23, 국립국어원.
송하일(2007) <성차이어와 성차별어에 관한 고찰>, 아주대 교육대학원 석사학위논문.
신윤동욱(2012가) <인간의 표준은 없다>, ≪별별차별―영화 속 인권 이야기≫ (구본권 외 5인), 11-24, 한겨레출판.
신윤동욱(2012나) <색명이 되자>, ≪별별차별―영화 속 인권 이야기≫ (구본권 외 5인), 63-72, 한겨레출판.
신윤주(2005) <일본 속담에 나타난 여성 차별표현의 분석>, 단국대 교육대학원 석사학위논문.
신차식(1981) <독일어와 한국어에 있어서의 직업어에 대한 비교연구>, ≪논문집≫ 15, 243-283, 단국대.
심재기(1982) <속담의 종합적 검토를 위하여>, ≪관악어문연구≫ 7, 215-244, 서울대 국문과.
심재기(2000) ≪국어 어휘론 신강≫, 태학사.
심흥식(2002) <우리나라의 장애관련 속담에 관한 분석적 연구>, 공주대 특수교육대학원 석사학위논문.
안경환(2009) ≪법과 사회와 인권≫, 돌베개.
안경환(2013) ≪좌우지간 인권이다≫, 살림터.
안국진·유요한(2010) <한국 내 종교갈등 및 종교차별 상황 극복을 위한 제언>, ≪종교와 문화≫ 19, 181-206, 서울대 종교문제연구소.
안상수 외 4인(2007) ≪사회적 의사소통 연구―성차별적 언어 표현 사례 조사 및 대안마련을 위한 연구≫, 연구 보고서, 국립국어원·한국

여성정책연구원.
안신호(1988) <집단 고정관념 형성에 있어서의 감정과 인지의 효과>, ≪심리학에서 본 지역감정—지역간 고정관념과 그 해소방안≫ (한국심리학회 엮음), 15-65, 성원사.
안은자(2002) <노동자로서의 장애 여성>, ≪나는 '나쁜' 장애인이고 싶다—다양한 몸의 평등한 삶을 꿈꾸며≫ (김창엽 외 13인), 297-312, 삼인.
앨런 지브 지음/윤재석 옮김(2006) ≪혼혈파워≫, 부글북스.
엄창현(2006) ≪뜻밖의 세계사≫, 페이퍼로드.
엔도 오리에 엮음/이경수・이미숙・정상철・한선희 옮김(2006) ≪여성과 언어≫, 박이정.
여균동(2012) <옆 사람이 보이시나요?>, ≪별별차별—영화 속 인권 이야기≫ (구본권 외 5인), 49-58, 한겨레출판.
여설하(2005) ≪추악한 일본인 교활한 일본인≫, 큰방.
역사문제연구소 엮음(2001) ≪전통과 서구의 충돌—'한국적 근대성'은 어떻게 형성되었는가≫, 역사비평사.
연세대 미디어아트연구소(2000) ≪수취인불명≫, 삼인.
연세대 언어정보개발연구원 엮음(1998) ≪연세 한국어 사전≫, 두산동아.
오경석 외 10인(2007) ≪한국에서의 다문화주의—현실과 쟁점≫, 한울.
오세윤(2006) ≪슴베, 그 서툴게 끼인 자리≫, 푸른길.
오승현(2011) ≪말이 세상을 아프게 한다—차별과 편견을 허무는 평등한 언어 사용 설명서≫, 살림출판사.
오승환(2005) ≪1254 동원예비군 (4)≫, 로크미디어.
오정희(2004) ≪중국인 거리≫, 한림출판사.
오혜경・김정애(2000) ≪여성장애인과 이중차별≫, 학지사.
왕한석(2007) ≪또 다른 한국어—국제결혼 이주여성의 언어 적응에 관한 인류학적 연구≫, 교문사.
우윤식(2002) <페미니즘(Feminism) 언어학의 과제>, ≪외대논총≫ 25-2, 571-596, 한국외대.
우이구・김수연・권택환・박은영(2004) ≪중・고등학교 교과용도서 장애관련 내용분석≫, 연구 보고서, 국립특수교육원.
원경미(2007) <초등학교 영어 교과서에 나타난 성차별 연구―Dialogue를 중심으로>, 고려대 교육대학원 석사학위논문.
유네스코 아시아・태평양 국제이해교육원 엮음(2008) ≪다문화 사회의 이해≫, 동녘.
유승무(2009) <2008년 범불교도대회를 통해서 본 한국사회의 종교 간 갈등―'총성 없는 전쟁'>, ≪동양사회사상≫ 19, 85-108, 동양사회사상학회.
유홍림(2005) <인권의 보편성 문제>, ≪민주주의와 인권≫ 1-1, 75-105, 전남대 5.18연구소.
유홍준・김월화(2006) <한국 직업지위 지수―과거와 현재>, ≪한국사회학≫ 40-6, 153-186, 한국사회학회.
윤경우(2004) <중국 가족 문화의 전통성과 현대성>, ≪한・중・일 3국 가족의 의사소통 구조 비교≫ (권용혁 외 13인), 329-402, 이학사.
윤옥경(2009) <중학생의 북한에 대한 지식과 새터민에 대한 고정관념의 관계에 대한 연구>, ≪한국지역지리학회지≫ 15-6, 820-833, 한국지리지리학회.
윤인진(2006) <사회 통합을 위한 언어 정책>, ≪새국어생활≫ 16-1, 83-100, 국립국어원.
윤인진 외 5인(2009) ≪한국인의 갈등의식≫, 고려대 출판부.
윤정모(1988) ≪고삐≫, 풀빛.
윤혜영(1994) <언어 체계에 나타난 성차별 연구―특히 현대 독어를 중심으로>, 대구가톨릭대 석사학위논문.
윤혜정(2005) <중학교 국어교과서에 나타난 성차별 양상>, 한국교원대 석사학위논문.
이기갑・최경룡(2011) <성별언어의 차이에 관한 연구>, ≪학문과 기독교 세계관≫ 2, 141-155, 글로벌기독교세계관학회.
이기문 엮음(1962/1980) ≪속담사전≫, 일조각.
이길용(2011) <문화 다양성 사회의 의사소통 연구―장애인 차별어에 대한 의식을 중심으로>. ≪다문화콘텐츠연구≫ 5, 49-74, 중앙대 문화콘텐츠기술연구원.
이덕주(1999) <중학교 국어 교과서의 문학 작품에 나타난 성차별적 요소 분석―소설, 희곡의 여성 등장 인물을 중심으로>, 고려대 교육대학원 석사학위논문.
이두현(1997) ≪한국가면극선≫, 교문사.
이미향(2000) <중등학교 국어 교과서에 나타난 성차별 연구―현대소설 단원을 중심으로>, 숙명여대 교육대학원 석사학위논문.
이병근(2000) ≪한국어 사전의 역사와 방향≫, 태학사.
이상규(2008) ≪둥지 밖의 언어≫, 생각의나무.
이상돈·손유미·김미란(2004) ≪연령차별 실태 및 해소방안≫, 연구 보고서, 한국여성개발원.
이상엽(2008) ≪이상엽의 재밌는 사진책≫, 이른아침.
이수미(2007) <국어 교과서에 나타난 성차별 연구>, 부산대 석사학위논문.
이수연(2006) ≪성평등한 미디어 언어 개발을 위한 모니터링 및 연구≫, 연구보고서, 여성가족부 여성정책본부 양성평등문화팀.
이순희·정승은(2010) <차별에 대한 노인의 경험>, ≪사회연구≫ 19, 45-68, 대구대 사회조사연구소.
이영식(1990) <현대 독일어에 나타난 성차별적인 요소>, 서강대 석사학위논문.
이운영(2002) ≪『표준국어대사전』 연구 분석≫, 연구 보고서, 국립국어원.
이은실(2007) <한국 과학자 사회의 성차별 양상과 기제에 대한 탐색적 연구>, 국민대 석사학위논문.
이익섭(1994) ≪사회언어학≫, 민음사.
이재은(2009) <중학교 1학년 영어 교과서의 대화문에 나타난 성차별적 요소에 대한 분석>, 명지대 교육대학원 석사학위논문.
이정민(2000) <페미니즘 언어학적 관점에서 본 독일어의 성차별현상>, 한양대 석사학위논문.
이정복(2002) ≪국어 경어법과 사회언어학≫, 월인.
이정복(2003가) ≪인터넷 통신 언어의 이해≫, 월인.
이정복(2003나) <인터넷 게시판의 특성과 이용자 별명의 관련성>, ≪텍스트언어학≫ 14, 139-165, 한국텍스트언어학회.
이정복(2003다) <사회언어학에서 본 국어 순화의 문제점>, ≪사회언어학≫ 11-2, 187-214, 한국사회언어학회.
이정복(2007가) <한국어 사전에 나타난 성차별 언어 연구>, ≪한국어학≫ 34, 257-300, 한국어학회.
이정복(2007나) <인터넷 통신 언어에 대한 사회적 인식과 평가>, ≪방언학≫ 5, 199-236, 한국방언학회.
이정복(2007다) <북한 국어사전에 나타난 여성 차별어 분석―남한 국어사전과의 비교를 중심으로>, ≪우리말글≫ 40, 147-174, 우리말글학회.
이정복(2008가) <대통령에 대한 언어적 특별 대우―대통령 전용말 또는 21세기 새 궁중말>, ≪한민족어문학≫ 52, 31-88, 한민족어문학회.
이정복(2008나) ≪한국어 경어법, 힘과 거리의 미학≫, 소통.
이정복(2008다) <인터넷 금칙어와 통신 화자들의 대응 전략>, ≪사회언어학≫ 16-2, 273-300, 한국사회언어학회.
이정복(2009가) <한국 사회의 인종차별적 언어문화에 대한 비판적 분석>, ≪언어과학연구≫ 48, 125-158, 언어과학회.
이정복(2009나) ≪인터넷 통신 언어의 확산과 한국어 연구의 확대≫, 소통.
이정복(2009다) <한국 속담에 나타난 장애인 차별 표현>, ≪텍스트언어학≫ 27, 215-244, 한국텍스트언어학회.
이정복(2010가) <경상 방언과 전라 방언에 대한 누리꾼들의 언어 태도>, ≪국어학논총―최명옥 선생 정년 퇴임 기념≫, 319-351, 태학사.
이정복(2010나) <한국 직업 이름의 위계와 차별>, ≪우리말글≫ 49, 1-36, 우리말글학회.
이정복(2010다) <인터넷 통신 공간의 여성 비하적 지시 표현>, ≪사회언어학≫ 18-2, 215-247, 한국사회언어학회.
이정복(2011가) ≪한국어 경어법, 힘과 거리의 미학≫ (개정증보판), 소통.
이정복(2011나) <트위터의 소통 구조와 통신 언어 영역>, ≪인문과학연구≫ 37, 235-270, 대구대 인문과학연구소.

이정복(2011다) <트위터 누리꾼들의 호칭어 사용에 대한 사회언어학적 접근>, ≪어문학≫ 114, 143-174, 한국어문학회.

이정복(2012) ≪한국어 경어법의 기능과 사용 원리≫, 소통.

이정복(2013가) <누리소통망과 새말의 형성>, ≪새국어생활≫ 23-1, 34-52, 국립국어원.

이정복(2013나) <사회적 소통망(SNS)의 지역 차별 표현>, ≪어문학≫ 120, 55-83, 한국어문학회.

이정복(2013다) <사회 방언과 국어교육>, ≪국어교육≫ 142, 47-78, 한국어교육학회.

이종철(1998) ≪속담의 형태적 양상과 지도방법≫, 이회문화사.

이준일(2007) ≪차별금지법≫, 고려대 출판부.

이춘아·김이선(1996) ≪성차별적 언어 사용에 관한 연구≫, 연구 보고서, 한국여성개발원.

이하배(2007) <나이의 일상예문화―나뉘는 나이, 나누는 나이>, ≪정신문화연구≫ 30-4, 309-334, 한국학중앙연구원.

이혜경 외 4인(1998) ≪한국사회와 외국인 노동자―그 종합적 이해를 위하여≫, 미래인력연구센터.

이혜경(2002) ≪꽃그늘 아래≫, 창비.

이혜령(2003) <인종과 젠더, 그리고 민족 동일성의 역학―1920~30년대 염상섭 소설에 나타난 혼혈아의 정체성>, ≪현대소설연구≫ 18, 197-218, 한국현대소설학회.

이혜영(2009) ≪한국어와 일본어의 젠더표현 연구≫, 한국학술정보.

이호철(1988) ≪판문점―이호철전집 1≫, 청계.

인권법교재발간위원회(2006) ≪인권법≫, 아카넷.

인권운동사랑방 엮음(2013) ≪수신확인, 차별이 내게로 왔다≫, 오월의봄.

일본부락해방연구소 지음/최종길 옮김(2010) ≪일본 부락의 역사―차별과 싸워온 천민들의 이야기≫, 어문학사.

임동권 엮음(2002) ≪속담 사전≫, 민속원.

임안수(1997) <맹인 명칭고>, ≪시각장애연구≫ 13, 5-22, 한국시각장애연구회.

임영철·윤사연(2009) <장애인 차별어에 대한 태도 및 언어적 배려의 식>, ≪사회언어학≫ 17-2, 137-155, 한국사회언어학회.
임영철·이길용(2008) ≪사회적 의사소통 연구―장애인 차별 언어의 양태에 관한 연구≫, 연구 보고서, 국립국어원.
임영철·이길용(2010) <장애인 차별어에 대한 의식 및 대안표현 유형 연구>, ≪일본언어문화≫ 17, 187-209, 일본언어문화학회.
임형백(2009) <한국과 서구의 다문화 사회의 차이와 정책 비교>, ≪다문화사회연구≫ 2-1, 161-192, 숙명여대.
잉그리트 자멜 지음/권영수·김종수 옮김(2003) ≪페미니즘 언어학과 대화분석≫, 대구가톨릭대 출판부.
장애인먼저실천중앙협의회(1997) ≪한국 사회 장애이데올로기 연구≫, 장애인에 관한 여론조사 발표회 및 세미나 자료집.
장원순(2006) <우리안의 차별과 배제, 일상적 삶에서의 다문화교육 접근법>, ≪사회과교육연구≫ 13-3, 27-46, 한국사회교과교육학회.
장태한(2004) ≪아시안 아메리칸―백인도 흑인도 아닌 사람들의 역사≫, 책세상.
장혜숙(2003) <우리 속담에 나타난 성차별 문화와 여성의 모습>, 경원대 석사학위논문.
장훈(2006) <된장녀-고추장남, 사행심리>, ≪교육교회≫ 350, 57-60, 장로회신학대 기독교교육연구원.
전광용(1962/1987) <꺼삐딴 리>, ≪한국문학대전집≫ 28, 407-422, 학원출판공사.
전산용어사전편찬위원회 엮음(2011) ≪컴퓨터 인터넷·IT 용어대사전≫, 일진사.
전상국(1987) ≪아베의 가족―한국문학 대표작선집 7≫, 문학사상사.
전영평 외 8인(2011) ≪한국의 소수자운동과 인권정책≫, 집문당.
전현경(1996) <성차별적인 언어를 통하여 여성을 억압하는 설교에 대한 분석>, 감리교신학대 신학대학원 석사학위논문.
정강자(2010) <현행차별금지법제의 과제―차별금지법 제정논의를 중심으로>, 이화여대 석사학위논문.

정경식(2007) <초등학교 체육수업 중 교사의 언어 속에 나타나는 성차별 연구>, 서울교대 교육대학원 석사학위논문.

정근식(2002) <장애의 새로운 인식을 위하여—문화 비판으로서의 장애의 사회사>, ≪나는 '나쁜' 장애인이고 싶다—다양한 몸의 평등한 삶을 꿈꾸며≫ (김창엽 외 13인), 23-58, 삼인.

정기선(2005) <지역감정과 지역갈등인식의 변화—1988년과 2003년 비교>, ≪한국사회학≫ 39-2, 69-99, 한국사회학회.

정기선·박수미(2007) <세대간 차별의식의 사회화>, ≪가족과 문화≫ 19-2, 121-137, 한국가족학회.

정대균 지음/이경덕 옮김(2000) ≪한국인에게 일본은 무엇인가≫, 강.

정명원(2007) ≪정명원의 5분 경제≫, 물푸레.

정명화(1995) <프랑스 속담을 통해서 본 여성—성 차별을 중심으로>, 부산대 교육대학원 석사학위논문.

정소미(2008) <중국어에 나타난 성차별 연구>, 충남대 교육대학원 석사학위논문.

정인섭 엮고 지음(2004) ≪사회적 차별과 법의 지배≫, 박영사.

정종진 엮음(2006) ≪한국의 속담대사전≫, 태학사.

정창권(2011) ≪역사 속 장애인은 어떻게 살았을까≫, 글항아리.

정호성(2000) <『표준국어대사전』 수록 정보의 통계적 분석>, ≪새국어생활≫ 10-1, 55-72, 국립국어원.

정효진(2000) <지역감정의 세대간 전이에 관한 연구—서울 지역 고등학생들을 대상으로>, 이화여대 교육대학원 석사학위논문.

조남호(2000) <『조선왕조실록』에 나타난 속담에 대하여>, ≪관악어문연구≫ 25, 141-158, 서울대 국문과.

조남호(2003) <국어사전에서의 속담 표제항 선정>, ≪한국사전학≫ 1, 111-136, 한국사전학회.

조영선(2006) <중학교 국어교과서에 나타난 소설의 성차별 연구—제7차 교육과정을 중심으로>, 경기대 교육대학원 석사학위논문.

조용환(2008) <다문화 교육의 의미와 과제>, ≪다문화 사회의 이해≫ (유네스코 아시아·태평양 국제이해교육원 엮음), 226-261, 동녘.

조윤호(2012) <우리 안의 타자>, ≪별별차별―영화 속 인권 이야기≫ (구본권 외 5인), 29-44, 한겨레출판.
조지형(2003) <'평등'의 언어와 인종차별의 정치>, ≪미국사연구≫ 17, 147-183, 한국미국사학회.
조태린(2006) ≪차별적, 비객관적 언어 표현 개선을 위한 기초 연구≫, 연구 보고서, 국립국어원.
조태린(2011) <부부 간 호칭어 및 높임법 사용의 양성 불평등 측면>, ≪사회언어학≫ 19-1, 159-186, 한국사회언어학회.
조해일(1983) <아메리카/왕십리/매일 죽는 사람>, ≪제3세대 한국문학≫ 16, 9-190, 삼성출판사.
주경희(2002) <속담과 관용어의 차이점―의미 실현 양상을 중심으로>, ≪국어국문학≫ 130, 83-108, 국어국문학회.
줄리아 우드 지음/한희정 옮김(2006) ≪젠더에 갇힌 삶―젠더, 문화 그리고 커뮤니케이션≫, 커뮤니케이션북스.
차종천(1998) <직업위세와 계층구조>, ≪한국사회학≫ 32-4, 737-756, 한국사회학회.
최강민(2006) <단일민족의 신화와 혼혈인>, ≪어문논집≫ 35, 287-314, 중앙어문학회.
최경봉(2005) ≪우리말의 탄생≫, 책과함께.
최동호(2003) ≪정지용 사전≫, 고려대 출판부.
최래옥(1997) <전통사회에서의 장애인관>, ≪한국 사회 장애이데올로기 연구≫ (장애인에 관한 여론조사 발표회 및 세미나 자료집), 3-10, 장애인먼저실천중앙협의회.
최봉영(2005) ≪한국 사회의 차별과 억압―존비어체계와 형식적 권위주의≫, 지식산업사.
최수연(2009) <차별금지법을 통해 본 '성차별'의 의미와 '여성' 범주에 대한 연구>, 이화여대 석사학위논문.
최승철(2006) <작위에 의한 차별과 부작위에 의한 차별>, ≪현상과 인식≫ 30-3, 57-79, 한국인문사회과학회.
최승철(2011) ≪차별금지법의 이해≫, 한울.

최애경・강영심(2008) <속담에 나타난 장애관련 내용 분석>, ≪특수교육 저널: 이론과 실천≫ 9-2, 203-218, 한국특수교육문제연구소.
최용기 엮음(2003) ≪국어 순화 자료집 합본≫, 국립국어원.
최용선(1997) <한국인 영어학습자를 위한 영어의 성차별 현상에 대한 연구>, 건국대 박사학위논문.
최용선(2001) <언어와 성에 관한 연구의 비평적 개관>, ≪사회언어학≫ 9-2, 157-186, 한국사회언어학회.
최인호(2008) ≪머저리 클럽≫, 랜덤하우스코리아.
최재천(2003) ≪여성시대에는 남자도 화장을 한다≫, 궁리.
최정자(2003) <사회교과서에 나타난 양성평등 교육 내용 분석>, 이화여자 교육대학원 석사학위논문.
최종채(2003) ≪괴짜선생 교육인생 좌충우돌기≫, 보고사.
최혜정(1999) <국어에 나타난 성차별적 표현 연구>, 배재대 석사학위논문.
추병완(2012) ≪다문화사회에서의 반편견 교수 전략≫, 하우.
카세타니 토모오(2002) ≪한국인・조센징・조선족≫, 범우사.
크리스티앙 들라캉파뉴 지음/하정희 옮김(2013) ≪인종차별의 역사≫, 예지.
토머스 모어 지음/원창엽 옮김(2005) ≪유토피아≫, 홍신문화사.
토머스 소웰 지음/염철현 옮김(2008) ≪세계의 차별철폐정책―정책효과에 대한 실증적 연구≫, 한울.
한국고용정보원 직업연구센터 엮음(2008) ≪2009 한국직업사전≫, 한국고용정보원.
한국사회언어학회(2012) ≪사회언어학 사전≫, 소통.
한국서양사학회 엮음(2002) ≪서양문명과 인종주의≫, 지식산업사.
한국심리학회 엮음(1988) ≪심리학에서 본 지역감정―지역간 고정관념과 그 해소방안≫, 성원사.
한글학회(1992) ≪우리말 큰사전≫, 어문각.
한미희(1999) <속담에 나타난 성차별의 언어 의식>, 충북대 교육대학원 석사학위논문.
한비야(2001) ≪한비야의 중국견문록≫, 푸른숲.
허준영(2011) <다문화사회와 정부의 역할―독일의 통합 거버넌스와 한

국에의 시사점>, ≪인문사회과학연구≫ 32, 41-67, 호남대 인문사회과학연구소.

호정은·박민규(2004) <세종 속담 전자사전에 대한 연구>, ≪한국사전학회 학술대회 발표논문집≫, 43-52, 한국사전학회.

홍용신·천희영(2005) <시대별 장애아동 관련 신문 보도 경향에 관한 연구>, ≪대한가정학회지≫ 43-5, 149-161, 대한가정학회.

황석영(1992) ≪무기의 그늘 (상)≫, 창비.

황석영(2001) ≪손님≫, 창비.

황옥경(2011) <'차별'에 대한 아동의 인식>, ≪아동과 권리≫ 15-3, 313-335, 한국아동권리학회.

황은주(2002) <우리나라 속담에 나타난 성(性)차별 의식의 교육적 의미 분석>, 한국교원대 교육대학원 석사학위논문.

Allport, G. W.(1954) ≪The Nature of Prejudice≫, Cambridge, Mass: Addison-Wesley.

Aronson, E.(1980) ≪Social Animal≫, New York: Haper & Row.

Guentherodt, I. & M Hellinger & L. F Pusch & S. Trömel-Plötz(1980) <Richtlinien zur Vermeidung sexistischen Sprachgebrauchs>, In ≪Linguistische Berichte≫ 69.

Lakoff, R.(1975) ≪Language and Women's Place≫, New York: Haper & Row.

Levin, J. & W. C. Levin(1982) ≪The Functions of Discrimination and Prejudice≫, New York: Harper & Row.

Pusch, L. F.(1984) ≪Das Deutsche als Männersprache. Aufsätze und Glossen zur Feministischen Linguistik≫, Frankfurt: Main.

Schaefer, R. T.(1979) ≪Racial and Ethnic Groups≫, Boston: Little, Brown and Campany.

Yaguello, M.(1978) ≪Les Mots et Les Femmes≫, Paris: Payot. 강주헌 옮김 (1994) ≪언어와 여성―여성의 조건에 대한 사회언어학적 접근≫, 여성사.

Hellinger, M.(1990) ≪Konstrative Feministische Linguistik. Mechanismen sprachlicher Diskriminierrung im Englischen und Deutschen≫, Ismaning: Max Hueber Verlag. 김종수 옮김(2006) ≪페미니즘 언어학과 성차별 메커니즘―영어와 독일어를 중심으로≫, 부산대 출판부.

찾아보기

29만합천 283, 284

African-American 392
differently abled 243
disability 392
Discrimination 427
discrimination 19
negro 392
physically changed 243
political correctness movement 392

'-둥이' 223
'-뱅이' 33, 251
'-쇠' 51, 278
'-어리' 33, 251
'-이' 33, 250, 251

'-장이' 250
'-쟁이' 250, 251, 358
'-짓' 351
'-탱이' 356
'양-' 222
'잡-' 223

ㄱ

가부장(家父長) 77, 129
가사도우미 54, 314, 335, 392
가수 220, 312, 313, 321, 322
가정부 304, 313, 314, 330, 331, 335, 392
가희 53, 55, 313, 314
각선미 42
간판장 53, 54, 312, 313
간호부 54, 311, 313, 314, 333, 336, 337, 338, 342, 344
간호사 54, 69, 305, 310, 311
간호사 아가씨 343

간호원	54, 311, 314, 333, 334, 336, 337, 338, 341, 342, 344		개불	6, 55, 56, 349, 353
감자국	275		개불경	353, 354
감자바우	275, 292, 293		개불교	353, 354, 362, 363, 364, 365
감자바위	49, 51, 52, 275, 278, 279, 280, 281, 289, 300		개불밥버러지	353, 354
감정 교육	407		개불질	353, 354, 365
감정의 진보	407		개불짓	353, 354
갑남을녀(甲男乙女)	40		개상놈	275
강자와 약자	35		개상도	68, 274, 275, 289, 290
개독	55, 56, 348, 349, 350, 352, 353, 355		개성이라근 없는 얼굴들	215, 221
			개쌍놈	275
개독경	349, 350, 354		개쌍도	18, 49, 274, 275, 285, 286, 294, 295, 296, 297, 298, 300, 301
개독교	6, 39, 55, 56, 348, 349, 350, 352, 353, 360, 361, 362, 363, 365			
			개쌍도매국질	274, 275
			개쌍도종자	274, 275
개독남	348, 354		개쌍디언	49, 50, 274, 275
개독녀	55, 348, 354, 365		개이슬람	39, 55, 57
개독신	348, 349, 365		개털릭	349, 350
개독질	349, 350, 354		개티	348, 350
개독짓	349, 350, 354		갯땅	49, 51, 274, 278, 280, 281
개똥남	153, 158, 160, 178, 179		갯땅쇠	278
개똥녀	153, 155, 156, 157, 158, 159, 160, 161, 175, 176, 177, 178, 179, 180, 186, 195		갱상도	274, 275, 286
			갱스오브부산	276, 287, 291
			검둥이	39, 44, 46, 208, 214, 215, 216, 222, 223, 224, 232, 233, 392
개먹	55, 350, 351			
개먹사	350, 351, 352, 365		검둥이 튀기	44, 46, 215, 216
개목사	350, 351, 352		견상도	275, 285, 286

결혼 이주 여성	45, 200, 219, 263, 384, 385, 386
경상도	48, 49, 272, 274, 275, 276, 281, 282, 286, 287, 290, 292, 294, 298, 299, 300, 301
경상디언	39
경제적 소수자	27
계집	52, 81, 82, 124, 125, 135, 141, 143, 147, 280
계집난봉	141
계집붙이	141
계집사내	41
계집사람	141
계집자식	135
계층 차별	40, 57, 58, 69, 77
고담대구	18, 49, 68, 274, 276, 280, 281, 283, 286, 287, 288, 291, 293, 300
고려대 한국어대사전	76
고려인	212, 275, 279, 280
고자	47, 245, 246, 250, 251
고정관념	20, 26, 48, 63, 92, 104, 132, 249, 255, 262, 267, 297, 397, 399, 412
곰배팔이	47, 245, 249
곰배팔이 파리 잡듯	245
곰보	47, 245, 246, 249
곱사등이	33, 46, 47, 245, 246, 249
곱사등이 짐 지나 마나	245
공공 언어 영역	389, 391, 392
과메기	18, 49, 50, 274, 276, 280, 281, 282, 284, 286, 287, 300
관능미	39, 42, 43, 112, 113
광부	53, 54, 313, 314, 317, 335, 336, 344
광쥐스트	49, 51, 274, 278, 280, 283, 300
교과 과정	389, 396, 397
교과서	64, 119, 392, 396, 409, 411, 416, 418
교배당	55, 56, 351, 352, 365
교환수	312, 313
교회쟁이	351
국가인권위원회	21, 22, 23, 24, 25, 33
국가인권위원회법	21
국립국어원	60, 61, 62, 64, 67, 68, 74, 240, 241, 268, 306, 344, 393, 409
국민운동	403
국어 순화	77, 118, 266, 344, 345
국어기본법	391
국제결혼 2세	45, 46, 199, 217, 219, 220, 221, 227
군삼녀	155, 156, 158, 159, 160
권력적 소수자	27

귀머거리 33, 38, 46, 47, 240, 243, 245, 249, 251, 252, 253, 254, 264, 394
귀머거리 귀 있으나 마나 240, 253, 254, 394
귀머거리 눈치 빠르다 38, 245
귀먹은 중 마 캐듯 17, 245
글래머 42, 43
기독교의 배타성 352
기수 127, 312, 313
김기사 159, 160, 161, 166, 167, 168, 169, 173, 174, 178, 185
김사장 159, 166, 167, 168
김여사 6, 42, 43, 152, 154, 155, 156, 157, 158, 159, 160, 161, 162, 163, 164, 165, 166, 167, 168, 169, 173, 176, 179, 180, 183, 185, 186, 187, 188, 190, 192, 195
깜둥이 214, 220, 221, 224
깜상 214
깽깽이 18, 39, 49, 50, 68, 208, 209, 274, 277, 287, 288, 300
깽깽이년 274, 277
껌둥이 6, 16, 44, 45, 214, 222, 224

꼴통페미 42, 43
꽁까이 208, 209
꿀 먹은 벙어리 264, 401
꿀벅지 42, 43, 59

ㄴ

나긋나긋하다 113, 139, 140
나쁜 언어 369
나이 차별 29, 30, 57, 58, 59, 69, 376, 378, 379, 380, 381
낙향 274
난쟁이 38, 39, 46, 47, 240, 245, 246, 249, 251, 253, 259, 265, 266, 394
난쟁이 교자꾼 참여하듯 253
난쟁이 똥자루 38
난쟁이 추녀 266
난쟁이 허리춤 추키듯 240, 245, 394
난쟁이끼리 키 자랑하기 259
난쟁이나무 266
난쟁이문어 266
난쟁이족 266
남교사 28, 115
남남북녀 125, 126
남녀평등 118
남성 대응형 82, 103, 155, 156, 158, 160, 166, 168, 173,

178, 184, 185, 195	놈 206, 207, 211, 221, 222, 232, 244, 251, 253, 312, 339, 351, 359, 371, 377
남성 중심적 사고　　34, 43	
남성 차별 표현　　90	
남자는 하늘, 여자는 땅　104	농부　304, 312, 313, 314
남존여비　16, 104	농아　47
너무 고르다가 눈먼 사위 얻는다 254	농인　47
녀교원　125, 133	누리꾼 152, 153, 154, 155, 157, 161, 163, 169, 170, 172, 174, 176, 177, 182, 184, 185, 187, 188, 189, 190, 191, 192, 194, 195, 196, 197, 202, 206, 231, 271, 272, 273, 276, 278, 283, 284, 286, 293, 294, 296, 297, 298, 299, 300, 301, 347, 351, 352, 377, 420
녀류　125, 126	
녀류문사　125	
녀류작가　125	
녀사　133	
녀의사　132, 133	
녀장군　125, 126	
녀장부　127, 128	
녀적　127, 128	
년　142, 172, 176, 182, 206, 222, 251	눈먼 놈이 앞장선다　244, 253
	눈먼 자식이 효자 노릇 한다 257
노가(奴家)　42, 83, 96, 97, 146	눈먼 중 갈밭에 든 것 같다 254
노가다　6, 344	뉴올리언스수원　49, 52, 275, 279, 280, 283, 287
노동자　45, 64, 65, 66, 200, 210	
노란 원숭이　215	늑대　39, 42, 43, 44
노란놈　215	늙으면 죽어야 한다　379
노란둥이　215, 222, 224	늙은 것들　40, 58
노랑대가리　213	니그로　44, 45, 214, 224
노랭이　213	
노린내 나는 놈　213	
노처녀　83, 84, 85	
노총각　83, 85	

다른 능력을 가진 사람　243
다문화 가정　　45, 220, 385
다문화 가족　　　　　　66
다문화 공동체　　　　 404
다문화 교육　　　 397, 424
다문화 사회 18, 19, 55, 66, 200,
　　　　381, 386, 418, 422, 424
다문화인　　　　　220, 415
다민족　　　 200, 237, 381, 385
다민족·다문화 사회　　200,
　　　　237, 381
다수자와 소수자　　　　35
다양성　 7, 18, 62, 381, 397, 400,
　　　　403, 415, 419
다양한 차이　　 7, 36, 37, 387
다종교 사회　　 347, 352, 366
다종교·다문화 사회　　 55
단일민족 45, 65, 66, 198, 199, 200,
　　　　234, 385, 424
당구(堂構)　 83, 93, 94, 97, 108,
　　　　146
대사관녀　　 155, 156, 157, 160
대중매체 64, 67, 155, 196, 197,
　　　　225, 399, 400, 402
대한민국헌법　　　　　 22
더블백　 49, 51, 274, 277, 287, 288,
　　　　300
덩남아시아 거지섹희들 208, 224
도공(陶工)　　　 54, 312, 313

도배공 39, 53, 54, 312, 313, 328
도장공 53, 54, 312, 313, 328, 330
독호(獨戶)　 93, 94, 97, 133, 134
동남아 불체자 16, 208, 209, 234
동남아놈　　　　　　　204
동남아시아 거지깽깽이 208, 209
동남아시아 검둥이　　 208
동남아시아 애들　　　 208
동남아애들　　　　　　204
동성연애자　　　 40, 58, 59
되깎이　　　　　　　　103
되놈　　 203, 204, 206, 220, 221,
　　　　222, 223, 224
된장남　 153, 158, 160, 184, 185,
　　　　186
된장녀　 5, 42, 43, 152, 153, 154,
　　　　155, 156, 157, 158, 159,
　　　　160, 161, 173, 177, 179,
　　　　180, 181, 182, 183, 184,
　　　　185, 186, 187, 188, 189,
　　　　190, 191, 192, 193, 194,
　　　　195, 422
두 소경 한 막대 짚고 걷는다 244
뒤태　　　　　　　 42, 43
뒤통수　 18, 49, 51, 274, 277, 287,
　　　　288, 300
등곱쟁이　　　　　　　249
딸 둔 죄인　　　　　　 44
땅콩　　　　　　 58, 59, 153

땡중	6, 39, 55, 56, 355, 356, 363, 365	말 많은 것은 과붓집 종년	103
땡초	355, 356	말더듬이	46, 249
똥남아	6, 39, 44, 45, 208, 220	말모로기	47
똥습녀	155, 156, 160, 176	말뭉치	74, 75, 77, 88, 89, 90, 117, 148, 149, 150
뚝발이	249	매국노	18, 49, 274, 276, 286, 287, 300, 350
뚱남	59		
뚱녀	58, 59	매소(賣笑)	96
뚱보	40, 58, 59	매점녀	156, 158, 159, 160
		매휴(賣休)	96, 97, 101, 147
		맹인	47, 244, 247, 422

		머슴	42, 43, 44
라도	50, 274, 276, 287, 288	먹사	6, 55, 56, 350, 351, 352
라이따이한	44, 46, 218, 224, 411	먹사질	55, 350, 351, 365
라쿤광주	18, 275, 278, 280, 283, 287, 288, 291, 293, 300	먹사짓	351
		멍청도	39, 49, 52, 275, 279, 289, 292, 293
러시아놈	204		
러시아애들	204	목공	54, 312, 313, 327
루저	5, 155, 159	목사질	350, 351, 356
루저남	159, 160, 174	목수	53, 54, 312, 313, 328, 330
루저녀	153, 155, 156, 159, 160	무당년	39, 55, 57, 358, 365
		무속인년	55
		무용수	39, 53, 54, 55, 312, 313, 314, 321

		무희	39, 53, 55, 313, 314
마계인천	49, 52, 275, 279, 283, 287, 288, 289, 290, 292, 293	문둥이	18, 47, 49, 50, 223, 245, 246, 249, 253, 255, 256, 259, 265, 275, 280, 281, 286, 293, 300
마초	42		
막말남	160		
막말녀	156, 160		

문둥이 떼쓰듯 한다　245
문둥이 죽이고 살인당한다　253, 255
문둥이나 문둥 어미나 한 값이다　253
문딩이　275
문제적 상황　258, 352, 365
문화적 소수자　27
미개인　44, 45, 204, 205, 214, 220, 221, 222, 224
미국 교포　211
미국 동포　211
미국놈　204, 205, 222
미국애들　204
미망(未亡)　96, 97, 101, 136, 137, 150
미망인　42, 63, 136, 137
미장공　312
미치광이　47, 48, 246, 249, 266
미친 사람의 말에서도 얻어들을 것이 있다　246
미친 중놈 집 헐기다　246
미친년　47, 48, 102, 241, 246, 247, 250, 251, 266
미친년의 치맛자락 같다　241, 246
미친놈　39, 47, 48, 246, 250, 251
미혼모　27, 63
미화원　54, 153, 158, 308, 314, 329, 331, 335, 392

민족 대립　236
민족 차별　10, 27, 71, 198, 200, 202, 205, 225

ㅂ

바깥량반　127, 128
바깥양반　127, 128
바깥어른　47, 48, 127, 128, 177
반 조각 사람　371, 372
반벙어리　245, 249
반벙어리 축문 읽듯　245
반차별주의　390
발길질녀　156, 157, 159
발파공　53, 312
밥통　49, 51, 275, 278, 280
배관공　49, 312, 327
배달부　313, 314
배달원　308, 309, 313
배신감　380
버꾸　47
버부렝이　47
버부리　47
벙어리　5, 17, 33, 39, 46, 47, 243, 245, 249, 251, 252, 264, 369, 401
벙어리 냉가슴　264, 401
벙어리 발등 앓는 소리냐　245
벙어리 영어　38

벙어리가 증문 가지고 있는 격
　　　　　　　　　　253
베트남 처녀　　208, 209, 224
베트콩　　　44, 208, 209, 224
변종깽깽이　　　　274, 277
병신　39, 47, 48, 247, 289, 371,
　　　373, 374
병신 고운 데 없다　17, 39, 47, 48,
　　　247, 249, 250, 251, 261,
　　　372, 375
병신 꼴값 떤다　　　　　261
병신 달밤에 체조한다　240, 247
병신 마음 좋은 사람 없다　254
병신 육갑한다　　　　　261
병신 자식 효자 노릇 한다　261
병신 자식이 더 귀엽다　　257
병신 자식이 효도한다　　257
병신도 병신이라면 좋다는 사람
　　　없다　　　　239, 247
병신도 제 재미에 산다 254, 255
병신이 한 고집이 있다　　254
병신춤　　　　　　　　256
보리문둥이　 69, 275, 281, 290
보리문딩이　　　　274, 275
보슬아치　　　　　　　　42
보일러공　　　　　　　312
보편적 가치　　　　　7, 388
봉사　 46, 47, 100, 244, 250, 251,
　　　252, 398

봉사 마누라는 하늘이 점지한다
　　　　　　　　254, 256
봉사 문고리 잡기　　　　262
봉사 안경 쓰나 마나　244, 259
봉사 청맹과니 만났다　　244
봉충다리　　　　　　　249
봉충다리의 울력걸음　　245
부사관　　　　　　　　333
부작위(不作爲) 차별　　　24
부전자전(父傳子傳)　　　40
부정적 인식　49, 54, 101, 141,
　　　154, 176, 198, 206, 226,
　　　229, 257, 276, 305, 313,
　　　344, 399
부정적 태도　　19, 27, 36, 77, 90,
　　　176, 199, 207, 210, 212,
　　　229, 232, 235, 249, 253,
　　　263, 269, 273, 346, 350,
　　　359, 362, 366, 400, 403,
　　　404
북한 이탈 주민　 27, 52, 212,
　　　280, 386, 392
분배 패러다임　　　　　36
불교쟁이　　　　　355, 359
불구자　 47, 48, 243, 247, 391
불어녀　　156, 157, 158, 160
불여시　　　　　　　　64
불여우　　　　　　42, 43
불탱이　　　　　　355, 356

불평등	15, 26, 27, 28, 36, 37, 61, 85, 86, 95, 104, 114, 119, 192, 196, 375, 381, 412
불평등한 대우	36, 37, 335
불평등한 분배	36
비장애인	5, 17, 32, 241, 248, 251, 255, 258, 261, 264, 267, 269, 370, 371, 373, 397
비정규직	27
비하 의식	45, 54, 154, 233, 270
비하적 태도	213, 358, 396
빨갱이	49, 50, 274, 276, 287, 298
빨리 너희 나라 돌아가!	38
뺀질이	289, 290, 292
뻗정다리	246, 249
뻗정다리 서나 마나	245
뻘개	49, 52, 275, 279, 280, 300

ㅅ

사람다움	388
사전 편찬	75, 77, 79, 95, 109, 117, 118, 123, 146, 150, 395, 413
사족 성한 병신	241
사회 구조	16, 73, 75, 80, 86, 89, 92, 94, 106, 112, 113, 115, 116, 118, 131, 135, 146
사회 통합	345, 390, 418
사회적 소통망(SNS)	207, 217, 421
사회적 위세	332
살구색	392
살색	392
살인의 화성	283, 284
삼대 천치가 들면 사 대째 영웅이 난다	246
상간나	49, 52, 275, 279
상것	40, 58
상경	68, 69, 274
상놈	58
상행	68
새터민	210, 211, 212, 224, 280, 418
샹간나	275, 279, 280, 281
서울깍쟁이	49, 52, 275, 279, 280
서울로 올라가다	68, 274
서울뺀질이	275, 279
서울에서 내려오다	68
석공	312, 313, 328
석수	312, 313
성 역할	34, 63, 75, 86, 92, 98, 116, 122, 131, 138, 145
성 평등	85, 118
성(sex)	86
성별 관련성	95
성소수자	27, 40, 59, 60, 61, 69, 85,

370, 375, 400, 402
성소수자 차별 30, 40, 57, 58, 59, 61, 69
성인은 미치광이 말도 가려 쓴다 246, 266
성차별 7, 9, 29, 30, 32, 33, 34, 38, 39, 40, 42, 44, 59, 60, 61, 62, 63, 64, 68, 70, 71, 73, 75, 77, 78, 79, 80, 82, 85, 86, 88, 89, 90, 91, 92, 94, 95, 97, 98, 101, 103, 104, 105, 107, 108, 109, 111, 112, 113, 115, 116, 117, 118, 119, 121, 122, 123, 126, 131, 132, 135, 138, 141, 144, 145, 146, 147, 149, 150, 153, 247, 255, 393, 396, 398, 408, 409, 411, 412, 413, 415, 416, 418, 419, 421, 422, 424, 425, 427
성차별 표현 40, 42, 44, 74, 75, 77, 80, 82, 88, 90, 91, 101, 103, 106, 111, 112, 114, 115, 116, 121, 123, 124, 131, 132, 144, 148, 150
성차별 표현의 내용 갈래 92,

116, 122, 124
성차별어 63, 64, 83, 97, 415, 416
성차이어 63, 64, 415, 416
세계 인권 선언 20, 21, 22, 23, 25
세계시민성 237, 399
세대 간 갈등 381
섹시녀 42
소경 5, 39, 46, 47, 240, 244, 250, 251, 253, 256, 262, 266
소경 맴돌이 시켜 놓은 것 같다 256
소경 문고리 잡듯 267
소경 죽이고 살인 빚을 갚는다 253
소경이 소경을 인도한다 262
소경이 지팡이에 의지하듯 254
소돔강릉 283, 284
소수 집단 413
소수자 423
소외감 34, 228, 380
속담 11, 16, 17, 44, 64, 67, 68, 71, 102, 103, 106, 239, 240, 242, 243, 244, 245, 246, 247, 248, 249, 250, 252, 253, 254, 255, 256, 257, 258, 259, 260, 261, 262, 263, 264, 265, 266, 267, 268, 269, 394, 395, 410,

	411, 412, 413, 414, 415, 416, 419, 420, 422, 423, 425, 426	신체장애	5, 47, 246, 249, 250, 251, 252, 254, 269
속담 사전	16, 422	신체적 결함에 도전하는 사람	392
수세(<休書)	110, 111, 136, 137	신체적 소수자	27
수용자	34, 212	신호수	39, 53, 54, 312, 313
수청	110, 111	심규(深閨)	110, 111
술똥녀	156, 158, 159, 160	심시티서울	49, 52, 68, 275, 279, 280, 290
슨상님	18, 49, 50, 274, 277, 285, 287, 291, 300	십 년 과ᄉ로 앉았다가 고자 대감을 만났다	245
시각 장애	46, 47, 67, 68, 242, 243, 244, 245, 248, 257, 262, 268	십상도	274, 275
		쌍간나	275, 279
		씹라도	274, 276
시각 장애인	47, 244, 248, 251, 256, 262, 371		

ㅇ

시골내기	68		
시골뜨기	274	아가씨	209, 220, 337, 338, 339, 340, 341, 344
시골로 내려가다	274		
시집가다	63, 95	아내	28. 29, 63, 75, 83, 84, 86, 87, 90, 95, 96, 97, 98, 99, 100, 105, 110, 111, 112, 116, 122, 131, 135, 137, 138, 149, 206
시집살이하려면 벙어리 삼 년 귀머거리 삼 년 해야 한다	264		
식모	54, 313, 314		
신랑신부	40	아내를 남편에 종속시키기	63, 92, 95, 116, 122, 131, 135, 145
신부놈	55, 350, 351		
신분 질서	332, 344		
신분 차별	40, 53, 256	아녀자	102, 104, 105, 110, 144, 149
신작로 닦아 놓으니까 문둥이가 먼저 지나간다	259	아동판수 육갑 외듯	244

아들딸	40
아랫것	58, 104
아메라시안	44, 218, 219, 222, 225, 226
아시아의 더러운 슬로프 헤드들	215
아이 머저리는 돌 지나면 안다	246
아줌마	152, 165, 166, 173, 174, 177, 184, 338, 341
아프리카 미개인	44, 45, 214, 220, 221
안내원	308, 323, 329, 334, 344
안량반	128
안양반	84, 86
안주인	85, 129
안짱다리	250
안팎곱사등이	249
앉은뱅이	5, 33, 46, 47, 245, 246, 249, 251, 252, 265, 401
앉은뱅이 강 건느듯	254
앉은뱅이 암만 뛰어도 그 자리에 있다	253
앉은뱅이 용쓴다	245, 265
앉은뱅이걸음	266
앉은뱅이저울	266
앉은뱅이책상	266
알금뱅이	249
암캐	42, 209

암탉	42, 43
암탉이 울면 집안이 망한다	38, 44
애꾸눈이	46, 47, 244, 249, 370, 371, 372
애자	48
야만인	204, 205, 222, 224
야만족	44, 45, 204, 205
약방 기생	333
약방에 전다리 모이듯	245
약자(弱者)	26, 27, 28, 35, 384
양년	213, 222, 224
양놈	16, 44, 45, 213, 214, 220, 222, 224
양성평등	34, 85, 118, 119, 148, 150, 151, 419, 425
양이(洋夷)	223
양코	213
양코백이	213, 222, 224
양코잡이	213
양키	27, 213, 224
어른	78, 84, 85, 105, 128, 129, 135, 144, 182, 204, 337, 338
어부	262, 312, 313, 314, 326, 330
언론 언어 사용 지침	269
언론 언어 영역	66, 202, 225, 227, 236, 269
언어 바꿔 쓰기	392
언어 장애인	17, 47

언어 정책　　115, 146, 345, 418
언어 정책적 노력　　399, 402
언어 정책적 조치　　259, 269
언청이　46, 47, 246, 249, 252, 266
언청이 굴회 굴리듯　　245
언청이 통소 대듯　　253
언청이도 저 잘난 맛에 산다
　　　　　　　　254, 255
얼금뱅이　　249
얽보　　249
얽어 매고 찍어 맨 곰보도 저 잘
　　난 맛에 산다　　245
얽은 구멍에 슬기 든다　　257
엄빠　　41
에스라인　　42
여걸　　79
여경　　79
여교사　27, 28, 40, 41, 82, 112,
　　　113, 114, 115
여교수　82, 112, 113, 114, 115
여급　　105, 106
여대생　　63, 79, 82, 113, 170
여럿이 가는 데 섞이면 병든 다리
　　도 끌려 간다　　254
여류 시인　40, 41, 44, 81, 82
여류 작가　　40, 81, 82
여배우　　63, 113, 220
여복(女卜)　　244
여복이 아이 낳아 더듬듯　　244

여비서　　40, 81, 82
여사(女士)　　82
여성 비하 표현　10, 71, 152, 153,
　　　154, 155, 156, 157, 160,
　　　161, 163, 180, 185, 187,
　　　190, 195, 196, 197
여성 비하 표현의 목록　　154,
　　　155, 195
여성 차별　34, 41, 77, 78, 80,
　　　100, 103, 108, 109, 112,
　　　117, 123, 124, 126, 129,
　　　130, 131, 134, 135, 137,
　　　138, 144, 145, 146, 147,
　　　148, 149, 150, 195, 197
여성 차별 표현　42, 63, 80, 90,
　　　103, 123, 126, 131, 145,
　　　146, 147, 150, 151, 414
여성 차별어　62, 79, 98, 101,
　　　121, 146, 150, 420
여성을 남성의 하위자로 다루기
　　　63, 92, 104, 116, 122,
　　　131, 143, 145
여성을 태제하기　63, 92, 116,
　　　122, 131, 132, 145
여성을 즈부나 아내 등의 성 역할
　　에 묶어두기　63, 75,
　　　92, 98
여성의 품위를 떨어뜨리기　63,
　　　92, 101, 116, 122, 131,

141, 145	
여의봉마산	283
여의사　39, 40, 41, 82, 94, 113	
여자가 담배를 왜 펴?	38
여자는 사흘만 안 때리면 여우가 되다	44
여장군	81, 82, 125
여장부	82
여태(女態)	42, 100
여편네	64, 163
여필종부(女必從夫)	42, 96
여학생　34, 113, 115, 209, 229	
연놈	41, 214, 224
연변 처녀　49, 52, 210, 211, 224, 275, 280	
연변 총각　49, 52, 210, 275, 279, 280	
연세 한국어 사전　63, 74, 75, 76, 78, 88, 89, 91, 116, 121, 148, 149, 417	
영국놈	204
영국애들	204
영남	48, 410, 412
예수쟁이　55, 56, 351, 355, 356, 359	
예수쟁이년	351
옐로우 멍키	215
오랑캐　6, 16, 39, 44, 45, 204, 205, 206, 222, 223, 224, 408,	

	410
오오미　49, 51, 275, 278, 285, 287, 288, 291	
오크남　58, 59, 153, 158, 160, 173, 174, 178	
오크녀　58, 59, 152, 153, 154, 156, 157, 158, 159, 160, 169, 170, 171, 172, 173, 174, 176, 180, 186, 195	
온누리안	220
옹기장　39, 53, 54, 312, 313	
왕폭탄	58, 59
왜(倭)	222, 282
왜나라당 자치구　274, 276, 280, 282, 283	
왜년	203, 207, 222, 224
왜놈　204, 205, 207, 220, 222, 224, 232, 233, 286	
왜놈후손　49, 274, 276, 283	
외국인　6, 16, 27, 49, 64, 199, 200, 201, 202, 210, 214, 219, 221, 223, 225, 227, 228, 234, 235, 283, 370, 381, 382, 383, 384, 385, 386, 390, 396, 397, 400, 414, 416, 421	
외눈박이	47, 249, 401
외모 차별　30, 40, 57, 58, 59, 69	
외집단	400

외팔이	249
우월과 열등	35
우체부	313, 314, 330, 331, 335, 336
우편배달부	331, 335
우편배달원	329, 331, 335
운전공	312
운전기사	161, 167, 310, 313, 392
운전사	309, 310, 313
운전수	310, 312, 313, 317, 331, 392
운전원	310, 328, 331, 392
원숭이	45, 203, 204, 205, 208, 215, 223, 224, 230, 231
유색인	214, 222, 224, 234
육발이	249
육손이	47, 249
의녀(醫女)	333
의사 선생님	336, 341, 342
이란놈	204
이란애들	204
이름 붙이기 권리	392
이슬람놈	55, 57
이주 노동자	64, 210, 219, 228, 359, 381, 382, 383, 384, 385, 386, 402
이중 차별	247, 374
인 서울	68
인격 비하	223, 372
인권 감수성	398, 403, 405
인권 교육	398, 406
인권 문화	407
인권 의식	212, 372
인류 공동체	7, 370, 381, 386, 387, 388
인부(人夫)	304, 330
인쇄공	53, 312, 331
인장공	312
인정 패러다임	36
인정의 거부	36
인종 차별	7, 27, 30, 38, 39, 44, 45, 60, 62, 64, 65, 66, 68, 70, 184, 198, 200, 201, 202, 203, 210, 219, 224, 229, 236, 237
인종주의	203, 208, 410, 425
인종차별주의	219, 236, 386, 396
인천짠물	49, 52, 68, 275, 279, 280, 292, 300
인터넷 댓글 언어 영역	66, 202, 229, 230, 232, 233, 237
인터넷 통신 공간	41, 152, 154, 155, 166, 174, 195, 196, 271, 421
일간베스트저장소	284, 377, 378
일베	284, 299, 378
일베충	299, 376, 378

일본 교포	211
일본 동포	211
일본 속담	252, 414, 416
일본녀	160
일본놈	204, 207, 215
일본애들	204

ㅈ

자존감	374, 375
자존감의 훼손	375
자태	42, 44, 113, 139
작위(作爲) 차별	24
잠수부	313, 328, 330
잡부	18
잡상인	6
잡역부(雜役夫)	39, 313, 330, 331
잡종	16, 203, 216, 217, 220, 222, 224, 227, 229, 230, 231, 234, 235
잡탕	216, 217, 222, 224
장교	333
장님	46, 47, 244, 250, 251, 253, 254, 262, 264
장님 개천 나무란다	254
장님 코끼리 만지기	262
장님이 넘어지면 지팡이 나쁘다 한다	244
장님이 장님을 인도한다	253
장애 여성	373, 374, 417
장애 이해 교육	258
장애 차별	7, 29, 30, 32, 33, 38, 39, 46, 67, 68, 70, 71, 239, 240, 241, 247, 248, 249, 252, 253, 254, 255, 256, 257, 259, 260, 261, 262, 264, 265, 266
장애 차별 표현	32, 67, 68, 239, 240, 248, 259, 266, 268, 269, 270, 372
장애가 있는 사람	392
장애우	32, 373
장애인	6, 16, 17, 24, 27, 29, 32, 33, 46, 48, 67, 68, 77, 239, 240, 241, 242, 243, 244, 245, 246, 247, 248, 249, 250, 251, 252, 254, 255, 256, 257, 258, 259, 261, 262, 263, 264, 265, 266, 267, 268, 269, 270, 318, 370, 371, 372, 373, 374, 375, 390, 391, 392, 393, 394, 396, 397, 400, 401, 402, 404, 406, 407
장애인복지법	243
장애자	48, 247
재일 교포	212
재일 동포	49, 52, 212, 275,

	279, 280
잭팟아리랑(정선)	283
적대감	19, 20, 27, 36, 206, 233, 283, 301, 389, 402
전기공	312
전다리	245, 249, 251
전라꼴통	274, 276
전라도	48, 49, 50, 51, 68, 272, 274, 275, 276, 277, 278, 281, 282, 287, 288, 294, 298, 299, 300, 301, 376, 377
전라도깽깽이	68
전라디언	18, 49, 50, 274, 276, 280, 281, 282, 283, 285, 287, 288, 291, 294, 295, 296, 297, 298, 299, 300, 301
전라민쥐당	274, 276
전라야합당	274, 276
전라좀비	274, 276
전라좌빨	18, 49, 50, 274, 276, 280, 283, 287, 288, 300
절뚝발이	249
절뚝이	249
절름발이	5, 32, 33, 46, 47, 245, 246, 249, 250, 265, 369
절름발이 개혁	266
절름발이 원행	245

절벽(絶壁)	47
점원	334
점쟁이	39, 55, 57, 311, 358, 365
접객원	344, 392
접대부	53, 54, 114, 304, 313, 344, 392
접촉 가설	398
정상과 비정상	35
정신 장애	46, 47, 48, 68, 243, 246, 266, 268
정치적 올바름 언어 운동	392
젖공녀	155
제3세계안산국	283
젠더(gender)	86
조루태백	284
조선말대사전	63, 83, 101, 121, 122, 123, 124, 145, 146, 151, 394, 415
조선족	49, 52, 203, 210, 211, 212, 224, 226, 275, 279, 280, 289, 290, 425
조판공	312
존엄성	403, 404, 410
졸라디언	274, 276
종교 차별	30, 38, 39, 55, 57, 60, 69, 71, 347, 348, 357, 358, 359, 360, 364, 365, 366, 393, 398
종교 차별 표현	347, 357, 359,

　　　　　　　　　　360, 365
종교쟁이　　　　　　　359
종교적 배타주의　　　　352
주색잡기　　　　　　　147
중국놈　　　　　　　　204
중국애들　　　　　204, 205
중놈　55, 56, 246, 355, 356, 365
중대가리　　　55, 56, 355, 356
중질　　55, 56, 355, 356, 365
쥐쌍도　　　　　　274, 275
증산교 빠돌이　　　　　359
증오 표현　　　　　　　378
지랄 발광 네굽질　　　　246
지랄쟁이　　　47, 48, 246, 249
지랄쟁이 녹두밭 버릇듯 하다 246
지방대　　　　　　　68, 274
지방사람　　　　　　　274
지방지　　　　　　　　68
지역 차별　7, 18, 30, 38, 39, 48,
　　　　49, 50, 66, 68, 69, 71,
　　　　271, 272, 273, 274, 280,
　　　　281, 282, 283, 284, 285,
　　　　287, 289, 290, 291, 292,
　　　　293, 294, 295, 299, 300,
　　　　376, 377, 378, 393, 402,
　　　　421
지역 차별 표현　18, 48, 68, 69,
　　　　271, 273, 274, 280, 281,
　　　　282, 283, 284, 285, 290,
　　　　293, 294, 295, 296, 297,
　　　　298, 300
지역감정　271, 283, 289, 294, 297,
　　　　301, 397, 398, 402, 408,
　　　　410, 412
지잡대　　　　　　　　274
지체 및 기타 장애　46, 47, 243,
　　　　245, 248, 265, 268
지하철 화장녀　　　　156, 160
직업 분류　305, 310, 317, 318,
　　　　322, 331, 343, 344, 345
직업 위세　　　316, 317, 332
직업 이름　17, 53, 54, 55, 69,
　　　　303, 304, 305, 306, 307,
　　　　308, 309, 310, 311, 312,
　　　　313, 314, 315, 317, 318,
　　　　319, 321, 322, 323, 325,
　　　　330, 331, 332, 333, 334,
　　　　335, 336, 343, 344, 345,
　　　　420
직업 지위　306, 316, 317, 332,
　　　　343
직업 차별　7, 30, 39, 53, 68, 69,
　　　　393
직업의 서열 구조　　　　315
직원　114, 139, 162, 210, 308,
　　　　317, 333, 340
집단 간 대립　60, 69, 305, 333,
　　　　343, 344, 389

집단 괴롭힘의 대상 253, 256, 268
집단 적대감 20
집배원 308, 309, 313, 314, 329, 335
짠물 39, 49, 52, 68, 275, 279, 280, 289, 290, 292, 300
짱깨 204, 206, 225, 226, 230, 231, 232, 233
짱께 6, 16, 27, 44, 45, 65, 203, 204, 206, 220, 221, 224, 226, 234
째보 48, 246, 249
쪽바리 204, 207, 230, 231, 274, 276
쪽바리 2중대 274, 276
쪽발이 6, 16, 18, 27, 39, 44, 45, 65, 204, 205, 207, 208, 212, 220, 223, 224, 225, 226, 230, 231, 274, 276, 300
쪽발이 앞잡이 18, 274, 276, 300
쭉쭉빵빵 42

ㅊ

차별 금지 24, 25, 30, 31, 388, 389, 390, 391, 397, 398
차별 금지법 25, 30, 388, 390, 391

차별 언어의 개념 6, 9, 13, 15, 19, 26, 35, 36, 62
차별 행위 6, 7, 15, 16, 18, 20, 21, 22, 23, 24, 25, 28, 29, 30, 31, 32, 34, 35, 36, 37, 38, 60, 70, 73, 77, 95, 110, 115, 119, 126, 150, 151, 203, 213, 236, 271, 352, 375, 387, 388, 390, 392, 397, 399, 400, 403, 405
차별 행위의 내용 유형 20, 22
차별 행위의 발생 영역 22, 23
차별 현상 18, 30, 31, 35, 60, 64, 69, 70, 75, 79, 80, 83, 89, 90, 98, 104, 107, 110, 112, 117, 130, 132, 138, 144, 145, 148, 153, 272, 297, 303, 305, 343, 344, 393, 425
착취춘천 284
처녀림 63
처녀작 63
처녀총각 41
처자(妻子) 42
처자권속 135
처자권솔 135
천치 47, 48, 246
철공 312, 328

첩	89, 105, 108, 109, 129, 130
청각 및 언어 장애	46, 47, 68, 243, 245, 264, 268
청맹과니	244
청소부	54, 313, 314, 330, 331, 335, 336
쳐다보이는 집의 애꾸눈은 보여도 내려다보이는 집의 양귀비는 못 본다	244
촌것	68
촌뜨기	274
촌사람	274
출처(出妻)	39, 96, 110
친구의 망신은 곱사등이 시킨다	258
침모	313, 314

카레이스키	49, 52, 212, 224, 275, 279, 280
코시안	44, 46, 218, 219, 220, 222, 224, 225, 226
코쟁이	44, 45, 183, 213, 220, 221, 224
코피노	44, 46, 218, 224
코피안	218

타자수	312, 313
탄부	313
탈북민	212, 280
탈북자	49, 52, 210, 211, 224, 275, 279, 280, 392
탐라국	49, 52, 275, 279, 282
튀기	16, 44, 46, 65, 215, 216, 217, 224, 234, 235, 408
트위터	69, 207, 271, 272, 273, 274, 285, 292, 293, 295, 296, 297, 300, 302, 421

파출부	53, 54, 306, 313, 314, 330, 331
파키 방글 찌끄래기들	6, 16, 208, 220
파키애들	44, 45
판수	46, 47, 244, 250
판타스틱부천	49, 52, 275, 279, 289, 290
팔푼이	48, 249
패륜남	158, 160
패륜녀	153, 156, 158, 160, 175, 176
펑퍼짐하고 누르끼리한 몽고인종	215, 221
페이스북	271

편 가르기	20, 28, 36, 37, 221	피부 허연 놈	213, 221
편견	18, 19, 20, 26, 33, 51, 55, 77, 198, 199, 202, 210, 217, 221, 229, 249, 255, 259, 267, 277, 288, 297, 301, 372, 386, 389, 396, 397, 398, 399, 400, 409, 411, 412, 413, 417, 425	피부색	6, 20, 21, 22, 23, 24, 31, 199, 200, 202, 203, 214, 226, 381, 383, 385
편부모	392	피부색깔	6
평등	7, 8, 15, 21, 22, 26, 27, 28, 34, 36, 37, 61, 64, 76, 85, 86, 92, 95, 100, 104, 114, 118, 119, 140, 148, 150, 151, 192, 196, 202, 212, 332, 335, 345, 375, 381, 387, 388, 389, 390, 393, 394, 399, 402, 404, 407, 410, 411, 412, 415, 417, 419, 423, 424, 425	필리핀 처녀	208, 209

ㅎ

하와이	49, 51, 274, 277, 278, 280, 281, 300
하층민	40, 58
하프코리안	218, 219
학부모	41, 392
학부형	40, 41, 392
한국 속담	239, 252, 267
한국어 정책	69, 74, 118, 303, 343
한국 표준 직업 분류	315, 316, 318, 321
한부모	57, 392
핫바지	49, 51, 52, 69, 275, 279, 280, 281, 289, 300
헌계집	81, 82, 124, 125
형부	64
형제	40, 41, 133, 374
호남	18, 48, 50, 51, 272, 277, 377, 412, 426
호모	58, 59

평등 언어 사용 지침	389, 393, 399, 402
폐질자	47, 48, 243, 391
포달	142, 143
표준국어대사전	16, 35, 60, 63, 68, 74, 76, 77, 81, 83, 88, 91, 115, 120, 121, 126, 148, 206, 224, 240, 241, 242, 255, 256, 258, 268, 306, 393, 394, 409, 419

호칭 상승 현상	341	홍어도	274, 277
혼혈	44, 45, 46, 65, 183, 199, 201, 202, 204, 215, 216, 217, 218, 219, 220, 221, 222, 223, 224, 225, 226, 227, 228, 229, 235, 236, 410, 414, 417, 421	홍어동네	274, 277
		홍어족	18, 277, 287, 288, 300
		홍어좌빨	274, 277, 283
		홍팍	274, 277
		홍팍도	277
		화대	112
혼혈아	183, 216, 217, 222, 224, 226, 227, 421	환경미화원	335, 392
		흉노	18, 49, 274, 275, 276, 286, 300
혼혈인	44, 45, 46, 65, 199, 201, 202, 204, 215, 216, 217, 218, 219, 220, 221, 222, 224, 225, 227, 229, 235, 236, 414, 424	흉노족	18, 275, 276, 286, 300
		흉노종자	274, 275
		흑형	44, 45
		흰둥이	44, 45, 213, 215, 216, 217, 222, 223, 224
홍어	18, 49, 50, 274, 277, 283, 284, 287, 288, 299, 300, 376, 377	흰둥이 튀기	215, 216, 217
		힌두쟁이	55, 359
홍어국	274, 277, 376, 377		